Anonymus

Berliner Architekturwelt

Anonymus

Berliner Architekturwelt

ISBN/EAN: 9783742869531

Hergestellt in Europa, USA, Kanada, Australien, Japan

Cover: Foto ©Thomas Meinert / pixelio.de

Manufactured and distributed by brebook publishing software
(www.brebook.com)

Anonymus

Berliner Architekturwelt

BERLINER ARCHITEKTURWELT

ZEITSCHRIFT

FÜR

BAUKUNST, MALEREI, PLASTIK UND KUNSTGEWERBE DER GEGENWART

UNTER LEITUNG DER ARCHITEKTEN:

HEINRICH JASSOY. ERNST SPINDLER. BRUNO MÖHRING.

UND UNTER MITWIRKUNG

DER VEREINIGUNG BERLINER ARCHITEKTEN

ZWEITER JAHRGANG

VERLAG VON ERNST WASMUTH, ARCHITEKTUR-BUCHHANDLUNG

BERLIN W.

MARKGRAFENSTRASSE 35

1900

INHALTS-VERZEICHNIS.

VERZEICHNIS DER ILLUSTRATIONEN.

I. Farbige Vollbilder.

IV. Architektur.

NAMENVERZEICHNIS.

Entwurf zu einer Villa für Plauen i. V. (in Ausführung begriffen).   Architekten Setton & Cramer in Berlin.

An unsere Leser!

Ein Jahr voll schöner Erfolge liegt hinter uns, und mit freudiger Zuversicht auf das fernere Gedeihen unseres Unternehmens treten wir in den zweiten Jahrgang. Die Erwartungen, die wir bei Begründung der „Berliner Architekturwelt" gehegt haben, sind weit übertroffen worden. Es war, als ob wir damit ein befreiendes Wort gesprochen, als ob wir den Bann gelöst hätten, der Jahre lang auf dem Berliner Kunstschaffen gelastet hatte, dem weder im Deutschen Reich noch im Auslande die gebührende Anerkennung gezollt wurde! Die reiche Fülle des von uns gebotenen Stoffs hat denen, die nicht sehen wollten oder konnten, die Augen geöffnet, und die grosse Teilnahme, die uns auch vom Auslande entgegengebracht worden ist, bietet uns die Gewähr, dass die gesamte Kunstwelt mit regem Interesse dem künstlerischen Schaffen in der deutschen Reichshauptstadt folgt.

Unsere Zeitschrift hat gezeigt, dass dieses Schaffen mit Kraft und Eigenart dem Strome des modernen Lebens folgt, dass daneben aber auch mit edlem Eifer die ewigen Ideale der klassischen Kunst in Ehren gehalten werden. Wie im ersten Jahre ihres Bestehens wird die „Berliner Architekturwelt" auch fernerhin ein treues Spiegelbild dieser ungemein vielseitigen Thätigkeit sein, ohne sich in den Dienst irgend einer besonderen Richtung zu stellen. Mit voller Unabhängigkeit gegenüber

allen Erzeugnissen der Kunst wird sie bestrebt sein, aus der wechsel-
vollen Flucht der Erscheinungen immer das künstlerisch Wertvolle und
Anregende herauszuheben und festzuhalten, und wir haben die Freude,
unseren Lesern mitteilen zu dürfen, dass alle hervorragenden Künstler
und Kunsthandwerker Berlins uns auch für die Zukunft ihre Mitwirkung
zugesagt haben und dass uns schon jetzt ein überaus reicher Stoff zur
Verfügung steht, aus dem alle durch die „Berliner Architekturwelt"
vertretenen künstlerischen Interessen gleichmässige Befriedigung finden
werden.

Wir hoffen, dass der „Berliner Architekturwelt", die sich für den
zweiten Jahrgang mit einem neuen, den modernen Kunstgeist wider-
spiegelnden Gewande geschmückt hat, auch auf ihrem weiteren Lebens-
wege die Gunst der Leser treu bleiben werde.

BERLIN, 1. April 1899.

Herausgeber und Verlagsbuchhandlung.

HANNS ANKER.

Abbildung 1.

Brüstung an der Orgelempore in der Herz Jesu-Kirche. Architekt CHR. HEHL, Charlottenburg.

DIE HERZ JESU-KIRCHE IN BERLIN.

Im vorigen Jahre ist die Zahl der kirchlichen Neubauten, mit denen das letzte Jahrzehnt Berlin in reicher Fülle bedacht hat, um einen vermehrt worden, bei dem ein bedeutsamer künstlerischer Gedanke unter ungünstigen äusseren Verhältnissen mit voller Konsequenz durchgeführt und zu reinem, fast eingeschmälertem Ausdruck gekommen ist. Die im Norden Berlins, an der Fehrbelliner Strasse nach den Plänen des Professors CHRISTOPH HEHL, erbaute,

katholische Herz Jesu-Kirche, die am 25. Oktober 1898 geweiht worden ist, folgt zwar insoweit dem Wege, den Schwechten mit der Kaiser Wilhelm-Gedächtniskirche und Spitta mit der Gnadenkirche eingeschlagen, als auch Professor Hehl romanische Stilformen angewandt hat; aber im übrigen besteht zwischen der Herz Jesu-Kirche und jenen beiden Monumentalbauten keine Verwandtschaft. Während Schwechten und Spitta sich in ihren Kompositionen an die

Abbildung 2.

Abbildung 3.

Abbildung 2 u. 3.
Kapitäle von den Pfeilern der Orgelempore in der Herz Jesu-Kirche. Architekt CHR. HEHL, Charlottenburg.

Herz-Jesu-Kirche und Pfarrhaus. Fassade nach der Fehrbelliner
Architekt CHR. HEHL, Charlottenburg

Abbildung 5.

Altarprospekt der Herz Jesu-Kirche.
Architekt Chr. Heid., Charlottenburg.

reichen Anlagen rheinischer Kirchenbauten
des vollentwickelten romanischen Stils der
Spätzeit gehalten haben, ist Hehl, wie er
schon in seiner evangelischen Garnison-
kirche in Hannover gezeigt hat, ein Anhänger
des frühromanischen Stils, den er mit grosser
Strenge und Reinheit behandelt. Ihn hat
er auch für die Herz Jesu-Kirche bevorzugt,
und er konnte sich um so eher den Ver-
lockungen einer lebhaft malerischen Gruppierung entziehen, als der zur Verfügung
gestellte Bauplatz keine von allen Seiten freie
Bauanlage gestattete.

Der vordere Teil des Platzes, auf dem
sich die Kirche jetzt erhebt, liegt an der
Strassenfront, zwischen gewöhnlichen Mietshäusern eingezwängt. Der Architekt musste
also den Schwerpunkt auf eine würdige
Gestaltung der Strassenfront legen. Seine
Aufgabe wurde aber noch dadurch erschwert, dass an die Kirchenfront noch ein
Nebengebäude anzuschliessen war, das aus
Rentabilitätsrücksichten zum grössten Teil
zu Mietswohnungen eingerichtet werden
musste, ausser diesen aber auch die Wohnung
des Pfarrers enthält, die mit der Kirche
unmittelbar in Verbindung gesetzt worden
ist. Unsere Abbildung 4 zeigt, mit welchem
Geschick sich der Architekt aus der Ver-
legenheit gezogen hat, die ihm das kompli-
zierte Bauprogramm bereitet hat. Er hat
die Kirchenfassade durch grosse monumentale Linien von dem Nebengebäude gesondert, dieses aber, wenn auch in der
gebotenen, bescheidenen Unterordnung,
stilistisch mit den leitenden Motiven der
Kirche in Zusammenhang gebracht, so dass
man wohl von einem künstlerischen Organismus von einheitlicher Wirkung reden kann.
Der westliche, das Geläut enthaltende Haupt-
turm, der die ganze Baugruppe beherrscht,
ist etwa 55 Meter, der östliche Nebenturm,
dem eine etwa 6 Meter hohe Apsis mit
Eingang vorgelegt ist, etwa 25 Meter hoch.
Durch die verschiedenartige Höhe der
Türme hat der Architekt ein Motiv gefunden, durch das die nächste Umgebung
der Strasse ungemein wirkungsvoll be-

herrscht wird.   Für die Bekleidung der
Fassade ist, zum ersten Mal in Berlin,
rohbehauener grauer Kalkstein aus Hildesheim, für die einzelnen Architekturglieder
und für die ornamentalen Teile weisser
Sandstein verwendet worden.

Durch das von Säulen getragene Hauptportal gelangt man zunächst in eine Vorhalle, von der rechts eine Thür zur Tauf-
kapelle, links eine Thür in den kleineren
Turm zur Orgelempore und geradezu die
besonders reich ausgestattete Hauptthür in
den Kirchenraum führt. Die Bogenfelder
über den Thüren sind mit Reliefs von
Professor F. HARTZER geschmückt, auf
denen man Christus als guten Hirten,
Johannes den Täufer, die hl. Hedwig, den
hl. Bonifacius und den englischen Gruss sieht.

Das Innere der Kirche (Abb. 5) stellt
sich als eine dreischiffige Basilika dar,
deren Mittelschiff 12 Meter breit ist, während
die Seitenschiffe nur eine Breite von 4 Meter
bei 7,5 Metern Höhe haben. Durch diese
Einteilung ist das Mittelschiff, das mit
einem Tonnengewölbe überdeckt ist, das
in der Vierung von einer hochaufsteigenden
Kuppel unterbrochen wird, zu einer starken
monumentalen Wirkung gebracht worden.
Die Kuppelwölbung ist von 16 Fenstern
durchbrochen, die dem Inneren reiches Licht
zuführen. Wenn das Licht jetzt noch etwas
grell und hart wirkt, so liegt es an den weiss-
getünchten Wänden, die zur Zeit noch des
von dem Erbauer geplanten malerischen
Schmucks entbehren. Professor Hehl hat dafür bereits einen detaillierten Entwurf ausgearbeitet, dessen Gesamtwirkung er in einem
Aquarell dargestellt hat, das unsere Leser
durch eine Reproduktion in Heft III des
ersten Jahrgangs unserer Zeitschrift kennen
gelernt haben. Mit der Ausmalung der Kirche
wird begonnen werden, wenn sie völlig
ausgetrocknet ist. Die Arbeit wird etwa zwei
Jahre in Anspruch nehmen. Der Chor des
Mittelschiffs und die Chöre der Seitenschiffe
sind halbkreisförmig abgeschlossen.

Eine originelle Neuerung ist die in der
Nische des Hauptchors in einer Höhe von

Abbildung 6.

Kanzel der Herz Jesu-Kirche. Architekt CHR. HEHL, Charlottenburg.

etwa 5 Metern über dem Fussboden angebrachte Galerie, die durch die Anlage
eines verdeckten, zur Sakristei führenden
Ganges entstanden und dadurch erreicht
worden ist, dass der untere Teil der
Chornische einen anderen Radius (halben
Durchmesser eines Kreises) hat als der
obere. Diese Galerie kann bei hohen
kirchlichen Festen zur Ausstellung des
Allerheiligsten benutzt werden oder auch
zur Aufnahme eines Sängerchors dienen.
Die Kapitäle der Säulen, welche die Wände
des Mittelschiffs und der Vierung tragen,
sind sämtlich verschieden gebildet. In
ihr Blattwerk sind Symbole eingefügt, die
sich bei den dem Hauptaltar zunächst

stehenden auf das Leiden Christi, bei den
anderen auf die sieben Sakramente und
andere Glaubenssätze der katholischen
Kirche beziehen (Abb. 2 u. 3). Für diese
Kapitäle wie für alle übrigen Schmuckteile
der Kirche, für den zur Zeit noch nicht
vollendeten Hochaltar, für die Kanzel u. s. w.
sind alle Zeichnungen nach den Entwürfen
des Erbauers in dessen Atelier in natürlicher Grösse angefertigt worden. — Die
Kanzel (Abb. 6) zeigt an der Brüstung in
Hochrelief die Halbfiguren Christi und der
beiden Apostelfürsten, die Professor GEYER
ausgeführt hat. Unter der Kanzel befindet
sich eine durch einen Bogen abgeschlossene
Nische, die ein Relief enthält, das den

zwölfjährigen Jesusknaben im Tempel darstellt.

Unter dem ganzen Bau zieht sich eine ebenfalls zu gottesdienstlichen Zwecken eingerichtete Krypta hin, die mit dem oberen Kirchenraum durch eine Treppe in Verbindung steht und Raum für 500 Personen bietet. Das Gestühl in der oberen Kirche hat 367 Sitzplätze; im Ganzen kann die Kirche jedoch etwa 2000 Personen fassen. Die Sandsteinarbeiten für Kirche und

Pfarrhaus sind sämtlich von Hofsteinmetzmeister CARL SCHILLING, die schmiedeeisernen Beschläge der Thüren, deren eigenartige Ornamentik sich ebenfalls eng an die strengen Formen des frühromanischen Stils anschliesst (Abb. 26 28), von den Schlossermeistern GOLDE in Charlottenburg und VON DER MARWITZ in Berlin ausgeführt worden.

Die Baukosten beliefen sich auf etwa 500 000 Mark.

Abbildung 7.

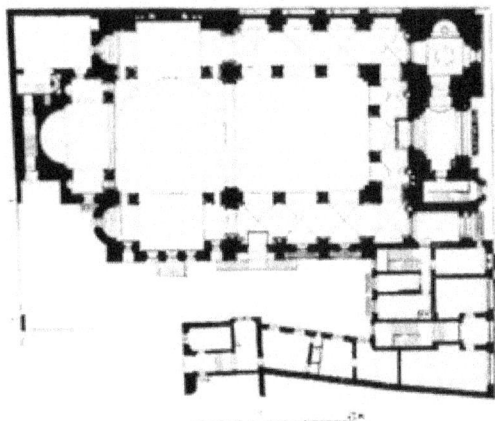

Situationsplan und Grundriss der Herz Jesu-Kirche. Architekt CHR. HEHL, Charlottenburg.

Kunstanstalt von Ernst Wasmuth, Berlin

Abbildung 9.

Ruder-sportliche Vereinigung „Wiking", Nieder-Schönwelde. Wandmalerei im Vestibül.
Entworfen und ausgeführt von Prof. ECKMANN und seinen Schülern.

OTTO ECKMANN.

Es sind erst sechs bis sieben Jahre vergangen, seit die Selbstgenügsamkeit der deutschen Kunstgewerbler zum ersten Mal durch die Kunde von der Arbeit und den Erfolgen der dekorativen Künstler Englands erschüttert wurde. Die Freunde des deutschen Kunsthandwerks, die es damals wagten, auf die dort erprobten Methoden hinzuweisen, haben manchen Vorwurf hören müssen. Sie mochten hundertmal betonen, dass sie nicht die Aeusserlichkeiten, nicht die zufälligen Modeformen der Engländer empfehlen, sondern die gesunden Grundsätze und die künstlerisch freiere Arbeitsweise, dass es nicht auf das Was, sondern auf das Wie ankomme; sie mussten es sich doch gefallen lassen, als blinde Lobredner alles Ausländischen verhöhnt und als Schädiger der heimischen Arbeit verklagt zu werden. Auch waren die ersten Wirkungen, wenn auch vorauszusehen und bei dem heutigen Betriebe unseres Kunstgewerbes unabänderlich, doch nicht eben erfreulich. Unsere Handwerker in ihrem tüchtigen, aber etwas engen Wesen und die Industrie mit ihren behenden Atelierkräften griffen das Englische als Tagesparole auf,

so wie sie eben den Schlüterstil, das Rococo und das Empire vernutzt hatten, voran alle Aeusserlichkeiten und Zufälligkeiten. Die Möbelabteilung der Berliner Gewerbe-Ausstellung 1896 mit ihren Sheraton-Mobiliaren u. A. gab einen traurigen Begriff von der Unselbständigkeit gewisser Kreise. Ueberdies sorgte der geschäftige Zwischenhandel, bei dem das Wort „Deutsch" erst da anzufangen pflegt, wo es etwas daran zu verdienen giebt, für einen übertriebenen und überflüssigen Import englischen Mittelguts.

Und doch hat die Kur gewirkt, schneller, als man hatte hoffen können. Gerade die wachsende Einfuhr kunstindustrieller Ware hat manchen Beteiligten aufgerüttelt, der für Geschmacksfragen nur ein Achselzucken übrig hat. Nur sieht man in diesen Kreisen noch selten ein, worauf es bei der sogenannten neuen Bewegung im Kunstgewerbe wirklich ankommt. Es ist unbequem, sich einzugestehen, dass es nicht mit der Verwendung einiger neuen Motive gethan ist, sondern dass es eine Frage der Organisation und besonders der Personen ist. Im Verlaufe der letzten dreissig Jahre hatte das Kunstgewerbe sich eine Fülle

Abbildung 9.

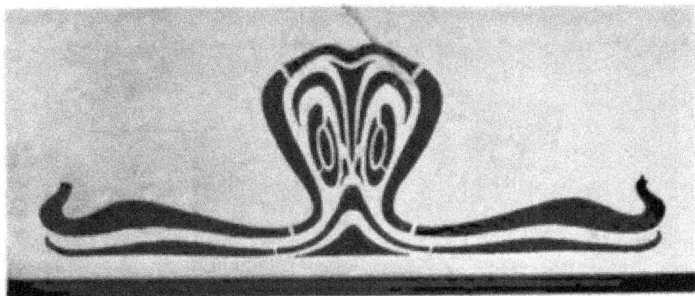

Rudersportliche Vereinigung „Wiking", Nieder-Schöneweide. Wandmalerei im Vestibül
Entworfen und ausgeführt von Prof. ECKMANN und seinen Schülern.

eigener Organe geschaffen, die Museen, die
Schulen, die Zeitschriften, die Vereine; es
war ein besonderer Beruf geworden, hatte
sich selbst eine grosse Zahl von Kräften
geschult und bildete sich allmählich ein,
seinen ganzen künstlerischen Bedarf aus
diesem eigenen Bereich decken zu können.
Man vergass gern, dass in den sechziger
und siebziger Jahren die verschiedenen
Handwerkszweige nur durch die thatkräftige
Mitarbeit und Führung der Künstler, mass-
gebender Architekten und umfassend veranlagter Maler und Bildhauer, zur Kunst er-
zogen worden waren; ja selbst der Uebergang von den Formen der deutschen
Renaissance zu dem wuchtigeren Barockstil,
wie er sich in den achtziger Jahren vollzog,
knüpft sich an ganz bestimmte Künstler an,
die in der freien Luft der monumentalen
Künste gross geworden waren. Wenn jetzt
unsere Fabrikanten glaubten, alle ihre Aufgaben mit den Zöglingen der Kunstgewerbeschulen, den Möbel- und Musterzeichnern,
lösen zu können, so war es kein Wunder,
dass sie bei dem Wettbewerb mit den von
Künstlern geleiteten Industrien des Aus-
landes den Kürzeren zogen. Unser Handwerk war in besserer Lage, weil es meist
noch unter der Zucht der Architekten stand,
mit denen es am Bau und bei der Dekoration zusammen arbeitete.

Wer mit den besseren kunstgewerblichen
Kräften Fühlung hält, mit den vielen thätigen
und tüchtigen Jünglingen und Männern, die
nach meist arbeitsschwerer Jugend einige
kurze Jahre mittelst mühsamer Ersparnisse
oder kärglicher Stipendien die Fachklasse
einer Kunstgewerbeschule haben besuchen
können, der kann es aus ihrem eigenen
Munde hören, wie wenig ihnen oft die dort
gefundene Bildung genügt. Ihre Vorbe-
reitung war unzulänglich, die Schulzeit zu
kurz, die Belehrung vorwiegend auf das
engere Fach und das Spezialstudium beschränkt; haben sie nun noch das Unglück,
veralteten Methoden und schwächlichen
Lehrkräften anheimzufallen, so reicht das
Gelernte allerdings nicht hin, um unserm
Kunstgewerbe einen wirklich neuen, frischen
Nachwuchs zu geben.

Im Gegensatz dazu hatte in England gerade die Industrie es verstanden, freiere
künstlerische Kräfte in ihren Dienst zu
ziehen, Männer, die an den Aufgaben der
grossen Kunst herangebildet waren und
sich an ihnen täglich frisch erhielten; geschlossene Persönlichkeiten, die mit den
besser situierten Gesellschaftsklassen ver-
wachsen waren und die Ansprüche des
Hauses und des täglichen Lebens kannten,
ohne sie in falschem Prunk zu suchen; fein-
sinnige Kenner der Natur, die diesen Jung-

Abbildung 10

Rudersportliche Vereinigung „Wiking“, Nieder-Schönweide. Ansicht nach dem Wasser.
Architekt W. Rettig, Berlin.

Abbildung 11.

Rudersportliche Vereinigung „Wiking", Nieder-Schöneweide   Fries im Klubzimmer
Entworfen und ausgeführt von Prof. Eckmann und seinen Schülern.

brunnen selbständig auffassen und zu neuen
Formenbildungen verwerten konnten. Unter
der Leitung solcher Persönlichkeiten hat
die englische Kunstindustrie ihren Sieges-
zug über alle kunstübenden Länder Europas
gehalten.

Diese Sachlage zu erkennen und ihr
Rechnung zu tragen, ist heute die wichtigste
Pflicht unseres Kunstgewerbes. Es gilt,
dekorative Künstler von starker Eigenart
und sicherer Begabung zu finden und zur
dauernden Mitarbeit zu gewinnen. Nur
solche Persönlichkeiten können die schwierigen Aufgaben unserer Zeit in langsamer,
nachhaltiger Arbeit fördern und sie vielleicht nach Jahren der endgiltigen Lösung
entgegenführen. Es liegt ja auf der Hand,
wie ernst die Ansprüche unserer Tage geworden sind gegenüber dem, was noch der
vorigen Generation genügen durfte. Vor
dreissig Jahren war es ein hohes Verdienst,
einen schönen Renaissanceschrank getreu-
lich zu kopieren; vor fünfzehn Jahren galt
als Meister, wer ein altes Rococo-Orna-
ment nach einer guten Photographie wieder
lebendig zu machen wusste. Heute wissen
wir, dass es nicht mit der Nachbildung der
alten Vorbilder, weder der ganzen Geräte,
noch der einzelnen Ornamente, gethan ist;
wir verlangen, dass der Gegenstand aus
unseren Lebensgewohnheiten heraus gestaltet sei, den heute verfügbaren Materialien und den oft komplizierten modernen
Techniken entspreche, und dass auch die

Zierformen aus neuem Geiste geboren seien.
Nur als Anregung, als Wegweiser können
uns die alten Vorbilder dienen; im Einzelnen müssen wir uns unsere Wege selber
bahnen.

Wie vielseitig also sind die Ansprüche,
die sich heute dem wirklichen Erfinder auf-
drängen; wie vieles muss sich in einer
Persönlichkeit zusammenfinden, ehe auch
nur die eine oder andere der heutigen
Aufgaben einigermassen abgerundet zur
Lösung kommt. Wer unter Künstlern lebt,
weiss ja, wie verschieden die Begabungen
sind: bei dem Einen die Tiefe und Fülle
der Phantasie, bei dem Andern der durchdringende Blick für die Erscheinungswelt;
bei diesem wiegt die Kraft der Zeichnung,
bei jenem die Glut des Kolorits oder die
Empfindung für Ton und Stimmung der
Farben vor; auch bei den Architekten oder
Ornamentisten hier der nüchterne Sinn für
das Praktische, das strenge, tektonische
Bewusstsein, dort die sprudelnde Laune und
der geistsprühende Uebermut. Wir sind es
gewohnt, diesen Wesenseigenheiten bei dem
Maler und Bildhauer, seltener schon bei
dem Baukünstler nachzugehen; wir werden
uns erst allmählich daran gewöhnen, auch
die dekorativen Erfinder auf ihre angeborene
Begabung anzusehen, sie danach schalten
zu lassen und uns gerade an der Verschiedenheit der Charaktere zu erbauen. Heute
wird solche teilnehmende, auf wahrer Achtung beruhende Schätzung den Bemühungen

Abbildung 12.

Rudersport-
liche
Vereinigung
„Wiking",
Nieder-
Schönweide.
Wasser-
pavillon.
Architekt
W. RETTIG,
Berlin.

Abbildung 13.

Rudersport-
liche
Vereinigung
„Wiking",
Nieder-
Schönweide.
Eingangs-
seite.
Architekt
W. RETTIG,
Berlin.

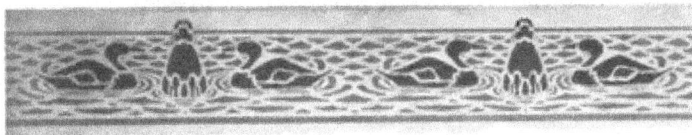

Reichsgenossische Vereinigung „Wiking", Nieder-Schönweide. Fries im Wasserpavillon.
Entworfen und ausgeführt von Prof. ECKMANN und seinen Schülern.

der dekorativen Künstler noch selten zu Teil. Hier fühlt sich ein jeder zum Kritiker berufen, auch wer künstlerische Bildung genug besitzt, um den Werken der Maler und Bildhauer gegenüber sich vorsichtig zurückzuhalten; ein Beweis, wie niedrig die zierende Kunst und die Arbeit an ihr heute noch eingeschätzt zu werden pflegen. Wer es heute für seine Pflicht hält, die neu auftretenden Kräfte zu beobachten und der Industrie oder dem Publikum zu gemeinsamem Wirken bekannt zu machen, findet nicht überall Dank; bald fühlen sich die älteren kunstgewerblichen Kreise gekränkt oder glauben gar in ihrem Verdienst beeinträchtigt zu werden, während doch die Vertiefung und Gesundung unserer deutschen Kunst allen Mitarbeitern zu Gute kommen muss; bald sind es selbst Genossen von der sogenannten hohen Kunst, die sich noch nicht daran gewöhnen können, dass nun auch der dekorative Künstler das Recht seiner Persönlichkeit beansprucht. Daneben hat freilich auch der Uebereifer, mit dem sich manche künstlerisch unberufenen und urteilslosen Literaten als Propheten jegliches Neuen aufgedrängt haben, der guten Sache schlecht gedient.

Und doch kann man auf die Fortschritte, die die Arbeit frischer Künstler im deutschen Kunstgewerbe in drei oder vier kurzen Jahren bewirkt hat, auf das rege Leben, das jetzt an den vielen deutschen Kunstcentren erblüht, nur mit Genugthuung blicken. Aus der papierenen Welt der Zeitschriften, in der die ersten Ansätze sich regten, haben die jungen Triebe sich überraschend schnell emporgereckt auch in das Bereich des Handwerks, dank der eigenen Initiative mutiger Künstler; schon hat hie und da ein über die Durchschnittseinsicht hinausragender Fabrikant sich auch die tiefere Kraft dieser neuen Bewegung, das Künstlertum, zu Nutze gemacht, während die breite Industrie sich mit gewohnter Behendigkeit auf die billige Nachahmung der Aeusserlichkeiten stürzt. Wir hoffen, dass die Zahl der Kräfte rüstig weiter wachse und dass von möglichst vielen Seiten brauchbarer Zuzug komme. Es ist so wünschenswert wie möglich, dass aus dem Handwerk selbst und seiner sicheren Tradition uns Persönlichkeiten zuwachsen, die die ererbte oder früh erlernte Grundlage mit freier Gestaltungskraft bebauen können; vor allem die Industrie wird solcher Mitarbeiter mehr und mehr benötigen. Die Mehrzahl der neuesten Erfinder ist von der akademischen Bildung ausgegangen; sie haben als Maler oder Bildhauer Auge und Sinn am Studium der Natur geübt, sind frei geblieben von dem Ballast kunstgewerblicher Ueberlieferung und stehen deshalb den heutigen Aufgaben unbefangen und sicherer gegenüber; gerade der Maler bedürfen wir heute, damit endlich die Farbe als ein Grundelement dekorativer Erfindung wieder in ihre Rechte eingesetzt werde. Die Architekten, die vor dreissig Jahren dem deutschen Kunstgewerbe die thätigsten Führer waren, sind, wie es scheint, zur Zeit durch die vielerlei Aufgaben der Monumentalkunst mehr als damals in Anspruch genommen; vielleicht ist auch die wesentlich formalistische Schulung auf den Bauakademien, die ja den Methoden der Kunstgewerbeschulen ähnelt, der richtigen Entfaltung praktischer Anlagen nicht günstig.

Künstlerische Vereinigung „Wiking", Nieder-Schönweide. Vestibül.
Entworfen und ausgeführt von Prof. ECKMANN und seinen Schülern.

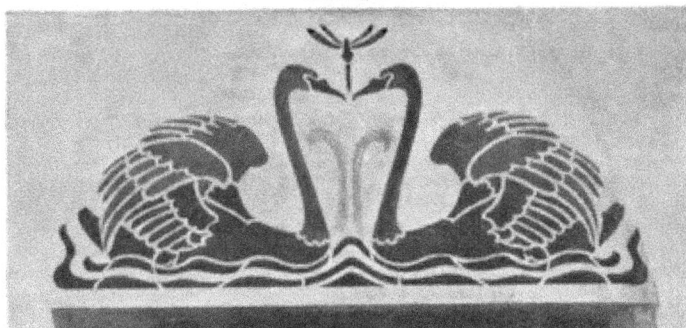

Rudersportliche Vereinigung „Wiking", Nieder-Schönweide   Thürbekrönung im I. Stock
Entworfen und ausgeführt von Prof. ECKMANN und seinen Schülern.

Unser junges Kunstgewerbe bedürfte dringend der tektonisch — nicht architektonisch — geschulten Kräfte. Im Ganzen freilich kommt es auf die Vorschule wenig an, sondern auf das angeborene Talent. Der sicherste Möbel- und Gerätzeichner in Deutschland scheint zur Zeit ein Münchener Maler, der nichts von Architektur gelernt hat. Es kommt darauf an, dass man solche Anlagen pflege und nutze, wo man sie findet. Wer den Einzelnen näher nachgeht, wird sich auch durch den Genuss belohnt finden, in gewissen Persönlichkeiten selbst die künstlerisch so kostbare Verschiedenheit der deutschen Stämme zu beobachten. Er wird dem phantasiereichen Süddeutschen, dem graziös tändelnden Wiener, dem herben Westfalen, dem energischen, bewussten Niedersachsen begegnen.

In solcher Gesinnung sollten die Freunde des deutschen Kunstgewerbes auch die Arbeit des Künstlers verfolgen, von dem das vorliegende Heft eine Reihe von Proben bringt. Nach alle dem, was die vielerlei Fachzeitschriften über Otto Eckmann's Wirken gebracht haben, ist es kaum nötig, viel im Einzelnen zu sagen. An dem frischen Zuge, den das deutsche Kunstgewerbe jetzt durchweht, hat er von Anfang an den grössten Anteil; wie rüstig

wir vorwärts schreiten, stellt man sich am besten vor Augen, wenn man sich erinnert, dass erst im Jahre 1895 der damals dreissigjährige Hamburger seine frühesten überraschenden Pflanzengestaltungen im Pan ans Licht brachte, dass er 1896 die ersten Arbeiten für die Praxis, zunächst die Textilkunst, schuf, dass er erst im Herbst 1897 als Lehrer in die Berliner Kunstgewerbeschule eingetreten ist, und dass seine Thätigkeit sich heute auf einen Umkreis fester Aufgaben und kunstsuchender Techniken erstreckt, wie sie im deutschen Kunstgewerbe sich bisher kaum in einem Atelier zusammengefunden haben. Dieses Vertrauen so vieler Kreise hat er sich nicht von heute auf morgen, sondern in schrittweiser Arbeit erobert. Als er von der Malerei, die er ein Jahrzehnt lang lernend und gestaltend geübt hatte, zu den angewandten Künsten überging, wählte er zunächst den Farbenholzschnitt nach Art der Japaner, bei dem nicht nur die Kunst, sondern alles Technische, das Schneiden der Stöcke und die Herstellung der Abdrücke, in seiner Hand lag. Wie er vom Technischen ausging, um neue Kunst darauf zu pflanzen, zeigten die Buntpapiere, die er sich eigenhändig hergestellt und mit originellsten Mitteln gemustert hatte. Als der Pan und die Jugend seine ornamentalen Schöpfungen brachten, war es allen Einsichtigen klar, dass hier aus sicherster Anschauung und gründlichstem Studium der Natur heraus das natürliche Wachstum und das persönliche Wesen der Pflanze zu grosszügigem, launigem Zierrat verarbeitet war, und dass hier eine starke Persönlichkeit auftrat, die wir getrost den selbständigsten dekorativen Kräften des Auslands an die Seite stellen konnten. Dann kamen die Entwürfe für die Wirkereien von Scherrebek und für die Knüpfteppiche von Kneusels, überraschend durch den kühnen Mut der Massstäbe, überzeugend durch die kraftvolle Harmonie der Farben, lehrreich auch durch die Art, wie sie aus sicherem Verständnis für die Technik und aus genauer Anschauung der Materialien entstanden. Nach derselben Methode sind auch die Tapeten für die Firma H. Engelhard in Mannheim bearbeitet worden; jede einzelne Farbenstimmung in allen Stücken von der Hand des Künstlers hergerichtet. Teils im Zusammenhang mit der Dekoration ganzer Räume, teils auf Wunsch der betreffenden Industriellen oder privater Besteller hat der Künstler seither auch eine ganze Reihe von Aufgaben mehr tektonischer Art — Möbel, Metallgeräte, Keramik, Glas u. a. — in Angriff genommen.

Wer ECKMANNs Treffsicherheit in der Flächendekoration auch an Malereien grösseren Massstabes kennen lernen will, wird an den vielerlei Motiven in dem anziehenden Ruderklubhaus „Wiking" in Nieder-Schönweide bei Berlin, der frischen Schöpfung des Oberbaurats RETTIG, Freude haben (Abb. 8—16). Hier hat der Künstler gezeigt, dass er mit Fug an die Spitze einer Klasse von Dekorationsmalern gestellt worden ist. Ich glaube, dass auch der Weg, den er dort als Lehrer einschlägt,

der Verwaltung der Unterrichtsanstalt, die als erste den Mut hatte, einen „Modernen" als kunstgewerblichen Lehrer zu berufen. Recht geben wird. Er geht von dem Einfachsten aus, was der Dekorationsmaler beherrschen muss, dem Flächenornament; nachdem dieses an Friesen und grösseren Flächen geübt worden ist, wird das Ganze der Wand und der Decke als koloristische Einheit bearbeitet. Allein wer heute Räume dekorieren will, der darf sich nicht auf die Malarbeit beschränken; er muss im Stande sein, auch den Raum im Ganzen mit allem seinem Inhalt aufzufassen und zu gestalten; er muss die technischen und formalen Bedingungen auch der Tapeten, der Stoffe, der Holzarbeit verstehen. In diesem Sinne den Maler als massgebenden Dekorator wieder in seine Rechte einzusetzen, die ihm bislang der Tapezierer vorenthielt, ist eines der Ziele, die sich der Lehrer Eckmann gesetzt hat. Dass er von jedem seiner Schüler tägliche Uebung im Aktzeichnen verlangt, scheint uns heute fast schon selbstverständlich, obwohl diese Grundbedingung aller Künstlerzucht erst seit seinem Lehrbeginn im richtigen Umfang erfüllt worden ist.

Möge es dem Rastlosen gelingen, seinen Schülern möglichst viel von den Anlagen zu übermitteln, deren seltene Vereinigung heute dem kunstgewerblichen Erfinder nötig ist, die praktische Einsicht, die sich vor allem bei dem Entwurf von Möbeln und Geräten zu bethätigen hat, die Liebe für das Material, das Verständnis für die Technik und endlich die seltene Gabe, die Natur treu zu erforschen und doch frei zu gestalten. Es wird die Sache der Architekten sein, diesen Tendenzen auch im Zusammenhang der Baukunst immer freieren Raum zu schaffen.

Peter Jessen.

Abbildung 17.

Fassadendetail

vom

Wohnhaus

Markgrafenstr. 101.

Architekt

A. LIEBENERR,

Berlin,

erbaut

1897 bis 1898.

Im

2. Quergebäude

ist eine 10 klassige

Mädchenschule

nebst

Turnhalle

und

Zeichensaal

(zugleich Aula)

eingebaut.

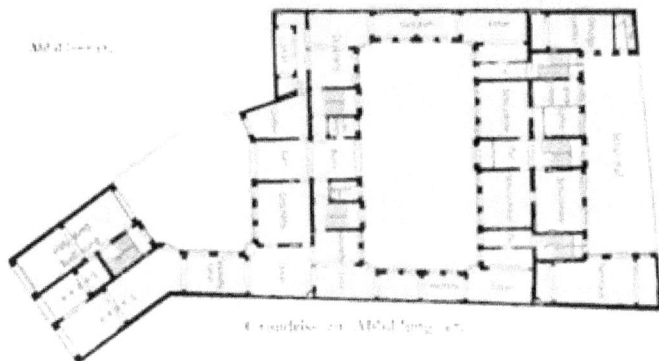

Grundriss zu Abbildung 17.

Abbildung 19.

Wohnhaus Gitschinerstrasse, Ecke Alexandrinenstrasse. Architekt PAUL HOFFE, Berlin.
Putzbau. Baukosten 360 000 Mark.

Abbildung 20.   Abbildung 21.

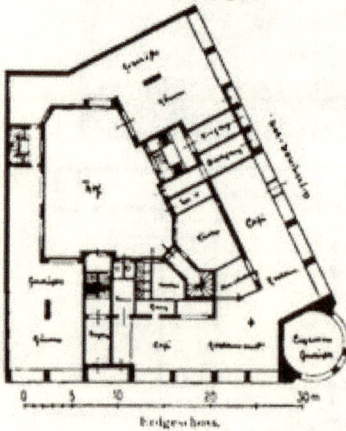   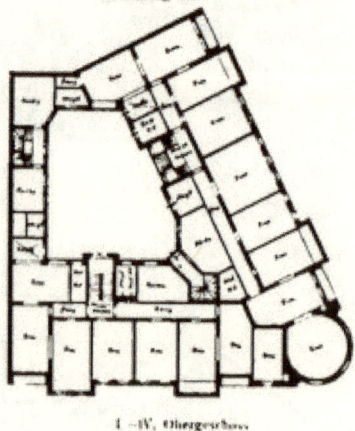

Erdgeschoss.   I.—IV. Obergeschoss.

Grundrisse zu Abbildung 19.

Abbildung 22.

Fassadendetail vom Kaufhaus Börse, Neue Promenade 4.   Architekt A. HAUPT, Berlin

ZU UNSEREN BILDERN.

Unter den Künstlern, die seit dem Ende der siebenziger Jahre den Horizont der Berliner Malerei durch Studienreisen nach den Mittelpunkten der modernen Kunstbewegung, nach Paris, Belgien und Holland zu erweitern begannen und die dort erworbenen technischen Fertigkeiten in die Heimat überführten, steht FRANZ SKARBINA in erster Reihe. Dem einstigen Schüler Julius Schraders waren die künstlerischen Ausdrucksmittel der älteren Berliner Schule schon frühzeitig zu eng und karg geworden. Er hatte zwar später in Adolf Menzel ein Vorbild gefunden, das ihn auf die Bedeutung des Individuellen für die Kunst, auf die gewaltige Macht hinwies, die dem Künstler aus Mannigfaltigkeit, Tiefe und Energie der Charakteristik erwachsen kann. Wer aber einen Menzel übertrumpfen will und diese Sucht schlummert wohl insgeheim in allen jungen Künstlern, die den Hahnen jenes grossen Mannes folgen –, der entgeht selten der Gefahr, in die Uebertreibung des Charakteristischen zu verfallen. Auch Skarbina ist an dieser Gefahr nicht vorübergekommen; er hat sie aber noch frühzeitig genug erkannt, um sich auf ein anderes Gebiet zu retten. Er fand es, indem er die einzelne Erscheinung einer malerischen Gesamtwirkung unterordnete, und in der Betonung des rein malerischen Elements hat er allgemach den Schwerpunkt seines Schaffens erkannt. Ihn reizt nur das Malerische, gleichviel wo er es findet, und alle Ausdrucksmittel sind ihm gleich, wenn er nur dem Eindruck gerecht werden kann, den sein für die feinsten koloristischen Stimmungen empfindliches Auge aufgenommen hat. Er war einer der ersten, der das Körnchen Wahrheit, das in den Bestrebungen der französischen Impressionisten und Hellmaler steckt, erkannt hatte, und als die neue Weisheit mit lautem

Geschrei auf allen Gassen verkündet wurde, hatte er längst das Gute, das sie mit sich brachte, verarbeitet und in sich aufgenommen. Er hat das Leben auf den Pariser Boulevards mit gleicher Lebendigkeit und Farbenfrische wie die Impressionisten, aber mit grösserer Wahrheit geschildert und ohne die finstere Pedanterie, die sich in ein bestimmtes System verbissen hat und weder rechts noch links sicht. Er hat dann Bilder aus dem bunten Treiben auf den Berliner Strassen und Plätzen gemalt, die uns erst die Augen über die reichen malerischen Schätze geöffnet haben, die in unserem anscheinend so prosaischen Alltagsleben zu allen Tages- und Jahreszeiten verborgen sind. Auch dabei war ihm der Gegenstand gleichgiltig, der malerische Reiz die Hauptsache. Er hat das genussfrohe Leben der oberen Gesellschaftskreise, der

Abbildung 23.

Detail vom Atelierneubau
OTTO LESSING,
Villenkolonie Grunewald,
Wangenheimstrasse.
Architekten J. VOLLMER
und H. JASSOY, Berlin.

Abbildung 14.

Fassadendetail vom Hause
Unter den Linden 45
Architekt H. JASSOY, Berlin.
Die Dekoration sollte speziell
auf die Erzeugnisse
der Heller'schen Firma
(Beleuchtungskörper)
hinweisen.
Im Rankenwerk
sind ca. 200 Glühlampen,
ausserdem an der Fassade
noch 5 Bogenlampen angebracht
worden.
Schmiedeeisen,
polychrom behandelt,
ausgeführt von PAUL MARCUS,
Berlin.

wohlhabenden Nichtsthuer, das geschäftige Treiben der arbeitenden Klassen in Stadt und Land, der Fabrikarbeiter und der Feldarbeiter, aber auch das Elend des Proletariats, der Enterbten, Verlassenen und Hettler geschildert, und bisweilen ist ihm bei seiner Arbeit das Herz so übergegangen, dass manche seiner Bilder stumme Vorwürfe, auch harte Anklagen enthalten. Er hat dadurch manchen Widerspruch, auch manche dauernde Abneigung hervorgerufen, mehr aber noch durch die Form seiner Darstellungen, bei denen er der modernen Freiheit in der malerischen Bewegung bisweilen mehr nachgegeben hat, als sich mit einem Kunstwerk zu vertragen scheint, das doch immer mehr oder weniger mit dem Begriff des Vollendeten, Fertigen zu rechnen hat.

Man wird sich aber mit der Zeit daran gewöhnen müssen, an einen modernen Künstler einen ganz anderen Maassstab zu legen, als ihn uns das Studium der Kunst-geschichte der Vergangenheit, namentlich auch der Kunst der letzten Jahrzehnte bis 1880 an die Hand gegeben hat. Je mehr das moderne Leben in die Breite gegangen ist, je mehr es die Standesunterschiede verschoben und verwischt, den geistigen und physischen Gesichtskreis erweitert hat, desto mehr ist auch die Kunst des Malers, die diese vielgestaltige Welt von Gesamtbildern und Einzelerscheinungen umspannen will, gezwungen worden, die Fülle der auf ihn eindringenden Bilder mit raschem Griff festzuhalten und sich dabei oft mit dem Ungefähr des malerischen Gesamteindrucks zu begnügen. Aus dieser herben Notwendigkeit schnellen Schaffens erklärt sich die Skizzenhaftigkeit vieler moderner Bilder, die bisweilen auch der gewissenhafteste Künstler nicht vermeiden kann. Auf der anderen Seite erwächst daraus aber auch der Vorzug einer Frische, Lebendigkeit und Wahrheit, die die ältere Kunst in ihrer pedantischen Bedächtigkeit selten oder niemals erreicht hat, und dieser Vorzug gehört zu den schätzbarsten Eigenschaften der „Augenblicksbilder" Skarbinas, wie man seine stets mit der grössten Virtuosität des Pinsels auf Leinwand oder Papier fixierten Ausschnitte aus dem modernen Leben nennen darf.

Skarbina, der erste seines Zieles bewusste Bahnbrecher der modernen Kunst in Berlin, ist zugleich ihr vielseitigster Vertreter. Aber nicht bloss durch seine Vielseitigkeit unterscheidet er sich von der grossen Zahl seiner gleichstrebenden Genossen, sondern auch durch grössere Tiefe der Empfindung, durch einen stärkeren Stimmungsgehalt und durch einen feinen poetischen Zug, der besonders in seinen landschaftlichen Schöpfungen mehr und mehr zum Ausdruck gelangt ist. Damit tritt er in Gegensatz zu der kalten, schroffen Einseitigkeit eines Liebermann, während ihn sein kräftig entwickeltes Naturgefühl davor schützt, in die Manieriertheit eines Leistikow zu verfallen. Am stärksten ist diese Eigenart seiner Kunst neuerdings in der von zartestem Stimmungszauber umwobenen Landschaft „Am Mühlwasser" (Abb. 31) zum Ausdruck gekommen, mit der Skarbina auf der letzten Ausstellung der „Vereinigung der XI" vertreten war: eine wundersame Elegie auf den Abendfrieden, bei der die träumerische Stimmung der Natur ihren Widerklang in der Seele der einsamen Frauengestalt auf dem Steg zu finden scheint. In solchen Bildern zeigt Skarbina, der sich sonst willig auf den Wogen der internationalen Kunstbewegung treiben lässt, dass es seiner Kunst auch an einem national-germanischen Zuge nicht fehlt, an der Fähigkeit, in der Seele der Natur zu lesen.

Zu den „Elfern", die die Kunstwelt oft durch ihre kühnen Neuerungen und Verwegenheiten überrascht und verblüfft haben, gehört auch JACOB ALBERTS. Er hat aber keineswegs einen revolutionären Zug, wie

Abbildung 25.

Portal an der Gnadenkirche. Architekt M. SPITTA, Berlin.

die meisten seiner Genossen. Davor schützt ihn schon seine Herkunft aus dem deutschen Norden, dessen Bewohnern man kaltes Blut, Bedächtigkeit und langsames, aber scharfes und klares Denken nachrühmt. Obwohl er erst vor acht Jahren in die Oeffentlichkeit getreten ist, hat er sich schon in weiten Kreisen einen Namen gemacht, weil er ein wenig bekanntes Eckchen unseres Vaterlands der Kunst erschlossen hat. Er ist „der Maler der Halligen", der uns zuerst die Natur und die Menschen jener meerumbrausten, von der Welt abgeschlossenen Eilande geschildert hat, nach denen die See ihre gierigen Arme immer drohender ausstreckt. Er darf nach dem französischen Sprichworte von sich sagen: „Mein Glas ist zwar klein, aber ich trinke doch aus meinem eigenen Glase." Am 30. Juni 1860 in Westerhever bei Garding an der Westküste Schleswigs geboren, hat Alberts, dessen künstlerischer Trieb sich schon frühzeitig in der Nachbildung von Tieren regte, seine ersten Studien von 1880 bis 1882 in Düsseldorf und später in München gemacht, um den Elementen bereiten, von Arbeit und Wetter gestählten Bewohner wenig entsprochen. Für den herben Ernst, der auf Land und Leuten lastet, fand Alberts die richtige koloristische Ausdrucksform, indem er die Lokalfarben hart und trocken neben einander stellte. Was seine Bilder dadurch

Abbildung 16.

Schmiedeeiserne Beschläge des Hauptportals der Herr Jesu-Kirche.
Architekt: CHR. HEHL, Charlottenburg.

sie dann, nach längeren Studienreisen, von 1886 vier Jahre lang in Paris, besonders bei Jules Lefebvre und Benjamin Constant fortzusetzen. Er hat davon aber in seine Kunst weder die geschmeidige, flache Eleganz des Einen, noch das glühende leidenschaftliche Kolorit des Anderen übernommen. Beides hätte dem Charakter der Halligen und ihrer immer zum Kampf mit vielleicht an Reizen auf das Auge einbüssen, gewinnen sie an Wahrheit und Schärfe der Charakteristik, und als ein Charakterdarsteller von ungewöhnlicher Kraft in der Erfassung auch der feinsten physiognomischen Einzelheiten, die er aber mit echt künstlerischer Abwägung dem Gesamteindruck unterzuordnen weiss, bewährt er sich auch in seinen grossen Naturstudien nach Be-

Abbildung 27.

verzierten Geweben, in bemalten Wand-
fliesen, Möbeln und Hausgeräten vor Augen
führt. Mit gleicher Liebe, mit gleich feinem
Verständnis ist Alberts auch in die Natur
dieser Eilande, in ihre kargen Reize eingedrungen. Wo das gewöhnliche Auge nur
gelbgrauen, eintönigen Dünensand sieht,
findet sein scharfer Blick eine Fülle von
Tonnüancen heraus, die sein Pinsel mit er-
staunlicher Virtuosität wiederzugeben weiss,
und wenn die Hallig blüht, wenn sich die
sandigen Flächen mit einem Teppich von
Gras und zartfarbigen Blumen bedecken,
dann gewinnt auch das Kolorit des Künstlers
einen festlichen, heiteren Glanz, der gewöhnlich seinen Schilderungen ernsten Menschen-
daseins und ernster Natur fremd ist. —

Abbildung 28.

wohnern der Halligen, von denen unsere Abbildungen 33—35 einige Proben bieten.
Wie wenig von dieser starken Lebensfülle
verloren geht, wenn er diese Studien für
seine Gemälde verwertet, zeigt die Frauengestalt in der unter dem Namen „Königspesel" bekannten „guten Stube" eines Hauses
auf der Hallig Hooge, die Alberts auf einem
Gemälde dargestellt hat, das auf Kosten der
Provinz für das Museum in Kiel angekauft
worden ist (Abb. 32). Zur Erklärung des
Namens sei bemerkt, dass dieser Raum —
„Pesel" heisst im Friesischen „gute Stube"
— nach König Christian VIII. von Däne-
mark benannt worden ist, der, als er nach
einer hohen Sturmflut die Halligen besuchte,
drei Tage in diesem Zimmer gewohnt hat.
Es ist ein wahres Wunderwerk der Feinmalerei, zugleich ein kulturgeschichtliches
Denkmal, das uns mit grösster Treue die
künstlerischen Erzeugnisse von Alters her
geübten Hausfleisses in reich mit Bildwerk

Abbildung 27 u. 28.
Schmiedeeiserne Beschläge von Nebenportalen der
Herz Jesu-Kirche. Architekt CHR. HEHL, Charlottenburg.

B. A. W. II. 1.

4

FRITZ HEINEMANN, der Schöpfer der von höchster Lebensfülle durchdrungenen Halbfigur 'des Malers A. Normann und der anmutig bewegten Gestalt einer Tänzerin, die unsere Abbildungen 36 und 37 wiedergeben, hat sich unter den jüngeren Bildhauern Berlins durch sein frisches Naturgefühl und die Entschlossenheit, mit der er, unabhängig von der Ueberlieferung, Stoffe aus dem modernen Leben behandelt, schnell eine geachtete Stellung errungen. Am 1. Januar 1864 in Altena in Westfalen geboren, hat er seine erste Ausbildung in einem kunstgewerblichen Atelier in Nürnberg und auf der dortigen Kunstschule erhalten und hat dann die Berliner Akademie besucht, wo er eine Zeit lang Schüler Fritz

Abbildung 29.

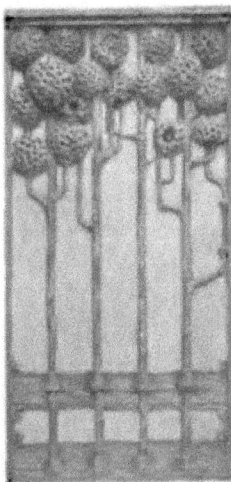

Kellerfenster nach dem Entwurfe des Architekten ARNO KORNIG, Berlin, modelliert in der Schlosserwarenmodellierklasse der Abteilung Ravenéstrasse des Gewerbesaals.

Schapers war. Schon in seinen ersten selbständigen Arbeiten sprach sich eine starke Neigung für das Individuelle aus, und diese wurde durch eine italienische Reise (1891/92) noch gefördert. Von Rom sandte er eine Gruppe „Mutter mit Kind" nach Berlin, die durch ihre einfach-natürliche Auffassung und durch den Ausdruck schlichter Empfindung ihm auf der Ausstellung von 1892 eine erste Auszeichnung, eine „ehrenvolle Erwähnung" einbrachte. Seitdem hat er sich schnell zu voller Freiheit in der Auffassung des modernen Lebens entwickelt, ohne jedoch dabei in naturalistische Ausschreitungen zu verfallen. In der lebensgrossen Gruppe „Heimkehr vom Felde", einer noch jugendlichen Mutter,

Abbildung 30.

Gartenzaun für die Villa Lessing, Villenkolonie Grunewald, Wangenheimstrasse.
Architekten J. VOLLMER und H. JASSOY, Berlin.

die, von der Feldarbeit heimkehrend, ihr kleines Bübchen auf dem rechten Arme trägt, während ein älteres Mädchen, neben ihr einherschreitend, sich an ihre linke Seite schmiegt, hat er vielmehr gezeigt, dass die naturalistisch treue Wiedergabe des wirklichen Lebens sich mit einem Hauch von Idealismus, von tiefer, edler Empfindung, die hier dem Glücksgefühl der Mutter entspringt, in glücklicher Harmonie verbinden kann. Die nackte Gestalt der Tänzerin, die, in Bronzeguss ausgeführt, in dem Foyer des Theaters des Westens aufgestellt ist, lässt erkennen, dass Heinemann sich auch mit Verständnis in das Studium der Antike versenkt und besonders der spätrömischen Kunst die

HARRO MAGNUSSEN in den Mittelpunkt des künstlerischen Interesses durch eine Schöpfung getreten, bei der das Publikum sowohl durch den Gegenstand als durch die ungewöhnliche Kraft der künstlerischen Darstellung und durch die Tiefe der seelischen Charakteristik gefesselt wurde. Es war die mit grosser technischer Virtuosität behandelte Marmorausführung eines vor sechs Jahren geschaffenen Gipsmodells, das den Philosophen von Sanssouci in seinen letzten Lebenstagen, im Krankenstuhle sitzend, in Gesellschaft seiner Windspiele, darstellt. Mit ergreifender Wahrheit hatte der Künstler in dem Antlitz des Königs alle Empfindungen wiedergespiegelt,

Abbildung 31.

„Am Mühlwasser". Von FRANZ SKARBINA, Berlin.

Grazie des Formenspiels rhythmisch bewegter Körper abgelauscht hat. · Heinemann, der sich ausser mit der Büste Normanns noch vielfach als Porträtbildner bewährt und auch dekorative Arbeiten für Bauten geschaffen hat (Abb. 38), ist seit einiger Zeit als Lehrer im figürlichen Modellieren an der Unterrichtsanstalt des Kunstgewerbemuseums thätig. ·

In den letzten Wochen ist der Bildhauer

die den Geist des Sterbenden beim Rückblick' auf sein Lebenswerk erfüllt und erschüttert haben mögen, die grauenvolle Erkenntnis, dass alles Menschenwerk nur eitel ist, dass dieses Leben nicht der Mühe verlohnt, gelebt zu werden, weil es gerade für den Hochstrebenden eine Kette bitterer Enttäuschungen ist. In der Charakteristik bedeutender und interessanter Menschen hatte Magnussen bald nach dem Beginn seines

Abbildung 31.

Königspesel auf der Hallig Hooge.   Von JACOB ALBERTS.

selbständigen künstlerischen Schaffens seinen Schwerpunkt gefunden und zunächst seine Begabung für die Erfassung des individuellen, geistigen Lebens in einer Anzahl von Büsten kundgethan, die sich durch einen stark malerischen Zug auszeichneten, der bisweilen noch durch Polychromie gesteigert wurde. Sein Bildungsgang hatte ihn darauf geführt. Im Jahre 1861 als Sohn eines Bildnismalers in Hamburg geboren, hatte er von diesem seinen ersten Unterricht erhalten und war 1882 nach München gegangen, um Maler zu werden. Erst 1888 entschied er sich für die Bildhauerkunst, und in Berlin fand er in Reinhold Begas den ihm zusagenden Lehrer, der ihn in der nächsten Zeit in seiner Neigung für das Malerische in der Plastik

noch mehr bestärkte. Nachdem er 1893 selbständig geworden, kam seine Kunstanschauung mehr und mehr zur Reife, und als ihm das Glück zu Teil wurde, auch mit monumentalen Arbeiten beauftragt zu werden, fand er bald das Gleichgewicht zwischen der Strenge der plastischen Gesetze und der zulässigen malerischen Freiheit. Dies hat er besonders in seinen Denkmälern für den Fürsten Bismarck in Kiel, Jever und anderen Orten und für den siebenbürgischen Reformator Honterus in Kronstadt bewährt. Aber auch im Leben des erfolgreichsten Porträtbildners treten nicht selten Momente ein, wo er das unbezwingliche Bedürfnis fühlt, sich im schrankenlosen Reiche der Phantasie zu ergehen oder seine Augen an der Schönheit des nackten

Menschenkörpers zu erfreuen. Aus dieser Sehnsucht, der sich auch Magnussen nicht entziehen konnte, sind zwei nackte Figuren entsprungen, die auf den erhobenen Händen Kugeln balancieren. Es sind Träger für elektrisches Licht, die für eine Villa bei Magdeburg bestimmt sind (Abb. 39 u. 40). In ihrer Körperbildung und in ihrer Bewegung verbinden sich Kraft und Anmut zu gefälliger Harmonie.

MAX BAUMBACH'S Kaiser Friedrich Barbarossa (Abb. 41) gehört zu den acht kolossalen Bronzestatuen, die zum Schmuck der südlichen Ein-

Abbildung 33.

gangshalle des Reichstagsgebäudes bestimmt sind. Der ernste architektonische Rahmen verlangte eine entsprechende Haltung. Der Künstler musste also das Hauptgewicht auf die Charakteristik des Angesichts legen, und es ist ihm auch gelungen, die unbeugsame Energie des tapferen Kaisers zum vollen Ausdruck zu bringen. Auch dieses Bildwerk ist von dem herben Ernst, dem Grundzug deutschen Wesens, durchdrungen, der für das grosse Werk Wallots bezeichnend ist und allen seinen Mitarbeitern als Leitmotiv gedient hat. *A. R.*

Abbildung 34.

Abbildung 33—35.
Studienköpfe
von
JACOB
ALBERTS.

Abbildung 35.

Abbildung 36.

Halbfigur des Malers A. Normann. Von Bildhauer
FRITZ HEINEMANN, Berlin.

CHRONIK AUS ALLEN LÄNDERN.

*Konkurrenz für einen Umschlag der
Berliner Architektur-Welt.* Der Verfasser
des Entwurfes mit dem Kennwort „Feuer"
wird gebeten, seinen Namen und Adresse
der Verlagshandlung ERNST WASMUTH,
Berlin W. 8, zu nennen.

* * *

∗ In der Sitzung des Deutschen Reichstags vom
1. März hat der Abgeordnete Dr. LIEBER die Forderung einer neuen Rate von 100000 M. zur weiteren
Ausschmückung des Reichstagsgebäudes genommen,
um heftige Angriffe gegen die Arbeiten
von zwei zur Ausschmückung herangezogenen Künstlern, dem Maler Professor FRANZ STUCK in München
und dem Bildhauer Professor ADOLF HILDEBRAND zu
richten, die nicht nur wegen ihrer beleidigenden
Form, sondern auch darum in der gesamten deutschen
Künstlerschaft eine starke Erregung hervorgerufen
haben, weil die Spitze dieser Angriffe unverkennbar
auf den Erbauer des Reichstagsgebäudes, Geheimen
Baurat Dr. WALLOT, zielte. Der Abgeordnete Dr.

Lieber hat denn auch, ohne den Widerspruch des
Hauses zu finden, gefordert, daß man mit der aus
geschichtlicher Dankbarkeit hinnehmenden Ueberlieferung brechen und den Baumeister nicht mehr
als Leiter der Ausschmückung mit einem jährlichen
Gehalt von 10000 Mk. beibehalten solle. Der Re-
gierungsvertreter, der zu der Angelegenheit das Wort
nahm, hat nur bemerkt, dass Wallot von Jahr zu
Jahr neu angenommen werde und dass seine letzte
Annahmefrist am 31. März ablaufe. Es scheint also
wirklich die Absicht vorzuliegen, dem Schöpfer des
Reichstagshauses die weitere Leitung der künstlerischen Ausschmückung zu nehmen, die er in allen
Teilen wohl erwogen und mit dem baulichen Organismus in engsten Zusammenhang gebracht hat. Die
berufenen Vertreter der Münchener Künstlerschaft,
die durch die ohne jede sachliche Begründung vor-
gebrachten Verunglimpfungen der Arbeit Franz Stucks,
eines Deckengemäldes in der Wandelhalle, am nächsten
beteiligt ist, haben in einem Briefe an Wallot diesem
eine grossartige Kundgebung ihrer Sympathie und
Wertschätzung bereitet und zugleich die feste Zuversicht ausgesprochen, dass die Mehrzahl der Mitglieder
des Reichstages einem Antrage auf Entsetzung
Wallots von seinem Amt als Leiter der künstleri-

Abbildung 37.

Tänzerin. Von Bildhauer FRITZ HEINEMANN, Berlin.

Abbildung 38.

Wasserspeier. Von Bildhauer FRITZ HEINEMANN, Berlin.

schen Ausschmückung des Gebäudes niemals zu-
stimmen und dass in anderen Falle kein deutscher
Künstler sich bereit finden lassen werde, die Stellung
einzunehmen, von der Wallot verdrängt worden. Auch
der Berliner Architektenverein, die „Vereinigung Berliner Architekten" und die Berliner Sezession haben
eine gleiche Kundgebung ihres Mitgefühls und ihres
Vertrauens an Wallot gerichtet.

Die Entrüstung der Künstler, die übrigens jeder
Unbefangene teilen wird, ist umso begreiflicher, als
kein Mitglied des Reichstages es für nötig gehalten,
sich der angegriffenen Künstler anzunehmen, die sich
nach Lage der Sache im Reichstage nicht selbst ver-
teidigen können. Der Abgeordnete Dr. Lieber hat
bei Besprechung des Gemäldes von Stuck Worte wie
„Schmierereien" und „Spongebereien von Dreck und
Feuer" gebraucht, und auch über die Arbeiten Hildebrands, zwei Steinurnen, die von je drei nackten
männlichen Gestalten getragen werden, hat er sich in
höhnischer Weise geäussert. Während das Gemälde
Stucks von der Ausschmückungskommission abgelehnt
worden ist, hat die Kommission die Urnen Hildebrands
angenommen. In beiden Fällen wäre es dringend zu
wünschen, dass die Arbeiten öffentlich ausgestellt
und so dem allgemeinen Urteil unterbreitet würden. Jedenfalls hat aber die deutsche Künstlerschaft das Recht und die Pflicht, mit voller Energie
gegen die wenig würdige Art zu protestieren, in
der eine künstlerische Angelegenheit von solcher
Bedeutung von einem Laien unter dem Schutze der
Immunität, die ihm sein Mandat verleiht, behandelt
worden ist.

* * *

· Der *Verband Deutscher Illustratoren*, der im
vorigen Frühjahr eine erste Ausstellung in den Räu-
men der Kgl. Akademie der Künste unternommen
hat, wird, durch ihren Erfolg ermutigt, in diesem Jahre
eine zweite Ausstellung veranstalten, und zwar im
Anschluss an die Grosse Berliner Kunstausstellung.
Die Ausstellungskommission der letzteren hat dem
Verbande einen Hauptsaal zur Verfügung gestellt.
Jedem Mitgliede wird mindestens ¾ Quadratmeter
Ausstellungsfläche gewährt; das Gesamtergebnis der
Einsendungen muss der Jury der grossen Kunstaus-
stellung unterbreitet werden.

* * *

* Einen *Ideenwettbewerb für den Gesamtplan der
Industrie- und Gewerbe-Ausstellung für Rheinland,
Westfalen* und benachbarte Bezirke in *Düsseldorf*
nest hat das provisorische Ausstellungs-Komitee mit
Termin zum 15. Juni erlassen. Es gelangen ein
I. Preis von 3500, ein II. Preis von 2500 und ein
III. Preis von 1500 M. zur Verteilung; es ist vorbe-
halten, nicht preisgekrönte Entwürfe für je 500 M. zu
erwerben. Das Preisgericht besteht aus den Hrn.
Stadtbaurat Frings, Geh. Kommerzienrat Lueg und
Prof. E. Roeber in Düsseldorf, Ob.-Ing. F. Andr.
Meyer in Hamburg, Geh. Brt. Müller in Koblenz,
Prof. Friedr. v. Thiersch in München und Geh. Brt
Prof. Dr. P. Wallot in Dresden. Unterlagen sind
gegen 5 M. durch den Central-Gewerbeverein in
Düsseldorf zu erhalten.

* * *

Abbildung 39   Abbildung 40.

Abbildung 39—40.

Träger für elektrisches Licht

Von

Bildhauer HARRO MAGNUSSEN,

Berlin.

6. Ein Wettbewerb zur Erlangung von Entwürfen für ein *Kaiserin Augusta-Denkmal in Köln* ist von dem Ausschusse zur Errichtung dieses Denkmals mit Termin zum 1. Juli Abends 6 Uhr ausgeschrieben worden. Der Kostenbetrag ist auf 58 000 M. angenommen. Zur Beteiligung an dem Wettbewerb sind nur Angehörige des Deutschen Reiches zugelassen. Drei Preise von 1500 M., 1000 M. und 500 M. werden von einem Preisgericht verteilt, dem die Herren Prof. Siemering in Berlin, Prof. Moest in Karlsruhe, die Geh. Bauräte Pflaume und Stübben, sowie Stadtbaurat Heimann in Köln angehören. Die Bedingungen sind durch das städtische Hochbauamt in Köln zu erfahren.

* Bei dem Wettbewerb um ein *Kaiser Friedrich-Denkmal in Köln* hat der dortige Bildhauer W. ALBERMANN den ersten Preis erhalten. Der zweite Preis wurde dem Entwurfe der Bildhauer F. DORRENBACH und H. STOCKMANN und des Architekten KIRSCH in Köln, der dritte Preis dem Entwurfe des Bildhauers Prof. PETER BREUER und des Architekten Prof. BRUNO SCHMITZ in Berlin zuerkannt. Gegen diese Entscheidung ist übrigens von Teilnehmern an der Konkurrenz Einspruch erhoben worden, weil das Urteil der Jury nicht programmmäßig zu Stande ge-

kommen ist, „da der im Programm genannte Geh. Baurat Stübben in Köln nicht an der Beratung und der Abstimmung des Preisgerichts Teil genommen hat."

*   *   *

7. In dem Wettbewerb für die *Bebauung des Kaiserplatzes in Kassel* sind die beiden ersten Preise Berliner Architekten zugefallen, und zwar der erste Preis im Betrage von 4000 M. den Herren EMMINGMANN und HOPPE, der zweite Preis (3000 M.) Herrn TH. REIMANN jun. Dritte Preise (je 1000 M.) erhielten die Herren A. KARST in Kassel und F. BURGER und A. LORVITZKI in Stettin.

*   *   *

Die im Januar begründete *Berliner Sezession* hat beschlossen, eine eigene Ausstellung zu veranstalten, die von Anfang Mai bis Oktober dauern wird. Sie lässt zu diesem Zwecke ein eigenes Ausstellung-gebäude auf der Gartenterrasse des Theaters des Westens in Charlottenburg durch den Architekten H. GRISEBACH in Verbindung mit B. SEHRING errichten. Die Ausstellung wird nur etwa 250 Bilder umfassen. Ein Kabinet bleibt der Skulptur vorbehalten. An der Ausstellung werden sich auch die Künstlergruppen in München, Dresden, Karlsruhe und

Worpswede beteiligen, die sich gleich der Berliner Secession entschlossen haben, der Grossen Kunstausstellung fern zu bleiben.

*　*　*

⚹ In Berlin haben am 24. Februar im grossen Saale des Kultusministeriums Vorbesprechungen zur Bildung einer *Vereinigung zur Erhaltung der deutschen Burgen* in einer Versammlung stattgefunden, zu der die Einladungen von dem Förderungsausschuss für das Werk „Deutsche Burgen" von BODO EBHARDT ergangen waren. Im Namen des Förderungsausschusses begrüsste Freiherr von Huddenbrock zunächst die Anwesenden und berichtete dann, wie beim Sammeln und Sichten der zahllosen Bilder und Aufnahmen von Burgen am Rhein, in Franken, in Sachsen u. s. w. der Plan eines mehr systematischen Schutzes dieser alten Zeugen deutscher Wehrkraft entstanden sei. Die Burgen, deren Trümmer an die Ohnmacht Deutschlands gegen auswärtige Feinde erinnern, sollen uns zu treuem Zusammenhalten mahnen; ihre Erhaltung, Pflege und Wiederherstellung sei von grossen Gesichtspunkten aus im nationalen Sinne ins Auge zu fassen. Wie ungemein gross die Zahl der jetzt noch erhaltenen Burgen und Schlösser von mittelalterlicher Anlage ist, geht daraus hervor, dass nach der Angabe des Architekten Ebhardt ihm über 2000 derartige Bauten aus Abbildungen oder photographischen Aufnahmen bekannt sind. Herr Ebhardt sprach alsdann ausführlich über die Burgen auf Felskegeln oder Bergnasen, über Stadt- und Wasserburgen und verwandte Anlagen. Die deutschen Burgen, die vielfach irrtümlich auf Römerwerke zurückgeführt werden, sind eine Eigentümlichkeit unseres Volkes, was sich, zum Unterschied von Frankreich, der Schweiz und anderen Ländern schon darin ausspricht, dass sie nicht blos Schutzanlagen für den Kriegsfall, sondern thatsächlich befestigte Familiensitze sind. Ihre Bedeutung für das Kriegswesen beruhte aber darin, dass sie ihrer trefflichen Anlage nach mit einer Besatzung von nur dreissig bis vierzig Mann oft jahrelang einer hundertfach überlegenen Belagerungsmannschaft widerstehen konnten. Nach Vorführung einer Reihe besonders schöner Anlagen, wie der Marksburg, der Burg Sieuen, der Marienburg bei Würzburg, Burg Breuberg im Odenwald, Lichtenstein in Bayern u. s. w.

Abbildung 41.

Kaiser Friedrich Barbarossa.
Bronzestatue für die südliche Eingangshalle des Reichstagsgebäudes.
Von Bildhauer MAX BAUMBACH, Berlin.

erwähnte der Vortragende merkwürdige und traurige Beispiele der Vernachlässigung recht bedeutsamer Bauten. Interessante Vergleiche heutiger Aufnahmen mit den Darstellungen Merians aus der Mitte des 17. Jahrhunderts lassen erkennen, dass eine Reihe typischer Burgen sehr wohl wieder zur vollen Erscheinung gebracht werden könne. An den Vortrag schloss sich eine lebhafte Erörterung an, in welcher Prof. Dr. Stimr die praktische Bedeutung und die Aufgaben einer etwaigen Vereinigung zum Schutz der Burgen neben den vorhandenen Einrichtungen für die

Abbildung 42.

Weinstube von Steinert & Hansen, Kurfürstendamm 22.
Architekt HEINRICH SEELING, Berlin.

Abbildung 43.

Restaurationszimmer im „Deutschen Hof", Luckauerstrasse 15.
Architekt HEINRICH SEELING, Berlin.

Abbildung 44.

Denkmalpflege beleuch-
tete. Nach weiteren Be-
merkungen des Frei-
herrn v. Buddenbrock
über die Bildung von
Vereinen und Zweig-
vereinen, sowie einer
Zentralstelle in Berlin
zur Begutachtung der in
Vorschlag kommenden
Schutzmassnahmen
sprachen die Anwesen-
den sich einstimmig für
die Bildung einer sol-
chen Vereinigung aus,
deren Satzungen dem-
nächst vorgelegt werden
sollen.

* * *

Der *Thronsaal im
Palazzo Caffarelli in
Rom*, dem Sitze der
deutschen Botschaft, in
welchem der Botschafter
seine Empfänge und
Feste veranstaltet, war
bisher ohne künstleri-

schen Schmuck ge-
wesen. Bei der Er-
bauung des aus der
Zeit der Hochrenais-
sance stammenden Pa-
lastes war die Dekora-
tion dieses Raumes bei
einer prächtigen hölzer-
nen Kassettendecke und
einem Marmorfussboden
stiefen geblieben. Die
Wände waren dagegen
kahl gelassen worden.
Wie bekannt, hatte der
Kaiser beschlossen, die-
sem Mangel durch eine
vollständige Dekoration
abzuhelfen. Mit dem
malerischen Teil der
Aufgabe wurde Prof.
HERMANN PRELL, be-
auftragt, der im vorigen
Jahre mit seiner Arbeit,
einem Cyklus der Jah-
reszeiten nach der nor-
dischen Sage, fertig ge-
worden ist, während
Prof. ALFRED MESSEL

Abbildung 45.

Abb. 44—45. Modernes Herrenzimmer. Entworfen von Arch. W. O. DRESSLER, Berlin.
(Vergl. die Möbel-Abbildungen.)

Abbildung 46.   Abbildung 47.

Abbildung 48

Abbildung 46, 47. Bücherschrank.
Möbel für ein Herrenzimmer im modernen Stil.
Entworfen von Architekt W. O. DRESSLER, Berlin

Abbildung 50.   Abbildung 51.   Abbildung 49.

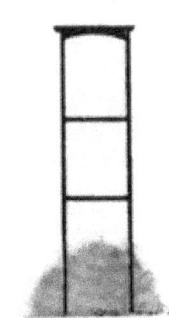

Abbildung 50, 51. Hoher Lehnstuhl.   Abbild. 48, 49. Etagère.

Abbildung 52. Abbildung 53.

Abbildung 52 53. Sofa.

Abbildung 54.

Abbildung 55.

Abbildung 54/56. Schreibtisch.

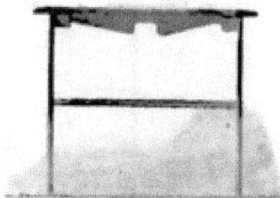

Abbildung 57. Abbildung 58. Abbildung 56.

Abbildung 57/58. Tisch.

Möbel für ein Herrenzimmer in modernem Stil. Entworfen von Architekt W. O. DRESSLER, Berlin.

zur architektonischen Gestaltung des Raumes und zu seiner weiteren künstlerischen Ausstattung herangezogen wurde. Unter den Gemälden ist ein in Stuckmarmor mit Einlagen aus echtem Marmor ausgeführtes Paneel angebracht worden und als Ausstattungsstück sind ein

Abbildung 59.

Wandmalerei für ein Badezimmer
Ausgeführt von GATHEMANN und KELLNER, Charlottenburg.

Thronsessel mit Baldachin und zwei grosse Kandelaber angefertigt worden, die vor ihrer Ueberführung nach Rom einige Zeit im kgl. Kunstgewerbemuseum in Berlin ausgestellt waren. Der Kaiser hätte bestimmt, dass auch in der Gestaltung des Thrones und der beiden Kandelaber das nordische Element zur Geltung kommen sollte. Der Thron ist in Holz geschnitzt und vergoldet, die Armlehnen sind ruhende Löwen, die Pfosten der Lehne enden in streng stilisirte Adler, dazwischen erhebt sich das ovale Schild mit der Kaiserkrone. Die Pfosten sind mit Mosaik eingelegt, die Polster in grüner Seide gesteckt. Der Baldachin ist in Stickerei ausgeführt, mit Aufnäharbeit von monumentaler Breite, das ganze Rückenfeld nimmt ein heraldischer Adler ein, durch dessen Flügel sich ein Spruchband zieht: Sub umbra alarum tuarum proorge nos. (Im Schatten deiner Flügel schütze uns). An dem vorspringenden Oberteil sind die Wahlsprüche der Hohenzollern: Suum cuique, Vom Fels zum Meer, Gott mit

uns, angebracht. Die beiden Kandelaber erinnern an Obelisken mit breitem ausladendem Sockel. Diese der Renaissance angehörige Grundform ist reich mit nordischen Elementen versetzt, im Sockel enden die schweren Voluten des Barockstils in gewundene Drachen, welche menschliche Figuren gepackt haben, der hohe Schaft erweitert sich an der Vorderseite nach oben zu und trägt das behelmte Haupt eines Kriegers, um das sich Schlangen winden, deren Leiber eine weite Krone bilden. Der Körper ist auch hier in Holz geschnitzt, die Schlangen, welche elektrische Lichter ausspeien, sind in Aluminiumbronze ausgeführt. Die Stücke sind in allen Teilen nach persönlichen Angaben des Kaisers von Professor Alfred Messel komponiert worden. An der Ausführung waren beteiligt für die Modellarbeiten Professor Behrens von der Kunstschule in Breslau, Holzschnitzereien Bildhauer Taubert, Stickerei Ida Seliger und Maler Max Seliger, beide am Königlichen Kunstgewerbe-Museum in Berlin, Vergoldung Hilpe, Schmiedearbeit Schulz und Holdefleiss, beide in Berlin.

* * *

Abbildung 60

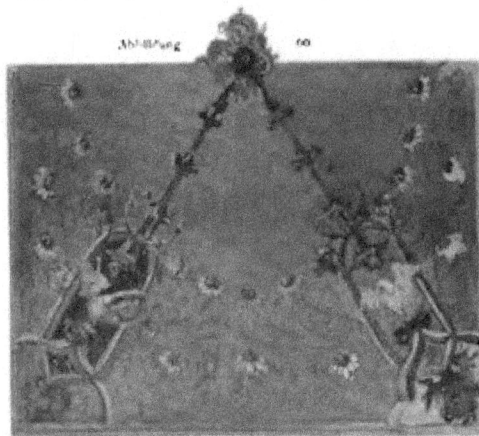

Malerei für ein gothisches Gewölbe.
Ausgeführt von GATHEMANN und KELLNER, Charlottenburg.

Entwurf zu einer Diele für Weimar.   Architekten Spitz & Usbeck in Berlin.

Abbildung 61.

Oberlichtgitter im Rokokostil.

NEUE ERWERBUNGEN
DES
KÖNIGL. KUNSTGEWERBE-MUSEUMS IN BERLIN.

Im Kunstgewerbemuseum sind zur Zeit die Erwerbungen des letzten Jahres im Schlüterzimmer hinter dem Goldsaal ausgestellt. Sie füllen den ganzen Raum voll aus, so reich ist diesmal die Ausbeute gewesen. Besonders die Keramik ist recht stattlich vertreten, ihr gegenüber treten die übrigen kunstgewerblichen Gebiete auf der Ausstellung bedeutend in den Hintergrund.

Unter den neuerworbenen *Möbeln* und *Holzarbeiten* fehlt es an solchen Prunkstücken, wie etwa das vor drei Jahren erworbene Mobiliar der Marie Antoinette. Die ausgestellten Möbel sind Durchschnittsarbeiten, aber darum nicht minder schätzenswert, da diese in ihrer Einfachheit oft lehrreicher sind, als der aufs höchste gesteigerte Luxus eines Prachtmöbels, der doch nur in den seltensten Fällen in ähnlicher Weise wieder verwirklicht werden kann. So zeichnet sich gerade durch ihre vornehme Bescheidenheit im Dekor die aus Gubbio stammende Doppelthür (Abb. 64) aus, bei der das dunkelbraune Nussholz durch Ein-

lagen aus hellbraunen und schwarzen Hölzern belebt ist. Diese Intarsien, die zum Teil als schmale Säume auf den Rahmen und die übereck gestellten Quadrate in den Füllungen, zum Teil als Rosetten auf die Kreuzpunkte des Rahmenwerks gesetzt sind, geben dem breit und kräftig gezimmerten Werk ein leichtes, gefälliges Ansehen. Durch die Verwendung von schwarzen Linien für die Schatten und von hellen für die Lichter ist sogar mit einfachsten Mitteln eine scheinbare Vertiefung der Mitten des ungegliederten Rahmens erreicht worden. Ueberaus reizvoll sind die zierlichen Ornamente der Säume, Zickzackbänder, Flechtbänder, aufgereihte Würfel, Perlen, Scheiben u. s. w. Die in den Rosetten dargestellten Tiere, Symbole und Buchstaben haben wohl zumeist eine heraldische Bedeutung. Der Hosenbandorden im oberen Felde links weist auf Federigo von Montefeltro, den Herzog von Urbino, hin, dem Eduard IV., König von England, dieses im 14. Jahrhundert gestiftete Ordenszeichen verliehen hatte. Federigo besass in Gubbio einen

Palast, zu dem also wohl die Thür gehört haben wird. Ihre Entstehungszeit dürfte in die sechziger Jahre des 15. Jahrhunderts zu setzen sein. Der italienischen Frührenaissance gehören auch zwei aus Nussholz geschnitzte Rosetten an, die wahrscheinlich als Mittelstücke die vertieften Felder einer Thür oder Kassettendecke einst geziert haben. Bei beiden sind antike Ornamentmotive, der Akanthus und die Palmette, verwandt

Abbildung 62.

Empirelehnstuhl.
Grünes Leder mit goldgepressten Ornamenten.

eine frische Beweglichkeit gegeben, bei den Palmetten ist dadurch eine reichere Mannigfaltigkeit hervorgerufen, dass abwechselnd die Blätter jeder zweiten Palmette nach Art der Schotenfrüchte eine wellige Oberfläche bekommen haben. Eine aussergewöhnliche Form besitzt der in Fig. 63 dargestellte italienische Tisch des 16. Jahrhunderts. Die beiden Fusspaare an den Schmalseiten des Tisches sind wie gewöhnlich bei den Tischen der

worden, aber in neuer, lebendiger Umbildung. Den Akanthusblättern ist durch ihre Anordnung, die den Schein einer schnell rotierenden Bewegung erweckt, italienischen Renaissance zu einem breiten Gebilde zusammengewachsen. Hier haben sie die Gestalt von lyraförmigen ausgesägten Brettern bekommen, von denen sich

Abbildung 63.

Tisch. Italien. 16 Jahrhundert.

Abbildung 64.

Doppelthür aus Gubbio. Nussholz mit Intarsien.

nach der Mitte der Tischplatte hin mit Schnitzwerk geschmückte Voluten schwingen. Durch Vergoldung einzelner Ornamentteile ist der schwarz polierte Tisch ein wenig belebt worden. Von den Sitzmöbeln verdient ein bequemer Empirelehnstuhl (Abb. 62) näheres Interesse. Er ist mit grünem Leder bezogen, welches nach Art der Bucheinbände mit goldgepressten Ornamenten verziert ist. Als einziger plastischer

Schmuck sind vor die Armlehnen zwei Sphinxe getreten. Diese Uebertragung der Buchbinderarbeit auf das Mobiliar kommt auch sonst noch zuweilen in der französischen Möbelkunst vor, nicht nur da, wo das Leder wie hier als Polster seine Berechtigung hat, sondern auch als Verkleidung von Füllungen bei Schrankmöbeln u. ä. Zwei grosse Panneaux mit vergoldeter Schnitzerei sind schon im Louis-Seize-Zimmer eingebaut, um den prachtvollen Möbeln der Marie Antoinette einen würdigen Hintergrund zu geben. Sie zeigen als Schmuckmotiv zwei gegenübergestellte Sphinxe, ganz ähnlich wie bei den Wandfüllungen des salon de la reine in Versailles, wo wahrscheinlich die Möbel ursprünglich gestanden haben.

Unter den *schmiedeeisernen* Arbeiten ist besonders ein Kaminbock, eine italienische Arbeit des 15. Jahrhunderts, hervorzuheben. Durch die Hinzufügung des geflügelten Tierleibes ist dem Gerät das Aussehen einer phantastischen Tiergestalt gegeben und dadurch die Funktion des Stützens und Tragens in lebendige Bewegung umgesetzt worden. Der Kopf des Tieres, sowie einzelne Glieder des sich über ihn erhebenden Schaftes bestehen aus Messing, durch dessen helle Farbe das dunkele Eisen wirksam aufgelichtet wird. Bei dem Oberlichtgitter im Rokokostil (Abb. 61) ist die an sich tote Farbe des Eisens vollständig unter einer Bemalung verborgen worden. Es haben sich noch reichliche Spuren von Farbe erhalten, woran man sehen kann, dass die Rokokoschnörkel braun, die Pflanzenschösslinge grün, die Blumen rot u. s. w. waren. Die leichte und flotte Linienführung zeigt, wie sehr die Rokokoformen der Technik des Schmiedeeisens entgegenkamen.   *A. Brüning.*

NEUE MUSIKPAVILLONS IM ZOOLOGISCHEN GARTEN
IN BERLIN.

Hierzu die Abbildungen 65—72.

Nachdem der Vorstand des Zoologischen Gartens beschlossen hatte, auf dem Platze vor der Hauptrestauration in der Nähe der Adler-Volière an Stelle des alten einen neuen Musikpavillon erbauen zu lassen, wurde im schrieben. In dem Programm war zunächst die Bedingung gestellt worden, dass der Pavillon mit einem Bier-Buffet im unteren Geschoss verbunden sein sollte. Zur näheren Erläuterung dieser Bedingung waren unter Beifügung einer Profilskizze folgende An-

Abbildung 65.

ZAAR & VAHL, Architekten in Berlin. Motto: Schallwerfer. I. Preis. (Ausgeführt.)

Herbst vorigen Jahres zur Erlangung eines geeigneten Entwurfs ein Wettbewerb unter den Mitgliedern des Architektenvereins und der Vereinigung Berliner Architekten mit Termin zum 30. November 1898 ausge- gaben gemacht worden: Es ist bei der Anlage darauf zu achten, dass das mit dem Bierausschank verbundene Geräusch möglichst von dem Publikum abgehalten werde. Zu diesem Zweck war in der Profilskizze, die jedoch nicht der definitiven Lösung vorgreifen wollte, ein nach aussen verkleideter Umgang gedacht worden, in dem sich die bedienenden Kellner bewegen sollten. Daneben war eine Zone vorgesehen, in der das Geschäft des Bierzapfens, des Spülens der Gläser u. s. w. betrieben werden soll. In der Mitte war der Raum für die Fässer gedacht, der durch einen an der Decke befindlichen Einschnitt Kühlung erhalten wird. Der Pavillon soll ein Orchester von durchschnittlich 45 Mann fassen. Zum Schutz der Musiker ist bei der nach allen Seiten freien Lage des Pavillons ein weit überstehendes Dach oder auch ein bewegliches Sonnenzelt erforderlich. Die Anlage soll zwar stattlich und malerisch wirken, jedoch nicht mit grossem Luxus ausgestattet werden, damit sie mit der einfachen Umgebung in Uebereinstimmung bleibe. Japanischer Stil war durch das Programm ausdrücklich ausgeschlossen worden, wohl mit Rücksicht darauf, dass der japanische Stil durch das Stelzvogelhaus und das neue Eingangs- und Verwaltungsgebäude am Kurfürstendamm nunmehr im Garten ausreichend vertreten ist. Die Ausführung war, mit Ausnahme der entsprechenden Teile des Untergeschosses, in Holz gedacht und sollte die Gesamtsumme von 30 000 Mark nicht überschreiten. An Zeichnungen waren die zur Klarstellung des Entwurfs erforderlichen Grundrisse, eine Ansicht und ein Durchschnitt im Maass-

Abbildung 66.

ADOLF HARTUNG, Architekt, Berlin. Motto: Frau Musika. 1. Preis.

Abbildung 67.

GEORG ROENSCH, Architekt, Berlin. Motto: Von der Nordlandreise. Zum Ankauf empfohlen.

Abbildung 68.

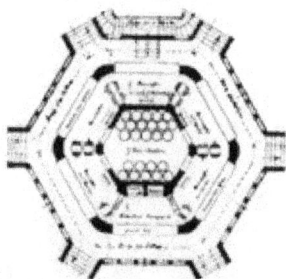

Grundriss zu Abbildung 65.

Abbildung 69.

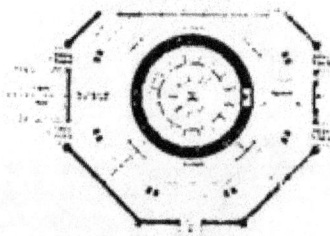

Grundriss zu Abbildung 66.

Abbildung 70.

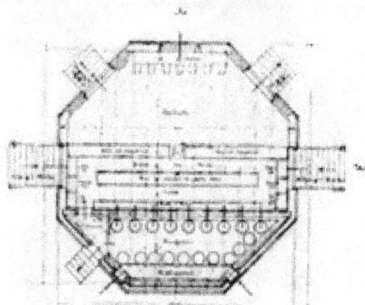

Grundriss zu Abbildung 67.

stabe 1 : 50 verlangt worden. Es war ein Gesamtpreis von 1200 Mark ausgesetzt worden, dessen Verteilung in mindestens zwei Preisen der Beurteilungs-kommission überlassen wurde. Das Preisgericht war aus folgenden Herren zusammengesetzt: Baurat VON GROSZHEIM, Stadtbaurat HOFFMANN, Baurat V. D. HUDE, Professor JACOBSTHAL, Direktor Dr. HECK, Restaurateur ABLON, Kgl. Musikdirigent BERGER, L. RAVENÉ, Vertreter der Baukommission, und W. BÖCKMANN, Vorsitzender des Vorstandes des Zoologischen Gartens.

Es gingen zwölf Entwürfe ein, von denen in der Sitzung des Preisgerichts nach voraufgegangener Besprechung zunächst sechs ausgeschlossen wurden. Von den übrigen sechs gaben vier zu besonderen Bemerkungen Veranlassung. Bei dem Entwurfe mit dem Motto „Nordlandreise" wurde zwar das Aeussere als originell anerkannt, aber bemängelt, dass die Wirkung durch die vier Giebel beeinträchtigt würde. Die Detaillierung wäre vorzüglich, aber die Decke für die Schallwirkung nicht vorteilhaft und die Einrichtung des Untergeschosses nicht günstig. Zu dem Entwurfe mit dem Kennwort „Frau Musika" wurde bemerkt: „Aeusseres originell, Detaillierung günstig; desgleichen die nach unten durchgeführten Stützen in baukonstruktiver Beziehung. Deckenbild für die Schallrichtung gut, desgleichen die Beleuchtungsanlage. Grundrissbildung des unteren Geschosses genügt im allgemeinen." Ueber den Entwurf mit dem Kennwort „Musik und Durst" wurde geurteilt: „Oberer Teil erscheint zu schwer zu den schwachen Stützen; Freitreppenanlage nicht günstig. Schallwirkung gut berücksichtigt. Grundriss weicht zwar von den Programmbestimmungen ab, wird aber lobend anerkannt." An dem Entwurf mit dem Kennwort „Schallwerfer" wurde anerkannt: „Aeusseres ist eigenartig, in konstruktiver Beziehung gut. Lösung der Schalldecke sehr günstig. Grundriss gut."

Nachdem mit 6 gegen 2 Stimmen beschlossen worden war, zwei erste Preise in

Höhe von je 450 Mark und einen zweiten Preis von 300 Mark zu verteilen, wurden durch einstimmigen Beschluss die Entwürfe „Schallwerfer" (Verfasser: ZAAR und VAHL, Abb. 65 u. 68) und „Frau Musika" (Verfasser: AD. HARTUNG, Abb. 66 u. 69) mit den beiden ersten Preisen ausgezeichnet. Der zweite Preis wurde dem Entwurf „Musik und Durst" (Verfasser: CARL TRE-

aus neu geschaffen worden ist, unmittelbar hinter der Fontaine lumineuse von KAYSER und VON GROSZHEIM in chinesischem Stil erbaut worden (Abb. 71). Von dem Garten-terrain aus führt eine Freitreppe nach der Höhe des Pavillons. Sein Unterbau ist, so weit er sichtbar ist, mit Granitfindlingen gemauert und mit Granitplatten abgedeckt. Der Pavillon selbst ist vollständig in Holz

Abbildung 71.

Musikpavillon im Zoologischen Garten in Berlin.
KAYSER & VON GROSZHEIM, Architekten in Berlin.

CHEN) „mit Rücksicht auf die sehr gute Grundrissanlage" zuerkannt. Der Entwurf „Nordlandreise" (Abb. 67 u. 70), als dessen Verfasser sich später der Architekt GEORG ROENSCH in Charlottenburg bekannt hat, wurde dem Vorstand des Zoologischen Gartens zum Ankauf empfohlen.

Ein zweiter neuer Musikpavillon ist zu-gleicher Zeit in der Axe der grossen Allee, welche vom Eingang am Kurfürstendamm

konstruiert und mit gelbglasierten Ziegeln (Mönchen und Nonnen) in Verbindung mit Kupferverzierung eingedeckt. Das Holz-werk ist in einer zu den gelben Falzziegeln des Daches stimmenden Farbe (blau mit Verwendung von weiss, rot und gold) be-malt worden. Die Bauausführung war der Firma G. A. L. SCHULTZ & CO. über-tragen worden; die Holzschnitzereien und die Modelle für die Kupferverzierungen hat

Bildhauer RIEGELMANN geliefert; die Malerarbeiten erfolgten durch M. J. BODENSTEIN.

* * *

Nach Mitteilungen, die Haurat BÖCKMANN
in der „Vereinigung der Berliner Architekten"

führung die Architekten ZAAR und VAHL
auf Grund des Wettbewerbs bereits beauftragt worden sind, sind folgende Bauten
geplant: ein Straussenhaus in egyptischem
Stil von KAYSER und VON GROSZHEIM, ein
Hirschhaus in Blockbau von Architekt

Entwurf zu einem Musikpavillon für den Zoologischen Garten in Berlin
KAYSER & VON GROSZHEIM, Architekten in Berlin.

gemacht hat, beabsichtigt der Vorstand
übrigens, noch eine Anzahl anderer Bauten
in möglichst verschiedenen Stilarten ausführen zu lassen und ausserdem den ganzen
Garten durch Anlage neuer Alleen und
praktischer Verbindungswege umzugestalten.
Ausser der Waldschenke, mit deren Aus-

SCHULZE-Grunewald, ein Bärenzwinger in
nordischem Backsteinstil von GOTTLOB und
ein Aussichtsturm auf dem Hügel am Stadt-
bahneingang von CARL TEICHEN. Daneben
ist am Kurfürstendamm die Anlage eines
etwa 200 Meter langen Stadions mit ansteigenden Sitzen geplant.   N.

Abbildung 73.

Abbildung 74.

Bauverein Dortmund,

erbaut von den

Architekten KAYSER & VON GROSZHEIM

in Berlin.

Fassaden in Zeiler Sandstein

von der

Firma C. WINTERHELT in Miltenberg a. M.,

Modelle

vom

Bildhauer ERNST WESTPFAHL

in Berlin.

HANNS ANKER, Berlin.

ZU UNSEREN BILDERN.

Schon seit länger als einem Jahrzehnt hat sich die baukünstlerische Thätigkeit der Architekten KAYSER und VON GROSZHEIM über Berlins Grenzen hinaus auf einen beträchtlichen Teil Deutschlands, namentlich des westlichen erstreckt. In weiteren Kreisen bekannt sind aber zumeist nur die grossen Bauten monumentalen Charakters, die die Architekten in Köln, Frankfurt a. M., Strassburg i. E. und in anderen Städten errichtet haben: die Häuser der Versicherungsgesellschaft „Germania", einige Hôtels und Bierpaläste grossen Stils u. dgl. m. Weniger bekannt sind die zahlreichen Privathäuser und Villen, die sie in den letzten Jahren ausserhalb Berlins ausgeführt haben oder die noch in der Ausführung begriffen sind. Unsere Abbildungen 73—84 führen einige der charaktervollsten und durch malerische Anlage reizvollsten unter ihnen vor, die zugleich den Vorzug haben, dass sie, wo sich ein Anlass dazu bot, in glückliche Uebereinstimmung mit der vorhandenen Umgebung oder der örtlichen Eigenart gebracht worden sind. Das tritt besonders deutlich bei dem Wohnhaus Charlier in Köln (Abb. 82) hervor, das zur Zeit erst im Entwurf vorliegt. Hier ist der wohlgelungene Versuch gemacht worden, das moderne Wohnhaus dem von der benachbarten St. Kunibert-Kirche beherrschten Architekturbilde harmonisch einzuordnen, einerseits ohne den Anspruch, mit der wuchtigen Monumentalität des mittelalterlichen Bauwerks wetteifern zu wollen, andererseits aber auch unter voller Wahrung der selbständig-individuellen Erscheinung der modernen Schöpfung.

Durch malerische Gruppierung, durch reiche Belebung des Baukörpers mit Türmen, Erkern und Dachaufbauten, wozu noch die Wirkung des Materials kommt, hat auch das Landhaus Berg nebst Stallgebäuden und Pförtnerhaus auf Gut Hackhausen bei Ohligs (Abb. 77 und 78) seinen individuellen Reiz erhalten. Die Façaden sind in Tuffstein mit Architekturteilen aus Sandstein, die Dachgeschosse in Fachwerkbau ausgeführt.

Abbildung 75.

Abbildung 76.

Abbildung 75 u. 76. Restaurationsräume im Bauverein Dortmund.
Architekten KAYSER & VON GROSZHEIM in Berlin.

Abbildung 77.

Abbildung 78.

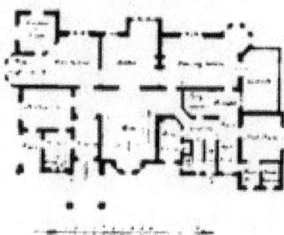

Landhaus Berg auf Gut Hackhausen bei Ohligs.

Erbaut von den Architekten KAYSER & VON GROSZHEIM in Berlin.

Abbildung 70.

Abbildung 80.

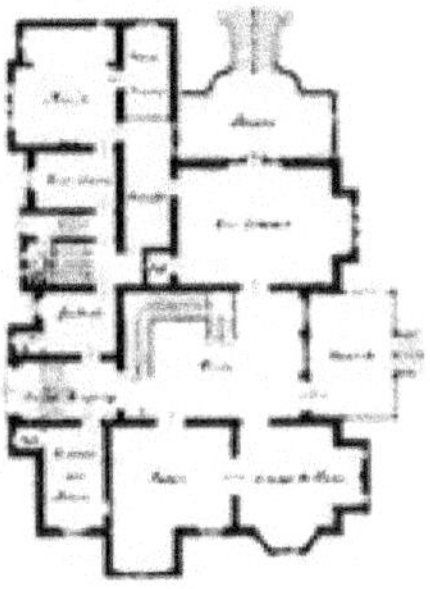

Wohnhaus Dieterich
in Wiesbaden,
erbaut von den Architekten
KAYSER
und VON GROSZHEIM
in Berlin.

Fassaden aus Tuffstein.
Architekturteile
aus Lautereckenerstein,
Modelle von Bildhauer
G. RIEGELMANN
in Berlin.

Abbildung 81.

Landhaus von Wätjen auf Rittergut Altenrode b. Börssum, erbaut von den Architekten KAYSER und VON GROSZHEIM in Berlin.

Abbildung 82.

Wohnhaus Charlier in Köln a. Rh. Architekten KAYSER und VON GROSZHEIM in Berlin.

Die Nebengebäude zeigen geputzte Façaden. Die Dächer aller Gebäude sind mit roten Falzziegeln von LUDOVICI in Jockgrim (Pfalz) gedeckt. Zu den Façaden des Wohnhauses Dieterich in Wiesbaden (Abb. 79 und 80) ist ebenfalls Tuffstein verwendet.

Die umfangreiche Bauanlage, die KAYSER und VON GROSZHEIM für den Bauverein in Dortmund ausgeführt haben (Abb. 73 76), enthält im Keller, dem Erdgeschoss und dem ersten Obergeschoss des Flügels Restaurationslokalitäten, bei denen die Architekten wieder ihren fein ausgebildeten Sinn

Abbildung 83.

Grundriss zu Abbildung 81.

zu den Architekturteilen Sandstein aus Lauterecken von der Firma PH. HOLZMANN & Co. in Frankfurt a. M. Die Giebel sind in reicher Holzarchitektur ausgebildet, die Dächer mit Ludovicischen Falzziegeln gedeckt. Die Modelle zu den Bildhauerarbeiten hat G. RIEGELMANN in Berlin geliefert. Die Kunstschmiedearbeiten sind von GEBR. ARMBRÜSTER in Frankfurt a. M. ausgeführt worden. Die vier Façaden des Landhauses von Wätjen auf

für die Gestaltung und die angemessene künstlerische Ausstattung behaglicher Kneipräume bewährt haben. Die dekorativen Malereien in diesen Räumen hat M. J. BODENSTEIN in Berlin ausgeführt, die Holzarbeiten hat die Firma H. PALLENBERG in Köln geliefert. Die drei Obergeschosse enthalten Mietwohnungen. Die Façaden sind in Zeiler Sandstein von der Firma C. WINTERHELT in Miltenberg

Abbildung 84.

Grundriss zu Abbildung 83.

Rittergut Altenrode bei Börssum (Abb. 81 und 84) sind in hellem Sandstein hergestellt, der in der Nähe von Lutter am Barenberge gebrochen wird. Das Dach ist mit hellroten Pfannen gedeckt.

am Main hergestellt worden.

Das in unseren Abbildungen 103—104 dargestellte Geschäftslokal Jägerstr. 54 in Berlin wurde für die Zwecke eines Konfektionsgeschäftes nach den Plänen und Zeichnungen der Architekten ERDMANN & SPINDLER, Berlin, umgebaut. Da das eigentliche Geschäftslokal im ersten Obergeschosse liegt, so handelte es sich darum, im Erdgeschosse Eingangs- und Repräsentationsräume zu schaffen, in welche man von der Strasse aus, über einen niedrigen Schaufenstereinbau, zur Aufnahme von Modellkostümen, hineinsieht. Durch die in goldig braunen Tönen gehaltene Eingangshalle gelangt man über eine fünfstufige, breite Freitreppe in das zur Erhöhung der Wirkung gegen früher höher gelegte Treppenhaus, welches als Dielenraum intim und reizvoll durchgebildet wurde. Das Treppenhaus und die in der ersten Etage unmittelbar anschliessenden Räume erhielten helle, intensiv grüne Wände und weisse gezogene Stuckdecken. Alles Holzwerk ist hier in saftig roter Farbe gehalten. Aus Gründen der Sparsamkeit konnte nur Kiefernholz zur Anwendung kommen, dem durch Behandlung mit Ripolin-Lack eine treffliche Wirkung gegeben wurde. Der im ersten Obergeschosse strassenwärts gelegene Verkaufssaal hat nur teilweise eine Umgestaltung erfahren und mussten die vorhandenen Stuckdecken erhalten bleiben. An der Ausführung waren beteiligt: die Herren NEUHAUS & KÜPERS mit den Malerarbeiten, die in vortrefflicher Weise gemacht sind, Herr Ratszimmermeister WINKELMANN mit dem Treppenbau und die Herren POOCK & SCHMIDT mit den Tischlerarbeiten.

* * *

Die Pflege der Monumentalmalerei, die die preussische Kunstverwaltung bald nach Beendigung des Krieges von 1870/71 als eine ihrer vornehmsten Aufgaben erklärt hatte, ist, nachdem sie eine zeitlang ins Stocken geraten zu sein schien, in neuerer Zeit wieder mit erhöhtem Eifer aufgenommen worden. Während früher Berlin, wo allerdings eine Reihe von monumentalen Neubauten eine würdige Ausschmückung dringend verlangte, bei der Erteilung von Aufträgen besonders bevorzugt wurde, bisweilen so stark, dass das Missfallen der Volksvertreter dadurch erregt wurde, wendet sich die Fürsorge der Staatsregierung jetzt mehr den Provinzen zu. In den letzten Jahren sind umfangreiche Monumentalmalereien in Breslau und Düsseldorf ausgeführt worden, zu anderen sind Aufträge bereits erteilt, und in einem Falle, der Ausschmückung des Rathauses in Altona, ist der Weg eines allgemeinen Wettbewerbes eingeschlagen worden, der zunächst zu einer engeren Konkurrenz geführt hat, die noch nicht entschieden ist. Von den zuletzt erteilten Aufträgen ist am weitesten vorgeschritten die Ausschmückung des Sitzungssaales im neuen Ständehause zu Merseburg, die dem Berliner Maler Professor HUGO VOGEL übertragen worden ist. Bevor der Künstler an seine Arbeit gehen konnte – er führt die Gemälde in seiner Werkstatt auf Leinewand in Temperafarben aus –, war eine durchgreifende architektonische Neugestaltung des Saales notwendig, die nach dem Entwurfe des Baurats FRANZ SCHWECHTEN in Berlin erfolgte. Unsere Abb. 85 zeigt die architektonische Gliederung der südlichen Wand, die zugleich den reichsten malerischen Schmuck durch drei figurenreiche Darstellungen erhalten hat, deren Motive der engeren Geschichte der Provinz Sachsen entlehnt sind. Obwohl die Darstellungen durch Pilaster getrennt sind, – deren plastischer Schmuck ebenso wie der sich über den Bildern hinziehende Fries von Professor OTTO LESSING entworfen – hat der Künstler die Bilder doch durch die durchgehenden Linien und Horizonte der Landschaft und durch die koloristische Haltung als ein Ganzes zusammengefasst, so dass durch alle drei Darstellungen gewissermaassen eine einheitlicher Klang hindurchgeht. VOGEL ist einer der ersten in Berlin gewesen, die den gesunden Kern der Hellmalerei erkannt haben, und ihre Grundsätze hat er auch, soweit sie für die Malerei grossen Stils brauchbar sind, auf die Wandmalerei angewendet. Deshalb hat er auch der Landschaft auf seinen Bildern einen breiten Raum gewährt, und diese ist be-

Abbildung 83

Ständehaus zu Merseburg. Hauptwand über dem Präsidentensitz. Malerische Ausschmückung von HUGO VOGEL.
Architektur von FRANZ SCHWECHTEN in Berlin.

B. t. W. H. 2.

Abbildung 86.

Studie zu Abb. 85 von HUGO VOGEL in Berlin.

Herrnkrug an. Auf dem linken Seitenbilde ist ein Moment aus dem Leben von Otto's Vater, König Heinrich I., dargestellt: die Ueberbringung der Königskrone durch Eberhard den Greiner und ein Gefolge sächsischer und fränkischer Edler an den sächsischen Herzog, den die Abgesandten im Walde beim Vogelstellen finden. Das nächste Bild zeigt den König an der Spitze seiner Reiter, wie er der weiteren Entwickelung gewärtig auf ein Schlachtgetümmel im Hintergrunde blickt. Der Künstler hat es mit Absicht vermieden, die Schlacht selbst — es ist die grosse Hunnenschlacht bei Merseburg gemeint darzustellen, er hat, der grossen einheitlichen Wirkung zu Liebe, den königlichen Helden als die bewegende geistige Kraft des Ganzen monumental hervorgehoben.

Die gegenüberliegende Nordwand, die durch eine Thür durchbrochen wird, sollte nach dem ursprünglichen Entwurf ebenfalls drei Darstellungen enthalten; später hat man sich aber entschieden, das mittlere Bild durch eine plastische, Krieg und Frieden darstellende Gruppe zu ersetzen, die durch den Berliner Bildhauer WILHELM HAVER-

Abbildung 87.

Studie von HUGO VOGEL in Berlin.

sonders auf dem mittleren Bilde in so lichten Tönen gehalten, dass in dem Beschauer die Illusion erweckt wird, als öffnete sich die Wand und als blickte er in die freie Natur. In der Erweckung dieser Raumillusion, dieser Raumweite liegt das höchste Ziel der modernen dekorativen Malerei.

Das Mittelbild stellt die Ankunft des Kaisers Otto I. und seiner angelsächsischen Gemahlin Editha auf der Elbe bei Magdeburg dar. Der Kaiser ist, begleitet von den Bischöfen von Mainz und Trier, ans Land getreten und nimmt die Begrüssung der Bürgerschaft entgegen, zu der er gekommen ist, um sich von dem Gedeihen des von ihm zur Befestigung des Christentums gegründeten Moritzklosters zu überzeugen (s. die Studie zu einigen Figuren im Vordergrunde Abb. 86). Die landschaftliche Scenerie schliesst sich an ein Motiv vom Elbufer bei

KAMP in wohlabgerundeter Komposition ausgeführt worden ist (Abb. 89). Trotz dieser
Unterbrechung hat VOGEL aber die beiden
zur Zeit erst im Entwurf vorhandenen Bilder
direkt durch die Linien der Landschaft, die
sich auch hinter den beiden Figuren fortsetzen werden, zusammengefasst. Links blickt
man in das Dunkel eines altgermanischen
Urwaldes, aus dem eine germanische Seherin
dem römischen Feldherrn Drusus, der der
Sage nach bis in die Gegend von Merseburg
vorgedrungen sein soll, ihr drohendes: Zurück! zuruft. Auf der rechten Seite bildet
dazu die hoch zu Ross aus siegreichem Kriege
heimkehrende Germania mit ihrem Geleit
den Gegensatz, der uns in die stolze Zeit
des neuen deutschen Reiches führt.

Die beiden übrigen Wände bieten der
malerischen Ausschmückung nur wenig
Raum. An der Westwand, der Tribünen-
wand, werden rechts und links die Gestalten
der Theologie und der Wissenschaft im Hinblick auf die Universitäten Halle und Witten-

berg angebracht werden, und an der Ostwand, der Fensterwand, werden die Zwickel-
felder zwischen den rundbogigen Fenstern
mit Darstellungen aus deutschen Märchen
geschmückt werden.

Obwohl VOGEL auf dem Gebiete der
monumentalen und dekorativen Malerei kein
Neuling mehr ist, hat er vor und während
seiner Arbeit wieder gründliche Studien an
den Werken der italienischen Meister der
monumentalen Malerei, besonders an denen
Pinturicchios gemacht. Was er von den
Alten gelernt, hat er aber mit durchaus
modernem Geiste und mit echt nationaler
Empfindung durchdrungen.

In seinem bisherigen Schaffen hat VOGEL,
der mit seiner vielseitigen Begabung fast
jedes Stoffgebiet der Malerei umfasst, fast
alle Wandlungen wiedergespiegelt, die die
moderne Malerei während der beiden letzten
Jahrzehnte durchgemacht hat. Am 15. Februar 1855 in Magdeburg geboren, machte
er seine Studien auf der Düsseldorfer Kunst-

Abbildung 88.

Orgelspieler.
Nach dem Gemälde
von HUGO VOGEL.
in Berlin.

Abbildung 89.

Gruppe für das Ständehaus in Merseburg. Von W. HAVERKAMP.

akademie, besonders unter EDUARD VON GEBHARDT und WILHELM SOHN, und als des ersteren Schüler und Gehilfe war er bei der Ausführung der Wandmalereien aus dem Neuen Testament im Kloster Loccum thätig. Nachdem er seine eigene Thätigkeit mit Genrebildern begonnen, entschied er sich seit 1883, wo sein erstes grösseres Bild: Luther predigt auf der Wartburg, entstand, für die profane Geschichtsmalerei. Er kultivirte sie anfangs ganz im Stile der älteren Düsseldorfer Schule, aber mit entschiedener Hinneigung zur Hellmalerei, die schon in dem 1885 gemalten Bilde: Der grosse Kurfürst empfängt französische Réfugiés in Potsdam, 10. November 1685, hervortrat. Nachdem VOGEL nach Berlin übergesiedelt war, malte er noch eine Zeit lang in seiner Düsseldorfer Art weiter. Ein Zeugnis dafür war das figurenreiche Bild: Herzog Ernst der Bekenner empfängt zum ersten Mal das Abendmahl in beiderlei Gestalt in Celle 1530. Dann gewann aber die moderne Kunstbewegung Einfluss auf seine Kunst, die, nament-

Abbildung 90.

Füllung in Holz geschnitzt von Bildhauer G. RIEGELMANN in Berlin.

lich durch Studienreisen nach Belgien und Frankreich gefördert, von Jahr zu Jahr stärker wurde und ihn schliesslich dazu trieb, selbst die verwegensten Sprünge der modernen Koloristen und Beleuchtungskünstler mitzumachen. Er schreckte vor den kühnsten Farbenverbindungen nicht zurück und bot alle technischen Mittel auf, um alle die tausend Reflexe des Sonnenlichts auf menschlichen Figuren und auf Gegenständen der unbelebten Natur malerisch wiederzugeben. Oft ist er an der Schwierigkeit, das Sonnenlicht auf der Leinwand einzufangen, gescheitert, bisweilen hat er auch durch grelle Farbendisharmonieen unsere Augen mehr verletzt als erfreut, aber es ist ihm auch nicht selten gelungen, sein Ziel zu erreichen und die neu gewonnenen, unendlich erweiterten technischen Fertigkeiten in ausgereiften Schöpfungen wie z. B. der gemütvollen Scene „Nach der Taufe in der Kirche Ste. Gudule in Brüssel", zugleich einem glänzenden Stück meisterhafter Architekturmalerei, in der „Messe im

Abbildung 61.

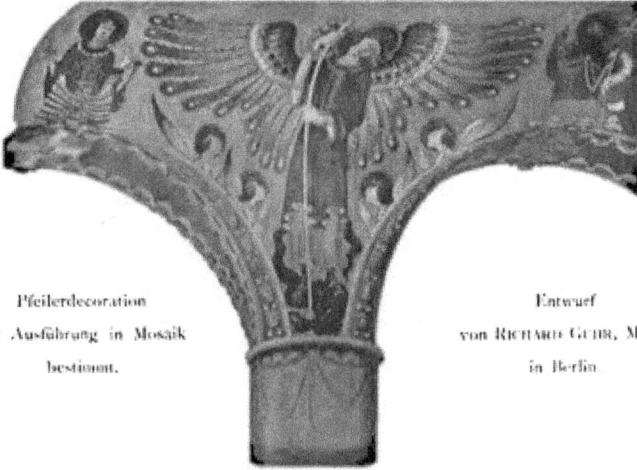

Pfeilerdecoration
zur Ausführung in Mosaik
bestimmt.

Entwurf
von RICHARD GUHR, Maler
in Berlin.

Abbildung 62.

Friesentwurf von RICHARD GUHR, Maler in Berlin.

Marienmonat in St. Gudule", in einigen köstlichen Idyllen voll Sonnenschein und Som-
merlust wie z. B. der „Mutter mit Kind in
der Laube" und namentlich in einer Reihe
von Bildnissen zu bewähren, in denen sich
Vornehmheit der Auffassung mit intimer
Feinheit der Charakteristik und erlesenem
koloristischen Geschmack paart.

oder dekorativen Charakters gestattet. Dafür zeugen besonders eine 1894 gemalte
allegorische Verherrlichung der Industrie
und die Wandgemälde, die VOGEL in der
Vorhalle zum Sitzungssaal des Magistrats
im Berliner Rathause ausgeführt hat: die
Räte von Berlin und Köln nehmen das
Abendmahl in beiderlei Gestalt, der Empfang

Abbildung 93.

Wand im Rittersaal im Neuen Kgl. Opern-Theater (Kroll).
M. J. BODENSTEIN, Maler, WM. WALTHER, Architekt, in Berlin.

Wenn er in seinem Bestreben, sich alle
koloristischen Errungenschaften der Neuzeit
zu eigen zu machen, eine Zeit lang allzu
sehr den Launen der modischen Kunst nachgegeben hat — er war sogar in früheren
Jahren als der Modernsten einer Mitglied
der Vereinigung der XI gewesen! —, so
hat er doch diesen Launen niemals einen
Einfluss auf ernste Werke monumentalen

französischer Flüchtlinge durch den Grossen
Kurfürsten und drei auf die bauliche Entwicklung Berlins bezügliche Supraporten:
eine Verherrlichung Schlüters, die bürgerliche Bauthätigkeit unter Friedrich Wilhelm I.
und die Krönung Schinkels mit einem Lorbeer-
kranz durch die Ruhmesgöttin. Eine Studie
zu der ersten Supraporte giebt unsere Abbildung 87 wieder, eine in Oel gemalte Akt-

Abbildung 94.

Küchenbüfett, entworfen von GEBR. DRABIG in Berlin.

studie, die in der flotten, meisterhaften Breite der Behandlung zeigt, mit welcher Sicherheit VOGEL die Formen des menschlichen Körpers beherrscht, was man leider nicht von allzu vielen Künstlern rühmen kann, die sich der modernen Bewegung angeschlossen haben.

In den letzten Jahren hat sich die Kunst VOGELS völlig geklärt und alle Schlacken abgestreift, die an ihr aus der nunmehr überwundenen Sturm- und Drangperiode haften geblieben waren. Mit der souveränen Freiheit des seiner Mittel sicheren Meisters findet er für jeden Stoff die ihm entsprechende Ausdrucksform. Er macht dabei keinen Unterschied zwischen alten und neuen Darstellungsmitteln. Wenn es ihm darauf ankommt, einen völlig in sich versunkenen oder in eine geistige Arbeit vertieften Menschen in seinem ganzen Wesen zu erfassen, so erinnert er sich an die tief in alle Einzelheiten eindringende Charakteristik eines Holbein, mit der sich zugleich die höchste Ehrfurcht vor der Natur verbunden hat. Sein junger „Orgelspieler" (Abb. 88) zeigt, bis zu welcher Reinheit und Strenge

Abbildung 95.

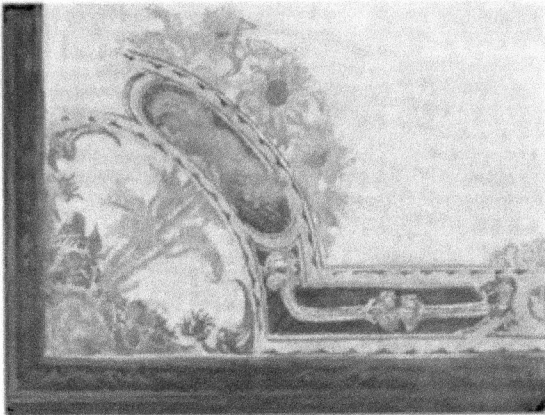

Schlafzimmerdecke, entworfen von GEBR. DRABIG in Berlin.

Abbildung 96.

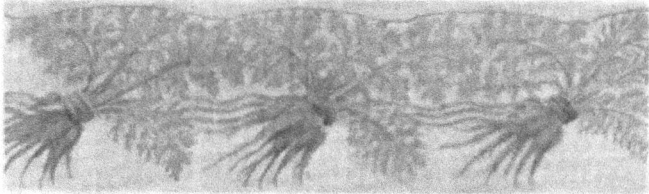

Küchenfries, entworfen von GEBR. DRANG in Berlin.

des Stils er seine künstlerische Ausdrucksweise dabei steigern kann. Will er das
muntere Spiel der Sonnenstrahlen in dem
Blätterdach einer Gartenlaube zur Anschauung bringen oder die leuchtende Pracht
eines im Frühlingsschmucke und Sonnen-
glanze prangenden italienischen Landschafts-
bildes, so bedient er sich der unendlichen
koloristischen Mannigfaltigkeit, die der Im-
pressionismus der modernen Malerei zuge-
führt hat. Er macht keinen Unterschied
zwischen alter und moderner Kunst, erkennt nur, wie er selbst zu sagen pflegt,
eine, die gute Kunst! *A. R.*

CHRONIK AUS ALLEN LÄNDERN.

Abbildung 97.

Füllung in Holz geschnitzt von
Bildhauer G. RIEGELMANN
in Berlin.

✻ Die Kundgebung, die die *Vereinigung Berliner
Architekten* an Geh. Baurat Prof. Dr. WALLOT aus
Anlass der bekannten, im Reichstage gegen ihn gerichteten Angriffe abgesandt hat, hat folgenden Wortlaut: „Hochverehrter Meister! Einmütig und mit Be-
geisterung hat die gesamte deutsche Künstlerschaft
bei Gelegenheit der Einweihung des Reichstags-
Gebäudes im Jahre 1894 den hohen künstlerischen
Wert Ihrer Schöpfung anerkannt. Nachdem in letzter
Zeit sowohl im preussischen Abgeordnetenhause wie
im deutschen Reichstage absprechende Urteile über
dasselbe gefallen sind, nimmt die Vereinigung Berliner
Architekten Anlass, jener Anerkennung aufs neue
Worte zu leihen. Ohne zu der Kritik Stellung zu
nehmen, welche an einzelnen zum Schmuck des
Hauses bestimmten Kunstwerken geübt worden ist,
spricht die Vereinigung der Ueberzeugung aus, dass
für das Gelingen der noch auszuführenden Aus-
schmückungs-Arbeiten und deren Zusammenwirken zu
einem harmonischen Ganzen keine bessere Gewähr
gefunden werden kann, als wenn die oberste Leitung
derselben auch ferner in ihren Händen bleibt. Mit
kollegialischem Gruss Die Vereinigung Berliner
Architekten.“

Zur Erläuterung der Fassung, die für die Kundgebung gewählt worden ist, ist zu bemerken, dass
bei der Erörterung der Vorgänge innerhalb der Vereinigung von einzelnen Mitgliedern, die die besonders

Abbildung 98.

Füllung in Holz geschnitzt
von Bildhauer G. RIEGEL-
MANN in Berlin.

Abbildung 99.

Moderner Stuhl.
Entworfen und ausgeführt von LEON KIESSLING,
Möbelfabrik in Berlin.

gabe der Gemälde die ihm bereits gezahlte Summe
(12000 M.) zurückzuerstatten. Andererseits scheint der
Reichstag Willens zu sein, wenn STUCK in seiner
Weigerung beharrt, den Rechtsweg zu betreten.

* * *

* Die *Berliner Secession* hat ihren geschäftlichen
Stützpunkt durch die Begründung einer Gesellschaft
mit beschränkter Haftung unter dem Namen „Ausstellungshaus der Berliner Secession" erhalten. Das
Stammkapital der Gesellschaft beträgt 20000 Mark.
Gegenstand des Unternehmens ist die Erbauung oder
der anderweitige Erwerb eines Ausstellungshauses in
Berlin, Charlottenburg oder einem anderen Vorort
von Berlin zum Zweck der Veranstaltung von Kunstausstellungen und der Betrieb sämtlicher hiermit
zusammenhängender Geschäfte. Zu Geschäftsführern
sind die Maler Prof. MAX LIEBERMANN und WALTER
LEISTIKOW bestellt worden. Im Laufe des April ist
der Bau des Ausstellungsgebäudes nach den Plänen
der Architekten GRISEBACH und DINKLAGE auf der
Gartenterrasse des Theaters des Westens soweit vorgeschritten, dass die Eröffnung der Ausstellung noch
im Mai erfolgen wird.

* * *

Abbildung 100.

Moderner Stuhl.
Entworfen und ausgeführt von LEON KIESSLING,
Möbelfabrik in Berlin.

heftig angegriffenen Deckenmalereien STUCKS im Vorsaale von den Räumen des Reichstagspräsidiums besichtigt hatten, davor gewarnt worden war, auch die an
den Malereien geübte Kritik in die Kundgebung einzubegreifen. Wenn die Kritik in der Form auch zu
weit gegangen sei, so sei sie doch berechtigt, da
die Malereien in der That angreifbar sind.
Inzwischen hat die ganze Angelegenheit insofern
einen Abschluss gefunden, als Geheimer Baurat WAL
LOT, nachdem in der Sitzung des Reichstags am
20. März die Ausschmückung des Gebäudes abermals
zur Sprache gekommen war und neue, nicht minder
lebhafte Meinungsäusserungen hervorgerufen hatte,
freiwillig von der Leitung der weiteren Ausschmückung
zurückgetreten ist. Es muss zwar anerkannt werden,
dass in dieser Sitzung mehrere Mitglieder des Reichstags mit Wärme für den Meister des Reichstagshauses
eintraten. Aber es liess sich nicht verkennen, dass
die Stimmung der Mehrheit kühl blieb, und WALLOT
konnte demnach nicht anders handeln, wenn er sich
nicht der Demütigung aussetzen wollte, seinen am
31. März ablaufenden Vertrag nicht erneuert zu sehen.
Der Streit, der die Veranlassung zu diesem im Interesse einer grossen Sache tief beklagenswerten Ausgange gegeben hat, ist damit noch nicht beendigt.
Professor FRANZ STUCK hat sich geweigert, sowohl
seine Gemälde umzuändern, als auch gegen Rück

☐ Die *Vereinigung zur Erhaltung deutscher Burgen* hat am 31. März ihre konstituierende Sitzung abgehalten. Es wurde ein Arbeitsausschuss gewählt, bestehend aus den Herren Hofmarschall Freiherr VON BUDDENBROCK, Vorsitzender, Architekt BODO EBHARDT, Schriftführer, Geheimer Regierungs-rat VON BREMEN und Regierungs-rat PLATZ. Zum Schatzmeister wurde Herr CARL VON DER HEYDT gewählt.

in Elberfeld und J. KRÖGER in Wilmersdorf bei Berlin, zwei zweite Preise von je 1000 Mk. Baurat Prof. H. STIER in Hannover und A. KAPPLER in Leipzig.

* * *

Die *Vereinigung Berliner Architekten* hat beschlossen, demnächst einen *Antrag zum Schutz des geistigen Eigentums der Architekten*, der von einem

Abbildung 101.

Hauptetablissement
eines
Empire-Salons.
Ausführung in dunkel
Mahagoni mit feuer-
vergoldeten Bronzen.
Entworfen
und ausgeführt
von
FRIED. THIERMANNS
Hofmöbelfabrik
in Berlin.

der alle für die Vereinigung bestimmten Geldbeträge entgegennimmt. Der Arbeitsausschuss wird zunächst die Satzungen der Vereinigung entwerfen, um diese der dann einzuberufenden Generalversammlung vorzulegen.

* * *

⚮ In dem Wettbewerb für den *Bau einer neuen Kirche in Altenburg*, zu dem 46 Entwürfe eingegangen waren, erhielten die beiden ersten Preise von je 1500 Mk. die Architekten CORNEHLS und FRITSCHE

zu diesem Zweck eingesetzten Ausschusse unter Mitwirkung des Dr. jur. OSTERRIETH, einer anerkannten Autorität auf dem Gebiete des Urheberrechts, ausgearbeitet worden ist, beim Vorstande des Verbandes Deutscher Architekten- und Ingenieurvereine einzureichen. Der Antrag lautet:

In Erwägung, dass das Wesen des baukünstlerischen Schaffens in der baukünstlerischen und der bautechnischen Konzeption des Werkes liegt,

In Erwägung, dass das baukünstlerische Schaffen

In seinen individuellen Erzeugnissen ebenso schutz-
würdig ist wie das Schaffen des Schriftstellers oder
des anderen bildenden Künstlers,

In Erwägung, dass die baukünstlerische Konzeption durch graphische und plastische Darstellung
und durch die bauliche Ausführung wirtschaftlich
verwertet wird und dem Schöpfer dieser Konzeption
die wirtschaftliche Verwertung seines Werkes ausschliesslich vorbehalten werden soll,

In weiterer Erwägung, dass die graphische und
plastische Nachbildung, sowie die bauliche Ausführung ein wesentlich technisches Können erfordert
und infolgedessen der künstlerischen Konzeption
nachsteht,

wird vorgeschlagen, dahin zu wirken:

dass bei der Revision des künstlerischen Urheberrechts die Baukunst den übrigen bildenden Künsten
gleichgestellt und § 3 des Gesetzes von 9. Januar 1876
durch eine Bestimmung folgenden Inhalts ersetzt wird:

1. Der Schöpfer eines Werkes der Baukunst hat
das ausschliessliche Recht der Nachbildung, sowie
der baulichen Ausführung des Werkes.

2. Unter einem Werk der Baukunst wird jede
individuelle künstlerische oder technische Konzeption verstanden, gleichviel, ob dieselbe in

graphischer Darstellung (Skizzen, Pläne, Entwürfe)
oder in einem Modelle oder in der baulichen Ausführung zum Ausdruck gelangt ist.

3. Wer ein Werk ohne Genehmigung des Urhebers
ganz oder teilweise nachbildet oder ausführt, kann
wegen Verletzung des Urheberrechts straf- und
zivilrechtlich verfolgt werden.[+]

*   *   *

N Die Ausführung des *Kaiser Wilhelm-Denkmals
für Hildesheim* ist durch einstimmigen Beschluss des
grossen Komités dem Professor OTTO LESSING in
Berlin übertragen worden. Auf Grund des Ergebnisses
der ersten Konkurrenz war ein engerer Wettbewerb
zwischen O. LESSING, F. HEINEMANN in Charlottenburg
und den Bildhauern STEFFENS und GERLING in Düsseldorf ausgeschrieben worden.

*   *   *

J In dem Wettbewerb um den *Entwurf für ein
Rathaus in Rüttenscheid bei Essen*, zu dem die
aussergewöhnlich hohe, aber für den gegenwärtigen
Stand des Konkurrenzwesens charakteristische Zahl
von 322 Entwürfen eingegangen war, haben die
Architekten OTTO KUHLMANN und Regierungsbau-

Abbildung 102.

Schaufenster-Einbau Jägerstrasse 54.   Architekten ERDMANN & SPINDLER in Berlin.

zweiter BRUNO KUHN in Charlottenburg den ersten Preis (1500 Mark) davongetragen. Den zweiten Preis (1000 Mark) erhielt Architekt KURT DISTEL in Dresden, den dritten (500 Mark) Architekt ARTHUR KREUTZSCH in Zittau.

* * *

▭ Zur Ausführung von *Wandgemälden im grossen Saal des neuen Rathauses in Hamburg* ist ein Wett-

Schmalseiten des Raumes ihren Platz finden sollen, während die kleineren für die nördliche Wand bestimmt sind. Als Gegenstand der Darstellung sind zu wählen: 1. Für die Westwand das Mittelalter mit speciellem Hinblick auf die Gründung Hamburgs; 2. für die Nordwand die Zeit der Hansa, mit besonderer Betonung der Begründung und Entwicklung des Hamburgischen Handels, das Zeitalter der Re-

Abbildung 103.

bewerb mit Termin zum 1. Juli unter deutschen oder in Deutschland ansässigen Künstlern ausgeschrieben worden. Ein engerer Wettbewerb hatte schon früher zwischen den Malern Prof. F. GESELSCHAP in Berlin und Prof. C. GEHRTS in Düsseldorf stattgefunden, hat aber zu keinem Ergebnis geführt, da beide Künstler inzwischen gestorben sind. Es handelt sich um zwei grössere und drei kleinere Wandgemälde, von denen die grösseren auf den östlich und westlich gelegenen

formation und die Befreiungskriege 1813/14; 3. für die Ostwand eine allegorische Darstellung der Hammonia und zwar unter besonderer Hervorhebung der Verbindung Hamburgs mit dem Deutschen Reiche und seines Welthandels. Von den Bewerbern wird eine Farbenskizze zu dem Bilde der Ostwand in ⅓ der wirklichen Grösse (138 cm lang, 54 cm hoch) sowie eine beliebig zu behandelnde Skizze des Bildes der Westwand in der Grösse von 58 cm Länge und

Abbildung 104.

Treppenhaus im Geschäftslokale Jägerstrasse 54.   Architekten ERDMANN & SPINDLER in Berlin.

zu cm Höhe verlangt. Es kommen Preise von 1500 u. 1000 und 2000 M. zur Verteilung. Dem Preisgericht gehören ausser 3 Mitgliedern der Rathaus-Baukommission und Architekt M. HALLER als Vertreter der Rathaus-Baumeister an die Maler Prof. A. LUTEROTH-Hamburg, A. FITGER-Bremen, Prof. KAULBACH-München und Prof. P. JANSSEN-Düsseldorf, die Architekten Ober-Baudir. Prof. Dr. DURM-Karlsruhe, Geh. Reg.-Rat Prof. ENDE-Berlin und Baudir. ZIMMERMANN Hamburg, sowie die Kunstgelehrten Prof. Dr. LICHT-WARK-Hamburg und Geh. Hofrat Prof. Dr. WOER-MANN-Dresden. Ein Anspruch auf Ausführung der Gemälde wird durch Erlangung der Preise nicht gewonnen.

*   *   *

] Um mit der für neu geplanten *Deutschen Bauausstellung* in *Dresden*, die ein vorwiegend fachwissenschaftliches und technisches Interesse haben wird, auch eine Anziehung auf das grosse Publikum zu verbinden, hat die Ausstellungsleitung beschlossen, ein „Vergnügungs-eck" einzurichten, das mit der Ausstellung in Zusammenhang gebracht werden soll. Zur Erlangung geeigneter Ideen für eine solche Anlage hat die Leitung einen Wettbewerb ausgeschrieben, worin sie die deutschen Architekten zu zahlreicher Beteiligung einladet. Die aus Holz mit Stuckverblendung und Malerei auszuführenden Baulichkeiten sollen der besten Kunst eine Stätte bieten und ausser einem Konzert- oder kleinen Theaterraum allerhand Räumlichkeiten für frohe Geselligkeit, Verkaufsstände, einen Musikpavillon u. dergl. m. enthalten. Ihre Künstlern, die sich am Wettbewerb beteiligen wollen, ist die Wahl der Formen völlig freigestellt. Es wird ihnen sogar überlassen, den Baulichkeiten ein humoristisches Gepräge zu geben, etwa Vorschläge zu einem Zukunftsstil zu machen oder eine

Satire auf die modernen Bestrebungen zu verwehren.
Der für das Vergnügungseck verfügbare Platz ist ein
Teil des Grossen Gartens mit herrlichem Baum-
bestand. Er soll mit den eigentlichen Ausstellungspark durch eine elektrische Untergrundbahn und
einen Fussweg verbunden werden. Als Bausumme
sind 300000 Mark ausgesetzt worden, worin die
Kosten für Wasser- und Erdanlagen nicht einbegriffen
sind. Für den Wettbewerb werden verlangt: ein
allgemeiner Uebersichtsplan im Massstab 1 : 500.
Skizzen eines oder mehrerer Teile dieses Planes,
soweit sie zur Klarstellung des Planes nötig sind,
und ein kurzer Erläuterungsbericht. Es sind drei
Preise von 500, 300 und 200 Mark ausgesetzt. Andere
Entwürfe für je 150 Mark anzukaufen, behält sich die
Ausstellungsleitung vor, von der die Unterlagen zu
beziehen sind. Die Entwürfe sind bis zum 5. Juni
an Herrn Architekt C. SCHMICHEN in Dresden einzusenden. — Ein zweiter Wettbewerb für die Dresdner
Bauausstellung hat der Ausschuss der Gruppe „Landwirtschaftliche Baukunde" für deutsche Architekten
ausgeschrieben. Es handelt sich um die Erlangung
von Entwürfen für ein *Mustergehöft für eine Landwirtschaft von 15 Hektar Land,* das auf der Ausstellung errichtet werden soll. Es gelangen 2 Preise
von 300 und 200 Mark zur Verteilung; ein Ankauf
nichtpreisgekrönter Entwürfe für je 100 Mark ist in
Aussicht genommen. Die Zeichnungen sind im Massstab von 1 : 100 verlangt. Preisrichter sind Oekonomie-
Rat André-Braunsdorf, Architekt Grothe-Dresden, Baurat Prof. Knothe-Seerk-Zittau, Geh. Oekonomie-Rat
von Langsdorff-Dresden, Landbaumeister Schmidt-
Meissen und Oekonomie-Rat Steyer-Plauen. Das
Gehöft soll aus einem Wohn- und Wirtschaftsgebäude,
einem Stallgebäude, einer Scheune, einem Seiten-
gebäude mit Schuppen usw. bestehen. Die Entwürfe,
die bis zum 1. Juni einzuliefern sind, sollen unter
Berücksichtigung der neuesten Erfahrungen und erprobten Einzelheiten auf dem Gebiete des landwirtschaftlichen Bauwesens bei gefälliger ländlich-ein-
facher Ausgestaltung eine dauerhafte, zweckmässige
und billige Ausführungsweise gestatten.

* * *

⑥ Einen *Wettbewerb um Entwurfsskizzen für ein
Kreishaus in Düsseldorf* hat der dortige Landrat
an alle deutschen Architekten ausgeschrieben. Die
Entwürfe sind bis zum 1. Juli an das Landratsamt in
Düsseldorf (Klosterstr. 23) einzureichen, von dem auch
die Unterlagen des Wettbewerbs bezogen werden
können. Drei Preise (1500, 1000 und 500 Mark) sind
ausgesetzt. Zum Preisgericht gehören den
Landrat der Kreis- und Regierungs-Baumeister KOHL-
HAGEN, Maler Prof. OEDER, Stadtbaurath PFEIFFHOFEN,
und Architekt Prof. STILLER, sämtlich in Düsseldorf.

* * *

⑦ Die Vollendung der *neuen Hofburg* in *Wien*
soll dem Professor FRIEDRICH OHMANN übertragen
werden, der durch eine grosse Zahl gelungener Entwürfe und Bauausführungen während der letzten
Jahren in die Reihen der ersten Architekten Oesterreichs getreten ist. Nach dem Tode Hasenauers war
die Leitung der Arbeiten dem Bauräten Hofer und
Niedzielski übertragen worden, die kürzlich ihre
Entlassung eingereicht haben.

* * *

⑧ Bei einem Wettbewerb um Pläne für ein in
Budapest zu errichtendes *Museum für bildende Kunst,*
an dem sich neun Architekten beteiligt hatten, ist
der erste Preis dem Architekten N. PECZ, der zweite
den Architekten SCHICKEDANZ und HERZOG, der
dritte dem Architekten ANKAY zuerkannt worden. Die
Preise betrugen 3000, 2000 und 1000 Gulden. Der
Plan des Architekten A. MEINIG wurde für 750 Gulden
angekauft. Da keiner der ausgezeichneten Pläne der
Jury zur Ausführung geeignet erschien, hat die Jury

Abbildung 103.

Geschäftshaus Jägerstrasse 54.
Maler GUSTAV SEEHAUS in Berlin.

Abbildung 106.

Thorweg am sogen. „Romanischen Haus" Auguste Victoria-Platz.
Architekt FRANZ SCHWECHTEN in Berlin. Von Kunstschlosser HAMMERAN ausgeführt

eine neue Konkurrenz zwischen den Gewinnern des ersten und zweiten Preises vorgeschlagen, deren eine Umarbeitung ihrer Projekte aufgetragen werden soll.

*

. Einen *Wettbewerb zur Erlangung eines Entwurfs für ein dauerndes Kunstausstellungsgebäude in Düsseldorf* hat der Ausschuss für die Kunstausstellung auf der Düsseldorfer Industrie- und Gewerbeausstellung des Jahres 1902 unter deutschen und deutsch-österreichischen Architekten ausgeschrieben. Es sind drei Preise von 3000, 2000 und 1500 Mark ausgesetzt; der Ankauf weiterer Entwürfe für je 800 Mark bleibt vorbehalten. Preisrichter sind Architekt Professor HOFFACKER in Charlottenburg, Baurat SCHWECHTEN in Berlin, Ober-Ingenieur LAUTER in Frankfurt a. M., Architekt Prof. KLEESATTEL, Geh. Kommerzienrat LÜTG, Maler Prof. FR. ROEBER und Architekt Prof. SCHILL in Düsseldorf. Bis zum 15. Juli sind die Entwürfe an den Central-Gewerbe-Verein in Düsseldorf einzureichen, von dem auch die Unterlagen gegen 2 Mark bezogen werden können. Die Kosten des Gebäudes, dessen Stilfassung den Bewerbern überlassen wird, sollen die Summe von 650000 M nicht überschreiten. Als Bauplatz ist ein in der unmittelbaren Nähe des Hofgartens gelegenes Gelände von 13000 qm Fläche bestimmt, welches einen Teil des Ausstellungs-Geländes des Jahres 1902 bildet. Die Front des Gebäudes kehrt sich dem Rhein bezw. den Anlagen zwischen Rhein und Gebäude zu. Es wird in dem Programm bemerkt, dass für diese eine Stielarchitektur nicht wohl entbehrt werden kann. Der zur Ausstellung von Kunstwerken aller Art dienende Raum soll eine Flächenausdehnung von 6000 bis 7000 qm erhalten; dazu kommen eine Anzahl Nebenräume und Restaurationsräume, letztere im Ausmass von 4—5000 qm Fläche. Verlangt werden ein Lageplan 1:300, Grundrisse, Ansichten und Schnitte 1:200 ein Schaubild der Rheinseite, ein Erläuterungsbericht nebst Kostenüberschlag nach der quadratischen und kubischen Einheit. Die Preise können auch in anderen Abstufungen verteilt werden. Bezüglich der weiteren Bearbeitung der Pläne behält sich der Ausstellungs-Vorstand freie Hand vor.

*

§. *Zum Wettbewerb „Rathaus in Cöpenick".* Vor uns liegen die „*Bedingungen, unter denen die Anfertigung von Entwürfen zu einem neuen Rathause in Cöpenick vergeben (submittiert) werden soll.*" Sie sind der Art, dass man sie am besten sofort dem Papierkorbe anvertraute, wenn nicht das allgemeine Interesse es nötig machte, sie in einer öffentlichen Besprechung festzunageln. Diese „Bedingungen" leisten wohl an Nichtachtung und Unterschätzung architektonischer Arbeiten das Meiste, was bis jetzt in dieser Hinsicht der Fachgenossenschaft geboten wurde; sie sind augenscheinlich, ohne Mitwirkung von Fachgenossen, vom grünen Tisch aus mit dem sogenannten „weiten Blick" aufgestellt. Jeder Bewerber hat ausser den über das übliche Maass weit hinausgehenden Zeichnungen in 1:100 auch noch einen spezialisierten Kostenanschlag sowie eine statische Berechnung der zur Verwendung kommenden Eisenteile und Massivdecken zu liefern. Dabei entspricht die Höhe des 1. Preises knapp den Honorarnormen. *„Die Auswahl unter den Entwürfen und die Verleihung der ausgesetzten Prämien erfolgt durch die von der Stadt eingesetzte Kommission unter Zuziehung eines königlichen Bauteamten, und bleibt es der städtischen Kommission ausschliesslich überlassen, ob dieselbe überhaupt einen der Entwürfe, und welche derselben, prämiiren will."* Der Willkür ist also hiermit Thür und Thor geöffnet; es ist keine Sicherheit geboten, dass die Prämien den besten Projekten zufallen, denn die Kommission kann beliebig *„auswählen"*. Wer dieser Kommission angehört

und wer der königliche Bauteamte ist, das wird nicht verraten. Zudem haben sich die Bewerber durch schriftliche Anerkennung dieser Bedingungen zu verpflichten, im Falle eines Erfolges für die ausgesetzten Prämien auch etwa gewünschte Abänderungen an ihrem Entwurfe vorzunehmen. Und schliesslich hat man, um in den Besitz dieser „Bedingungen" zu gelangen, der Stadtkasse 3 Mark einzuzahlen. Es wird aber nicht angegeben, ob die Bewerber sie bei Ablieferung eines Entwurfes zurückerhalten.

Wir sehen es als selbstverständlich an, dass jeder Architekt, der sich selbst achtet, diesem Wettbewerb fern bleibe. Wenn die Stadt Cöpenick an ihrem Preisausschreiben Freude erleben will, so mag sie sich in allererster Linie den vom Verbande deutscher Architekten- und Ingenieurvereine aufgestellten Grundsätzen für das Verfahren bei Wettbewerben anschliessen und ihre geradezu unglaublichen Bedingungen ändern.

E. S.

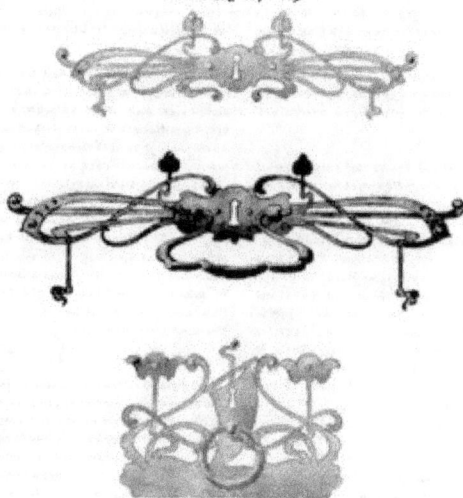

Abbildung 107—109.

Schlossschilder.
Entworfen von Architekt F. SAUVAGE.

BÜCHERSCHAU.

Motive der mittelalterlichen Baukunst in Deutschland. In photographischen Originalaufnahmen herausgegeben von HUGO HARTUNG, königl. Regierungsbaumeister und Docent an der königl. technischen Hochschule in Berlin. Berlin, Ernst Wasmuth.

Mit der kürzlich erfolgten Ausgabe der Doppellieferung 4 5 hat dieses vor drei Jahren von neuen Gesichtspunkten unternommene Werk einen weiteren Schritt vorwärts gethan. Es liegen jetzt 125 Tafeln vor, so dass bis zur Vollendung des ganzen Werkes nur noch drei Lieferungen mit 75 Tafeln fehlen. Der Herausgeber hat sich die Aufgabe gestellt, der grossen Zahl der Architekten, denen es leider nicht vergönnt ist, an Ort und Stelle Studien zu machen, ein neues und bequemes Hilfsmittel zur Erweiterung und Vertiefung ihrer Kenntnisse zu bieten, nachdem allseitig anerkannt worden ist, dass das Studium der mittelalterlichen Baudenkmäler dem Architekten eine Schule ist, deren Bedeutung immer tiefer in das moderne Schaffen eingreift. Um sein Ziel zu erreichen, wollte er möglichst mustergültige und einheitliche Bilder geben und darum musste er kleinen, aber durch fehlerhafte Wiederherstellung oder andere Verstümmelungen verdorbene Bauwerke ausschliessen. Da der grössere, die kirchliche Architektur umfassende Teil des Werkes bereits zum grössten Teil vorliegt, lässt sich schon jetzt anerkennen, dass dem Herausgeber die Lösung seiner Hauptaufgabe im hohen Grade gelungen ist. Wenn in dem reichen Material auch allgemein bekannte Kirchenbauten vertreten sein mussten, weil der Herausgeber die wichtigsten typischen Bauwerke der romanischen und gothischen Kunstweisen vorführen wollte, so befindet sich doch die Zahl der weniger bekannten oder doch in ihrer Bedeutung noch nicht genügend gewürdigten und durch Publikation nicht allgemein zugänglich gemachten Bauwerken in der Mehrheit. Aus der vierten Lieferung heben wir nur die St. Fides-Kirche in Schlettstadt hervor, eine Werkauseinau aus dem Anfang des 13. Jahrhunderts, ein Muster einheitlicher spätromanischer Bauweise. — In der vierten Lieferung wird mit der Vorführung von charakteristischen Baudenkmälern der Profanarchitektur begonnen, die auch die ganze fünfte Lieferung einnimmt. Wir finden hier u. a. das Rathaus, und ein Privathaus in Alsfeld, zwei spätgothische Fachwerkbauten, ein Kaufhaus aus dem 15. Jahrhundert in Kohlenz, die Rathäuser in Duderstadt und Forchheim, das romanische Haus und die Kaiserliche Pfalz in Gelnhausen, das Rathaus in Michelstadt und eine Gruppe ungemein malerisch wirkender, spätgotischer Fachwerkhäuser in Miltenberg am Main. — Der grosse Massstab der Aufnahmen, die eigens für dieses Werk gemacht worden sind, erleichtert ein genaues Studium aller für die Architekten wichtiger Details. Die Klarheit der Wiedergabe durch den Lichtdruck bringt jede Einzelheit zur besten Geltung. —

Auch von einigen anderen Lieferungswerken des Wasmuth'schen Verlages sind in den letzten Monaten Fortsetzungen erschienen. Von den *Aufnahmen mittelalterlicher Wand- und Deckenmalereien in Deutschland,* die Reg.-Baumeister Prof. RICHARD BORRMANN unter Mitwirkung von Prof. H. KOLB und Maler O. VORLAENDER herausgiebt, sind Lieferung 4 und 5 erschienen. Sie enthalten in reichem Farbendruck ornamentale und figürliche Malereien aus der Kirche Maria zur Höhe in Soest, aus der Liebfrauenkirche zu Halberstadt, den Dom zu Braunschweig, aus der Klosterkirche zu Wienhausen, aus der Marienkirche in Terlan bei Bozen, aus der Martinskirche in Campill in Tirol, aus Schloss Hohensalzburg, aus Schloss Karlstein in Böhmen, aus den Domen in Brixen, Schleswig und Brandenburg, aus der Burg Tirol bei Meran u. a. m. In diesem Werke erschliesst sich ein reicher Schatz neuer Motive für alle Künstler, die auf dem Gebiete der dekorativen Malerei thätig sind. — Von dem dritten *Venedig* behandelnden Teile des grossen Sammelwerkes *Palast-Architektur von Oberitalien und Toscana* ist die dritte Lieferung ausgegeben worden (herausgegeben von Professor OTTO RASCHDORFF). Sie enthält ausser vortrefflichen Naturaufnahmen, die sich sowohl durch ihre Gebäude wie durch ihre Klarheit vorteilhaft von den meisten Photographien italienischen Ursprungs auszeichnen, Aufrisse und zahlreiche, unter der Leitung von Prof. Raschdorff gezeichnete, für Architekten besonders wertvolle Details. Ein nach einer Aufnahme von E. DOEPLER d. J. ausgeführter Farbdruck, der einen Theil einer Wand in der Antecamera des Dogenpalastes darstellt, ist ein prächtiges, wahrhaft klassisches Beispiel venezianischer Renaissancedekoration. Von Wasmuth's *Neuen Malereien* erscheint eine neue Folge in zehn Lieferungen, von denen zwei vorliegen. Vielfachen Wünschen entsprechend hat die Verlagshandlung ein kleines, handlicheres Format gewählt, ohne dass jedoch der Reichtum des Gebotenen dadurch beeinträchtigt wird. Es ist vielmehr ein noch grösseres Gewicht auf die Vielseitigkeit des Inhalts gelegt worden, was sich u. a. auch darin zeigt, dass der moderne Stil eine entsprechende Vertretung und besonders beachtenswerte Leistungen findet.

* * *

Plastisch-Anatomischer Handatlas für Akademieen, Kunstschulen und zum Selbstunterricht von Dr. FRITZ SCHIDER, Maler und Lehrer an der allgemeinen

Gewerbeschule und oberen Realschule in Basel. Leipzig, SEEMANN und Co.

Anatomische Lehrbücher zu studieren oder auch nur für einen bestimmten Zweck zu Rate zu ziehen, bereitet Künstlern bekanntlich eine schwere Pein, besonders solchen, die den Unterricht auf einer Hochschule nicht genießen konnten. Es sind darum auch schon viele Versuche gemacht worden, Künstlern dieses Studium zu erleichtern und auf das unumgänglich notwendige Maass zu beschränken. Noch niemals aber ist diese schwierige Aufgabe so gründlich gelöst worden wie in dem Schider'schen Handatlas, worin ein Künstler und Lehrer zugleich auf Grund seiner pädagogischen Praxis alles zusammengefasst hat, was wissenswert und notwendig ist und somit dem Künstler die Grundlage gewählt, auf der er mit voller Sicherheit schaffen kann. Der Herausgeber hat mit Recht den Schwerpunkt auf ein möglichst reiches Anschauungsmaterial gelegt und den erläuternden Text auf die notwendigsten Angaben beschränkt, wobei er immer die Bedürfnisse und Zwecke der zeichnenden und plastischen Kunst mit feinem Verständnis berücksichtigt und namentlich alles, die den Atlas zum Selbstunterricht benutzen wollen, wertvolle Winke gegeben hat. Die zumeist nach eigenen Zeichnungen und Naturstudien des Verfassers angefertigten Abbildungen sind in ausreichend grossem Maassstabe gehalten, um das Verständnis aller Einzelheiten zu ermöglichen. Sehr wesentlich trägt es zur Erhöhung der Anschaulichkeit bei, dass die Muskeltafeln in Farben angelegt sind. Der Anfänger darf sich mit ruhiger Zuversicht diesem Führer anvertrauen, und auch der fertige Künstler darf gewiss sein, in zweifelhaften Fällen hier eine rasche und zuverlässige Auskunft zu finden.

A. R.

Reiseskizzen von FRANZ BRANTZKY, Architekt. 100 Tafeln. Berlin, KANTER und MOHR.

Mit der Herausgabe dieser Skizzen, die der Verfasser, ein in Köln thätiger Architekt, in den Jahren 1895—1897 auf Studienreisen durch die Rheinlande das Lahnthal, die Moselgegenden, Westfalen und Süddeutschland gesammelt hat, verfolgt er, wie er in einem Geleitwort näher auseinandersetzt, einen besonderen Zweck. Weit entfernt, mit den bekannten Veröffentlichungen von Ortwein, Ewerbeck, Dollinger u. a. wetteifern zu wollen, bietet er diese Blätter so, wie er sie seinem Skizzenbuche entnommen hat, ohne sie für die Veröffentlichung umgerechnet und wirkungsvoll in Scene gesetzt zu haben. Er will damit die „Intimität der jeweiligen persönlichen Empfindung, Auffassung und Aufzeichnung" unverfälscht wiederspiegeln und jedoch, wie er hofft, seinen Kollegen „Freude und Nutzen" bereiten. In der That wird jeder, der das Skizzenbuch durchblättert, seine aufrichtige Freude an der Frische und Unbefangenheit der Auffassung haben, der auch das Kleinste und Unscheinbarste nicht zu gering erscheint, und am Nutzen wird es auch nicht fehlen, da diese Blätter, obwohl die oben genannten Studienfelder schon sehr stark ausgebeutet sind, doch manches neue und interressante Detail enthalten, das dem Spürsinn wanderlustiger Künstler entgangen oder doch noch nicht veröffentlicht worden ist.

Für Brantzky haben diese Blätter aber noch eine besondere persönliche Bedeutung. Da es ihm nicht möglich war, eine Hochschule zu besuchen, hat er an den Bauwerken der alten Zeit gelernt. Seine Skizzenbücher haben ihm Schule und Bibliothek ersetzt, und er bekennt offen, dass er diesen Studien seine bisherigen künstlerischen Erfolge verdankt. Durch die Herausgabe seiner Skizzen will er diejenigen, die sich in gleicher Lage befinden wie er, anregen, denselben Weg zu wandeln und aus den „Werken der lebendigen Kunst" den Mut zu eigenem Schaffen zu gewinnen.

Abbildung 110.

Füllung in Holz geschnitzt. Von Bildhauer G. RIEGELMANN in Berlin.

Verantwortlich für die Redaktion: Dr. ADOLF ROSENBERG, Berlin. — Verlag von ERNST WASMUTH, Berlin W., Markgrafenstr. 35
Gedruckt bei JULIUS SITTENFELD, Berlin W. — Clichés von CARL SCHÜTTE, Berlin W.

ERNST WASMUTH
ARCHITEKTUR-BUCHHANDLUNG
BERLIN W.8, MARKGRAFEN-STRASSE 35

VERLAG + SORTIMENT + ANTIQUARIAT

ARCHITEKTUR — BILDHAUEREI · MALEREI — ORNAMENTIK ·· KUNST·
GEWERBE — KOSTÜMKUNDE · ARCHÄOLOGIE ·· PRACHTWERKE.

Illustrierte Kataloge auf Verlangen gratis und franko.

Auf Wunsch Ansichtsendungen und Teilzahlungen. Bei Barzahlung Rabatt.

Abbildung 111.

Die Verspottung Christi. Von HERMANN KOKOLSKY in Charlottenburg.
Grosse Berliner Kunstausstellung von 1899.

HANNS ANKER.

DIE GROSSE
BERLINER KUNSTAUSSTELLUNG.

I.

An dem seit länger als einem Jahrzehnt bewährten Grundsatz, jeder Kunstausstellung durch eine neue, möglichst umfassende Dekoration einzelner Räume schon in ihrer äusseren Erscheinung einen besonderen Reiz zu geben, ist auch in diesem Jahre festgehalten worden. Es sind sogar nach dieser Richtung hin grössere Anstrengungen als in den letzten Jahren gemacht worden, weil die Ausstellungsleitung mit einem Wettbewerb zu rechnen hatte, der bisher nicht in Frage gekommen war. Aus den Streitigkeiten, die schon seit Jahren die Künstlerschaft Berlins erregt und zerklüftet haben, ist zu Anfang dieses Jahres die lange angekündigte „Berliner Sezession" hervorgegangen, die mit der Veranstaltung einer eigenen Ausstellung gegen das alte, ihrer Meinung nach verrottete Ausstellungswesen protestieren und dem Publikum eine ideale Ausstellung bieten will. Obwohl die „Sezession" bis jetzt nur etwa 70 Künstler umfasst, befinden sich nicht wenige darunter, deren Namen aus verschiedenen Gründen häufig genannt werden, und es mag der Leitung der grossen Ausstellung nicht angenehm gewesen sein, dass sie auf die Beteiligung der Träger dieser Namen verzichten muss. Um so mehr hat sie alles aufgeboten, um den Verlust, der ihr durch jene im Gesamtinteresse der Berliner Künstlerschaft immerhin bedauernswerte Trennung erwachsen ist, quantitativ und qualitativ auszugleichen. In Bezug auf die Menge des Gebotenen ist es ihr jedenfalls gelungen. Der Katalog führte schon bei der Eröffnung mehr Nummern auf als der vorjährige, obwohl der letzte grosse Saal der Mittelaxe des Gebäudes diesmal nicht zur eigentlichen Ausstellung benutzt, sondern der Separat-Ausstellung des „Verbandes deutscher Illustratoren" überlassen worden ist und zwei zur Zeit leerstehende Säle für die Aufnahme von Werken österreichischer Künstler reserviert sind, die erst im Juni in Berlin eintreffen werden. Wie sich die beiden Konkurrenz-Ausstellungen der Qualität nach unterscheiden werden, lässt sich zur Zeit nicht beurteilen, weil die Ausstellung der Sezession erst am 21. Mai eröffnet werden kann.

In einem weiteren Umfange als je zuvor hat sich die gärtnerische Kunst an der Ausstellung beteiligt. Die Kuppelhalle und die beiden rechts und links an sie grenzenden Vorsäle haben dem deutschen Palmenzüchter LUDWIG WINTER in Bordighera den Rahmen zu einer Ausstellung von Palmen und anderen tropischen Gewächsen gegeben, wie sie bisher in Deutschland noch nicht in gleicher Schönheit, Ueppigkeit und Mannigfaltigkeit geboten worden ist. In geschmackvoller Anordnung sind Palmen jeglicher Gattung, Dracaenen, Plectogynen, Agaven, Clivien und andere Blatt- und Zierpflanzen so gruppiert, dass sie eine zusammenhängende Dekoration und zugleich einen ungemein wirkungsvollen Hintergrund für die in der Vorhalle aufgestellten plastischen Werke bilden, der namentlich den gipsernen sehr zum Vorteil gereicht. Fast alle diese Gewächse sind in mächtige Kübel, Vasen, Kasten und Kästchen aus gebranntem roten Thon gestellt, die, Erzeugnisse einer florentinischen Manufaktur, nach antiken Vorbildern oder in antikisierendem Geschmack mit prächtiger dekorativer Wirkung ausgeführt worden sind.

Dieser reiche Pflanzenschmuck kommt uns in diesem Jahre besonders gelegen, weil er einen auffälligen Mangel in der Vertretung unserer Bildhauerkunst angenehm verdeckt. Seit langer Zeit hat es nicht so sehr wie in diesem Jahre an monumentalen, an überhaupt grossen Werken zur Füllung der riesigen Vorhalle gefehlt. Jeder Kenner der Berliner Kunstverhältnisse ist über den Grund dieses Mangels unterrichtet. Eine nicht geringe Zahl unserer Bildhauer ist mit grossen Aufgaben beschäftigt, die ihre Kraft so völlig in Anspruch nehmen, dass sie für die Ausstellung wenig oder gar nichts übrig gehabt haben. Sie können selbst nicht einmal die Gipsmodelle für Marmor-ausführung oder Bronzeguss zur Ausstellung einsenden, weil die Besteller meist auf rasche Vollendung drängen. So konnte z. B. bis jetzt noch nicht eines der Modelle für die Herrscher-Denkmäler in der Siegesallee auf die Ausstellung gebracht werden. R. SIEMERING, F. SCHAPER und R. BEGAS fehlen gänzlich, und ERNST HERTER und F. HARTZER haben nur Porträtbüsten eingesandt, letzterer die sehr geistvoll und lebendig charakterisierten des Staatsministers von Miquel und des Ministerialrats de la Croix. Die monumentale Kunst ist nur durch die Modelle zum Reiterstandbild des Kaisers Wilhelm I. für Liegnitz von JOHANNES BOESE, zum Standbild Kaiser Friedrichs für Hagen i. W. von EMIL CAUER, zu einem Denkmal Bismarcks für Mannheim von EMIL HUNDRIESER und zu einer 4½ Meter hohen, für einen uns unbekannten Zweck bestimmten Figur des Landgrafen Philipp von Hessen von HANS EVERDING in Kassel vertreten. Es sind durchweg sehr fleissig durchgeführte Arbeiten; aber es wäre ungerecht, sie nach ihrer Wirkung in dem engen Rahmen der Kunstausstellung beurteilen zu wollen. Dicht aneinander gedrängt, ohne angemessenen architektonischen Unterbau machen sie einen nur wenig befriedigenden Eindruck, der aber sicherlich nicht ihren Urhebern, sondern der ungünstigen und unzweckmässigen Art der Aufstellung zur Last zu legen ist. Auf diesem Gebiete hat die Ausstellungskommission noch eine dankbare Aufgabe vor sich, deren Lösung ihr für die nächste Zukunft dringend ans Herz zu legen ist. Für die Aufstellung solcher Denkmäler grossen Stils sollten, mehr als es bisher geschehen ist, geeignete Plätze im Garten geschaffen werden, wobei wohl auch Gipsmodelle durch zweckmässigen Anstrich gegen die Unbilden der Witterung geschützt werden könnten. Wie sehr die vereinzelte Aufstellung von überlebensgrossen Werken im Freien ihre Wirkung steigern kann, zeigt jetzt wieder das vor dem Eingang zum Gebäude aufgestellte Reiterbild des „Siegers" von dem in Rom lebenden LOUIS TUAILLON, der damit ein würdiges, in manchen Einzelheiten sogar noch vollendeteres Seitenstück zu seiner Amazone geschaffen hat. Völlig frei von dem altertümlichen Zuge, der der Amazone noch eine gewisse Gebundenheit und Unfreiheit verliehen hatte, sitzt ein nackter Jüngling in lässiger Haltung auf dem mittelgrossen, feingliedrigen Rosse englischer Zucht, mit dem er soeben im Wettrennen den Preis errungen hat, den Olivenzweig, den er in der erhobenen Rechten hält. Obwohl aus dem eindringlichsten Studium der Antike erwachsen, sind Ross und Reiter doch von einem durchaus modernen Geiste erfüllt. Mit einem vollkommenen Ebenmass der Glieder verbindet sich eine nicht minder vollkommene Naturwahrheit, die sich gleichmässig auf alle Einzelheiten der beiden Körper erstreckt.

Die Plastik grossen Stils oder doch grossen Umfangs ist ausserdem noch durch die kolossale Gruppe einer Verspottung Christi von HERMANN KOKOLSKY (Abb. 111), die wir an einer andern Stelle dieses Heftes näher würdigen, und durch eine ungewöhnlich grosse Anzahl von Figuren für Grabdenkmäler vertreten. Wir sehen darin ein erfreuliches Anzeichen dafür, dass die Kirchhofsplastik immer mehr handwerksmässigem Betrieb entzogen wird und dass sich die Wohlhabenden in unserm Volk mehr und mehr der Ehrenpflicht erinnern, auch die wirkliche Kunst an dem Schmuck der Grabstätten ihrer Lieben zu beteiligen. Es lässt sich aber nicht verkennen, dass der Kreis der Gestalten, die zu diesem Schmuck herangezogen werden, sehr beschränkt ist und dass man zumeist mit stark verbrauchten Typen in oft sehr konventioneller Auffassung, mit Todes- und Auferstehungsengeln, mit nichtssagenden weiblichen Gestalten arbeitet, die Kränze oder Palmen niederlegen oder Blumen streuen oder sich gar zu einer pathetischen Trauerkundgebung versteigen. Oft mag in diesen Fällen die Neigung oder der bestimmte Wille der

Auftraggeber die Phantasie des Künstlers binden, so dass man am besten thut, eine Kritik im Einzelnen zu unterlassen, weil man damit den Künstler ohne sein Verschulden treffen würde. Im allgemeinen müssen diese Uebelstände aber um so nachdrücklicher hervorgehoben werden, als die deutsche Bildhauerkunst gerade auf diesem Gebiete in früheren Jahren zum Teil vorzügliche Leistungen bei uns zur Schau gestellt hat. Ganz fehlt es daran auch in diesem Jahre nicht. Durch originelle Komposition fällt besonders das Grabmal von HANS DAMMANN auf, der eine weibliche Gestalt in langen Gewändern, die Personifikation des Schlafs, vor einen Sarkophag streng antiker Form gestellt hat, auf den sie Stengel mit Mohnblumen niederlegt, und ein Friedensengel von MARTIN SCHAUSS hat wenigstens den Vorzug seelenvoller Schönheit und ergreifenden Ausdrucks, der noch durch glänzende Technik in der Behandlung des Marmors gesteigert wird.

Das Beste hat die Berliner Bildhauerkunst in diesem Jahre in der Genre- und Kleinplastik geboten. In der Schule der Italiener haben die Berliner Künstler schnell gelernt, in Werken der Kleinkunst die höchste Lebensfülle zu erreichen und zugleich eine Kühnheit und Freiheit der Komposition, eine Vielseitigkeit der Erfindung zu entwickeln, die sie in grösseren Arbeiten unter dem Druck ungünstiger äusserer Verhältnisse meist nicht zu zeigen wagen. Eine Probe davon bietet dieses Heft in drei anmutigen Bildwerken von OTTO RIESCH, der die ideale Richtung innerhalb der Kleinplastik vertritt (Abb. 137—139).

Von einer Betonung des ersten der Mittelsäle als „Ehrensaal" hat man in diesem Jahre mit Recht Abstand genommen. Man hat wohl eingesehen, dass die Kunstwerke, die früher meist nur mit Rücksicht auf ihren Gegenstand zur Füllung dieses Saales ausgesucht worden waren, sich dieser Ehre oft nicht würdig gezeigt hatten, und so hat man sich in diesem Jahre darauf beschränkt, eine möglichst starke Wirkung mit möglichst

Abbildung 112.

Haus Prof. Baumbach in Wilmersdorf, Vorderansicht. Von OTTO SPALDING & ALFRED
GRENANDER, Architekten in Berlin. Grosse Berliner Kunstausstellung von 1899.

Abbildung 113.

Haus Prof. Baumbach in Wilmersdorf, Gartenansicht. Von OTTO SPALDING & ALFRED
GRENANDER, Architekten in Berlin. Grosse Berliner Kunstausstellung von 1899.

Abbildung 114.

Privatklinik des Dr. Pernice in Frankfurt a. O. Von OTTO SPALDING & ALFRED GRENANDER, Architekten in Berlin. Grosse Berliner Kunstausstellung von 1899.

Abbildung 115.

Ateliergebäude für Bildhauer Professor O. Lessing, Villen-Kolonie Grunewald. Von VOLLMER & JASSOY, Architekten in Berlin. Grosse Berliner Kunstausstellung von 1899.

Kunstwerken zu erzielen. Unter den Gemälden zieht zuerst ein umfangreiches Bild von RUDOLF EICHSTAEDT „Jesus und die Jünger von Emmaus" die Aufmerksamkeit auf sich, sowohl durch seinen ungewöhnlichen koloristischen Reiz, als durch die eigenartige Behandlung des Motivs. Die Scene geht inmitten üppiger südlicher Vegetation, in einer Gartenveranda am Meeresufer — man wird an eine Gegend am Golf von Neapel erinnert — vor sich. In dem Augenblicke, wo Jesus das Brod bricht und die Jünger, ihn daran erkennend, ihr Staunen und ihre Bestürzung kundgeben, verflüchtigt sich die in weisse Gewänder gekleidete Gestalt des Heilands zu einer wie im Nebel verschwimmenden Vision. So wird allein durch die koloristische Wirkung die erhabene überirdische Erscheinung Christi in scharfen Gegensatz zu der niedrigen Realität der beiden, am Staube klebenden Erdensöhne gebracht. Ausserdem ist die Malerei in diesem Saale noch besonders würdig durch ein Genrebild „Heimwärts", eine fröhliche Kahnfahrt von Feldarbeitern, von dem trefflichen Schilderer märkischen Landlebens ERNST HENSELER, durch ein figurenreiches Kostümbild „Aus Venedigs Blütezeit" von CARL BECKER, durch mehrere Landschaften und Seestücke von JULIUS WENTSCHER, H. W. JANSEN (Amsterdam), ANDREAS DIRKS (Düsseldorf), H. W. MESDAG, u. a. und ein dreiteiliges Votivbild, die Verehrung der Madonna durch die Familie des verstorbenen Freiherrn von Schorlemer-Alst von dem Tiroler A. DELUG vertreten. Von den hier ausgestellten Werken der Plastik machen sich die mit schlichter Naturwahrheit in monumentalem Stile durchgeführte bronzene Grabstatue des Kardinals Fürst Schwarzenberg von JOSEF MYSLBEK in Prag und die bronzirten Gipsmodelle zu zwei Bronzestatuen deutscher Kaiser für die Südhalle des Reichstagsgebäudes, dem Karls des Grossen von P. BREUER und Heinrichs III. von L. MANZEL besonders geltend, von denen die des Letzteren an Lebendigkeit

der Auffassung und Energie der Charakteristik ihr Seitenstück vielleicht überträfft. Bei den plastischen Arbeiten für das Reichstagsgebäude ist aber immer in Betracht zu ziehen, dass der Architekt in den meisten Fällen auf die Konzeption und Anlage im allgemeinen eingewirkt hat und dass danach das Urteil über die einzelnen Leistungen mit Vorsicht abzumessen ist.

Die Dekoration dieses Saales und der meisten übrigen Räume ist im Grossen und Ganzen unverändert geblieben. Nur einige Räume in der östlichen Hälfte, die vorzugsweise kunstgewerbliche Arbeiten und Werke der Kleinplastik aufgenommen haben, sind unter der Leitung des Baurats TIEDE neu dekoriert worden, einer von ihnen mit Tapeten in verschiedener Musterung, die zugleich Ausstellungsgegenstände von LÜCK & HEIDER sind. Zwei Räume, die die Sonderausstellung von Studien des italienischen Malers J. M. MICHETTI und die von starker poetischer Kraft erfüllten, aber durchweg auf einen schwermütigen Ton gestimmten Landschaften aus Italien, Versailles und Fontainebleau von FR. VON SCHENNIS enthalten, sind ebenfalls neu ausgestattet worden. Die Wände des ersteren Raums sind mit grünem Stoff bespannt, der Fussboden mit purpurrot gefärbtem Läuferstoff belegt worden, und in dem zweiten Raum hat man den roten Stoff für die Wandbekleidung, den grünen für den Fussteppich gewählt. Die Wirkung ist ungemein kräftig und lebhaft und kommt besonders den Landschaften von Schennis sehr zu gute. Diese Versuche sind aber kennenswert, wenn sie auch zunächst nur das negative Resultat ergeben, dass eine Uniformierung der Ausstattung von Gemälde- und Skulpturensälen schwerlich jemals in befriedigender Weise erreicht werden wird.

Auch an der Lösung einer noch wichtigeren Frage, der Verbesserung der Beleuchtung, ist in diesem Jahre mit Eifer weitergearbeitet worden. Die gewaltigen Schirme, welche die Oberlichter in den

Abbildung 116.

Kaufhaus A. Tidemann Nachf. (Inh. R. Lutz & W. Wildt) Kronenstrasse 28,
erbaut von OTTO RECHT in Berlin.

grossen Sälen abblenden, sind noch tiefer herabgelassen worden, wodurch einerseits eine stärkere Lichtfülle auf die Gemälde an den Wänden konzentriert, andererseits den Augen der Beschauer ein grösserer Schutz gegen die von oben einfallenden, grellen Lichtströme gewährt worden ist.

Endlich hat auch die „Vereinigung Berliner Architekten" den Saal, der ihr im vorigen Jahre zur Verfügung gestellt worden war und in dem sie mit einer imponierenden Sammelausstellung ihrer Mitglieder debütiert hat, unter der Leitung von SCHÄDE und

Abbildung 113.

Detail vom Kaufhaus A. Tölzmann Nachf.
OTTO TÖTH, Architekt in Berlin.

B. EHRHARDT neu dekoriert. Die Wände sind mit braunrot gestrichener, goldgesprenkelter Leinwand überzogen und durch Gewinde von teilweise vergoldeten Lorbeerblättern gegliedert worden, die sich von dem mit weissem Stoff überzogenen Zeltdach bis zu dem Paneel herabziehen, das vom Maler RICHTER-Rheinsberg auf wasserblauem Grunde mit stilisierten Lilien, Seerosen u. dgl. m. dekoriert ist. Schmetterlinge, Grashüpfer, Schlangen, Molche, Wasservögel und anderes Getier winden sich zwischen den Blumen und Pflanzen hindurch. Lorbeergewinde ziehen sich auch an den Stützen des Dachs und unter ihnen in leichten Bögen hin, wodurch die festliche Stimmung des ganzen Raumes noch gesteigert wird. Dass die Vereinigung in diesem Jahre nicht so reich und mannigfaltig vertreten ist, wie im vorigen, ist zum Teil durch die kurz bemessene Zeit verursacht worden, die zur Verfügung stand, nachdem der Beschluss einer Beteiligung gefasst worden war, zumeist aber durch die Erwägung, dass die Weltausstellung von 1900 auch eine grosse Zahl von Ausländern nach Berlin führen werde und dass die Vereinigung darum alles aufbieten müsse, um eine würdige Ausstellung im nächsten Jahre zu veranstalten. Trotz dieser Zurückhaltung bietet die diesjährige Ausstellung immer noch ein reizvolles Bild, um dessen Gestaltung sich besonders W. MARTENS, H. GUTH, OTTO MARCH, SPÄTH und USBECK, FRITZ GOTTLOB, BRUNO MÖHRING, VOLLMER und JANSOY (Abb. 113), SPALDING und GRENANDER (Abb. 112—114), B. EHRHARDT, GEORG RÖNSCH und MAX SEILING verdient gemacht haben.

Ausserhalb der Ausstellung der Vereinigung, die etwa 80 Nummern umfasst, ist die Baukunst nur noch durch neun Namen vertreten. Besondere Beachtung darunter verdienen MEIER und WERLE mit ihren eigenartigen Entwürfen zu modernen Villen und FELIX WOLFF, der mit Plänen und Modellen einen ganzen Saal gefüllt hat. Einer dieser Pläne, der eine Verbindung

Abbildung 118

Kaufhaus N. Israel, Ecke Spandauer- und Königsstrasse.
Erbaut von LUDWIG ENGEL in Berlin.

des Orangeriegebäudes bei Potsdam mit dem Park von Sanssouci durch Fortsetzung der Terrassenanlagen bezweckt, hat bereits die Billigung des kaiserlichen Bauherrn gefunden. Die beabsichtigte neue Gestaltung der Terrassenanlage vor dem Orangeriegebäude wird durch ein umfangreiches Modell veranschaulicht. In ihrer jetzigen Erscheinung ist sie nur ein Stückwerk, das allerdings einen weiteren Ausbau und Abschluss sehr wünschenswert macht. Jetzt führt die Chaussee so dicht an der Terrasse vorüber, dass die vorderen Bauteile die hinteren für den unten stehenden Beschauer verdecken. Bei der Fortsetzung der Terrasse bis zum Park von Sanssouci hat der Architekt in seinem Entwurf die vorhandene Höhendifferenz so benutzt, dass die Strasse unterhalb der Terrasse durchgeführt wird. Das Modell zeigt, dass trotz der für die Ueberführung der Terrasse nötigen Stützmauern u. s. w. noch so viel Platz übrig bleibt, dass zwei Wagen bequem an einander vorüberfahren können. Durch diese Ableitung des Verkehrs wird die ganze Anlage einheitlich mit dem Park von Sanssouci verbunden. Als Abschluss an der Parkseite ist ein viereckiges Bassin gedacht.

In einer Vogelperspektive führt FELIX WOLFF uns einen Versuch vor, die Um-

Abbildung 119

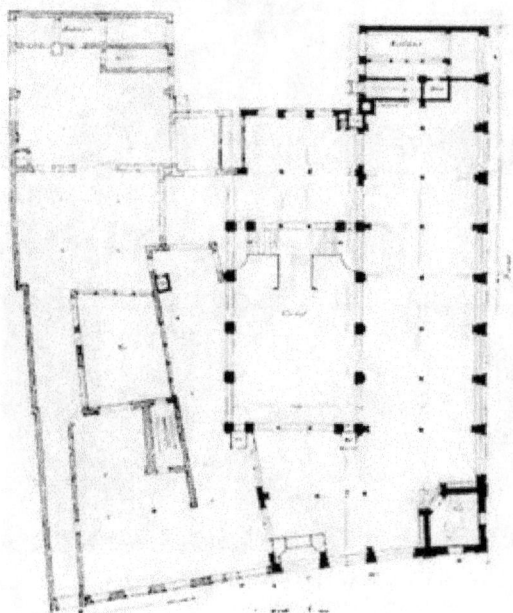

Kaufhaus N. Israel. Grundriss des Umbaues von 1898-99. Von LUDWIG ENGEL, Architekt in Berlin.

Abbildung 140.

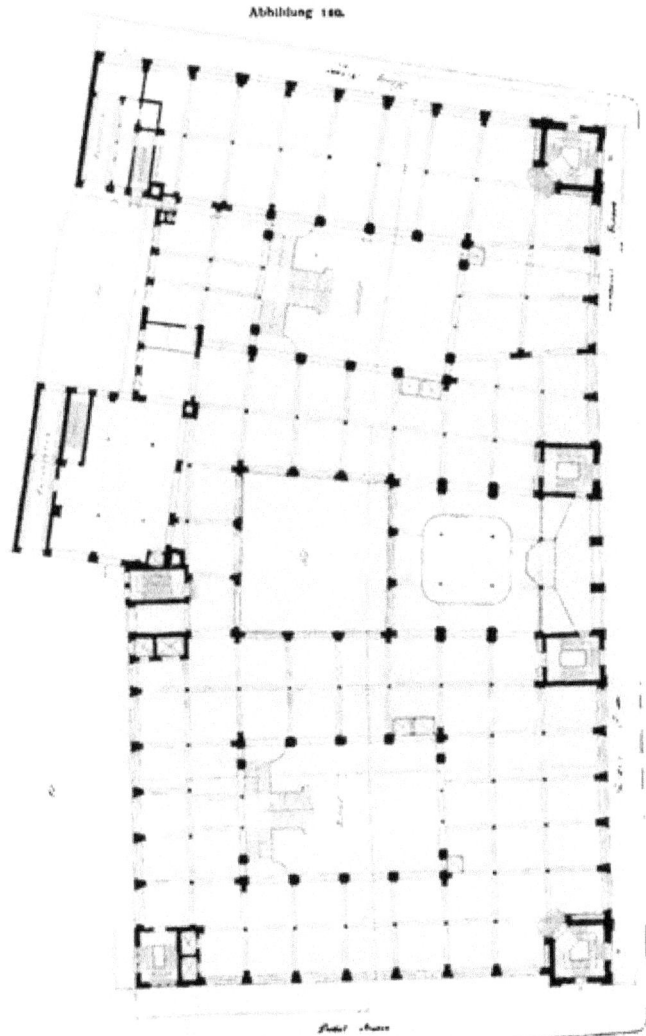

Kaufhaus N. Israel. Grundriss der projektierten Gesamtanlage. Von LUDWIG ENGEL, Architekt in Berlin.

Abbildung 121.

Wohnhaus
Rauchstrasse 13.
Bodo Ebhardt,
Architekt
in
Berlin - Grunewald.

gebung des Berliner Schlosses im Zusammenhang mit dem Kaiser Wilhelm-Denkmal
neu zu gestalten. Für diese Frage sind ja
schon des Oeftern von verschiedenen Seiten
mehr oder minder gute Vorschläge gemacht worden. Der Gedanke, die Bau-
akademie abzubrechen und den Wagen-
verkehr aus der unmittelbaren Nähe des
Schlosses auf diese Seite zu verlegen, ist
nicht neu. Neu ist, wie aus dem Erläuterungsbericht hervorgeht, dass „die Nieder-
legung des Roten Schlosses durch opfer-
willige Bürger, die auch ihren Anteil an
der Verschönerung Berlins haben wollen, in
Aussicht genommen worden ist" und dass
vorgeschlagen wird, die jetzige Komman-
dantur abzubrechen und diese in ein neues,
an der Stelle des Roten Schlosses zu errichtendes Gebäude zu verlegen.

Adolf Rosenberg.

Abbildung 113.

Abbildung 112.

Hofarchitektur

Stallgebäude

Rauchstrasse 13.

Heinr. Eberhard, Architekt in Berlin-Grunewald.

Abbildung 124.

Wintergarten Rauchstr. 13. BODO EBHARDT, Architekt in Berlin-Grunewald.

Abbildung 125.   Abbildung 126.

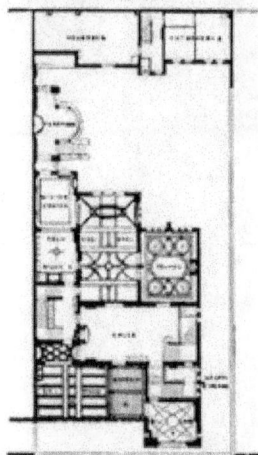

Grundrisse
zu
Abbildung 121.

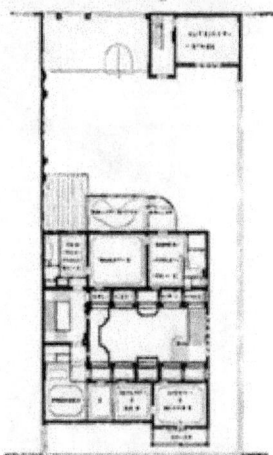

ZU UNSEREN BILDERN.

ARCHITEKTUR.

Das von BODO EBHARDT in den Jahren 1895 und 1896 für den Rittergutsbesitzer Dr. Schröder-Poggelow erbaute Wohnhaus Rauchstrasse 13 (Abb. 121), das nur von dem Besitzer benutzt wird, ist in seiner architektonischen Gestaltung wesentlich durch das benachbarte, viergeschossige Gebäude bestimmt worden, das der bei schmaler Front unverhältnismässig tiefen Baustelle eine 45 m lange und 23 m hohe Brandmauer zukehrt. Da das neue Haus ausser dem mit dem Fussboden 2,80 m über dem Strassenniveau gelegenen Erdgeschoss nur ein Stockwerk erhalten sollte, suchte der Architekt durch Anlage eines steil ansteigenden, das ganze etwa 23 m tiefe Vorderhaus überdeckenden Satteldaches ein Gegengewicht gegen die Brandmauer des Nachbarhauses zu schaffen. Der Rest der Brandmauer, der zwischen dem Vorderhause und dem die hintere Schmalseite des Hofes einnehmenden Stallgebäude (Abb. 122) verblieben ist, ist mit einer Scheinarchitektur bekleidet worden (Abb. 123). Durch eine vorgelagerte Terrasse hat ihr der Architekt einen besonderen Reiz verliehen, und da diese Architektur auch an der niedrigen, die unbebaute Seite des Hofes abschliessenden Gartenmauer fortgesetzt worden ist, bietet der Hof ein malerisches Gesamtbild von geschlossener Einheitlichkeit. Da es sowohl in der Absicht des Bauherrn wie des Architekten lag, die

Abbildung 117.

Wohnhaus Moltstr. 14   GUSTAV GEBHARDT, Architekt z. Z. Budapest

Abbildung 128.

Villa Marie Lehmann Villen-Kolonie Grunewald, Hectkostrasse. Von LUDWIG OTTE in Grosslichterfelde

Abbildung 129.   Abbildung 130.

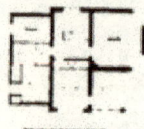   Grundrisse
                            zu Abbildung 128

ganze äussere und innere Ausschmückung
des Hauses unabhängig von der Tagesmode
in deutschem Charakter zu halten, nahm
der Künstler für die äusseren Architekturformen die deutsch-romanische Kunst des
frühen Mittelalters zum Vorbild, was sowohl in der Bildung der architektonischen
Details als ganz besonders in der eigenartigen, strengen Ornamentik des Frieses
der Strassenfront, der Kapitäle der die beiden Geschosse zusammenfassenden Pilaster
und der Verzierungen des abgetreppten
Giebels zur Geltung kommt. Sowohl die

Strassenfaçade als die Hofseiten und das
Stallgebäude sind in roten Rathenower
Handstrichsteinen unter reicher Verwendung
von Warthauer Sandstein für die Gliederungen und Zierteile ausgeführt. Die Dächer
sind mit Sölbacher Schiefer eingedeckt.

Von der Ausstattung der Innenräume,
die besonders im Erdgeschoss künstlerisch
durchgeführt worden sind, und zwar ein jeder
in einer seiner Bestimmung entsprechenden
Individualisierung, ist die eigenartige Anlage
und Dekoration des Wintergartens (Abb. 124)
besonders bemerkenswert. Der zwischen

Abbildung 131.

Weinstube von Gustav Schicke, Friedrichstrasse 203.
BRUNO MOHRING, Architekt in Berlin.

Abbildung 132.

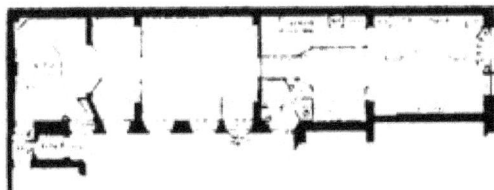

Grundriss zu Abbildung 131 und 133.

Abbildung 133

Weinstube von Gustav Schicke, Friedrichstrasse 203.
BRUNO MÖHRING, Architekt in Berlin.

tiere und verleihen dem Raum ein grüngelbes, dem Wassertone entsprechendes Licht. Bei der ganzen Anlage, die noch durch kostbare Pflanzen ein eigenartiges Gepräge erhält, ist streng vermieden worden, die bekannten kleinlichen, künstlichen Tropfsteine zu verwenden. Alle Felsen sind vielmehr frei aus der Hand von dem Bildhauer KRETZSCHMAR in Cementmörtel angetragen. Unter dem Wasser befinden sich elektrische Beleuchtungskörper, gleichfalls unter Vermeidung der gewöhnlichen theatralischen Mittel, der roten, blauen und sonstigen Lichter. Natürliche indische Muscheln in grosser Zahl, sowie Korallen u. a. m. beleben wiederum die Felsen." (Nach Mitteilungen des Architekten.) Der bilderreiche Schmuck am Aeussern und im Innern ist von den Bildhauern ALBERT KRETZSCHMAR und AUGUST MACHER, die reichen schmiedeeisernen Arbeiten sind von der Firma PLATTNER NACHF. geliefert worden.

Zu dem Hause Moltzstrasse 14 (Abb. 127) ist die Façade nach einer Skizze des Besitzers, des Rentiers ALBERT DIEDRICH, von dem Architekten GUSTAV GERHARDT entworfen worden. Sie ist teils mit Rathenower Handdrucksteinen verblendet, teils mit hydraulischem Cementmörtel verputzt; für das Portal und einzelne Architekturteile ist Cottaischer und Pirnaischer Sandstein zur Verwendung gelangt, und ausserdem ist noch bunte ornamentale Bemalung hinzugezogen worden,

und auf massiven Pfeilern mit Glas überdeckte, resp. abgeschlossene Raum soll „die künstlerische Darstellung einer Unterwasser-Scenerie" bieten. „Die Wände bilden teils Felspartieen von geringer Erhebung, an denen sich unter Wasser lebende Tiere aller Art, nach der Natur modelliert, tummeln, teils zeigen sie schwimmende Fische, welche unzählige Wasserstrahlen in gewaltige indische Muscheln und Felsbecken speien. Die Fenster zeigen gleichfalls allerhand Wasser-

Abbildung 131.

Siegfried-Idyll. Von HERMANN HENDRICH in Berlin.
Rahmen von HAKON ADLER, Architekt in Wilmersdorf.

um einen reichen farbigen Gesamteindruck
zu erzielen. Die drei an der Façade ange-
brachten Wappen von Berlin, Charlottenburg und Schöneberg haben nach der Absicht des Bauherrn eine tiefe symbolische
Bedeutung. Er wollte damit auf das Un-
gemach hinweisen, das den Grundbesitzern
dieser Gegend seit 1871 aus den kommu-
nalen Grenzverhältnissen und den dadurch
hervorgerufenen Streitigkeiten erwachsen
ist. Im Erdgeschoss ist dadurch, dass der
Eingang für Herrschaften unmittelbar neben
die Durchfahrt zum Quergebäude und Gar-
tenhaus gelegt worden ist, die Anlage
eines geräumigen Vestibüls ermöglicht worden, das nach dem Entwurfe des Architekten WALTHER HAENSCHEL ausgestaltet
worden ist. Die Bildhauerarbeiten an der
Façade hat ALBERT KOCH in Friedenau,
die dekorativen Malereien LOTHAR MUELLER
ausgeführt.

Die in der Kolonie Grunewald an der
Herthastrasse gelegene Villa, die unsere
Abbildung 128 wiedergiebt, ist im Auftrage
der Kammersängerin Frau Lilli Lehmann-
Kalisch für deren Schwester Fräulein Marie
Lehmann von LUDWIG OTTE von Mai
bis Dezember 1897 erbaut worden. Den
Wünschen der Auftraggeberin wie der Be-
wohnerin entsprechend, sind die Räume
nicht gross, haben dafür aber so weite
Thüröffnungen erhalten, dass sie in Verbindung mit der Diele im Erdgeschoss wie
ein einziger Raum wirken. Die Ausstattung
des Aeusseren wie des Inneren musste sehr
einfach sein, da eine bestimmte, sehr niedrige
Bausumme nicht überschritten werden durfte.
Eine charakteristische Erscheinung des
Aeusseren, namentlich auch der Hinter-
front, war dennoch zur Bedingung gemacht
worden, und es ist dem Architekten auch
trotz der bescheidenen Mittel gelungen, dem

Abbildung 133

Ein Frühlingslied.   Von HERMANN HENDRICH in Berlin.

kleinen Landhause eine individuelle, seine Bestimmung klar und scharf ausdrückende Färbung zu geben.

Den Umbau und die innere Ausschmückung der Weinhandlung und Weinstube von Gustav Schicke, Friedrichstrasse 203 (Abb. 131—133) hat Architekt BRUNO MÖHRING im August vorigen Jahres während dreier Wochen ausgeführt. Es war nichts vorhanden, was für den Betrieb eines derartigen Geschäftes notwendig ist. Der Laden wurde für sich behandelt, so dass auch Damen, ohne durch Gäste geniert zu sein, ihre Einkäufe und Bestellungen machen können. An den Laden schliesst sich ein Zimmer, in welchem ein Raum für den Inhaber und seine Familie, eine Treppe, die zu Küche und Keller führt, Aufzug, Eiskasten, Kleiderablage u. a. m. angelegt sind.

In der Weinstube, die durch Wandausbrüche interessant gestaltet werden konnte, ist für gemütliche Plätze Sorge getragen worden. Den besten Platz nimmt eine Vereinigung ein, die sich täglich an dem grossen Stammtisch, wohl dem grössten Berlins, versammelt. Die Ausschmückung des Raums hat mancherlei Beziehung auf Sitten und Personen dieser Vereinigung genommen. Die schnelle und dabei gute Ausführung wäre dem Architekten nicht gelungen, wenn er nicht dabei in der besten Weise von den beteiligten Handwerkern unterstützt worden wäre. Die Zimmer- und Maurerarbeiten sind von MAX RICHTER, die Gas- und Wasseranlagen von LUDWIG GRÜN, die Malerarbeiten nach Angaben des Architekten von WILHELM LEHMANN ausgeführt worden. Am schwersten hatten es die Tischler, die ihrer Aufgabe aber durchaus gewachsen waren. Die vorderen Räume sind von H. EMMELUTH, die hinteren von ANDREAS KOTTA ausgestattet. Die Möbel hat H. RICHT angefertigt.

MALEREI.

Die Berliner Landschaftsmalerei hat schon seit dem Beginn ihrer Entwicklung einen so stark realistischen Zug angenommen, dass die andere Richtung der deutschen Landschaftsmalerei, die poetisch-phantastische, die die Natur veredelt und zu einem Idealgebilde gestaltet, in Berlin immer nur ein kümmerliches Dasein geführt hat und mit dem Wachstum der realistisch-naturalisti-

Abbildung 136.

Entwurf zu einer Taufplakette. Von EDMUND GOMANSKY, Bildhauer in Berlin.
(Mit einem dritten Preise ausgezeichnet).

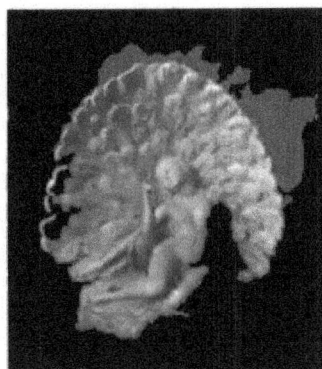

Abbildung 137.
Mädchen und
Pfau.

Von OTTO RIESCH,
Bildhauer in
Berlin.

Grosse Berliner Kunstausstellung von 1899.

Abbildung 138.

Lesendes Mädchen.
Von OTTO RIESCH, Bildhauer in Berlin.
Grosse Berliner Kunstausstellung von 1899.

und heroischer Staffage geherrscht hatte,
bald zu überwinden, und schon nach wenigen Jahren wurde HERMANN HENDRICH unter
den charaktervollsten und eigenartigsten
Vertretern der Berliner Landschaftsmalerei
genannt. Diese Stellung hat er sich seitdem durch zahlreiche Werke erhalten, wobei ihm neben seiner unerschöpflichen poetischen Gestaltungskraft der Umschwung zu
Gute gekommen ist, der sich während des
letzten Jahrzehnts in der künstlerischen
Stimmung Berlins vollzogen hat. Zunächst
hatten die Musikdramen Richard Wagners,
insbesondere der Ring des Nibelungen, der
in Berlin eine begeisterte Aufnahme fand,
dem Publikum das Verständnis und den
Sinn für die altgermanische Götter- und

Abbildung 139.

Pygmalion.
Von OTTO RIESCH, Bildhauer in Berlin.
Grosse Berliner Kunstausstellung von 1899.

schen Richtung zuletzt völlig verschwand.
Um so auffälliger wirkte vor etwa zwölf
Jahren das Erscheinen eines in Berlin bis
dahin völlig unbekannten, aus München ge-
kommenen, noch jungen Malers, der sich ver-
maass, die schon halb vergessene Landschaft des sogenannten historischen Stils
wieder zu neuem Leben zu erwecken. Er
debütierte mit einer Reihe von Landschaften,
Strand- und Seebildern verschiedenen Charakters, die den Schauplatz von Scenen aus
der Beowulfsage bildeten. Durch ein starkes
poetisches Gefühl, durch die eigentümliche
Energie seiner hauptsächlich in zauberischen
Beleuchtungseffekten schwelgenden, koloristischen Behandlung gelang es dem jungen
Künstler, nachdem sich die erste Ueber-
raschung über das Fremdartige der neuen
Erscheinung gelegt hatte, bald das Vor-
urteil, das bis dahin in Berlin gegen die
phantastische Landschaft mit mythischer

Heldensage wieder erschlossen, und noch stärker belebte sich das Interesse für die nordische Sage und Dichtung, nachdem Kaiser Wilhelm II. seine warmen Sympathien mit dem altgermanischen und altnordischen Wesen kundgegeben und die Blicke weiterer Kreise auf die erhabenen Naturschönheiten des skandinavischen Nordens gelenkt hatte. In dem Gestalten- und Ideenkreis Richard Wagners hat auch Hermann Hendrich seine künstlerische Heimat gefunden. Aber weit entfernt, in seinen Bildern etwa Illustrationen zu Wagnerschen Opernscenen zu bieten, sucht er dieselben Motive, die Wagner behandelt hat, völlig selbständig, aus dem Wesen der Malerei heraus, zu gestalten. Er wählt deshalb auch meist Momente, die sich der Darstellung durch scenische Bilder entziehen. Ihm steht in erster Linie die Stimmung der Landschaft, die er mit dem dargestellten Vorgang in innigsten Einklang bringt, so dass Figuren und landschaftliche Umgebung immer als ein einheitliches Ganzes wirken, dass der Akkord, der durch das dargestellte Ereignis angeschlagen wird, gleichsam in der Landschaft widerhallt. Und nicht in der Landschaft allein! Auch das felsige, klippenreiche Meeresufer mit den von wilden Stürmen herangepeitschten Wogen oder das hohe Meer selbst macht er gern zum Schauplatz irgend einer geheimnisvollen Erscheinung, die er wie eine Vision oder wie ein seltsames, traumhaftes Abenteuer vor den Augen des Beschauers vorübergleiten lässt. Ereignisse, wie der Tod oder das Begräbnis Siegfrieds, ziehen auch die Natur in Mitleidenschaft, und wenn Tristan stirbt, so muss auch das Meer sein Klagelied ertönen lassen. Wie Böcklin die südlichen, so belebt Hendrich die nordischen Meere mit Göttern und Elementargeistern, die in Felsgrotten oder auf Klippen ihr melancholisches Dasein führen. Böcklin hat neben Richard Wagner den stärksten Einfluss auf ihn geübt, aber mehr in seiner ganzen geistigen Richtung, als im Kolorit, das Hendrich allmählich zu einer selbständigen, für ihn allein charakteristischen Ausdrucksform ausgebildet hat. Im Gegensatz zu Böcklin schöpft er die Motive zu seinen Landschaften und Meeresbildern auch ausschliesslich aus dem Norden, und der Bevorzugung dieses Studienfeldes verdankt er auch das herbe, männliche Element, das alle seine Bilder an sich tragen, auch dann noch, wenn sie elegische Stimmungen widerspiegeln.

Abbildung 145

Der Konditor. Von FRANZ ROSSE,
Bildhauer in Charlottenburg.

Seine künstlerische Ausbildung hat Hendrich, der 1856 in Heringen am Kyffhäuser geboren ist, zuerst in München erhalten, nachdem er anfangs in Nordhausen als Lithograph thätig gewesen und dann auf eigene Hand Landschaften nach thüringischen und nordischen Motiven gemalt hatte, die Käufer fanden. In München schloss er sich an Wenglein an, dessen geschmeidige Technik, dessen feiner, malerischer Schmelz noch heute in seinen Bildern erkennbar sind, und nachdem er nach Berlin übergesiedelt, genoss er noch eine Zeitlang den Unterricht Eugen Brachts. Obwohl er in dieser Schulung den Wert landschaftlicher Detailstudien nach der Natur vollauf kennen und schätzen gelernt hat, sind ihm diese

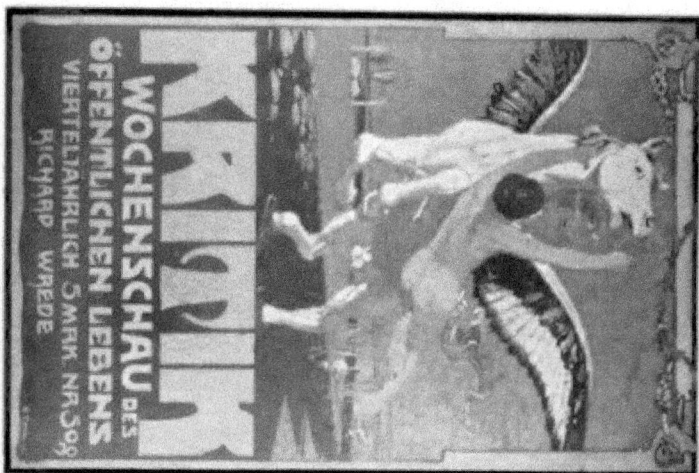

Abbildung 149.

Plakatenwurf von Georg Tippel, in Berlin.

Abbildung 150.

Buchdeckel von C. Mikelait, in Berlin.

Abbildung 143.

Abbildung 144.

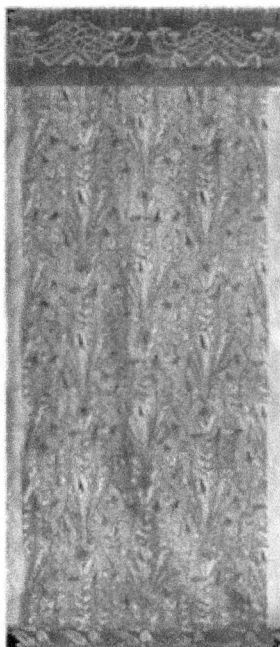

Tapeten-
muster,
entworfen
von
O. ECKMANN
in Berlin,
ausgeführt
von
ROB. ENGEL-
HARD in
Mannheim.

Kastanie.

Abbildung 145.

Löwenzahn.

Stuhl
für die
Nationalgalerie.

Entworfen von
OTTO ECKMANN
in Berlin.

Abbildung 146.

Skizze zum St. Georg. Fresko am Passagegebäude zu
Danzig (Naturgrösse 11,5 × 4 m).
Von ALB. MAENNCHEN, Maler in Südende.   Abbildung 147.

Studien, die er in grosser Zahl angefertigt
hat, gleichsam nur rohe Bausteine, die er
kraft seiner Phantasie in seinen poetischen
Schöpfungen völlig umgestaltet. Er giebt die
Natur, aber in einer heroischen Steigerung,
die sich nur wenigen begnadeten Augen
kundthut.

Wie Richard Wagner in seinen Musikdramen die tönenden, bildenden und dar-
stellenden Künste zu einer Einheit, zum
wahrhaft idealen Kunstwerk zusammenfassen
wollte, so sucht auch Hendrich auf seinem
viel beschränkteren Gebiet eine solche harmonische Einheit zu erreichen. Der Rahmen,
der sein Bild umschliesst, darf die Illusion,
die er durch seine phantastischen Gebilde
in dem Beschauer hervorgerufen hat, nicht
zerstören; er soll sie vielmehr steigern und
bannen, er soll in die Stimmung des Bildes
hinübergreifen, diese aufnehmen und aus-
klingen lassen. Solche harmonischen Gebilde sind die beiden Gemälde „Siegfried-
Idyll“ und „Frühlingslied“, zwei der neuesten
und zugleich durch zarte poetische Auffassung und durch feine koloristische Behandlung vollendetsten Schöpfungen des
Künstlers, die unsere Abbildungen 134 u. 135
wiedergeben. Der Rahmen für das Sieg-
friedbild, dessen ernste Ornamentik nordische Motive in moderner Freiheit behandelt
zeigt, ist nach Angaben Hendrichs und
einem früheren Entwurf des Architekten
HAKON ADLER vom Holzbildhauer AL-
BRECHT ausgeführt worden. Den Rahmen
des andern Bildes hat HERMANN WIDMER
nach einem Entwurfe des Künstlers angefertigt.

PLASTIK.

Obwohl unsere Zeit der Pflege der religiösen Plastik durch Privatleute wenig günstig gesinnt ist, hat sich doch in den letzten Jahren unter den jüngeren deutschen Bildhauern, die sich nach idealen Aufgaben sehnen, ein reger Eifer auf diesem Gebiete bemerkbar gemacht. Lässt doch wenigstens die lebhafte Thätigkeit im Bau neuer Kirchen mehr und mehr die Hoffnung auf die Ausführung eines kühn gewagten Entwurfs aufkommen. Es muss anerkannt werden, dass die Architekten und die Kirchenbauvereine, die über die Ausschmückung neuer protestantischer Kirchen zu entscheiden haben, neuerdings auch die plastische Kunst herangezogen haben und dass aus dieser Aufmunterung manch' achtbares Kunstwerk hervorgegangen ist. Selten sind aber Aufträge dieser Art über einen bestimmten dekorativen Zweck hinausgegangen. Um so rühmlicher ist es unter diesen Umständen, wenn ein Künstler einmal das Wagnis unternimmt, ein religiöses Bildwerk in kolossalem Maassstabe zu schaffen, dessen Ausführung in echtem Material er kaum erhoffen kann. HERMANN KOKOLSKY folgte offenbar nur einem idealen Zuge, als er den Plan fasste, den Heiland zum Mittelpunkte einer Gruppe zu machen, die ihn in seiner tiefsten Erniedrigung und doch zugleich im sieghaften Glanze seiner himmlischen Majestät darstellt (Abb. 111). Die „Verspottung Christi" soll zu seiner Glorie werden. Wie er zum Hohn mit einem Königsmantel angethan und mit einer Dornenkrone auf dem edlen Haupte vor den römischen Landpfleger geführt wird, überkommt selbst diesen das Gefühl der Ehrfurcht vor der hoheitsvollen Ruhe des edlen Dulders, und zweifelnd richtet er an ihn die Frage: „So bist Du dennoch ein König?" Diese Stelle aus dem Johannesevangelium hat dem Künstler das Motiv zu seiner Darstellung geboten, und in freier Auslegung des biblischen Worts giebt er die Antwort: „Dennoch ein König!" Diese Worte drücken den Grundgedanken der Gruppe aus. Trotz der tiefsten Erniedrigung ein König, der erhaben über seinen Peinigern und Mördern steht! Aus der tobenden Menge, die das „Kreuzige ihn!" rief und die nachher das Urteil vollstrecken liess, hat der Künstler zwei charakteristische Figuren herausgehoben: links einen römischen Sol-

Studie zu Abbildung 146.
Von ALB. MAENNCHEN, Maler
in Südende bei Berlin.

daten als den Vertreter der heidnischen Welt und rechts als Vertreter des fanatischen Judentums einen Pharisäer, der in boshafter Verhöhnung des Heilands einen Stab schwingt, der dem Verspotteten als Scepter dienen soll. Aber aus seiner Schmach erhebt der göttliche Dulder das Haupt nach oben, in festem Vertrauen auf seine erhabene Sendung, die Erlösung der sündigen Menschheit. In meisterlicher Charakteristik hat der Künstler den Gegensatz zwischen der göttlichen Liebe und dem menschlichen Hass und damit zugleich einen der Grundzüge der Evangelien zu ergreifendem Ausdruck gebracht. Obwohl in den beiden unteren Figuren leidenschaft-

Abbildung 14:

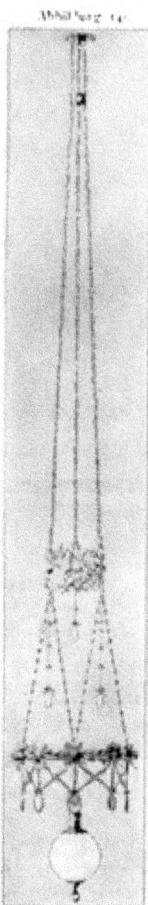

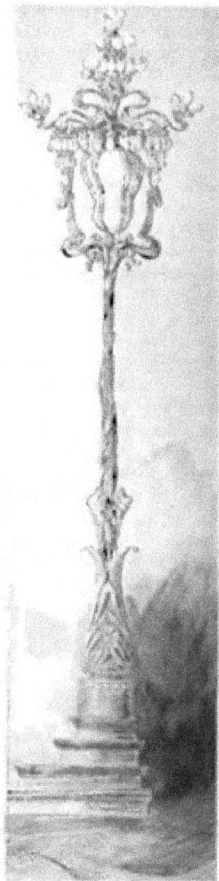

lich bewegt, baut sich die Gruppe doch in durchaus harmonisch - edlen Linien auf. Jede einzelne Figur, jedes Detail ist in strengem Anschluss an die Natur durchgebildet; aber dieser Realismus in den Einzelheiten wird durch den grossen idealen Zug, der die ganze Gruppe durchdringt, gebändigt und gewissermaassen verklärt. Mit diesem ersten Versuch auf einem neuen Gebiet hat der Künstler, der sich bisher in weiteren Kreisen vornehmlich durch seine feinsinnigen Frauenbüsten in getöntem Marmor bekannt gemacht hat, einen grossen Wurf gethan!

In weiterer Verfolgung seines löblichen Ziels, die lange vernachlässigte Medaillenkunst zu fördern, hat das preussische Kultusministerium im vorigen Herbst ein zweites Preisausschreiben zur Erlangung einer Taufmedaille oder -plakette erlassen. Es ist bekannt, dass das erste Preisausschreiben, das Modelle zu einer Hochzeitsmedaille verlangte, trotz zahlreicher Beteiligung kein befriedigendes Ergebnis gehabt hat. Man darf jedoch hoffen, dass jener erste Wettbewerb insofern nicht ganz seinen Zweck verfehlt hat, als er den deutschen Künstlern die Augen über das Wesen und den Zweck der Medaille geöffnet hat, und dass die Lehren, die manche Bewerber zu ihrem Schmerze erhalten haben, nicht auf unfruchtbaren Boden gefallen sind. Ein tröstliches Anzeichen dafür scheint uns der Entwurf von EDMUND GOMANSKY zu sein, den wir unseren Lesern schon jetzt, unmittelbar nach Eröffnung der Ausstellung der eingegangenen Entwürfe, über die am 17. und 18. Mai entschieden worden ist, vorführen können (Abb. 136). Mit richtigem Takt hat der Künstler in seiner Komposition beide Seiten der deutschen Volksseele berücksichtigt: durch die beiden Engel

Lichtträger im Lichthofe des Kaufhauses N. Israel, entworfen von ARNO KÖRNIG, Architekt in Wilmersdorf, ausgeführt von SCHULZ & HOLDEFLEISS, Kunstschmieden in Berlin.

Treppenkandelaber im Kaufhaus N. Israel, entworfen von ARNO KÖRNIG, Architekt in Wilmersdorf, ausgeführt von SCHULZ & HOLDEFLEISS, Kunstschmieden in Berlin.

das weihevolle, jeder heiligen Handlung innewohnende Moment, das die Herzen erhebt und aufwärts trägt, und in dem Mittelbilde den schlichten Wirklichkeitssinn unseres Volkes, der in den einfachen Gebräuchen des protestantischen Kultus seinen am meisten charakteristischen Niederschlag — wenigstens für das nördliche und mittlere Deutschland — gefunden hat. Mit feinem Verständnis hat der Künstler auch das Grundgesetz des Medaillen- resp. Plakettenstils erfasst: grösste Klarheit und Einfachheit des Motivs, wirksamste Darstellung auf kleinster Fläche und eine richtige Abwägung des Verhältnisses zwischen dem Hintergrund, der möglichst frei zu lassen und nicht mit kleinlichen Details zu überfüllen ist, und dem Vordergrund, aus dem die Hauptfiguren in kräftiger Geschlossenheit hervortreten müssen. Besonders musterhaft

ist das Flachrelief in der Darstellung der Taufhandlung behandelt. Diese Vorzüge sind auch von dem Preisgericht, der Landeskunstkommission, durch Verleihung eines dritten Preises anerkannt worden. — Edmund Gomansky, der aus Stettin stammt, wo er 1854 geboren wurde, ist von 1870 bis 1873 Schüler der Akademie gewesen und hat sich dann besonders an Siemering angeschlossen, in dessen Atelier er von 1874 bis 1896 thätig gewesen ist und an allen grossen Arbeiten des Meisters mitgewirkt hat. Von seinen selbständigen Arbeiten hat die lebensvolle Gruppe einer Mutter mit ihrem Kinde auf dem Andreasplatze in Berlin, ein glücklicher Griff aus dem modernen Leben, besonderen Beifall gefunden. —

Auch OTTO RIESCH, der Schöpfer der drei Bildwerke „Pygmalion", „Mädchen und

Abbildung 151.

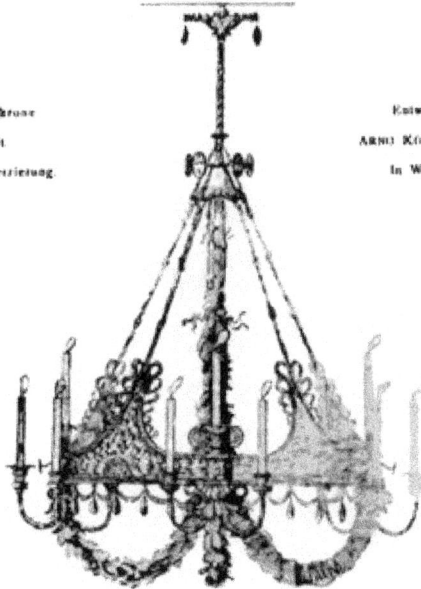

Bronzekrone
mit
Buntglasverzierung.

Entworfen von
ARNO KORNIG, Architekt
in Wilmersdorf.

Abbildung 152.

Konkurrenz - Entwürfe
eines geschmiedeten
Widmungskranzes
der Berliner Schlosser-
Innung für das Grab
ihres Ehrenmeisters,
des Fürsten Otto von
Bismarck.

Für die Firma SCHULZ
& HOLDEFLEISS in
Berlin entworfen von
ARNO KÖRNIG, Archi-
tekt in Wilmersdorf.

Abbildung 153.

Entworfen im
Atelier der
Kunstschmiede
SCHULZ
& HOLDEFLEISS
in Berlin
von WILLIAM
DENSCH.

Abbildung 135.

Widmungskranz der Deutschen Süd-Afrikas für das Grab des Fürsten Otto von Bismarck. Entworfen und in echter Aluminium-Bronze geschmiedet von FERD. PAUL KRÜGER in Berlin.

Abbildung 134.

Konkurrenz um einen geschmiedeten Widmungskranz der Berliner Schlosser-Innung für das Grab ihres Ehrenmeisters, des Fürsten Otto von Bismarck. Entworfen im Atelier der Kunstschmiede SCHULZ & HOLDEFLEISS in Berlin von KÖRNER.

Pfau" und „Lesendes Mädchen" (Abb. 137 bis 139), die den Künstler auf der diesjährigen Kunstausstellung vertreten, ist ein Schüler Siemerings, bei dem er nach vollendeten Studien auf der Berliner Akademie — er ist 1851 in Berlin geboren — etwa sieben Jahre thätig gewesen ist. Nach einem einjährigen Aufenthalt in Italien gründete er sich eine eigene Werkstatt, aus der neben mehreren umfangreichen dekorativen und monumentalen Schöpfungen viele Werke der Kleinplastik hervorgegangen sind, die den Namen des Künstlers besonders bekannt und beliebt gemacht haben. Davon sind namentlich die Marmorstatuette einer Aspasia mit einer Siegesgöttin in der Hand, eine Leda und die Bronzestatuetten einer Tänzerin und einer Mandolinespielerin hervorzuheben. Das feine Formengefühl, das diese Bildwerke aus der Menge emporhob, zeichnet auch die neuesten Schöpfungen des Künstlers aus, die wir unseren Lesern vorführen. Obwohl sie nur in Gyps ausgeführt sind, hat der Künstler den anmutigen, jugendlichen Gestalten doch durch Tönung den Schein warmen Lebens verliehen. Allen ist ein starker poetischer Zug gemeinsam, ein träumerisches Sinnen, das sie der gemeinen Wirklichkeit entrückt. Wenn Riesch auch in dieser Entfaltung zarter poetischer Reize seine höchste Befriedigung findet, so hat er doch auch in grossen Arbeiten, so besonders in einer Sandsteinstatue Luthers für die Schlosskirche in Wittenberg, und in zwei allegorischen Figuren der Schiffahrt und des Maschinenbaues für den Lichthof des Postmuseums Begabung für die Plastik grossen Stils gezeigt.

Als feinfühligen, geistvollen Spezialisten der Kleinplastik führen wir unsern Lesern auch FRANZ ROSSE vor. Sein „Komödiant" (Abb. 140), ein charakteristischer Typus des wandernden Schauspielertums, der sogenannten „Schmieren", in höchster Vollendung, ist eine meisterliche Schöpfung satirischen Humors, überaus lebendig in der detaillierten Modellierung, die allen

Feinheiten des Bronzegusses entgegengekommen ist. Rosse versteht sich auch wie nur wenige ausser ihm auf alle Wirkungen, die dem Metall abzugewinnen sind, da er, bevor er sich seiner Kunst widmen konnte, als Giesser und Ciseleur thätig gewesen ist. Im Jahre 1858 in Berlin geboren, musste er nach Absolvierung der Schule auf den Wunsch des Vaters, der zuerst auf eine reale Grundlage sah, in die Werkstatt Gladenbecks eintreten, und erst nachdem er hier zweiundeinhalbes Jahr lang gearbeitet hatte, durfte er seit 1877 das Atelier des Bildhauers Max Wiese, des späteren Direktors der Zeichenakademie in Hanau, und von 1880 bis 1885 die Berliner Kunstakademie besuchen. Den stärksten Einfluss auf seine künstlerische Entwicklung gewann aber das Studium der antiken Kleinplastik, insbesondere der Tanagräischen Terrakotten, die er fleissig kopiert hat. In seinen selbständigen Werken gefiel er sich jedoch keineswegs in blosser Nachahmung der äusseren Eleganz und Anmut jener Figürchen. Er legte vielmehr den Schwerpunkt auf Tiefe und Innigkeit des Ausdrucks, und diese Eigenschaften hat er einer Reihe von kleinen Figuren und Büsten, die alle mit dem Zauber zarter, sinnvoller Poesie umflossen sind, mitgegeben. Wie weit er sich allmählich von der Antike entfernt und mit welcher Feinheit und Wahrheit er Gestalten des modernen Lebens zu behandeln weiss, zeigt am glänzendsten die Figur des „Komödianten", die vom Scheitel bis zur Sohle von prickelnder Lebendigkeit erfüllt ist.

Rosse hat sich nicht auf das Gebiet der Kleinplastik allein beschränkt. Seine überlebensgrosse Statue König Friedrich Wilhelm I., die die Façade des von Schwechten erbauten Ständehauses in Rathenow schmückt, und mehrere Grabdenkmäler sprechen für seine Fähigkeit, auch in grossem Stile wirkungsvoll zu schaffen, und seine lebensprühenden Büsten, sind Zeugnisse seiner Kunst, in den Seelen der Menschen zu lesen.　*A. K.*

Abbildung 156.

Buffet im „Münchener Augustinerbräu" in Berlin.   KAYSER & VON GROSZHEIM, Architekten in Berlin.

CHRONIK AUS ALLEN LÄNDERN.

Breslau. Im hiesigen Kunstgewerbe-Museum waren vom 23. April bis 7. Mai die *Konkurrenzprojekte* für das *Breslauer Vereinshaus* ausgestellt. Eingegangen sind 80 Entwürfe. Man staunt über die Summe von künstlerischer Kraft, Arbeit und schliesslich materieller Kosten, die da in einem Saale und drei Zimmern zur Schau gestellt ist, besonders wenn man bedenkt, dass jeder beteiligte Künstler alles auf nur drei Karten gesetzt hat. Die drei Haupttreffer sind an bisher weniger bekannte Architekten nach Berlin und Leipzig gefallen. Den ersten Preis (3000 M.) erhielten die

Architekten KARL BÖRNSTEIN (Berlin) und EMIL KOPP (Friedenau) für ihren Entwurf mit dem Motto „Frohsinn", das übrigens zweimal vertreten ist, den zweiten (2000 M.) die Architekten JOHANNES REICHEL und KARL MÜLLER, beide aus Leipzig, für den Entwurf mit dem Motto „Für Scherz und Ernst" und den dritten (1000 M.) die Architekten EMMINGMANN und HOPPE aus Berlin für den Entwurf mit dem Motto „Höchste Eisenbahn".

Dem Entwurf von BÖRNSTEIN und KOPP gebührt mit Recht der Kranz nicht nur wegen des einfach

Abbildung 157.

Moderner Stuhl. Entworfen von Architekt A. KUHNO
in Friedenau, ausgeführt von LION KIESSLING,
Möbelfabrik in Berlin.

und klar disponieren, verständigen Grundrisses, sondern auch wegen seiner originellen malerischen Auffassung, die sich für den Laien besonders in der
Fassade offenbart, deren perspektivisches Bild auch
in der zeichnerischen Technik höchst eigenartig und
bestechend wirkt. Es ist jener lustige Kneipenstil,
wie er für ein Haus, das zu dem Aufenthalt von
Menschen, die Frohsinn und Geselligkeit für wenige
Stunden suchen, vorzüglich geeignet ist, weil er den
gewissermaassen ephemeren Charakter des Gebäudes
schon von aussen zum anschaulichen Ausdruck bringt.
Die Fassade ist glatt und schlicht. Als einziger
Schmuck dient ihr ein durch zwei Geschosse gehender
runder turmbedachter Erker in der Mitte des Gebäudes und ein Figurenfries in halber Höhe desselben, der symbolisch die Bestimmung des Hauses
anzeigen soll.

Sollte dieser Entwurf zur Ausführung kommen, so
würde das Vereinshaus dem Zuge der Gartenstrasse
neben der prachtvollen und mächtigen Fassade des
Landeshauses ein anregendes und erfrischendes Moment auch äusserlich in glücklichster Weise einfügen.

Buchwald

4. In dem Wettbewerb um Entwürfe für den *Neubau der fürstlichen Sparkasse in Gera* (s. Jahrgang I, S. 417) ist der erste Preis von 2000 M. einem

Berliner Architekten, Herrn ERNST HOFFMANN in
Hannover, zuerkannt worden. Den zweiten Preis
(1500 M.) erhielt Architekt FRANZ THYRIOT in Köln,
den dritten (1000 M.) Architekt J. GROTJAN in Hamburg. Die Entwürfe mit den Kennworten „Reuss
jüngere Linie", „Ernste Arbeit" und „Einfach und
edel" wurden von dem Preisgericht als besonders
lobenswerte Arbeiten bezeichnet.

*   *   *

5. Das für den Vorraum zu den Präsidentenzim-
mern im Reichstagsgebäude bestimmte Deckengemälde
von FRANZ STUCK „Die Jagd nach dem Glück", das
den Anlass zu dem Rücktritt Wallots von der weiteren Leitung der inneren Ausschmückung gegeben
hat, ist nunmehr von der Ausschmückungskommission
endgültig abgelehnt worden. Zu Weiterungen wird
diese Ablehnung jedoch nicht führen, da das Reichsamt des Innern die Angelegenheit mit dem Künstler
in loyaler Weise abgewickelt hat.

*   *   *

6. Dem Bildhauer JOHANNES GOTZ in Charlottenburg ist die Ausführung eines Denkmals der Königin
Luise für Magdeburg übertragen worden. Als Material ist karrarischer Marmor gewählt. Die Enthüllung

Abbildung 158.

Moderner Stuhl. Entworfen von Architekt A. KUHNO
in Friedenau, ausgeführt von LION KIESSLING,
Möbelfabrik in Berlin.

Abbildung 159.

Friesdetails. Von C. RIEGELMANN, Bildhauer in Berlin.

des Denkmals, das im Luisenpark aufgestellt wird, soll im Herbst 1900 erfolgen.

* * *

Bei dem Wettbewerb, den der Architektenverein in Berlin zur Erlangung von Entwürfen zu einem *Arbeiter-Speisehaus für Wilhelmshaven* ausgeschrieben hatte, erhielten einen ersten Preis von 1000 M. die Architekten HÖNIGER und SEDELMEIER in Berlin, einen zweiten Preis von 600 M. Professor HERMANN GUTH in Charlottenburg, je einen dritten Preis von 300 M. Reg.-Baumeister HANS HAUSMANN und Reg.-Baumeister ADOLF HARTUNG in Berlin.

* * *

Die vom Geh. Baurat WALLOT entworfenen beiden Pläne für das neue *Ständehaus in Dresden*, das hinter der Brühlschen Terrasse erbaut werden soll, haben in den Kreisen der Bürgerschaft und der Stadtvertretung vielfachen Widerspruch erfahren, weil die Ausführung eines jeden Planes eine nicht unbeträchtliche Verschmälerung oder Verkürzung der Terrasse zur Voraussetzung hat. Es ist begreiflich, dass sich die Dresdener diese monumentale Anlage, auf die sie mit Recht stolz sind, nicht verkümmern lassen wollen. Der Rat der Stadt Dresden hatte deshalb die Herren Geh.-Rat ENDE aus Berlin, Professor v. THIERSCH aus München, Stadtbaurat LICHT und Baurat ROSSBACH aus Leipzig nach Dresden zur Begutachtung der zugleich durch zwei Modelle veranschaulichten Pläne eingeladen. Die Herren haben sich in einer am 1. Mai abgehaltenen Konferenz für volle Erhaltung der Terrasse ausgesprochen und danach eine Aenderung der Wallotschen Pläne, die auch wegen der Höhenabmessungen Bedenken hervorriefen, empfohlen.

* * *

Zu dem Wettbewerbe um die *Bismarcksäulen*, die die deutsche Studentenschaft errichten will, sind 310 Entwürfe mit etwa 1000 Blatt eingegangen. Die

ersten drei Preise erhielt Architekt WILHELM KREIS in Dresden; die sieben weiteren Preise wurden den Herren WILLY FRÄNKEL in Dresden, F. MÖLLER in Berlin, R. RISSE in Dresden, G. RUCKGAUER in Berlin, R. HICKISCH in Dresden, T. MÖBIUS in Leipzig und W. BRUREIN in Charlottenburg zugesprochen. Zur Ausführung bestimmt wurde der Entwurf von W. Kreis mit dem Kennwort "Götterdämmerung". Kreis, der zuletzt auf der technischen Hochschule in Charlottenburg studiert hat, arbeitet jetzt in Wallots Atelier in Dresden. Als er noch in Charlottenburg studierte, hat er sich dadurch bekannt gemacht, dass er bei dem ersten Wettbewerb um das Völkerschlachtsdenkmal bei Leipzig den ersten Preis von 6000 M. errang. Von den übrigen mit Preisen ausgezeichneten Bewerbern ist F. Möller durch seinen charaktervollen Entwurf für den Turmbau bekannt geworden, den die Provinz Schleswig-Holstein zum Gedächtnis Bismarcks auf dem Knivsberge errichten wird. Die Preise bestanden in eisernen Eichenzweigen.

* * *

Die Angelegenheit der Errichtung eines *Denkmals für Richard Wagner in Berlin* hat die künstlerischen Kreise in den letzten Wochen lebhaft beschäftigt. Nachdem schon eine Kundgebung des Komites, durch die die kaum begonnenen Sammlungen plötzlich geschlossen wurden, weil ein ungenannter Mäcen die zur Ausführung eines würdigen Denkmals erforderliche Summe in ebenfalls ungenannter Höhe zur Verfügung gestellt hätte, unter den Verehrern Wagners Befremden und Verdruss erregt hatte, wurde die Misstimmung durch den Beschluss des Komites, von einem allgemeinen Wettbewerbe abzusehen und eine engere Konkurrenz zwischen sieben Künstlern zu veranstalten, noch erhöht. Die "Bildhauer-Vereinigung des Vereins Berliner Künstler" hat gewiss im Sinne aller deutschen Künstler gehandelt, indem sie die Sache in ihre Hände nahm und sie in einer unter dem Vorsitz von C. von Uechtritz abgehaltenen Versammlung gründlich erörtert. Es wurde darauf hingewiesen, dass hier eine Aufgabe vorläge, auf deren Lösung die ganze Künstlerwelt mit gespanntem Interesse blicke, und dass alle deutschen Künstler es als ihr Recht fordern dürfen, an der Lösung dieser Aufgabe aus allen Kräften mitzuwirken. Die Vereinigung beschloss, ein Schreiben an das Denkmal-Komité zu richten, worin dieses ersucht wurde, an alle deutschen Künstler eine Skizzenvorkonkurrenz auszuschreiben, nach deren Ausfall eine beschränkte Anzahl von Künstlern zu einem engeren Wettbewerb eingeladen werden sollte. Diesem Vorgehen hat sich mit ähnlicher Begründung auch die „Vereinigung Berliner Architekten" angeschlossen, indem sie ebenfalls ein Schreiben an das Komité gerichtet hat, worin sie eine allgemeine Vorkonkurrenz mit Skizzen in plastischer oder zeichnerischer Darstellung und die Prämiierung von zehn der besten Entwürfe vorschlägt. Aus ihren Verfassern sollen die Künstler für den engeren Wettbewerb um den der Ausführung zu Grunde zu legenden Entwurf ausgewählt werden.

Inzwischen ist auch über die Platzfrage bestimmt worden. Das Komité hatte die Entscheidung in die Hände Sr. Majestät des Kaisers gelegt, und dieser hat einen Platz im Thiergarten in der Umgebung des Goldfischteiches ausgewählt, wobei in Betracht gezogen werden soll, dass in der Nähe auch noch Denkmäler anderer Komponisten errichtet werden können.

* * *

R. Die *Ausstellung der Berliner Secession* ist am 21. Mai in einem eigenen Gebäude eröffnet worden, das auf der Terrasse im Garten des Theaters des Westens mit geschickter Ausnutzung des beschränkten Raumes von den Architekten GRISEBACH und DINKLAGE in etwa acht Wochen errichtet worden ist. Da es sich anscheinend nur um eine provisorische Bauanlage handelt, ist auf eine reiche Gestaltung des Aeusseren kein Wert gelegt worden. Nur die der südlichen Seitenfront des Theatergebäude zugekehrte Façade ist durch einen stark heraustretenden Rundbau mit niedrigem Kuppeldach und einen barockgeschweiften Giebelaufbau über dem Eingang ausgezeichnet worden. Das Gebäude enthält ausser dem in dem Rundbau untergebrachten Sekretariat und den zu beiden Seiten des Eingangs angeordneten Kassen- und Garderobenräumen fünf Säle, von denen vier durch Oberlicht gleichmässig erhellt sind, während der fünfte, der für die „Schwarz-Weiss-Ausstellung" bestimmt ist, sein Licht durch seitliche Fenster empfängt. Die Wände der Säle sind mit grober Sackleinwand überzogen worden, die in dem ersten dunkelblau gestrichen ist. Hier ist die Mehrzahl der eingesandten Bildwerke aufgestellt worden, während die obere Zone der Wände mit grossen, dekorativ wirkenden Gemälden von dem Dresdener Symbolisten SASCHA SCHNEIDER, dem Genfer FERDINAND HODLER, dem Berliner MARTIN BRANDENBURG u. a. behängt worden ist. Unter den Skulpturen erregen die Marmorbüsten des wahnsinnigen Philosophen Friedrich Nietzsche von MAX KRUSE-Lietzenburg durch ihre unheimliche, grauenerregende Naturwahrheit, die polychromierte Büste des Malers v. Gleichen-Russwurm von demselben Künstler und die meisterhafte Marmorbüste von Helmholtz von ADOLF HILDEBRAND besondere Aufmerksamkeit. In derselben Achse mit dem Skulpturensaale liegt ein etwa gleich grosser Gemäldesaal, an den sich links zwei kleinere und rechts ein grosser langgestreckter Saal, der Hauptraum der Ausstellung, anschliessen. Die Wände des mittleren und die des grossen Saales sind mattgrün gestrichen, und einer der Säle an der Ostseite hat einen tieferen Anstrich erhalten. Man hat wohl versucht, jedem Gemälde einen seinem koloristischen Charakter entsprechenden Hintergrund zu geben. Es ist aber nur verhältnismässig selten so gelungen, dass der Hintergrund das Gemälde vorteilhaft beeinflusst. Die Ausstellung, die sich nur auf deutsche Künstler beschränkt hat, umfasst etwa 200 Oelgemälde, 80 Pastelle, Aquarelle und Zeichnungen, 10 Werke der Plastik und 70 graphische Arbeiten. Neben den Mitgliedern der Berliner Secession mit Liebermann, Leistikow, Dettmann, Skarbina, L. von Hofmann, O. Frenzel, O. H. Engel an der Spitze, haben sich die der Münchener Secession, freilich meist mit älteren Arbeiten, an der Ausstellung am regsten beteiligt, besonders F. von Uhde, Stuck, M. Slevogt, H. von Habermann, L. Corinth und L. Samberger. Böcklin ist mit sechs Bildern vertreten, von denen ihn freilich keins, am wenigsten das neueste, „Nessus und Dejanira", von einer besonders vorteilhaften Seite zeigt. Charakteristischer sind Thoma und Trübner, letzterer durch ein Selbstbildnis in Eisenrüstung, vertreten. Den Glanzpunkt der Ausstellung bilden aber die dreizehn Gemälde von Wilhelm Leibl, die das imponierende koloristische Können dieses Künstlers in seinen verschiedenen Wandlungen zeigen.

* * *

J-f. In Folge des Preisausschreibens zur Gewinnung von Entwürfen zu einer *Tauf-Medaille oder Plakette*, das vom preussischen Kultusministerium am 18. September v. J. erlassen ist, sind 100 Entwürfe eingegangen. Die als Preisgericht eingesetzte Landeskunstkommission hat den für die beste Lösung der Aufgabe ausgesetzten Preis von 2000 Mark dem Entwurf des Bildhauers RUDOLF BOSSELT in Frankfurt am Main zuerkannt. Zwei Preise von je 800 Mark erhielten GEORG MORIN in Berlin und ADOLF AMBERG in Charlottenburg, drei Preise von je 500 Mark REINHARD JACOBY in Kolonie Grunewald bei Berlin, EDMUND GOMANSKY und EMIL TORFF in Berlin. Den Entwurf Gomanskys geben unsere Abbildung 136 wieder.

* * *

Verantwortlich für die Redaktion: Dr. Adolf Rosenberg, Berlin. — Verlag von Ernst Wasmuth, Berlin W., Markgrafenstr. 35.
Gedruckt bei Julius Sittenfeld, Berlin W. — Clichés von Carl Schütte, Berlin W.

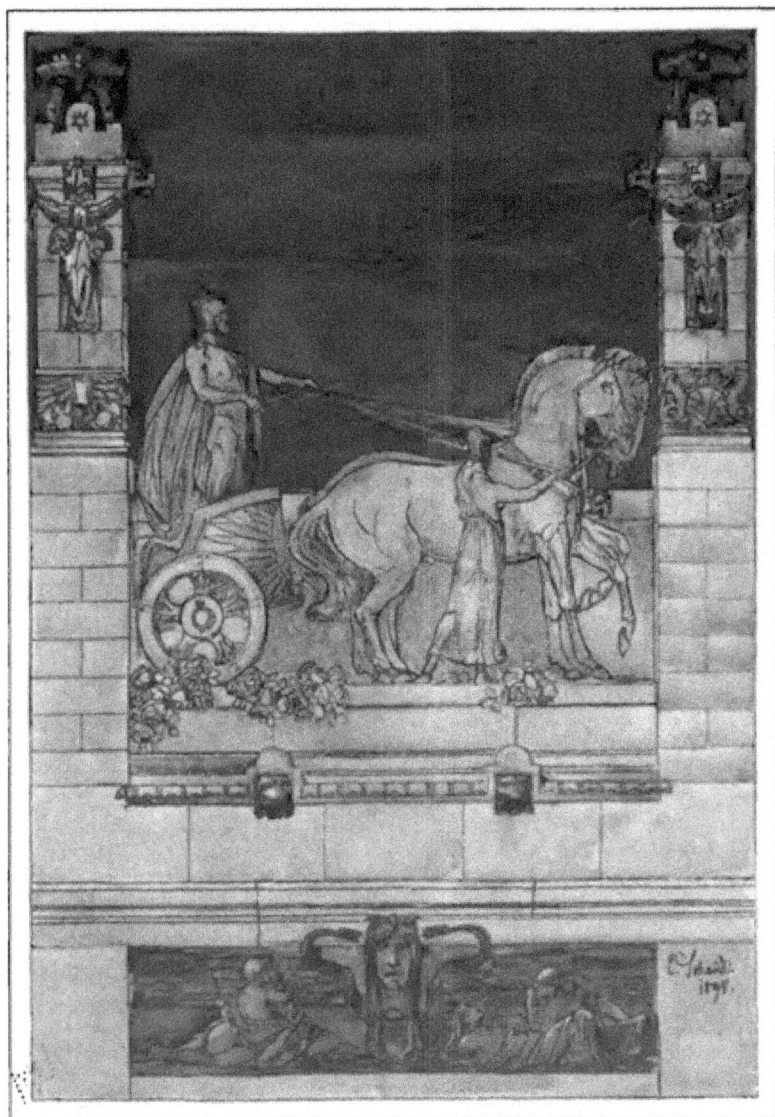

Kunstanstalt von Kroll, Wilmersdorf Berlin

Architektur-Skizze
von E.Schaudt

Abbildung 160.

Haus der Berliner Secession Charlottenburg, Kantstrasse 12.
Erbaut nach dem Plan der Architekten GRISEBACH & DINCKLAGE in Berlin
von AUG. KRAUSS in Berlin. Vollendet am 10. Mai 1899.

DIE AUSSTELLUNG
DER „BERLINER SECESSION".

Was lange Zeit durch die Beredsamkeit und die Friedfertigkeit diplomatisch begabter Männer in der Künstlerrepublik Berlins niedergehalten worden war, ist in diesem Jahre zum Ausbruch gekommen: jenes Häuflein von Malern und Bildhauern, die in den Satzungen der grossen Ausstellungen im Moabiter Glaspalast, in dem teils allzu nachsichtigen, teils wieder allzustrengen Walten der Jury eine Schädigung der wahren künstlerischen Interessen zu sehen glauben, hat sich nach dem Muster der Pariser, Münchener, Dresdener und Wiener Künstler zu einer „Secession" entschlossen und die Grundsätze, von denen sie sich eine gedeihliche Entwicklung des Kunstausstellungswesens versprechen, in einer ausgewählten Ausstellung in einem eigenen, schnell improvisierten Gebäude zur Anschauung gebracht.

Es ist bekannt, dass nicht allein künstlerische, sondern — vielleicht noch in höherem Grade — persönliche Gegensätze diese Spaltung in der Berliner Künstlerschaft herbeigeführt haben. Denn die Ausstellung der „Secession" enthält keineswegs ausschliesslich Werke jener Künstler, die die sogenannte „moderne Richtung" vertreten. Nachdem aber einmal der Bruch erfolgt ist, wäre es müssig, der Personenfrage nachzugehen und dabei etwa abwägen zu wollen, auf welcher Seite das grössere Maass von Recht oder Unrecht in diesem Zwist zu suchen ist. Wir müssen uns mit der vollendeten Thatsache abfinden, und es scheint auch, dass das grosse Publikum mit der jetzigen Sachlage nicht unzufrieden ist, da man von dem Wettbewerb um die Gunst des Publikums eine noch grössere Steigerung im Pulsschlag des Berliner Kunstlebens erwartet.

Jedenfalls hat es die Secession verstanden, mit ihrer ersten Ausstellung einen starken Reiz auf die Schaulust, die Neugier und das Sensationsbedürfnis des kunstfreundlichen Publikums zu üben, wobei man allerdings nicht sagen kann, dass sie in der Wahl ihrer Mittel allzu skrupulös verfahren sei. Es ist ihr gelungen, eine beträchtliche Anzahl von Kunstwerken heranzuziehen, deren Wert hoch über jeder der Modeströmungen, um die sich heute der Streit dreht, steht und die darum keineswegs als charakteristisch für die moderne Richtung angesehen werden können. Man darf sogar behaupten, dass gerade diese Werke der ersten Ausstellung der Berliner Secession ihr Gepräge gegeben und einen grossen Teil ihres Erfolges gemacht haben. Für die Vertretung der spezifisch modernen Kunst in ihrem vielgestaltigen Wesen, das sich mit wenigen Schlagworten nicht mehr kennzeichnen lässt, hat man sodann alle jene Namen herangezogen, die man am meisten in den Kämpfen um die neue Kunst nennen hört: FRITZ VON UHDE, FRANZ STUCK, HANS THOMA, WILHELM TRÜBNER, H. ZÜGEL, L. DILL, G. KUEHL, H. VON HABERMANN, und für die Befriedigung des Bedürfnisses nach Erregung, die je nach der ästhetischen Veranlagung des Einzelnen als prickelnder Nervenreiz empfunden wird oder sich in Aeusserungen der Entrüstung und des Abscheus umsetzt, ist namentlich durch Vorführung einiger verwegener Schöpfungen aus München gesorgt worden. Hier stehen LOUIS CORINTH mit einer Gruppe von einem Gelage heimkehrender Bacchanten mit dem feisten Silen in der Mitte und einem „Ein Dämon" genannten weiblichen Brustbild und MAX SLEVOGT mit einem „Totentanz", einer Scene von einem modernen Faschingsball, und einem Triptychon mit der Geschichte des verlorenen Sohns, einer orgiastischen Farbenstudie, obenan, bei der man es unentschieden lassen muss, ob es sich um ein ernsthaftes Kunstwerk von „aufrichtiger Empfindung", die in der Vorrede des Katalogs als das Merkmal eines echten Kunstwerks bezeichnet

wird, oder um eine beabsichtigte Karrikatur auf gewisse Modeströmungen in der biblischen Malerei handelt.

Die Mitglieder der „Berliner Secession" sind wohl vollzählig vertreten; aber gerade über ihren Einsendungen hat insofern ein Unstern gewaltet, als die Mehrzahl nicht mit Werken erschienen ist, die ihr künstlerisches Vermögen zu voller, kräftiger Anschauung bringen. Immerhin fehlt es aber auch unter ihren Beiträgen nicht an Treffern, und mit besonderer Anerkennung muss hervorgehoben werden, dass sie sich fast sämtlich von jenen Ausschreitungen in der Darstellung wie in der Wahl der Stoffe fern gehalten haben, die die moderne Bewegung bei einem grossen Teile des Publikums in Misskredit gebracht haben. Wohl den stärksten Erfolg unter seinen BerlinerKollegen hat LUDWIG DETTMANN mit seiner Abendmahlsfeier in einer ostfriesischen oder holsteinischen Kirche erzielt, wobei er die Energie und die leuchtende Kraft seines Kolorits zu einer ungemein ruhigen harmonischen Wirkung gebracht hat und zugleich in der Charakteristik der zahlreichen Figuren ein gründliches Studium der Stammesart zeigt. Auch seine Krypta in einer tirolischen Kirche, mit dem im Lichterglanz strahlenden, festlich geschmückten Altar in der Mitte, ist eine anziehende Farbenstudie, die auch insofern bemerkenswert ist, als sie eine Umkehr von der nachgerade zum Ueberdruss gewordenen Freilicht- und Sonnenlichtmalerei zu bedeuten scheint. FRANZ SKARBINA bietet in dem einen seiner Bilder „Auf dem Lande" eine Abendlandschaft von feinstem poetischen Stimmungsreiz, während das zweite Bild, Fischerboote in einem normännischen Hafen vor der Abfahrt, ein anderes Gebiet seiner vielseitigen Kunst, die Schilderung nordischen Seemanns- und Fischerlebens, würdig vertritt. Von den beiden Bildern OSKAR FRENZELS verdient die norddeutsche Landschaft mit lagernder Rindsviehherde bei Abendstimmung durch die Grösse der Auffassung und den feierlichen Ernst der koloristischen

Haltung vor der andern den Vorzug, wenn-
gleich den am Himmel vorüberziehenden
Wolken eine glaubhaftere Gestaltung oder
doch wenigstens eine minder skizzenhafte
Behandlung zu wünschen wäre. Glaubhafter
und auch koloristisch wirksamer und fessel-
der ist das phantastische Wolkengebilde, das,
einen Gewittersturm in sich bergend, auf
einem Bilde CARL LANGHAMMERS nach einem
Motiv aus der römischen Campagna drohend
über die Ebene zieht und diese mit selt-
samen Lichtwirkungen überfluthet. MAX
LIEBERMANNS „Waisenmädchen aus Amsterdam", die im Garten vor dem Hause im
Sonnenschein lustwandeln oder sich mit Näh-
arbeit beschäftigen, gehört zu seinen besten
Bildern aus jener Zeit, wo er noch auf
feste Zeichnung und plastische Modellierung
hielt und diese noch nicht seinen koloristischen Experimenten geopfert hatte.
Nur in den Lichtwirkungen, im übrigen
aber ganz und gar nicht sind mit diesen
älteren Bildern zwei seiner neuesten verwandt: der Kirchgang und die Schulgang.
Auf beiden sucht der Künstler dasselbe
koloristische Problem zu lösen, die Darstellung des flimmernden, durch die Gipfel
der Bäume von Wäldchen und Alleen herab-
fallenden Sonnenlichts in seinem Spiel auf
dem Erdboden und den Figuren der Frauen,
Mädchen und Kinder. Eine reiche farbige
Wirkung hat er jedenfalls erzielt; aber die
Figuren haben nichts körperliches mehr.
Sie wirken nur wie Farbenflecke, die das
Grün angenehm unterbrechen.

Eines der eigenartigsten Talente unter
den Mitgliedern der Berliner Secession ist
MARTIN BRANDENBURG, der seit Jahren be-
müht ist, den Berlinern das Interesse an
symbolistisch-mystischer Malerei heizu-
bringen, gelegentlich aber auch den Ernst
seiner Bestrebungen durch Ausflüge in das
Gebiet des grotesken Humors in Zweifel
stellt. Die eine Richtung seiner Kunst vertritt das „Phantom" genannte Bild, eine neue
Abwandlung des Themas von der Jagd nach
dem Glück, das hier durch eine sich ins
Aether über dem Meere wiegende weibliche

Gestalt versinnlicht wird, zu der ein nackter
Jüngling einen Luftsprung gewagt hat, den
er mit einem Sturz kopfüber ins Meer
büssen muss. Es steckt jedenfalls viel
Können in diesem Bilde, und dass BRANDEN-
BURG trotz seiner phantastisch-barocken Ein-
fälle seine Kompositionen auf gründlichen
und ehrlichen Naturstudien aufbaut, beweist
die Aktstudie eines noch unentwickelten, in
seiner Erscheinung freilich nichts weniger
als ansiehenden Mädchens, das auf einem
Bette sitzt. BRANDENBURGS humoristische
Ader sprudelt in dem Bilde „Kirchgang im
Spreewald", das, aus einem tiefen Augen-
punkt gesehen, eine Reihe von rundlichen
Spreewäldlerinnen in ihrer Rückenansicht
zeigt, die zu einer auf einem Hügel gelegenen Kirche emporstreben. Ohne diese
Humoreske würde die Ausstellung der Secession einen etwas morosen Eindruck
machen und den Anschein erwecken, als ob
sich Humor mit den secessionistischen Bestrebungen überhaupt nicht vertrüge. Nur
in der Abteilung der Pastelle, Aquarelle
und Zeichnungen blüht noch das Pflänzchen
Humor, vornehmlich durch die Vertreter
der älteren Richtung in der humoristischen
Zeichnung, durch WILHELM BUSCH, von dem
die Zeichnungen zu dem grotesken Bilder-
cyklus „Die Haarbeutel" zu sehen sind, und
durch OBERLÄNDER. Die jüngeren haben
in den deutschen Humor, zumeist unter
französischem Einfluss, ein fremdes Element
hineingebracht, einen gallig-bitteren Bei-
geschmack, der besonders den herben Kari-
katuren der Zeichner für die Münchener
„Jugend" und den „Simplicissimus" anhaftet,
von dem aber auch die satirischen Feder-
zeichnungen für die „Fliegenden Blätter"
von HERMANN SCHLITTGEN nicht frei sind,
der sein schönes Talent in eine affektirte
Manieriertheit versinken lässt. Sie ist nicht
mehr weit von der „gewerbsmässigen Mache
und oberflächlichen Routine" entfernt, gegen
die das Vorwort zum Katalog in gerechter
Entrüstung sein Anathema schleudert. Was
und wie viel SCHLITTGEN wirklich kann,
hat er in der vortrefflichen Pastellzeichnung

einer vom Rücken gesehenen, fast lebensgrossen weiblichen Aktfigur gezeigt.

Von den übrigen Mitgliedern der „Berliner Secession" haben sich noch besonders JACOB ALBERTS mit einem Birkenwald im Vorfrühling, OTTO HEINRICH ENGEL mit der ausgezeichneten Charakterstudie nach zwei am Meeresstrande spazierenden, katholischen Geistlichen, von denen der eine mit sich, den schönen Dingen des Lebens und seinen geistlichen Pflichten bereits völlig ins Reine gekommen ist, während der jüngere neben ihm gesenkten Hauptes noch mitten im Kampfe zwischen Pflicht und Neigung steht, OTTO FELD mit einer feinen Abendlandschaft, VICTOR FREUDEMANN mit einem meisterhaften Architekturstück, dem Blick auf die roten Ziegeldächer einer kleinen Stadt bei einbrechender Nacht, FELIX KRAUSE mit dem Bildnis eines jungen Mädchens im Garten, G. L. MEYN mit dem ungemein lebensvollen Brustbilde eines graubärtigen, von Kraft und Gesundheit strotzenden Herrn, FRANZ STASSEN mit einer im Stile der Florentiner des 15. Jahrhunderts gemalten Schilderung der elysischen Gefilde mit ihren glücklichen Bewohnern, und PAUL HOENIGER mit einem abendlichen Strassenbilde von Alt-Berlin hervorgethan, auf dem die schlichte Architektur der stillen, abgelegenen Strasse mit gleicher Virtuosität wie die Beleuchtung durch die Gaslaternen und den aus dem Innern der Häuser dringenden Lichtschein zu malerischer Anschauung gebracht worden ist. Minder gut und charakteristisch sind L. VON HOFMANN, WALTER LEISTIKOW und A. NORMANN vertreten, am wenigsten der erstgenannte, von dem nur ältere Bilder vorhanden sind, die er durch seine neuesten Schöpfungen tief in den Schatten gestellt hat. LEISTIKOWS Ansicht von Wisby ist wenigstens bezeichnend für seine neueste Art, die Natur so zu stilisieren, dass das Landschaftsbild nur noch als lineare Flächendekoration wirkt. Enger an die Natur scheint sich das Waldbild mit den kahlen Stämmen ohne Kronen anzuschliessen, das wenigstens eine gewisse poetische Stimmung hervorruft, wenn auch gerade kein geläuterter Geschmack den Künstler bei der Wahl des Motivs beeinflusst hat.

Jene Kunstwerke, die, wie wir oben schon bemerkt haben, vornehmlich der Ausstellung ihren Erfolg bereitet haben, werden ADOLF VON MENZEL, A. BÖCKLIN und WILHELM LEIBL verdankt. Obwohl MENZEL nicht zur Secession gehört und sich auch ausdrücklich dagegen verwahrt hat, hat die Ausstellungsleitung doch nicht geglaubt, auf seine Mitwirkung verzichten zu dürfen, wenn sie, wie im Vorworte des Katalogs verheissen wird, einen „Ueberblick über den gegenwärtigen Stand der deutschen Kunst geben" wollte. In anderen Augen spiegelt sich dieser Stand wohl noch etwas anders wieder, als er sich aus der zum mindesten doch einseitigen Ausstellung der Secession wahrnehmen lässt. Aber wenn man auch einem A. von Werner die Aufnahme unter diese Walhallagenossen der deutschen Kunst strengstens verweigern würde, so durfte doch ein MENZEL nicht fehlen. Wir sehen von ihm die mit der meisterlichen Freiheit eines Rembrandt hingeworfene Oelstudie nach einem alten Juden im braunen Kaftan, ein 1848 gemaltes, wenig bekanntes Gouachebild, das uns einen Einblick in die Gipssammlung des Berliner Museums während des damaligen Um- und Erweiterungsbaus thun lässt, ein zweites, höchst farbiges Gouachebild des Innern einer Barockkirche, ein Meisterwerk der Feinmalerei, und einige Zeichnungen, von denen eine Ansicht von Königshütte (1872), wo Menzel Studien zu seinem „Eisenwalzwerk" gemacht hat, von besonders grossem Interesse ist. In allen Arbeiten von Menzels Hand, aus welcher Zeit sie auch stammen mögen, waltet immer derselbe Geist strenger Selbstzucht und höchster Achtung vor der Natur, der sich der ewig junge Meister immer in scheuer Bescheidenheit unterordnet. BÖCKLIN, den man jetzt mit Menzel immer in einem Atem nennt, wenn man die Spitzen der deutschen Kunst neuerer Zeit bezeichnen will, steht der Natur ganz anders gegenüber. Kraft des Rechts, das ihm seine

Phantasie giebt, zwingt er die Natur unter seinen Willen, unbekümmert um das, was dabei gegen die Bildungen der Natur gesündigt wird. Wenn er nur eine berauschende farbige Wirkung erzielt, wie z. B. auf dem wirksamsten der sieben bei der Secession ausgestellten Bilder „Nessus und Dejanira", so ist ihm alles Uebrige, namentlich die Zeichnung und Modellierung der Körper, Nebensache. Er ist ein Dithyrambendichter, dem die rein formale Seite seiner Kunst wenig Sorge macht. Ist „Nessus und Dejanira" wenigstens noch ein koloristisches Bravourstück, das sich den besten seiner Schöpfungen würdig anreiht, so stehen die andern Bilder durchaus nicht auf der Höhe seiner Kunst, am wenigsten die italienische Landschaft, ein Jugendbild aus seiner ersten römischen Zeit, die schattenhafte Quellnymphe und das unbeschreiblich hölzerne und leblose Damenporträt.

Einen völlig reinen, ungetrübten Genuss gewähren dagegen die Oelgemälde und Studien von WILHELM LEIBL, etwa fünfzehn an der Zahl, deren früheste bis in die Zeit seines Pariser Aufenthalts 1869 und 1870 zurückreichen, wo er sich besonders von den französischen Naturalisten wie Courbet, daneben aber wohl auch von Velazquez und Ribera beeinflussen liess. Davon zeugen besonders die Studien nach einer Pariserin mit dem Rosenkranz in der Hand und die eines französischen Revolutionshelden, dessen aufgeblasenes Maulheldentum trefflich durch die kecke, skizzenhafte Behandlung charakterisiert wird. In späteren Jahren ist Leibl den Spuren Hans Holbeins d. J. gefolgt, und aus dieser Zeit sehen wir hier neben zwei kleineren Bildern, Bauernstuben mit Figuren („Die neue Zeitung" und „Der Sparpfennig") eine seiner reifsten Schöpfungen, „Die Dorfpolitiker", die unzweifelhaft den Glanzpunkt der Ausstellung bilden und in ihrer peinlichen Gewissenhaftigkeit und Sauberkeit der Durchführung einen stillen Protest gegen die Art und Unart nicht weniger Bilder in ihrer Umgebung erheben. Eine jede der fünf auf einer

Bank an einander gereihten Gestalten, die bedächtig ihre Meinung über eine Zeitungsnachricht abgeben, ist das Spiegelbild einer scharf ausgeprägten Persönlichkeit. Einer jeden hat der Künstler tief in den Grund der Seele geschaut und das, was er gesehen, mit feinem Pinsel in ihre Physiognomieen eingezeichnet. Eine Künstlernatur, die zur Begeisterung hinreisst, ist Leibl nicht. Er steht seinen Modellen innerlich kalt gegenüber, und es fehlt ihm auch an der Genialität, mit der Menzel seine Modelle durchdringt und bemeistert. Aber in dem Ernst und dem gediegenen Fleiss der Darstellung kommt er ihm so nahe wie kein anderer deutscher Künstler.

Die engen Räume haben nur eine geringe Beteiligung der Bildhauerkunst gestattet, die sich zudem meist auf Werke der Kleinplastik und der Porträtbildnerei beschränken musste. Aus beiden Gebieten ist trotzdem eine Reihe hervorragender Leistungen zu verzeichnen. ADOLF HILDE-BRAND hat in der Büste von Helmholtz ein Meisterwerk tief eindringender Charakteristik bei überaus schlichter und einfacher Auffassung geschaffen, während er in der Büste Joachims der geistigen Bedeutung des berühmten Virtuosen nicht völlig gerecht geworden ist. Durch ergreifende Naturwahrheit fast unheimlich und grauenerregend wirkt die Marmorbüste des in die Nacht des Wahnsinns versunkenen Philosophen Fr. Nietzsche von MAX KRUSE-Lietzenburg, der daneben mit einer polychromen Büste des Malers von Gleichen-Russwurm ein anziehendes Bild intimer, liebevoller Charakteristik gegeben hat. Mit guten Büsten und Porträtreliefs sind ausserdem noch J. FLOSSMANN in München, H. LEDERER, MAX LEVI, A. KRAUS und FRITZ KLIMSCH vertreten, der auch das künstlerische Aushängeschild der Secession, das in antikisirendem Stil gehaltene, neben dem Eingang angebrachte Hochrelief mit den Gestalten der Malerei und der Plastik geschaffen und in der ungemein geistvoll behandelten Porträtstatuette einer Dame wieder ein Zeugnis seiner grossen Begabung für die Kleinplastik abgelegt hat. In dieser glänzen neben ihm noch besonders L. DASIO in München mit der nackten Figur eines Mädchens, einem Sinnbilde der Koketterie, EMIL DITTLER in München mit der Bronzestatuette eines Bogenschützen, EMIL HOESEL in Dresden mit einer Verkleinerung seines bekannten hunnischen Reiters, HUGO KAUFFMANN in München mit der Bronzestatuette einer einen Spiegel emporhaltenden Venus, IGNAZ TASCHNER in München mit der Bronzestatuette einer blinden Katakombenführerin, CONSTANTIN STARCK mit vier kleinen, überaus zart und fein modellierten Flachreliefs mit den Halbfiguren der drei Künste und

der Kunstindustrie und die Tierbildner A. GAUL und A. KRAUS. FRANZ STUCK, der sich auch zum Bildner berufen glaubt, ist mit zwei bekannten Kleinbronzen, einer Tänzerin und einem verwundeten Centauren vertreten, die aber ebensowenig wie die von ihm ausgestellten, noch ganz unter dem Einfluss Böcklins gemalten Bildern älteren Ursprungs, der Bacchantenzug und die scherzenden Faune, für das eigentliche Wesen seiner Kunst charakteristisch sind.

Mit grösserem Recht als die Abteilung der Gemälde und Zeichnungen kann die plastische trotz oder vielleicht auch wegen ihres bescheidenen Umfangs Anspruch auf die Bezeichnung als Elite-Ausstellung erheben.   *Adolf Rosenberg.*

Abbildung 161

Skizze für die Treppe zum Stadtverordneten-Sitzungssaal im Rathaus Charlottenburg.
Von REINHARDT & SÜSSENGUTH, Architekten in Charlottenburg.

FR. AD. BECKER.

ZU UNSEREN BILDERN.

ARCHITEKTUR.

In der grossen Berliner Kunstausstellung ist die Architektur ausser durch die Kollektivausstellung der Vereinigung Berliner Architekten nach durch eine kleine Zahl von Entwürfen vertreten, die in einem entlegenen Winkel des Gebäudes, in einer Ecke des Saales 10, Unterkommen gefunden haben. Unter ihnen nimmt das vornehmste Interesse eine Reihe von Entwürfen zu „modernen Villen" von MEIER & WERLE in Berlin in Anspruch, die sich sowohl durch ihre wirksame zeichnerische Darstellung, als ganz besonders durch geistvolle, eigenartige Konzeption auszeichnen. Im Gegensatz zu dem Missbrauch, der jetzt mit dem Worte „modern" getrieben wird, zeigen sich hier wirklich die Aeusserungen eines modernen Geistes, an dem jeder, der sich die Empfänglichkeit für eine frische, aus dem Vollen schöpfende Erfindung bewahrt hat, seine Freude haben wird. Bei ihren Entwürfen, von denen unsere Abb. 162 und 165 zwei vorführen, haben die Architekten versucht, besonders zwei aus künstlerischen und praktischen Gesichtspunkten hervorgegangene Forderungen zu erfüllen, und zwar einerseits jedes Gebäude aus dem Gelände nach malerischen Bedürfnissen herauswachsen zu lassen und andererseits die Zimmer nach Grundsätzen der Wohnlichkeit d. h. der Einrichtung und der bequemen Möblierung nach zu gestalten und zu gruppieren. Die eine Villa (Abb. 165) ist an einem steilen Abhange, die andere in leicht hügeligem Terrain gedacht. Beide Villen sind in Backstein mit Putz oder in Backsteinverblendung sowie mit teilweiser Verwendung von Holzwerk angenommen. Wenn das Baugeld nicht beschränkt wird, würde für die erstere Villa, wie in der Zeichnung angedeutet ist, Haustein zu wählen sein. Die gesamten Baukosten würden bei vollendet künstlerischer Ausstattung für die erste Villa 30–40000 Mark, für die zweite 25–30000 Mark, die Kosten für die gesamte Möblierung (nach den Beispielen Abb. 168 und Abb. 169) 12–14000 Mark bezw. 10–12000 Mark betragen.

Mit der Strassenseite des nach dem Entwurfe des Architekten WILHELM LÜHKE 1897–1898 erbauten Hauses Grolmannstrasse 36 in Charlottenburg (Abb. 171) hat der Architekt gezeigt, in welch' hohem Grade der reizvolle altmärkische Backsteinbaustil auch den Anforderungen des heutigen städtischen Wohnhauses gerecht werden kann und welche reichen Mittel er bietet, um in unsere immer noch sehr eintönigen Strassenzüge eine willkommene, malerisch ungemein wirksame Abwechselung zu bringen. Mit grossem Geschick ist dabei eine dem norddeutschen Backsteinbau des Mittel-

Abbildung 162

Moderne Villa. Entworfen von MEIER & WERLE, Architekten in Berlin.
Grosse Berliner Kunstausstellung vom 1899.

Abbildung 163   Abbildung 164.

Grundrisse zu Abbildung 162.

Abbildung 164.

Moderne Villa. Entworfen von MEIER & WERLE, Architekten in Berlin.
Grosse Berliner Kunstausstellung von 1899.

Abbildung 166.

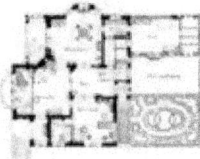

Abbildung 167.

Grundrisse zu Abbildung 165.

alters geläufige Giebeltürm als effekt-
volles Hauptmotiv für die Komposition der
Fassade benutzt worden. Um eine lebhaftere
Farbenwirkung zu erzielen, als sie die ausschliessliche Verwendung des Backsteins
ermöglicht hätte, wurde eine Verbindung
des roten Ziegelwerks mit weissen Putzflächen gewählt und die Abdeckungen der
Fensterbrüstungen und anderer Wasser-
schläge aus grün glasierten Dachziegeln
hergestellt. Zur Steigerung der Verhältnisse wurde der Mittelbau möglichst breit
angeordnet, und zu diesem Zwecke die
Erker nicht in die Achsen ihrer Zimmer,
sondern an deren äussere Seiten gelegt. Im
vierten Stockwerk ist die Wirkung des Mittel-
baus dadurch besonders gesteigert worden,
dass die Vorderwand der unteren Hallen
fortgefallen und somit die Strassenwand um
die Hallentiefe hinter die Baufluscht zurückgetreten ist, die beiden Erktürmchen des
Mittelbaues aber seitlich frei geworden sind.
Wie uns der Architekt mitteilt, soll ein
derartiges Zurückspringen im obersten Geschoss, nach einer neuen Verfügung des
Kgl. Polizeipräsidiums in Berlin, in Zukunft
nicht mehr gestattet werden. Es ist begreiflich, dass diese Verfügung bei den
Architekten keine günstige Aufnahme findet,
da ihnen dadurch das Streben nach malerischer Gruppierung noch mehr als bisher erschwert werden wird.

Für die Grundrissbildung war die Absicht maassgebend gewesen, auf dem sehr
tiefen Grundstück im Vorderhause herr-
schaftliche Wohnungen von 6 bis 7, im
Gartenhause (Obergebäude) solche von
3 bis 4 Zimmern anzuordnen. Da von den
letzteren einige grössere am Hofe liegen
mussten, wurde auch auf dessen architektonische Ausbildung Gewicht gelegt. —
Die Verblend- und Formsteine der Fassade
hat die Fabrik von C. G. MATTHES & SOHN
in Rathenow geliefert. Die Maurerarbeiten
sind von A. KNAPE, die Bildhauer- und Stuckarbeiten von J. JUNKERSDORF in Wilmersdorf, die Malerarbeiten von GEHRÜDER
DRABB., die Kunstschlosserarbeiten von

MORITZ KRAUSE und die Dachdeckerarbeiten von W. NEUMEISTER, sämtlich in
Berlin, ausgeführt worden.

MALEREI.

Mehr als ein Menschenalter ist dahin-
gegangen, seit PAUL MEYERHEIM seinen
ersten grossen Erfolg errungen hat; trotz des
reichen, rastlosen Schaffens, das diese drei
Jahrzehnte erfüllt und sich auf alle Gebiete
der Malerei erstreckt hat, bereiten uns aber
seine staunenswerte Energie der Charakteristik und sein eminentes malerisches Können,
die eigentlich nur durch die gleichen Eigenschaften Menzel's überboten werden, immer
neue Ueberraschungen und Freuden. Er war
schon vor dreissig Jahren das, was heute
von den Reformatoren der modernen Malerei
als das edelste und höchste Ziel erklärt
wird: ein Realist oder, wie man heute sagen
würde, ein Naturalist, der jedoch mit der
damals als revolutionär verschrieenen Freiheit der malerischen Darstellung die höchste
Achtung vor der Natur verband. Als
Schüler seines Vaters, des gemütvollen
Genremalers, der in das deutsche Volkstum
ebenso tief eingedrungen ist wie Ludwig
Richter, diesem aber an malerischem
Empfinden und Können weit überlegen ist,
hat Paul Meyerheim in seiner Jugend Akte
und Bildnisse gezeichnet, die sich in der
Gewissenhaftigkeit der Zeichnung und der
plastischen Schärfe der Modellierung mit
den Studien eines Holbein messen können.
Diese Studien waren ihm aber nur die sichere
Grundlage, von der er, der Sohn einer
neuen Zeit, ausging, um der modernen koloristischen Anschauung zum Siege zu ver-
helfen. Seine ersten Erfolge erzielte er
mit Tierbildern und mit Darstellungen aus
dem Innern der wandernden Tierbuden, und
damit war in den Augen des grossen Publikums seinem späteren Schaffen das Etikett
aufgeklebt. Er konnte malen, was er wollte:
er blieb für weitere Kreise immer der Maler
der Löwen und Affen, und er hat sich mit
dem guten Humor des geborenen Berliners,
der auch in vielen seiner Tier- und Genre-

Abbildung 168.

Wohnzimmer mit Durchblick zum Speisezimmer in der Villa Abbildung 163.
Entworfen von MEIER & WERLE, Architekten in Berlin. Grosse Berliner Kunstausstellung von 1899.

Abbildung 169.

Sitzarrangement im Wohnzimmer in der Villa Abbildung 163.
Entworfen von MEIER & WERLE, Architekten in Berlin. Grosse Berliner Kunstausstellung von 1899.

Abbildung 170.

Malerei in mehreren grossen Aufgaben bewährt — wir erinnern nur an seine Geschichte der Lokomotive in der Borsigschen Villa und an seine vier Jahreszeiten in der Nationalgalerie —, und in dem Bildnis seines Vaters hat er ein Meisterwerk der Porträtmalerei geschaffen, dem man nur wenige aus unserer Zeit an die Seite stellen kann. Auf Grund seiner Studien in Nordafrika und Aegypten hat er uns Scenen aus dem orientalischen Volksleben von hoher Lebendigkeit und Wahrheit gemalt, und seine Landschaften aus dem Harz, aus Oberbayern, Tirol und der Schweiz sind Zeugnisse einer künstlerischen Kraft, die alle charakteristischen Aeusserlichkeiten scharf erfasst hat und dabei tief in die Naturseele eingedrungen ist.

Von einem Teile dieses vielseitigen Schaffens gewährt die diesjährige Grosse Kunstausstellung eine Anschauung in fünf dem Inhalt nach sehr verschiedenen, in der koloristischen Behandlung aber gleich wirksamen Bildern. In dem „Umzug der Kunstreiter" vor der gaffenden Menge einer kleinen Stadt hat der Künstler einmal wieder den Quell seines unerschöpflichen Humors springen lassen und zugleich in der Wiedergabe der sommerlichen Abendstimmung seine koloristische Virtuosität als Landschaftsmaler bewährt, und noch stärker tritt der Landschaftsmaler in den Bildern „Heufuhre im Unterengadin" und „Kühe im Harz" in den Vordergrund, die den Eindruck eigenartiger Natur in frischester Ursprünglichkeit festhalten und dabei eine Sicherheit und Breite der malerischen Behandlung zeigen, die auch dem kecksten Naturalisten die höchste Achtung vor der Beweglichkeit und Jugendfrische des Künstlers einflössen. Ein viertes und fünftes Bild, eine Löwengruppe und ein Pudel, der diensteifrig einen Lawntennisschläger apportiert (Abb. 180 u. 181) zeigen uns den Grossmeister der Tiermalerei auf der Höhe geistvoller, tiefeindringender Beobachtungs- und Charakterisierungskunst.

Auch MAX KONER, wohl der hervorragendste, jedenfalls aber der vielseitigste

Architektursskizze. Von F. SCHAUDT in Berlin.

bilder zum glücklichen Ausdruck kommt, in diese Situation, die ihr Missliches, aber auch ihr Erfreuliches hat, hineingefunden. Wer aber sein Schaffen verfolgt hat, der kennt auch seine Vielseitigkeit. Paul Meyerheim hat sich als Meister der dekorativen

Abbildung 171.

Wohnhaus Grolmannstrasse 36.   Von WILHELM LÜHKE, Architekt in Charlottenburg.

Abbildung 172.

Grundriss
zu Abbildung 171.

Abbildung 171.

Wohnhaus Lützowplatz 3. Von S. ZADEK, Architekt in Charlottenburg.

unter den Berliner Bildnismalern, ist in diesem Jahre auf der Kunstausstellung mit einer aussergewöhnlich grossen Zahl von Bildnissen vertreten, die Herren und Damen aus verschiedenartigen Berufs- und Lebenskreisen darstellen und darum gerade geeignet sind, von der sich immer reicher entwickelnden Fähigkeit des Künstlers, jede geistige Individualität, wo solche vorhanden ist, zu prägnantem Ausdruck zu bringen, eine ungemein vorteilhafte Vorstellung zu gewähren. Nachdem KONER Jahre hindurch der bevorzugte Bildnismaler des Kaisers gewesen und als solcher eine Reihe von Bildnissen geschaffen hatte, die die Erscheinung Wilhelms II. während des ersten Jahrzehnts seiner Regierung am charakteristischsten wiedergeben und später einmal als historische Urkunden von objektiver Treue gelten werden, hat er sich später vorzugsweise den Rittern des Geistes, Künstlern und Gelehrten, zugewendet, deren

Abbildung 174.

Villa Wense in Hasserode. Von G. LINKLAGE & F. GRISEBACH & LINKLAGE,
Architekt in Charlottenburg.
Erbaut 1891. Sockel Granit, darüber Putz aus angetragnem Stuck.
Baukosten 100000 M. ohne Stallgebäude.

Abbildung 175.   Abbildung 176.

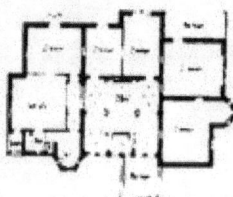

Grundrisse zu Abbildung 174.

Porträts schon eine ganz stattliche Galerie
berühmter und bekannter Zeitgenossen
bilden. Ihnen hat er jetzt das Bildnis des
Baurats Kayser angereiht, den er auf dem
Felde der Arbeit, den Zirkel in der Linken,
prüfend und sinnend, dargestellt, neben sich
auf dem Sockelteil eines Bauwerks die
Figur einer Viktoria, die hier als Sinnbild

der vielen Siege am rech-
ten Platze ist, die das
Schaffen der Firma Kay-
ser & von Groszheim
schon ein Vierteljahr-
hundert hindurch beglei-
tet haben (Abb. 183).
Tritt uns hier eine ener-
gische, charaktervolle
Persönlichkeit in der
Sicherheit und Festigkeit
ihrer körperlichen Er-
scheinung gegenüber, so
blickt uns aus dem Ant-
litz des Geheimrats von
Mendelssohn - Bartholdy
mit dem feinen, den Mund
umspielenden Lächeln die
Seele eines klugen, zu-
rückhaltenden Mannes an,
der das Gewerbe eines
Diplomaten mit der für
die Leitung eines grossen
Bankhauses notwendigen
Energie verbindet.

Für feierliche Inscenie-
rung, für effektvolle Pose
hat KONER wenig Sinn,
und wohl am wenigsten
scheint er für die
Entfaltung pomphafter
Schneiderkünste auf
seinen Bildern Inter-
esse zu haben. Um so
höher ist die Wahr-
heits- und Einfach-
heitsliebe der Damen
zu rühmen, die sich
trotzdem von KONER
malen lassen. Was für
den Beschauer an vergänglichem Modekram
verloren geht, ersetzt er reichlich durch die
Innerlichkeit und die Tiefe seiner Charakteristik und durch die feine koloristische
Stimmung, durch die in diesem Jahre besonders das Bildnis der Frau St. (Abb. 184)
ausgezeichnet ist, auf dem die rote Busen-
schleife einen ungemein wirksamen Kontrast

Abbildung 177

Fabrikgebäude

für

die optische Anstalt

von C. P. Goerz

in Friedenau,

Rheinstrasse 45/46.

Erbaut

von

WALDEMAR WENDT,

Architekt in Berlin.

B. A. W. H. 4

Abbildung 178.

Innere Ansicht eines Einganges.
Von MORITZ & WEIZ, Architekten in Berlin.

PLASTIK

Wie wir schon in unserem ersten Berichte über die Grosse Kunstausstellung hervorgehoben haben, zeichnet sich unter den zur Schau gestellten Grabdenkmälern besonders eines von HANS DAMMANN durch die eigenartige, von dem landläufigen Schema abweichende Auffassung aus. Zu den strengen Linien des Sarkophags bildet die davor stehende Gestalt in ihrer feierlichen Haltung einen schneidenden, den scharfen Riss zwischen Tod und Leben jedoch treffend charakte-

Abbildung 179.

Portal Sommerstrasse 3.
Von A. BRESLAUER, Architekt in Berlin.

zu dem tiefen Schwarz des Kleides und der grauen, den Hals umschliessenden Boa bildet.

Von dem Landschaftsmaler CARL HOLZAPFEL haben wir schon im vorigen Jahre eine Probe seiner Kunst geboten, die ihn als einen ernst strebenden, von jeder Modeströmung unabhängigen, nur auf die schlichte Wiedergabe der Natur zielenden Künstler zeigte. Auf diesem Wege schreitet er mit starken Schritten vorwärts. Ein Schüler von Dücker in Düsseldorf, hat er sich dort eine sehr flüssige, gewandte Technik angeeignet, die ihn zur Wiedergabe der feinsten, dem gewöhnlichen Auge kaum wahrnehmbaren Stimmungen befähigt. Diese Fähigkeit hat er in reichem Maasse auch in der holsteinischen Landschaft entfaltet, die unsere Abb. 182 wiedergiebt.

Abbildung 180

Löwen. Von PAUL MEYERHEIM in Berlin.
Grosse Berliner Kunstausstellung von 1899.

einem unserer nächsten
Hefte reproduzieren wer-
den, ist 1867 zu Proskau
in Schlesien geboren wor-
den, hat aber den grössten
Teil seiner Jugend in Hannover verlebt, wo sein
Vater, Prof. Dr. Dammann,
als Direktor der kgl. tier-
ärztlichen Hochschule wirkt.
Auf der dortigen techni-
schen Hochschule hat er
auch seine ersten Studien
gemacht. Den ersten Unterricht im Aktzeichnen gab
ihm der Maler Prof. Friedrich Kaulbach, und unter
der Leitung der Professoren
Stier und Köhler machte
er gründliche architektonische Studien, die ihm bei
seinen späteren Arbeiten
von wesentlichem Nutzen
geworden sind. Von 1888
bis 1894 besuchte er die
akademische Hochschule
für die bildenden Künste in
Berlin und dort hat er auch
seinen Wohnsitz genommen,

Abbildung 181.

risierenden Gegensatz. Aber
die Bewegung, die Handlung
der Gestalt bringt ein die
statuarische Strenge mil-
derndes, gewissermaassen
versöhnendes Element in die
Gruppe hinein: nicht der
düstere Todesengel, son-
dern das Sinnbild des Schlafs
steht vor uns, der Blüten und
Samenköpfe des Mohns von
seiner Brust nimmt und auf
den Sarkophag niederlegt
(Abb. 183). Dammann, der
auf der Ausstellung noch
mit einer Gestalt der Wahrheit vertreten ist, die wir in

Stilleben. Von PAUL MEYERHEIM in Berlin.
Grosse Berliner Kunstausstellung von 1899.

Abbildung 189.

Italienische Landschaft. Von CARL HOLZAPFEL in Berlin.
Grosse Berliner Kunstausstellung von 1899.

nachdem er sich nach der Rückkehr von einer italienischen Studienreise eine eigene Werkstatt gegründet hatte. In reger Thätigkeit hat er bereits eine stattliche Anzahl von monumentalen und dekorativen Werken, namentlich aber von Bildnisbüsten und Flachreliefs geschaffen, von denen besonders der durch seine treffliche gotische Architektur ausgezeichnete Türmerbrunnen für Linden bei Hannover, eine Herme Kaiser Wilhelms II. für das Offizierkorps des I. hannöv. Inf.-Regt. Nr. 74 und eine Herme Friedrich Wilhelms III. für das Offizierkorps des Landwehrdienstgebäudes, die Gestalten der Poesie und Musik auf den Türmen des Theaters des Westens in Berlin und die Reliefs mit dem Bildnis der Kaiserin und einem „Haideröschen" hervorzuheben sind. Im Flachrelief hat Dammann eine besondere Virtuosität in der Feinheit der Ausführung und der zarten malerischen Wirkung entfaltet.

Aus der grossen Zahl der trefflichen Werke der Kleinplastik, mit denen die Berliner Bildhauer auf der diesjährigen Kunstaus-stellung besondere Ehre eingelegt haben, haben wir für dieses Heft zwei für verschiedene Richtungen charakteristische Schöpfungen ausgewählt. HUGO RHEINHOLDS Statuette der fröhlich mit ihren durch Ausverkauf geleerten Körben vom Markte heimwärts eilenden Dirne ist eine jener mit glücklicher Hand aus dem modernen Leben gegriffenen Figuren, in deren Bildung und lebensvoller Charakteristik die Italiener viele Jahre die Künstler aller anderen Nationen übertroffen haben (Abb. 188). Nicht bloss diese Figur, sondern auch viele andere zeigen uns, dass die Berliner sie sehr schnell eingeholt und sie an Vielseitigkeit und vornehmlich an Ernst der Auffassung noch übertroffen haben. Letzteres hat auch Rheinhold noch mit der Figur einer von der Arbeit ausruhenden Bäuerin bewiesen, die etwas von dem Adel und der Grösse des Stils an sich hat, die die Gruppe der an der Landstrasse vor einem Muttergottesbilde zusammengebrochenen Mutter mit ihrem kranken Kinde auszeichnete, die vor fünf

Bildnis des Herrn Baurats KAYSER.
Von MAX KONER in Berlin.
Grosse Berliner Kunstausstellung von 1899.

Jahren den Namen des Künstlers zuerst bekannt machte. Rheinhold, der 1853 in Oberlahnstein geboren worden ist, ist viele Jahre Kaufmann gewesen, bevor er sich, schon in den Dreissigern stehend, der Kunst widmen konnte. Nachdem er eine zeitlang im Atelier Max Kruses gearbeitet, hat er von 1888—1892 auf der Berliner Hochschule studiert, durch Eifer und Energie aber verhältnismässig schnell alle Hindernisse überwunden, die ihm die Versäumnis seiner Jugend in den Weg gelegt. Unsere Figur zeigt am besten, welche Leichtigkeit und Lebendigkeit der Darstellung er sich zu eigen gemacht hat.

Die ideale Richtung der Kleinplastik, die ihre Freude an der Darstellung der Schönheit nackter Körperformen hat, vertritt FERDINAND LEPCKE mit der Gruppe „Ueberrascht", einer jugendlichen Wasserträgerin, die auf ihrem Wege von hinterrücks einen

Ueberfall erfährt, der ihr nicht unlieb zu sein scheint (Abb. 189). In beiden Körpern hat der Künstler wiederum jenes imponierende Können in der Behandlung des Nackten bewährt, das schon seinem ersten grösseren Werke, der nackten Figur eines bärtigen, sich auf eine kolossale Zeusbüste lehnenden Bildhauers allgemeine Anerkennung und von Seiten des Staates den ehrenvollen Auftrag der Ausführung in Stein eingetragen hat. Ein zweiter umfangreicherer Auftrag ist dem Künstler erst kürzlich zu Teil geworden, indem ihm auf Grund der Konkurrenz, in der ihm der erste Preis zufiel, auch die Ausführung des monumentalen Brunnens für Bromberg übertragen worden ist. Wie sich dieser Entwurf besonders durch eigenartige Erfindung der Gruppen und ihren wirksamen Aufbau wie durch ihre formale Behandlung auszeichnete, so fesselt auch die Gruppe „Ueberrascht" durch die ungewöhnliche Schönheit der Komposition, die, von welcher

Bildnis der Frau ST. Von MAX KONER in Berlin
Grosse Berliner Kunstausstellung von 1899.

Abbildung 185.

Der Schlaf. Grabdenkmal von HANS DAMMANN in Charlottenburg.
Grosse Berliner Kunstausstellung von 1899.

Seite man sie auch betrachten mag, überall durch die weiche, anmutsvolle Harmonie der Umrisse, durch den Wohllaut des Linienspiels in gleichem Maasse erfreut.

Die beiden Bildnisgruppen von dem als Lehrer an der Kunstschule des Städelschen Instituts in Frankfurt a. M. thätigen FRITZ HAUSMANN und von STEPHAN WALTHER in Berlin (Abb. 186 u. 187) sind beides gleich glücklich gelungene Versuche, die Bildnisse von Geschwistern in einer genrehaften Darstellung von lebensvoller Natürlichkeit zusammenzufassen, und beide gleich anziehend durch das feine Studium der kindlichen Natur und die ihr entsprechende naiv-heitere Auffassung.　　　*A. R.*

Abbildung 186.

Bildnisgruppe.

Von FRITZ HAUSMANN

in Frankfurt a. M.

Grosse

Berliner Kunstausstellung

von 1899.

Abbildung 187.

Kinder des Herrn Reg.-Rats Kieschke. Marmorgruppe von STEPHAN WALTHER in Berlin
Grosse Berliner Kunstausstellung von 1899.

Abbildung 188.

Ausverkauft.
Gypsstatuette von HUGO RHEINHOLD in Berlin.
Grosse Berliner Kunstausstellung von 1899.

ZUM WETTBEWERB UM DIE BISMARCKSÄULEN.

(Eingesandt.)

Die Entwürfe zu den Bismarcksäulen der Deutschen Studentenschaft sind seit dem 15. Mai in der sogenannten Westhalle der Grossen Berliner Kunstausstellung weiteren Kreisen zur Besichtigung zugänglich gemacht worden. Bekanntlich war, etwa gleichzeitig mit dem Preisausschreiben, eine Kundgebung der Deutschen Studentenschaft „An das deutsche Volk" ergangen, welche zur Beteiligung an dem Bau von Bismarcksäulen aufforderte, und die maassgebende Idee mit folgenden markigen Worten erläuterte:

„Wie vor Zeiten die alten Sachsen und „Normannen über den Leibern ihrer gefalle-„nen Recken schmucklose Felsensäulen auf-

„türmten, deren Spitzen Feuerfanale trugen, „so wollen wir unserem Bismarck zu Ehren „auf allen Höhen unserer Heimat, von wo „der Blick über die herrlichen deutschen „Lande schweift, gewaltige granitene Feuer-„träger errichten. Ueberall soll, ein Sinnbild „der Einheit Deutschlands, das *gleiche* Zeichen „erstehen, in ragender Grösse, aber einfach „und prunklos, auf massivem Unterbau eine „schlichte Säule, nur mit dem Wappen und „Wahlspruch des eisernen Kanzlers ge-„schmückt. Keinen Namen soll der gewal-

Abbildung 189.

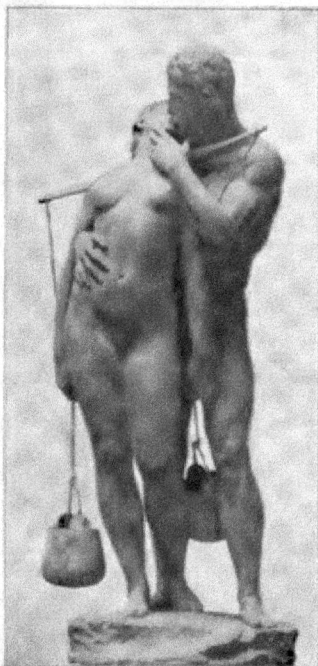

Ueberrascht.
Von FERDINAND LEPCKE, Bildhauer in Berlin.
Grosse Berliner Kunstausstellung von 1899.

19

Abbildung 190.

Wandfries im Ausstellungsraum
der Vereinigung Berliner Architekten in der Grossen Berliner Kunstausstellung.
Von Maler WILH. RICHTER-RHEINSBERG in Berlin.

„tige Stein tragen, aber jedes Kind wird ihn „dem Fremden deuten können:

„*Eine Bismarck-Säule.*"

Obwohl nun das eigentliche Preisausschreiben neben der Form der Säule auch Aufbauten anderer Gestalt zuliess, so wird man doch überrascht sein, in der Reihe der erfolgreichen Entwürfe nicht einen einzigen zu finden, welcher, an das Stichwort des Wettbewerbs anknüpfend, wirklich sich des Motivs der Säule oder des kühn aufstrebenden Pfeilers für die Lösung der Aufgabe bedient hat.

Alle diese Arbeiten stellen sich vielmehr als Aufbauten von vorwiegend massiger Erscheinung dar, deren Breite von der Höhe meist nur unwesentlich übertroffen wird, und sie weisen sich in der Mehrzahl durch einen regelrechten Granit-Quaderverband über einem Kern von weniger kostbarem Material, der seinerseits wieder einen mehr oder minder umfänglichen Hohlraum umschliesst, als ausgesprochene Bauwerke aus. Wo diese Hohlräume noch durch einen wohlcharakterisierten Eingang zugänglich gemacht worden sind, wird dann leider in einigen Fällen die gewiss nicht beabsichtigte, aber durch zahlreiche Beispiele der Kunstgeschichte uns geläufige Vorstellung von der durch mächtigen Quaderüberbau vor Entweihung geschützten *Grabkammer* erweckt. Aber die Idee, allerorten *derselben* Persönlichkeit symbolisch ein Grabmal zu errichten, ist nicht einleuchtend und der Hinweis auf die an der Spitze anzuzündenden Feuer macht sie nicht annehmbarer; denn bei der gegebenen Form stellt sich der Gedanke an einen Ort der Feuerbestattung, also wenn man will, an das Krematorium, allzuleicht ein.

Unter diesen Gesichtspunkten will uns daher jener unter den erfolgreichen Entwürfen, welcher den Unterbau für seine Feuerschale als *offene* Konstruktion aus riesigen Steinbalken in der Art altnordischer Werke gestaltet, mehr zusagen.

Es ist nun unbestreitbar, dass allen diesen Motiven die Fähigkeit, auf weite Entfernungen hin sichtbar zu bleiben, vermöge ihrer Massenhaftigkeit unbedingt innewohnt! Versteht man jedoch unter der geforderten Fernwirkung in künstlerischem Sinne mehr eine solche, welche auch auf weite Strecken hin keinen Zweifel darüber aufkommen lässt,

dass es sich hier nicht etwa um ein zu
landschaftlichem Genusse von erhöhtem
Standpunkt einladendes Bauwerk, auch um
kein Grabmal und auch nicht (im Hinblick
auf die Gestaltungen allereinfachster Art)
grössere Beachtung gebührt hätte, als es
nach dem Ausgange des Wettbewerbs der
Fall zu sein scheint. Und auch die Rücksicht auf die Ausführbarkeit ist geeignet,
diese Meinung zu stützen! Denn ein Werk,

Abbildung 141.

Hausthor Lindenstrasse 112. Architekt A. LIEBEKERR, Erbauer.
Nach dem Entwurfe des Architekten HEINR. SCHLÜMPF ausgeführt von R. BLUME,
Kunstschlosser in Charlottenburg.

um eine in regelmässige Form gebrachte
Anhäufung von Rohmaterial handeln könne,
sondern einzig um ein ideales Gedenkzeichen,
das schon durch seine Abmessungen jeden
Gedanken an Unterkunft und Besteigbarkeit
fernhält, so will es uns bedünken, dass
dem Motiv des hochragenden Pfeilers eine
dessen Errichtung auch den weniger kapital-
kräftigen Gemeinwesen möglich wäre,
scheint eher geeignet, den charakteristischen
Gedanken jenes Aufrufs zu verwirklichen
und „*überall* das *gleiche* Zeichen" erstehen
zu lassen, als ein Bauwerk, dessen Massenhaftigkeit von vornherein den Kampf mit

Abbildung 192.

Fenstergitter an einer Villa in Lichterfelde.
Ausgeführt von GOLDE & RAEBEL, Kunstschmiede
in Berlin-Halensee.

gabe in dieser Richtung versucht hätten,
wird durch den Augenschein widerlegt.

Dem Protokoll des Preisgerichts
entnehmen wir Folgendes: Nachdem
aus der Zahl der rechtzeitig eingegangenen 317 Entwürfe 222 Arbeiten als
minderwertig und dann noch weitere
65 Entwürfe aus Gründen, über welche
das Protokoll nichts weiter angiebt,
ausgeschieden waren, wurden, am
2. Sitzungstage, aus der Reihe der nun
noch vorhandenen 30 Entwürfe 10 durch
besondere eigenartige Vorzüge sich
auszeichnende Arbeiten unter dem Ge-
sichtspunkt ausgewählt, „dass die
eigenartige Aufgabe durchaus den
Verzicht auf jede reichere Detaillierung
und auf jede allzu individualisierte
Form verlangt, dass es vielmehr darauf
ankommt, eine einfache aber charakteristische Idee mit den einfachsten
Mitteln darzustellen."

Ebenso einstimmig, wie die Wahl
dieser 10 Entwürfe, erfolgte dann aus
ihrer Zahl die des zur Ausführung zu
empfehlenden Projekts.

Die zum Schluss noch erfolgende
Prüfung der bereits gewählten Arbeit
auf Erfüllung der sehr wesentlichen

der Bausumme und für viele Fälle
schliessliches Verzichten in Aussicht
stellt.

Aber von allen Entwürfen, welche
die Höhenentwicklung entschieden vor
der nach der Breite bevorzugten, und
sie sind in nicht geringer Zahl vertreten,
ist es keinem einzigen gelungen, sich
zu einer Anerkennung durchzuringen.
Nicht Einer hat es dazu gebracht, auch
nur in die engere Wahl zu kommen.

Die Annahme, dass sich etwa nur ge-
ringere Kräfte an der Lösung der Auf-

Abbildung 193.

Treppengeländer im Kaufhaus Bischofstrasse, Ecke Klosterstrasse.
Ausgeführt von
GOLDE & RAEBEL, Kunstschmiede in Berlin-Halensee.

Abbildung 194.

Schaufenstergitter am Hause Friedrichstrasse 11.
Ausgeführt von GOLDE & RAEBEL, Kunstschmiede in Berlin-Halensee.

Bestimmung des Programms, dass die Herstellungskosten keinesfalls den Betrag von 20000 M. überschreiten dürften, ergab dann die Ausführbarkeit für diese Summe, allerdings mit 2 erheblichen Einschränkungen, nämlich unter der Voraussetzung, dass

1. in Gegenden, wo das Granitmaterial zu kostspielig ist, ein sonstiger wetterbeständiger Baustein als Ersatz gewählt wird,
2. die Höhe der Säule auf 10 m (also auf das vom Programm von vornherein als Mindestmaass bezeichnete) festgestellt wird.

Damit tritt dann allerdings eine Reduktion der vom Autor anfänglich in Aussicht genommenen Abmessungen ein, welche für den kubischen Inhalt eine Herabsetzung auf etwa *ein Fünftel* bedeutet!

Immerhin ist zu hoffen, dass trotz der verminderten Maasse, das Werk, wofern es auf unbewaldeten Höhenpunkten zur Ausführung kommt, der erforderlichen Fernwirkung, im Sinne eines Sichtbarseins auf grössere Entfernungen, nicht entbehren wird.

Dringend zu wünschen aber ist, dass überall, wo man an eine Erbauung dieses Bismmarcksteines denkt, sich so reichliche Mittel finden mögen, dass eine weitere Verkleinerung nirgend mehr in Frage zu kommen braucht. Denn solche würde für dieses Motiv, dessen Vorzüge in der Wucht der Erscheinung gesucht werden müssen, die schwerste Schädigung bedeuten. ⊿

Abbildung 195.

Schaufenstergitter. Ausgeführt von GOLDE & RAEBEL, Kunstschmiede in Berlin-Halensee.

HANNS ANKER.

MODERNE LEDERARBEITEN.

(Hierzu die Abbildungen 196—200).

I n einer Sonderausstellung im Königlichen Kunstgewerbe-Museum und gleichzeitig in der Grossen Kunst-Ausstellung am Lehrter Bahnhofe hat die Firma W. COLLIN in Berlin eine Gruppe von Lederarbeiten vorgeführt, die ein in dieser Art zum ersten Male erprobtes Verfahren in der künstlerischen Behandlung des Materials eingeschlagen und jenem erst in unserer Zeit wieder nach langer Vernachlässigung hervorgezogenen Kunstzweige ein neues Feld gewonnen haben. Das Verfahren beruht, um das Wesentliche kurz voranzustellen, auf Anwendung der alten Technik des Lederschnitts für die Zeichnung in Verbindung mit einer eigentümlichen koloristischen Behandlung durch farbige Beizen. Die ausgestellten Gegenstände umfassen ausschliesslich Lederarbeiten für den praktischen Gebrauch, als Schreibmappen, Brieftaschen, Albums, Aufhängetaschen, Papierkörbe; ferner Photographie- und Bildrahmen, kleine Kasten, Köfferchen u. a. m. Für die Entwürfe hat sich die Firma die Mitwirkung eines jüngeren, grade auf dem Gebiete des modernen Flachmusters thätigen Künstlers, L. SÜTTERLIN, zu sichern gewusst. Dies ist von vornherein entscheidend für die künst-

lerische Qualität jener Arbeiten geworden. Sie verdienen volle Anerkennung, um so mehr, als sie zum überwiegenden Teile nicht schwer erschwingbare Luxusgegenstände, sondern gerade bestimmt sind, in Haus und Studierstube Eingang zu finden.

Die älteren Lederarbeiten gingen bei der Aufgabe das Material zu schmücken vorwiegend von der Schaffung ornamentaler

Abbildung 196.

Manschettenkasten (Höhe 15 cm)
Nach dem Entwurfe von L. SÜTTERLIN
ausgeführt von W. COLLIN in Berlin.

Abbildung 107.

Papierkorb. (Höhe 22 cm).
Nach dem Entwurfe von L. SÜTTERLIN
ausgeführt von W COLLIN in Berlin.

Verzierungen aus. Das Leder wurde bemalt,
bis die in Italien zuerst angewendete Vergoldung das Feld gewann. Bemalung und
Vergoldung wurde auch für den farbigen
Schmuck der Ledertapeten herangezogen.
Im 18. Jahrhundert griff man in Frankreich
bei Bucheinbänden zu den Auflagen
aus verschiedenfarbigem Leder, ein Verfahren, das, in Anlehnung an alte Muster
und Technik, auch in neuerer Zeit mit Erfolg wieder in Aufnahme gekommen ist.
Daneben blieb freilich immer die Bemalung,
zum Teil mit Lasurfarben, zum Teil mit
Deckfarben und Lackfarben die Hauptsache.
Demgegenüber gehen die ausgestellten
Arbeiten darauf aus, das Material gewissermaassen in der Masse zu färben und ihm durch
das Beizen einen unverwüstlichen, durch
Alter und Gebrauch nicht leidenden, sondern
eher erhöhten farbigen Reiz zu verleihen.
Tiefe farbige Fonds, wie z. B. ein sattes
Blau, werden seltener verwendet, meist da,
wo sie als Grund für die Zeichnung zu dienen
haben. In der Hauptsache aber beruht die
Wirkung darauf, dass die natürliche warm-
gelbe Farbe des Materials oder ihr nahe-
stehende, ins Grau- und Rotbraune spielende

Töne vorherrschen und durch Abtönen
und allmähliche Uebergänge von dunkeln
zu hellen Schattierungen reizvoll belebt
werden. Eine weitere Belebung der Oberfläche wird mittels eines eigentümlichen
Spritzverfahrens erzielt, indem die an-
gespritzten Stellen die farbigen Beizen
nicht annehmen, wodurch sich flockige,
marmorierte Töne in verschiedenen Abstufungen ergeben. In keinem Falle wird
die natürliche narbige Haut des Materials
verdeckt, die Textur bleibt überall sichtbar.
Auf Vergoldung ist daher durchgehends
verzichtet worden. Das Leder erhält mehr
eine Art von farbiger Patina als eine künstliche Färbung, und in dieser Behandlung
des Materials berührt sich das Verfahren
in manchem Betracht mit der sowohl in der

Abbildung 108.

Papierkorb. (Höhe 31 cm).
Nach dem Entwurfe von L. SÜTTERLIN
ausgeführt von W. COLLIN in Berlin.

modernen Keramik wie auch in den modernen
Kunstgläsern herrschenden ausgesprochen
koloristischen Richtung. — Im Einklang hiermit ist ferner versucht worden den Beschlägen
des Leders durch Anlaufverfahren und künst-
liches Patiniren eine Abtönung zu geben,
welche den kalten Glanz und Schimmer des
Metalls mildert. Dieser Teil der Arbeit
wird Dr. ELKAN verdankt, der seinerzeit in
Japan eingehende wissenschaftliche und praktische Studien in der farbigen Behandlung
und Patinirung der Metalle gemacht hat.

Die Zeichnung der Muster hält sich mit
sicherem Takt völlig in den Grenzen reiner
Flächenwirkung. Figürliches ist nur sparsam
verwendet; zumeist handelt es sich um ver-
schlungene Linienmotive moderner Zeichnung und einfassende Streifen, oder um
einfaches natürliches Blattwerk, Früchte und
Blumen. Gelegentlich kommt Landschaft-
liches zur Verwendung. Ein Pinienzweig

Abbildung 200.

Bilderrahmen (Höhe 50 cm).
Nach dem Entwurfe von L. SÜTTERLIN
ausgeführt von W. COLLIN in Berlin.

Abbildung 199.

Schreibmappe. (Höhe 38 cm).
Nach dem Entwurfe von L. SÜTTERLIN
ausgeführt von W. COLLIN in Berlin.

mit der Mondscheibe gibt ein anspruchs-
loses, an Japan erinnerndes Motiv. Von der
bei den mittelalterlichen Lederarbeiten und
auch neuerdings wieder mit Erfolg ange-
wendeten Technik des Auftreibens der
Flächen in Verbindung mit der gerissenen
und geschnittenen Zeichnung, wodurch eine
Reliefwirkung des Musters erzielt wird, ist
abgesehen worden, ebenso vom dem Punzen
des Grundes. — Bei der Zusammensetzung
der einzelnen Teile ist nichts verdeckt, die
Nähte sind gesteppt und die Verbindungs-
stellen in voller Ausdehnung sichtbar, bei
Kästen der Verschluss durch Riemen
und Schnallen in einfacher und praktischer
Ausführung bewirkt. Als Material ist mit
Rücksicht auf die Schnittarbeit Rindleder
verwendet worden, so sehr sich auch das
weichere Kalbleder für die farbige Behandlung empfehlen möchte.

Wie wir vernehmen, hat die Firma es
unternommen, ihren Versuchen weitere Ausdehnung zu geben und namentlich auch
Lederbezüge für Möbel in der geschilderten
Technik herzustellen.   *R. B.*

Abbildung 201.

Abbildung 202.

Vier Glasfenster für die Villa C. Knorr in Heilbronn a. N.
Entworfen und gezeichnet von PAUL GATHEMANN & MARNO KÜLLNER, Dekorationsmaler in Charlottenburg.
Ausgeführt von J. C. SPINN & CO. in Berlin.

Abbildung 203.

Abbildung 204.

Abbildung 105.

Glasfenster für die Villa C. Knorr in Heilbronn a. N.
Entworfen und gezeichnet von PAUL GATHEMANN & MARNO KELLNER, Dekorationsmaler in Charlottenburg.
Ausgeführt von J. C. SPINN & CO., Berlin.

CHRONIK AUS ALLEN LÄNDERN.

:: In dem engeren Wettbewerb um die *Aus-schmückung des Rathaussaales in Altona* mit Wand-gemälden, der zwischen den Schöpfern der im ersten Wettbewerb ausgezeichneten Entwürfe veranstaltet worden war, hat Prof. LUDWIG DETTMANN in Char-lottenburg den ersten Preis erhalten. Er besteht in der Uebertragung der Ausführung. In dem ersten Wettbewerb hatte Dettmann nur einen zweiten Preis erlangt.

* * *

$\triangle$ In der Westhalle der Grossen Berliner Kunstaus-stellung sind die *Entwürfe für die Bismarcksäulen* ausgestellt worden. Die Art und Weise, in welcher dies geschehen, kann nicht scharf genug gerügt werden.

Nur ein Teil der Arbeiten ist, wie bei dergleichen Konkurrenzen üblich, ausgehängt worden, die übrigen Arbeiten liegen in unordentlichen Haufen zum Teil auf zwei Tischen, die in den Ecken Platz gefunden haben, zum Teil auf dem Fussboden.

Abbildung 206.

Abbildung 207.

Schrank.

Zierschränkchen.

In Cedernholz ausgeführt von FRED. THIERICHENS, Hofmöbelfabrik in Berlin.

Die Architekten, die es als eine Ehrensache an-
sahen, sich an diesem Wettbewerb zu beteiligen,
haben alle das Recht, vor dem Publikum zu Worte
zu kommen, und es müsste eine Pflicht des betreffenden Ausschusses sein, die Arbeiten aller derer,
die sich beteiligt haben, würdig unterzubringen.

Wir bemerkten unter den umherliegenden Entwürfen
sehr tüchtige, künstlerische Arbeiten, während zum
Teil schwächliche Leistungen an den Wänden prangen.

Wer ist für die Auswahl verantwortlich? Es ist
uns unbekannt, ob ein Architekt bei dieser Ausstellung
mitgewirkt hat, wir hoffen, dass es nicht der Fall ist.

Hält man es nicht für nötig, Rücksicht auf die
Künstler zu nehmen, deren Arbeiten, nebenbei bemerkt, wenig schonend behandelt worden sind, wie
viele beschmutzte und beschädigte Kartons bezeugen,
so müsste es doch die Rücksicht auf unsere Stadt
und die sie besuchenden Fremden gebieten, eine
Ausstellung von so allgemeinem Interesse in ange-
messener Weise zu arrangieren. Müssen wir in
Kunstdingen denn immer Barbaren bleiben?

Diese Ausstellung ist für jeden Fachgenossen, der
bei Konkurrenzen mitwirkt, eine dringende Mahnung
darauf zu achten, dass die Ausstellung aller einge-
lieferten Arbeiten in würdiger und gerechter Weise
erfolgt.

* * *

✕ Für den *Neubau einer Kirche in Köln-Lindenthal* hat die dortige evangelische Gemeinde eine
Preisbewerbung ausgeschrieben. Die Entwürfe sind
bis 1. August einzuliefern. Die ausgesetzten Preise
betragen 500, 350 und 150 Mark. Die Bedingungen
sind gegen Einsendung von 1,50 Mark durch den
Pfarrer Schmick in Köln-Lindenthal, Ublandstrasse 31,
zu beziehen.

* Die *Bildhauervereinigung des Vereins Berliner Künstler in der deutschen Kunstgenossenschaft*
hat eine auf die Errichtung von öffentlichen Denkmälern bezügliche Kundgebung erlassen, in der folgende beherzigenswerte Mahnungen ausgesprochen
werden: „Kultur und Kunst erblühen immer mehr im

Reich, an allen Orten entsteht der Wunsch, sich mit der Formenschönheit der Kunst zu schmücken, Heroen der That und der Wissenschaft durch Denkmäler zu verewigen. Unverständnis aber, Mangel an Erfahrung und Ermangelung von Beziehungen zur Kunst haben oft arge Missgriffe bei der Auswahl und Herstellung von Kunstwerken hervorgebracht. In diesem Sinne hat sich auch der Kaiser ausgesprochen, indem er es als nicht wünschenswert bezeichnete, im Interesse der Kultur und der Kunst, dass so oft Wiederholungen von Kunstwerken und fabrikmässigen Abgüssen entstehen. Alle diejenigen, die im Begriff sind, ein plastisches Kunstwerk entstehen lassen zu wollen, Kommunen, Behörden, Privatleute, haben unzweifelhaft immer die beste Absicht, nur zu oft fehlt ihnen der richtige Weg zur Erreichung von Besserem. Deshalb hat die Bildhauervereinigung die Vermittlerrolle zwischen Auftraggeber und Künstler übernommen und die Erteilung von Rat an diejenigen, welche ein Kunstwerk errichten wollen. Wünschenswert wäre es daher, wenn die des Rats Bedürftigen sich an die Leitung der Bildhauervereinigung wendeten mit ihren Wünschen, woraufhin die Vereinigung ihnen aus der Reihe der Künstler mit Entwürfen und Ratschlägen zur Erreichung ihres Zweckes behilflich sein würde.

Abbildung 308.

Stuhl in Cedernholz, ausgeführt
von FRIED. THIERICHENS, Hofmöbelfabrik in Berlin.

Abbildung 309.

Stuhl in Cedernholz, ausgeführt
von FRIED. THIERICHENS, Hofmöbelfabrik in Berlin.

Alle derartigen Anfragen sind an das Künstlerhaus, Berlin, Bellevuestr. 3, zu Händen der Bildhauervereinigung zu richten."

*   *   *

" Mit der Ausführung des *Kaiser Friedrich-Denkmals für Berlin*, das auf der Spitze der Museumsinsel vor dem im Bau begriffenen Renaissancemuseum errichtet werden soll, ist der Münchener Bildhauer Professor RUDOLF MAISON definitiv beauftragt worden, nachdem er mehrere Skizzen angefertigt hatte, aus denen die Kaiserin Friedrich eine zur Ausführung gewählt hat.

*   *   *

• In *Chemnitz* soll ein *König Albert-Museum* erbaut werden, dessen Entwurf durch einen Wettbewerb unter den deutschen Architekten erlangt werden soll. Es sind drei Preise von 4000, 3000 und 2000 Mark ausgesetzt; die Summe von 2000 Mark kann jedoch auch in anderer Form verteilt werden. Preisrichter sind Geh. Hofrat Prof. Giese in Dresden, Baurat Prof. Gottschaldt und Stadtbaurat Hechler in Chemnitz, Stadtbaurat Prof. Licht in Leipzig, Prof. Gabriel Seidl in München und zwei Nichttechniker. Die Entwürfe sind bis zum 1. Oktober d. J. einzureichen, die Wettbewerb-Unterlagen können gegen Einsendung von 3 Mark von dem Rate der Stadt Chemnitz bezogen werden. Die Bausumme darf ohne

Abbildung 210

Stuhl in modernem englischem Stil.
Entworfen und ausgeführt von W. MASCHKY & CO.
in Berlin.

die vorzunehmenden späteren Vergrösserungen 700000
Mark nicht übersteigen; auf die Einhaltung dieser
Summe wird Wert gelegt
Auf dem vor der Petrikirche
sich ausdehnenden Neustädter
Markte soll das Gebäude so
errichtet werden, dass es bei
der ersten Ausführung ein
für sich abgeschlossenes fer-
tiges Bild gewährt, dem man
die Möglichkeit der späteren
Erweiterung nicht ansehen
darf, und dass es die Petrikirche für den Blick von der
Königsstrasse her nicht verdeckt. Vorschläge, welche
dem Museum eine andere
Stellung geben, als in der
letztangeführten Bestimmung
vorgeschrieben, sollen jedoch
vom Wettbewerbe nicht ausgeschlossen erden.

* * *

☞ Dem Bildhauer WIL-
HELM HAVERKAMP in Frie-
denau ist nach vorausge-
gangenem Wettbewerb unter
vier Bildhauern die Ausführung eines Denkmals des
grossen Kurfürsten für Minden in Westfalen übertragen
worden.

* * *

* In dem unter den Mitgliedern des Architekten-
vereins zu Berlin ausgeschriebenen Wettbewerb zur
Erlangung eines Entwurfes zu einem *Dienstgebäude
für das Fürstlich Schwarzburgische Ministerium in
Rudolstadt*, sowie zu einer Minister-Dienstwohnung
in Verbindung mit Räumen für den Landtag erhielten
den ersten Preis Regierungsbaumeister AD. HARTUNG,
je einen zweiten Preis die Regierungsbaumeister
F. KLINGHOLZ und A. BRESLAUER.

* * *

☞ Die Ausführung des schlesischen *Bismarck-
Denkmals*, das in Breslau errichtet werden soll, ist
dem Bildhauer Professor PETER BREUER in Berlin auf
Grund einer engeren Konkurrenz übertragen worden.

* * *

☞ Der *Altaraufsatz für die katholische Herz-
Jesu-Kirche in Berlin*, der bei der Einweihung der
Kirche, über die wir im ersten Hefte des zweiten
Jahrgangs unserer Zeitschrift (s. II S. 3—8) ausführlich
berichtet haben, noch in Arbeit war, ist kürzlich
nach dem Entwurfe des Erbauers der Kirche, Professor
CHR. HEHL, in der Werkstatt des Ciseleurs O. ROHLOFF
vollendet worden. Der Aufsatz ist wie die Kirche in

Abbildung 211.

Modernes Sofa in poliertem Mahagoniholz mit bronzefarbenem Velvet und Applikation.
Nach dem Entwurfe des Architekten M. HIRSCHLER
ausgeführt von FLATOW & PRIEMER in Berlin.

den Stilformen des XII. Jahrhunderts und auch in einer Technik ausgeführt, die der der kirchlichen Prachtbauten jener Zeit sich eng anschliesst. Er hat eine Breite von 2,75 m, eine Höhe von 3,5 m und stellt einen zweigeschossigen, unten durch einfache Felderteilung, oben durch eine Bogenstellung gegliederten Aufbau dar. Die unteren und oberen Felder enthalten Reliefs. Die Bekrönung bildet ein Bogenaufsatz, in dessen Mitte zwischen den Evangelistensinnbildern der thronende Erlöser dargestellt ist; darüber erhebt sich ein Kreuz. Der Altar ist in Kupfer getrieben, im Feuer vergoldet und mit Ornamentstücken in Grubenschmelz geschmückt. Die umrahmenden Leisten und das Kreuz sind mit Filigranranken und Halbedelsteinen in Kapselfassung versehen. Die bildhauerischen Modelle rühren von Professor O. GEYER her. In den Reliefs, Darstellungen aus der Heilsgeschichte mit ihren alttestamentlichen Typen, verbinden sich modernes Empfinden mit der Strenge des mittelalterlichen Reliefstils. Die Malereien auf Kupfer an den Innenseiten der Tabernakeltüren sind von A. SEISSERTZ in Köln gefertigt.

*   *   *

⊥ Zur Erlangung von Entwürfen für eine neue *Bibliothek der Stadt Hagenau i. E.* ist ein öffentlicher Wettbewerb mit 3 Preisen von 1500, 1000 und 500 M. und mit Termin zum 15. August ausgeschrieben worden. Unter den Preisrichtern befinden sich neben 3 Vertretern der Stadt die Herren Min.-Rt. BRUMMANN in Strassburg, Professor LEVY in Karlsruhe und Professor FRIEDR. VON THIERSCH in München. Unterlagen sind gegen 3 M. durch das Bürgermeisteramt zu erhalten.

*   *   *

Abbildung 217.

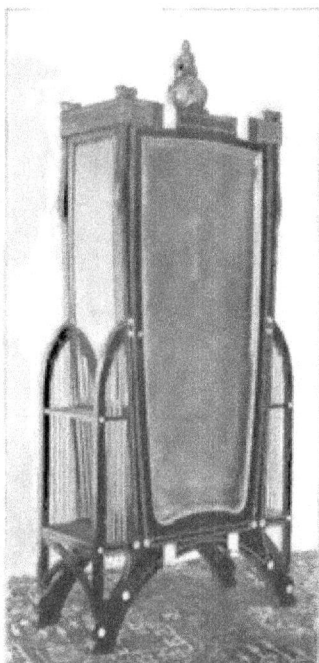

Vitrine in poliertem Mahagoniholz mit Elfenbeinradeln und Knöpfen, Messingstangen und geschliffenen Gläsern.
Nach dem Entwurfe des Architekten M. HIRSCHFELD, ausgeführt von FLATOW & PRIEMER in Berlin.

✳ Der seit vielen Jahren verödete, um den Lietzensee bei Charlottenburg gelegene *Park Witzleben* soll, zum Teil mit Landhäusern, bebaut werden. Zur Erlangung eines Bebauungsplanes hat die Terrain-Aktiengesellschaft Witzleben, die Eigentümerin des Geländes, einen Wettbewerb unter den Mitgliedern des Architektenvereins und der Vereinigung Berliner Architekten mit Termin zum 20. Juni ausgeschrieben. Für die drei besten Pläne sind ein erster Preis von 1000 M. und zwei zweite Preise von je 500 M. ausgesetzt worden. Das Preisgericht besteht aus den Herren W. BÖCKMANN, Direktor W. EICHMANN und Professor F. WULFF in Berlin, Gartendirektor GEISLER, Prof. BRUNO SCHMITZ und Stadtrat TÜBELMANN in Charlottenburg, Stadtbaurat a. D. BRIX in Wiesbaden und Stadtbaurat GENZMER in Halle a. d. S.

◻ Für den Bau eines *Waisenhauses in Altendorf* in der Rheinprovinz, welches zur Aufnahme von 125 Waisenkindern dienen und nach dem Pavillonsystem eingerichtet werden soll, ist ein Wettbewerb unter den deutschen Architekten veranstaltet worden. Ausgesetzt sind drei Preise von 1500, 1000 und 500 M. Die Unterlagen sind von dem Gemeinde-Bauamte in Altendorf zu beziehen. Das Preisrichteramt werden die Herren Regierungs- und Baurat ENDELL in Düsseldorf, Geheimer Baurat STÜBBEN in Köln, Baurat GASKUCK und Baurat SCHMOHL in Essen, Kommunal-Baumeister RINGS in Altendorf und der Bürgermeister der Stadt ausüben, an den auch die Entwürfe bis zum 15. August einzusenden sind.

*   *   *

✳ Der *Verein für deutsches Kunstgewerbe* in Berlin hat auf Veranlassung der Parfümeriefabrik von JÜNGER und GEBHARDT einen Wettbewerb zur Erlangung von

Abbildung 213. Abbildung 214.

Heimkehr des Kosaken.
Nach den Modellen von MORITZ WOLFF, Bildhauer in Berlin,

Abschied des Kosaken.
von L. C. BUSCH in Berlin in echter Bronze ausgeführt.

Entwürfen zu zwei Plakaten ausgeschrieben und zwar zu einem Plakat für das Parfüm „Veilchenduft" und zu einem für Lanolin-Creme-Erzeugnisse. Die Entwürfe müssen in natürlicher Grösse, farbig und zur Reproduktion fertig ausgeführt sein. Die Firma hat für jede dieser Aufgaben ausgesetzt: einen ersten Preis von 500 M., einen zweiten Preis von 300 M., einen dritten Preis von 200 M. Das Preisgericht haben

übernommen die Herren Professor LUDWIG DETTMANN, ERNST FLEMMING, Professor MAX KOCH, Maler MELCHIOR LECHTER, Architekt BRUNO MÖHRING und die beiden Inhaber der ausschreibenden Firma EDUARD GEBHARDT und Dr. phil. OTTO VOLZ. Die Wettarbeiten müssen spätestens bis zum 15. September bei der Geschäftsstelle des Vereins, W., Bellevuestr. 3, Künstlerhaus, ungerollt eingeliefert werden.

BRUNO MÖHRING.

Verantwortlich für die Redaktion: Dr. ADOLF KOHLBERG, Berlin. — Verlag von ERNST WASMUTH, Berlin W., Markgrafenstr. 35
Gedruckt bei JULIUS SITTENFELD, Berlin W. — Clichés von CARL SCHÜTTE, Berlin C.

DIE GROSSE
BERLINER KUNSTAUSSTELLUNG.

II.

Zu den Veranstaltungen, die die Leitung getroffen hat, um der diesjährigen Ausstellung eine besondere Anziehungskraft zu geben, gehören auch wieder einige Sammelausstellungen. Die Ehre, die damit einzelnen bevorzugten Künstlern zu teil wird, ist freilich etwas zweifelhaft geworden, seitdem die Besitzer der privaten Kunstsalons mit der Aufnahme von Sammelausstellungen einzelner Künstler, unter denen sich mehr unberufene als berufene befanden, äusserst verschwenderisch verfahren sind. Die Leitung der Grossen Kunstausstellung hat jedoch bis jetzt bei der Zulassung von Sammelausstellungen solchen Takt bewiesen, dass ihr auch die strengste Kritik keinen Missbrauch ihrer Amtsbefugnisse vorwerfen kann. Auch in diesem Jahre bietet uns jede der Sammelausstellungen ein geschlossenes Bild einer künstlerischen Individualität, die entweder

etwas Gutes oder doch etwas stofflich Neues zu sagen hat. Für den Besucher sind diese Sammelausstellungen in der langen Reihe der Säle auch angenehme Ruhepunkte, bei denen er gerne verweilt, zumal wenn, wie jetzt, die Gelegenheit gewährt wird, die Entwicklung eines Talents in seinen einzelnen Stadien oder die von einem Künstler auf einer gewissen Höhe der Entwicklung erreichte Virtuosität in möglichst vielseitiger Entfaltung kennen zu lernen.

Zwei von den Sammelausstellungen sind dem Gedächtnis Verstorbener gewidmet. Die eine ruft unserer Zeit die Erinnerung an den Tier- und Landschaftsmaler TRUT-WART SCHMITSON wach, der 1863 in Wien, erst dreiunddreissig Jahre alt, starb, nachdem er die wenigen guten Jahre seines ausgereiften Schaffens in Berlin zugebracht hatte. Seine Zeit soll ihn, von einigen weitblickenden Kunstkritikern und Kunst-

Abbildung 215.

Bismarcksäule. Entwurf von WILHELM KREIS, Architekt in Dresden.
Ein erster Preis. Zur Ausführung bestimmt.

freunden abgesehen, nicht verstanden haben,
und es ist glaublich, da er, ohne Rücksicht
auf sogenannte „schöne Komposition" nur
auf starke koloristische Wirkungen ausging,
die dem ästhetischen Gefühl der fünfziger
und sechziger Jahre nicht als das Höchste
in der Kunst galten. Uns erscheint er dagegen bereits als ein Idealist, der mit seinem
warmen goldigen Ton, mit seinen leuchten-
den, aber zu wundervoller Harmonie zu-
sammengestimmten Farbe, mit seinen oft
sehr dramatisch bewegten Schilderungen
aus dem Leben der ungarischen Puszta in
schroffem Gegensatz zu dem öden, trockenen
Naturalismus steht, der einen grossen Teil der

Tier- und Landschaftsmalerei
unserer Zeit beherrscht.

In der zweiten dem Ge-
dächtnis eines Todten gewid-
meten Sammelausstellung, der
des im vorigen Jahre ver-
storbenen Düsseldorfers CARL
GEHRTS, tritt uns nicht wie bei
Schmitson die ursprüngliche
Kraft eines Genies, die den
Beschauer unwiderstehlich an
sich reisst und überzeugt,
sondern nur ein gefälliges und
anmutiges, nicht in die Tiefe
dringendes, aber ungemein vielseitiges, leicht gestaltendes
Talent entgegen. Gehrts hat
mit seinem kaum überseh-
baren Schaffen, mit seiner rastlosen Betriebsamkeit, die auch
zu seinem frühzeitigen Ende
in geistiger Erschöpfung geführt hat, so ziemlich das
ganze Gebiet der Malerei um-
spannt — von der zierlichen
Vignette für die Buchverzie-
rung bis zum monumentalen
Schmuck grosser Wandflächen.
Er hat es verstanden, allen
Stimmungen der menschlichen
Seele Gestalt zu verleihen, in
Ernst und Scherz, in Lust und
Schmerz, und die Ausstellung
gewährt uns in einer langen Reihe von ausgeführten Aquarellen, von Skizzen, Studien
und Vorarbeiten für seine grossen monumentalen und dekorativen Schöpfungen, unter
denen die Wandgemälde in der Kunsthalle in
Düsseldorf und die Kartons zu den gemalten
Fenstern im Hamburger Rathaus obenan
stehen, einen Ueberblick über die erstaun-
liche Vielseitigkeit seines Schaffens. Die
Gabe, gefällig und anmutig zu gestalten,
und die ausserordentliche Lebhaftigkeit
seiner Phantasie machen auch seine Arbeiten
grossen Stils zu erfreulichen Schöpfungen;
aber nicht in ihnen wurzelte, entgegen seiner
eigenen Meinung über sich selbst, seine Be-

Abbildung 216.

Bismarcksäule. Entwurf von WILLY FRÄNKEL, Architekt in Dresden. Preisgekrönt.

gabung, sondern in seinen dekorativen
Arbeiten kleineren Umfangs,
Adressen, Diplomen, Ehren-
bürgerbriefen u. dgl. m., in
seinen Aquarellen märchenhaften oder phantastischen Inhalts und in seinen Illustrationen, aus denen uns ein stets
liebenswürdiger und urwüchsiger Humor in nie versiegen-
der Frische der Erfindungskraft entgegenquillt.

Eine ungleich tiefer angelegte, immer ernst und schwer-
mütig gestimmte und auf
grosse Auffassung der Natur
gerichtete künstlerische Persönlichkeit lernen wir aus
der Sammelausstellung des
jetzt in Berlin lebenden Landschaftsmalers und -radierers
FRIEDRICH VON SCHENNIS
kennen, der früher lange

Abbildung 217.

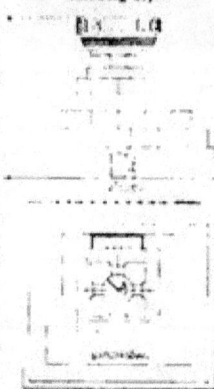

Geometrische Ansicht und Grundriss zu Abb. 216.

Jahre in Düsseldorf thätig gewesen ist.
in seinen Mit seiner Art, die Natur anzusehen oder
sie nur in ihren feierlichsten
Stimmungen, in ihren er-
habensten Augenblicken zu
schildern, vertritt er eine
Richtung der Landschafts-
malerei, die geraume Zeit
unter dem Uebergewicht des
realistischen Landschaftspor-
traits in geringer Achtung
gestanden hatte, jetzt aber,
wo die Phantasie in der
deutschen Kunst wieder ihr
lange verkümmertes Recht
fordert, einem tieferen und
wärmeren Verständnis be-
gegnet. Die Motive zu seinen
landschaftlichen Schilderungen und freien Dichtungen
hat F. von Schennis teils
dem Park von Versailles,
teils der Umgebung Roms

Abbildung 31A.

R. RISSE.

Abbildung 31C.

R. HICKISCH.

Bismarcksäulen
entworfen von
Architekten in Berlin.
Preisgekrönt.

Abbildung 220.

Abbildung 221.

entnommen. Während die Bilder aus Versailles, die von Bäumen und Gebüsch umrahmten Wasserbecken der Fontänen mit ihren marmornen Göttern und Göttinnen, mit ihren Nymphen, Tritonen und Seetieren, das dort Gesehene, die schweigende Melancholie der stillen Wasserspiegel bei herbstlicher Stimmung, in ziemlich treuem Anschluss an die Natur wiedergeben, hat der Künstler die römische Landschaft mit echt dichterischer Freiheit behandelt, sie gewissermaassen zum Echo seiner persönlichen Stimmungen gemacht und die Natur korrigiert, wo sie ihm Unvollkommenes zu bieten schien. Bekannte Baudenkmäler, wie die Triumphbögen des Titus

Abbildung 220—221.

Bismarcksäulen.

Entwürfe

von

BRUNO MÖHRING,

Architekt in Berlin.

Abbildung 222.

Bismarcksäule.
Entwurf von A. HARTMANN, Architekt in Berlin-Grunewald.

und des Konstantin, hat er in landschaftliche Umgebungen versetzt, in denen ihre
stolze Grösse ganz anders zur Geltung
kommt als auf ihrem jetzigen Standort, und
wo ein herrliches Landschaftsbild ganz der
Mitwirkung der Kunst entbehrte, hat er
es durch einen frei erfundenen altrömischen
Tempel, durch eine Villa oder ein anderes
Bauwerk in seiner Pracht gesteigert.

Alle diese Landschaften zeigen ein nahezu
gleichmässig entwickeltes Können. Sie
zeigen ihren Schöpfer auf einer Stufe der
Vollendung, die er schon vor etwa anderthalb Jahrzehnten erreicht hat und mit der
er sein Schaffen abgeschlossen zu haben
scheint. Andere Sammelausstellungen, wie
die von HANS BOHRDT und CARL BREIT-
BACH führen uns diese Künstler dagegen
auf der gegenwärtigen Höhe ihres Schaffens
vor. Bohrdt ist nicht bloss ein Meister in
der Schilderung grosser Haupt-
und Staatsaktionen, die auf dem
Meere vor sich gehen, und bei
denen der äusserliche Apparat
oft das rein künstlerische Element
überwuchert. Er hat wie nur
wenige vor ihm die mit Blitzes-
schnelle wechselnden Luft- und
Lichtstimmungen der nördlichen
Meere, die den Landratten meist
sehr unwahrscheinlich oder doch
zum mindesten gesucht vorkom-
men, mit echt deutscher Gründ-
lichkeit und Geduld studiert und
mit flottem Pinsel in einer grossen
Zahl von Gouachestudien festgehalten, die ein ebenso kräftig
wie fein entwickeltes koloristisches Gefühl offenbaren. Im Gegensatz zu diesen Ausblicken auf
die See, die meist von trüben
Dunst- und Nebelgebilden verhüllt
sind, führt uns die Sammelausstellung BREITBACHs in die bunte,
unter warmer Sonne hell auf-
leuchtende Welt von Südtirol.
Die Natur und die Menschen fesseln
den Künstler in gleichem Maasse.
Seine Landschaften, seine Architekturbilder
und seine Innenräume sind mit Figuren belebt, die aber keineswegs blos kostümierte
Staffage, sondern aus eingehenden Studien
erwachsen sind. Einige grosse Kopfstudien
in Aquarell dürfen sich sogar an Kraft und
Lebendigkeit der Charakteristik mit den
Tiroler Charakterköpfen Defreggers messen.
Aber reizvoller als diese sind doch die
Landschaften mit ihrer sonnigen Heiterkeit
und Frische, aus denen eine warme Begeisterung für die idyllischen Reize Süd-
Tirols spricht, die von den nur für die
grossartige Romantik der Hochgebirgswelt
Empfänglichen meist übersehen oder doch
unterschätzt werden.

Was ERNST HAUSMANN in seiner Sammelausstellung bietet, die sich um ein Bildnis
des Landschaftsmalers Ernst Körner von
sprechender Aehnlichkeit und Lebendigkeit

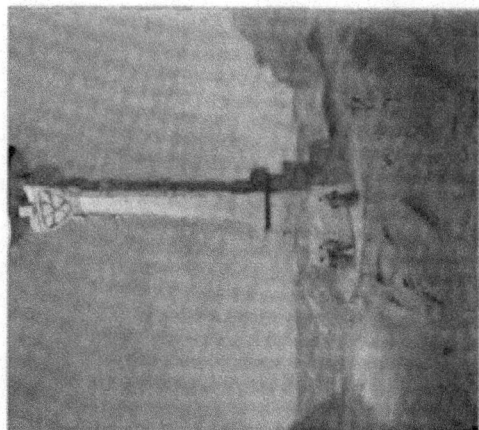

Bismarcksäulen,
entworfen von

Skjold Neckelmann, Architekt in Stuttgart.   A. Hartung, Architekt in Berlin.

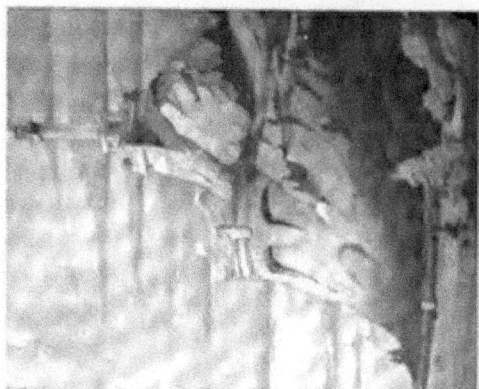

gruppiert, ist offenbar die Ausbeute mehrjähriger Studienreisen, deren künstlerische Ziele andere als diejenigen waren, denen sich Hausmann in neuester Zeit zugewandt hat. Aus den Studien aus Italien, besonders aus Sizilien, die sich auf Landschaft, Figuren, Interieurs, Architekturen, Strassenbilder u. dgl. m., also auf die ganze bunte Erscheinungswelt des Südens erstreckt haben, lernen wir einen Koloristen von ernster, kräftiger Stimmung und von schöner Wärme des Tons kennen, einen Künstler, der sich nicht, wie es jetzt leider die Mehrzahl der Italienfahrer thut, damit begnügt hat, seine Mappe mit flüchtigen „Impressionen" zu füllen, sondern der jeder Einzelheit mit liebevollem Fleisse nachgegangen ist. Um so mehr ist es zu bedauern, dass von dem ernsten Streben und Können, das sich in diesen Studien offenbart, in die neuesten teils symbolistisch-mystischen, teils derbnaturalistischen Schöpfungen Hausmanns so wenig übergegangen ist.

Einen Ueberblick über ihre ganze oder doch über den grössten Teil ihrer künstlerischen Entwicklung gewähren JOSEF SCHEURENBERG und HANS MEYER in ihren Sammelausstellungen. Den ersteren begleiten wir von seiner Düsseldorfer Zeit, wo 1879 das ernste, von feierlicher Stimmung durchdrungene Bild: „Die erste Kommunion" und einige Jahre später das anmutige Rokokobild: „Die Werbung" erstanden sind, bis zu den neuesten Wandlungen seines malerischen Stils, die durch die Bildnisse des Präsidenten der Kunstakademie Hermann Ende und des Dombaumeisters Raschdorff in ihren purpurroten Senatorentalaren und durch eine „Lichtstudie", einen Bauernhof mit einer Schweine und Hühner fütternden Magd, vertreten werden. Die letztere ist wohl nur ein koloristisches Experiment, mit dem der Künstler zeigen wollte, dass die impressionistische Malweise beim Festhalten flüchtiger Lichterscheinungen von Nutzen sein kann. Aber auch in der malerischen Behandlung der Bildnisse der beiden Baukünstler, in dem kreidigen, flauen Ton zeigt sich eine Neigung

zu der modernen Richtung, die diese Werke nicht gerade zu ihrem Vorteil von den älteren Bildnissen Scheurenbergs aus den achtziger Jahren unterscheidet. Von letzteren sehen wir in dieser Sammelausstellung zwei der köstlichsten, die in der Wärme des Tons und in der plastischen Kraft der Modellierung neben jenen fast wie Gemälde eines alten niederländischen Meisters wirken: das des Philosophen Zeller und des Hamburgischen Staatsmannes Dr. Krüger. Dieselbe Festigkeit der Modellierung und den gleichen Schmelz der malerischen Behandlung bewundern wir auch an dem Genrebilde „Treues Geleit", an der Maria mit dem Kinde und den Engeln und der herrlichen Mädchengestalt, einem wirklichen Idealbilde der „Virginitas". Zwei Entwürfe zu den Wandgemälden im Berliner Rathause erinnern an Scheurenbergs Thätigkeit auf dem Gebiete der monumentalen Malerei.

Hans Meyer hat zwar die Kupferstecherkunst zu seinem Hauptberuf erwählt; aber sein künstlerisches Schaffen findet in der reproduzierenden Thätigkeit nicht die volle Befriedigung. Die Kraft seiner schöpferischen Phantasie hat er in einer Reihe von Zeichnungen und Originalradierungen bewährt, in denen er das alte Thema des Totentanzes, des grausamen Ueberfalls fröhlicher Lebensfülle durch den Knochenmann, in modernem Geiste mit durchaus eigenartiger Erfindung abgewandelt hat, und in einer langen Reihe von aquarellierten Landschaften und Architekturstücken in feiner, zarter, wohl absichtlich matt gestimmter Färbung tritt er vor uns als inbrünstiger Freund schöner Natur und edlen Menschenwerks, der sich mit gleicher Liebe und Innigkeit in die Pracht italienischer Villen und Gärten wie in die lauschigen Winkel süddeutscher Städte vertieft.

Die alte Sucht der berlinischen Maler, nach dem Orient zu ziehen und daheim von dessen Wundern in ihrer berauschenden Farbenpracht zu erzählen, veranschaulicht in diesem Jahre am stärksten MAX RABES

Abbildung 225.

Verwaltungsgebäude für den Zoologischen Garten und Wirtschafts-Eingang am Kurfürstendamm.
erbaut von ZAAR & VAHL, Architekten in Berlin.

Abbildung 226.

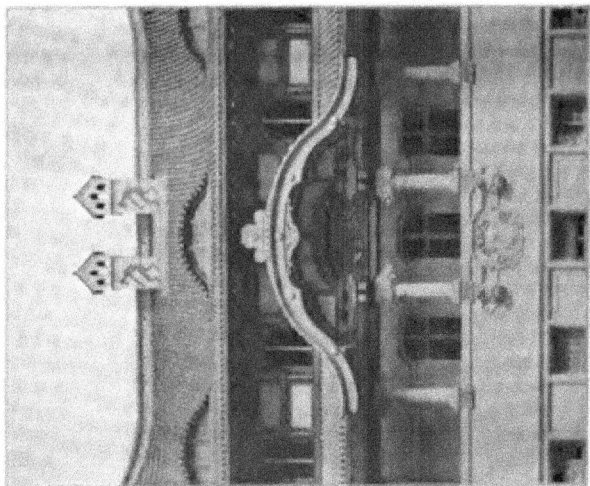

Abbildung 227.

Details zu Abbildung 225.

R. A. W. H. 5.

mit einer Sammelausstellung, deren Mittelpunkt die im Herbst vorigen Jahres während der Palästinafahrt des Kaisers gemachten Studien bilden. Sie sind in grosser Hast, oft unter den schwierigsten Umständen entstanden und danach zu beurteilen. Zumeist kam es dem Künstler darauf an, in einer mit flüchtigem Pinsel rasch hingeworfenen Skizze die jeweilige Licht- und Luftstimmung, die den aufgewirbelten Staub durchdringende Sonnenglut und die aus diesem Gemisch von Staub und Hitze noch herausleuchtenden Lokalfarben mit möglichster Wahrhaftigkeit festzuhalten, und diese Absicht hat er nach dem Zeugnis von Augenzeugen in hohem Grade erreicht, am meisten in der Truppenrevue des Kaisers in Damaskus und dem Einzug der Majestäten in Jerusalem. Bei der Ausführung dieser und anderer der mitgebrachten Skizzen wird er unzweifelhaft auch jene Sorgfalt in der Behandlung der Einzelheiten und jene Schärfe in der Charakteristik der verschiedenen Volkstypen erreichen, die manche der ausgestellten Studien von früheren Reisen und die grossen Genrebilder, mit denen der Künstler seinen Ruf begründet hat, den Schwerthandel, die Stempelschneider in Damaskus und die Klagemauer in Jerusalem auszeichnen.

Abbildung 228.

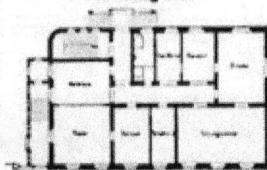

Plan des Verwaltungsgebäudes des Zoologischen Gartens.

Ebenso willkommene Ruhepunkte wie diese Sammelausstellungen gewähren dem Besucher auf seiner Wanderung durch die lange Flucht der Säle Bilder grossen Umfangs, die zugleich durch ihren Inhalt Anlass zu längerem Verweilen geben. Aber die Zahl dieser Bilder steht auch in diesem Jahre, trotzdem dass ein erfreulicher Aufschwung gegen die früheren Jahre, ungeachtet der geringen Aufmunterung der Malerei grossen Stils durch Staatsankäufe, wahrzunehmen ist, noch in keinem richtigen Verhältnis zu dem riesigen Aufgebot von mehr oder weniger gleichgiltigen Bildnissen und Landschaften, namentlich von jener Art von Landschaften, deren Hauptreiz in der koloristischen Stimmung liegt. Die religiöse Malerei ist eigentlich nur durch ein einziges Bild von wahrhaft künstlerischem Gepräge, durch das schon erwähnte Gastmahl in Emmaus von RUDOLF EICHSTAEDT vertreten, der freilich hier, ebenso wie bei seinem Beethoven, den die durch das Fenster hereinbrechende Morgendämmerung noch bei der Lampe nach durchwachter Nacht überrascht, hauptsächlich koloristische Ziele, die Lösung komplizierter Licht- und Farbenprobleme angestrebt und mit schönem Erfolge erreicht hat. Das Triptychon des Müncheners JULIUS EXTER, die Geschichte des ersten Menschenpaares bis zur Vertreibung aus dem Paradiese, ist kein eigentlich biblisches Bild, sondern dem Künstler nur ein Vorwand gewesen, auf einer möglichst weiten Fläche alle Verwegenheiten des münchener Naturalismus in seiner widerwärtigen Aufdringlichkeit zur Schau zu stellen. Ein inbrünstiges, religiöses Gefühl spricht dagegen aus dem dreiteiligen Bilde des Tirolers ALOIS DELUG, das auf dem breiten Mittelteil die Verehrung der Madonna durch die Kinder eines Ehepaars darstellt, dessen Bildnisse die schmalen Flügelseiten einnehmen. Auch mit der profanen Geschichtsmalerei ist es schwach bestellt. Von künstlerischer Bedeutung ist eigentlich nur ein figurenreiches Bild von HERMANN GRIMM in Düsseldorf, das eine Episode aus den Verfolgungen der Protestanten in den spanischen Niederlanden in echt historischem Geiste schildert: die Statthalterin Margarethe von Parma begegnet, an der Spitze eines glänzenden Gefolges von der Jagd zurückkehrend, einem Zuge vertriebener Calvinisten, die mit ihrer ärmlichen Habe ins Elend ziehen. In der ernsten, tiefeindringenden Charakteristik der

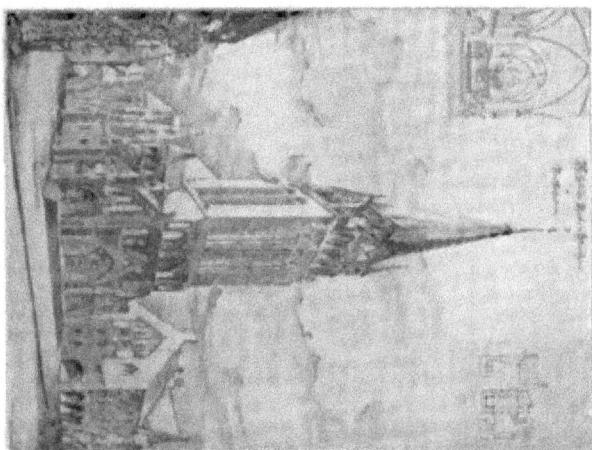

Katholische Kirche und Pfarrhaus in Neu-Weissensee.
Von MORITZ & WEIß, Architekten in Berlin.
Grosse Berliner Kunstausstellung von 1899.

Abbildung 209.

Rathaus in Jauer i. Schl.
Von HERMANN GUTH, Architekt in Charlottenburg.

Abbildung 210.

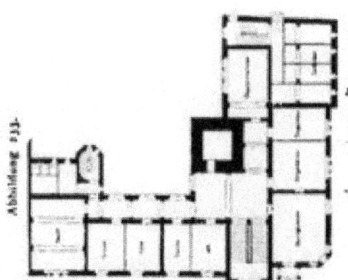

Abbildung 333.

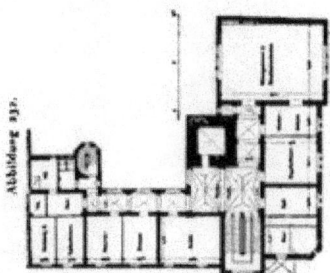

Abbildung 332.

Abbildungen 330—333 Grundrisse zu Abbildung 330.

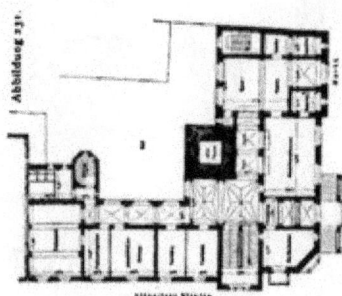

Abbildung 331.

Männer und Frauen, die mit finsteren Mienen ihrer Bedrückerin nachblicken, erkennt man ebenso wie in der liebevollen Behandlung der Landschaft den Schüler E. von Gebhardts, der mit Peter Janssen in Düsseldorf durch Lehre und Beispiel auf die Pflege ernster Geschichtsmalerei bedacht ist. In Düsseldorf hat sich auch der Berliner ERICH MATTSCHASS zu grosser dramatischer Energie der Darstellung und zu einem Reichtum und einer Kraft des Kolorits emporgeschwungen, die seine früheren Schlachtenbilder vermissen liessen. Ein schönes Zeugnis dafür ist das dreiteilige Bild, das uns mit staunenswerter Lebendigkeit und Wahrheit drei Hauptmomente aus den Kämpfen um Beaune la Rolande veranschaulicht. Noch zwei andere Kriegsbilder, in denen das künstlerische Interesse neben dem stofflichen nicht zu kurz gekommen ist, hat die Ausstellung in der Darstellung des die Entscheidung der Schlacht herbeiführenden Angriffs des Gardes du Corps-Regiments auf die russische Garde bei Zorndorf von dem in Berlin lebenden Polen ADALBERT VON KOSSAK und in der Erstürmung des Kirchhofs in Leuthen durch das dritte Bataillon Garde von CARL RÖCHLING aufzuweisen. Während auf ersterem Bilde der Zusammenprall der beiden kämpfenden Massen mit starker dramatischer Kraft geschildert ist, hat es Röchling verstanden, die langen Linien der heranstürmenden Garden trotz seiner Detailarbeit mit der Winterlandschaft und dem schweren Grau des Dezemberhimmels zu einer kräftigen koloristischen Gesamtwirkung zusammenzustimmen. ADALBERT VON RÖSSLER hat in seiner Episode aus der Schlacht an der Lisaine die heroische Entschlossenheit der preussischen Landwehr im todesmutigen Draufgehen wahr und lebendig charakterisiert und ebenfalls die winterliche Stimmung mit Geschick benutzt, dem furchtbaren Ernst des Moments eine wirksame Steigerung zu geben.

Von Werken der idealen Malerei grossen Stils verdient eigentlich nur eines Erwähnung und Anerkennung: eine figuren-

Abbildung 234

Jagdhof auf der Herrschaft Witaszyce des Herrn von Dulong.
Von Ludwig Otte, Architekt in Gross-Lichterfelde.
Grosse Berliner Kunstausstellung von 1899.

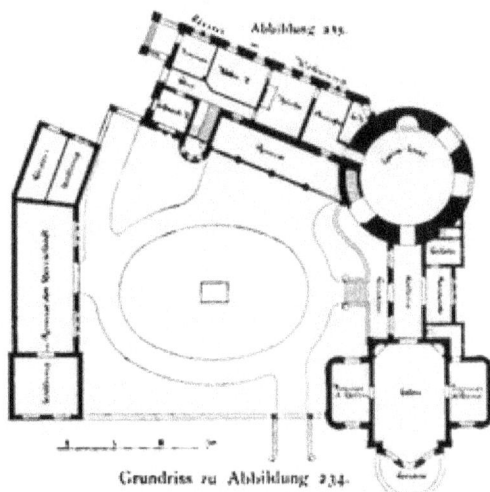

Abbildung 235.

Grundriss zu Abbildung 234.

Abbildung 236.

Wohnhaus Cauerstrasse 2 in Charlottenburg.
Von ERICH WALTER, Architekt in Charlottenburg.

druck einer apokalyptischen Vision, eines jener grauenvoller Nacht-bilder, in denen uns der Götzendienst in der Verehrung eines riesigen goldenen Kalbes und die Strafen für dieses und andere Laster der sündigen Menschheit in grellen Farben geschildert werden.

Einen erfreulichen Zuwachs hat die Malerei grossen Stils durch die erst Ende Juni eröffnete Ausstellung der oesterreichischen Künstler erhalten, namentlich durch das gewaltige Bild des in Wien lebenden Serben PAUL JOANOWITS „Furor teutonicus", das mit urwüchsiger, wahrhaft genialer Kraft den Ueberfall einer durch eine finstere Waldschlucht marschierenden römischen Legion durch einen aus dem Waldesdickicht von der Höhe herabstürmenden germanischen Heerhaufen schildert. Es ist beachtenswert, dass hier ein Slave ein nicht geringes künstlerisches Vermögen aufgewendet hat, um der im Kampf unwiderstehlichen germanischen Volkskraft eine Ehrung darzubringen.

Die Oesterreicher haben es sich natürlich angelegen sein lassen, für Berlin das Beste auszuwählen, was die Malerei und die Plastik in Wien in den letzten Jahren hervorgebracht hat, und es ist ihnen gelungen, ein ungemein anziehendes Bild zusammenzustellen und zugleich eine höchst vornehme Wirkung hervorzubringen. Neben meisterlichen Bildnissen von LEOPOLD

reiche, „Vanitas" (Nichtigkeit) betitelte Komposition von der hochbegabten Frau CORNELIA PACZKA, die ihr grosses Können in der Zeichnung und Modellierung nackter Figuren leider an einem mystisch-symbolistischen Motiv verschwendet hat, das ohne eine eingehende Erläuterung, die uns der Katalog jedoch schuldig geblieben ist, schlechterdings unverständlich ist. Das Ganze mit seinem tollen Wirbeltanz zahlloser nackter Gestalten macht den Ein-

Abbildung 237.

Grundriss
zu
Abbildung 236.

Abbildung 238.

Wohnhaus Scharrenstrasse, Ecke Kirchplatz, in Charlottenburg.
Von GUSTAV GEBHARDT, Architekt, z. Z. in Budapest.

rischer Kunst sehen. Wenn die deutschen, insbesondere die Berliner und Düsseldorfer Landschaftsmaler im Grossen und Ganzen hinter ihren österreichischen Kollegen auch nicht zurückstehen, so sollten die deutschen Maler doch von den österreichischen Genremalern lernen, die, unbeirrt durch die künstlich von den Modernen genährte Abneigung gegen das Gegenständliche, den Inhalt eines Kunstwerks, im Volkstum wurzeln und an den Schilderungen urwüchsigen Volkslebens ihre vielseitigen Kräfte erproben. Unzweifelhaft überlegen sind uns aber die Wiener Künstler in der Medaillen- und Plakettenplastik, was uns durch eine Fülle der köstlichsten, in der Erfindung wie in der Ausführung gleich ausgezeichneten Arbeiten von ANTON

HOROWICZ, JULIUS SCHMID und CARL FRÖSCHL finden wir Landschaften von AUGUST SCHÄFFER, EDUARD V. LICHTENFELS, TINA BLAU, H. DARNAUT, A. DITTSCHEINER und ALFRED ZOFF, Scenen aus dem Volksleben, Genrebilder und Innenräume mit Figuren von HANS TEMPLE, L. BURGER, J. N. GELLER, G. A. HESSL, CARL VON MERODE und FRANZ THIELE, in denen sich eine glänzende koloristische Virtuosität mit scharfer Beobachtung und jener gemütvollen, poetischen Anschauung verbindet, in der wir das beste Teil wiene-

SCHARFF, FRANZ PAWLIK und STEFAN SCHWARTZ zur Anschauung gebracht wird.

Auf den Berlinischen Anteil an der grossen Kunstausstellung noch näher einzugehen, können wir uns um so eher versagen, als wir bereits eine Anzahl hervorragender Kunstwerke unsern Lesern vor Augen geführt haben und damit in den nächsten Heften fortfahren werden, wobei sich auch im Texte Gelegenheit zu einer Würdigung einzelner Werke bieten wird. Wer ohne Voreingenommenheit die Ausstellung besichtigt und wer sich vor allen

Dingen die Mühe genommen hat, sie gründlich zu durchmustern, der wird ihr das Zeugnis ausstellen müssen, dass die Ausstellung von 1899 keineswegs hinter ihren letzten Vorgängerinnen zurückgeblieben ist und dass namentlich die Berlinische Kunst nicht die geringste Ursache hat, die ewig wiederholten, noch keiner Ausstellung erspart gebliebenen Vorwürfe wegen Still-stands, Marasmus und Rückschritts irgendwie ernsthaft zu nehmen oder gar mit Sorge in die Zukunft zu blicken. Welch' ein reger Geist das Berliner Kunstschaffen durchdringt, hat sich in diesem Jahre besonders auf dem Gebiete der Plastik gezeigt, auf dem eine Anzahl verheissungsvoller Talente zum ersten Male hervorgetreten sind. *Adolf Rosenberg.*

Abbildung 239.

Kirchgang. Von MAX LIEBERMANN in Berlin.
Ausstellung der Berliner Secession von 1899.

ZU UNSEREN BILDERN.

ARCHITEKTUR.

Im Juni dieses Jahres ist in dem Vorort Weissensee bei Berlin eine katholische Kirche eingeweiht worden, die nach den Plänen der Architekten MORITZ und WELZ in Berlin im Laufe von zehn Monaten erbaut worden ist. Unsere Abbildung 239 giebt nach der Zeichnung der Architekten auf der Grossen Berliner Kunstausstellung eine perspektivische Ansicht der Kirche, die mit dem angrenzenden Pfarr- und Schulhaus (s. den Grundriss rechts oben) eine zusammenhängende Baugruppe bildet, über der der mächtige, oben ins Viereck übergeführte Turm, dessen Mauern Aussenmaasse von 11 zu 8 m haben, bis zu einer Höhe von 70 m emporsteigt. Die Kirche stellt sich als eine dreischiffige Anlage mit Querschiff und Emporen dar, die um das ganze Mittelschiff herumgeführt sind. Im

Turm sind zwei Emporen über einander
angebracht worden. Die Orgel hat ihren
Platz auf der Empore hinter dem Altar
erhalten, und links von ihr befindet sich
die Empore für die Sänger. — Der Schub
der Gewölbe ist in der üblichen Weise
durch Strebepfeiler und Anker abgefangen.

Von den nötigen Treppen liegt die eine
der Emporentreppen auf der einen Seite
im Pfarrhaus, eine zweite in dem sich an-

ist in Putz ausgeführt, und auch die Kapitäle
und sonstigen Schmuckteile sind in Putz
angetragen. Nur für die Brüstungen und
den Chorumgang ist Kunstsandstein verwendet worden. Der Fussboden ist mit
Mettlacher Fliesen belegt. — Die Baukosten
betrugen 270 000 M., wozu noch 30 000 M.
für die innere Einrichtung (Orgel, Altar,
Kanzel, Bänke u. s. w.) kommen.

Von den Mitarbeitern sind besonders

Abbildung 140.

Auf dem Lande. Von FRANZ SKARBINA in Berlin.
Ausstellung der Berliner Secession von 1899.

schliessenden Schulhause. Beide Treppen
dienen zugleich zur Benutzung für diese
Nebengebäude. Die Kirche bietet Raum
für 1000 Sitz- und 800 Stehplätze.

Da den Architekten nur verhältnismässig
bescheidene Mittel zur Verfügung standen,
mussten sie bei der Wahl der Baumaterialien
Sparsamkeit walten lassen. Für das Aeussere,
dessen Architekturformen frühgotischen
Stilcharakter zeigen, haben rote Handstrichsteine mit Verwendung von äusserst wenigen
Glasur- und Profilsteinen gedient. Das Innere

ROBERT SCHIRMER in Berlin (Bildhauerarbeiten), A. MARWITZ, AUGUST STEBBING
und P. GOLDE (Schlosserarbeiten), BEHREN
und BUSCH in Schöneberg und die MAYER-
sche Kunstanstalt in München (Verglasungen)
und Tischlermeister WITZICK in Berlin (Kom-
munionbank) hervorzuheben. Die Maurerarbeiten sind von Maurermeister SCHOLTZ
in Charlottenburg, die Zimmerarbeiten von
Ratszimmermeister A. TETZLAFF in Berlin
ausgeführt worden.

Die schlesische Stadt Jauer hat vor kurzem

Abbildung 241.

Dämmerung. Von VICTOR FREUDEMANN in Berlin.
Ausstellung der Berliner Secession von 1899.

platzes, einnimmt, ist auf
der Stätte des alten Rat-
hauses errichtet worden, das
im März 1895 durch Brand
zerstört worden ist — bis
auf den hochragenden Turm.
Als Wahrzeichen der Stadt
sollte dieser erhalten und
dem Neubau einverleibt
werden. Er wurde gewissermaassen der Angelpunkt für
die Grundrissbildung und ist
auch für die Aussenarchi-
tektur maassgebend gewor-
den, die sich der Turm
ist 1537 vollendet worden
— in den Formen der deut-
schen Renaissance, anklin-
gend an die örtliche Fär-
bung dieses Stils in Schlesien, darstellt (Abb. 230).
Mit grossem Geschick hat
es der Architekt verstanden,
den alten Turm mit der
neuen Baugruppe, insbesondere mit dem Dach zu
einem völlig einheitlich wirkenden Organismus zu ver-

Abbildung 242.

durch den Neubau ihres Rathauses eine monumentale
Zier erhalten, die einem
Berliner Architekten, dem
Professor an der König-
lichen Kunstschule, HER-
MANN GUTH, verdankt wird.
Nachdem er 1895 als Sieger
aus einem Wettbewerb her-
vorgegangen, wurde ihm
auch die künstlerische Oberleitung der Bauausführung
übertragen, die in der kurzen
Zeit von 1¾ Jahren (von
Anfang 1896 bis Ende Sep-
tember 1897) erfolgt ist.
Der Neubau, der die Mitte
des „Rings", des Markt-

Herrenbildnis. Von GEORG LUDWIG MEYN in Berlin.
Ausstellung der Berliner Secession von 1899.

binden. Besonders glücklich ist das Motiv der Turmbekrönung in der des Eckerkers der Hauptfront in verjüngten Maasstabe wiederholt worden.

Der Unterbau ist in Granit, die Strukturteile sind aus Sandstein hergestellt, die Flächen unter Anwendung einer Glassandmischung verputzt worden. Die ornamentale Malerei der Fronten hat Professor KÜPERS, Lehrer an der Kgl. Kunstschule in Berlin,

Neubau des Rathauses einbegriffen werden, sind aber von den Rathausräumen durch Brandmauern geschieden worden.

Die Anordnung der einzelnen Räume im Erdgeschoss und den oberen Stockwerken ist aus den Grundrissen (Abb. 231—233) ersichtlich. Im ersten Stockwerk befindet sich an der Ecke des Gebäudes das Magistratssitzungszimmer, an das sich an der Marktseite die Zimmer des Bürgermeisters und

Abbildung 243.

Abend in der Marsch. Von OSKAR FRENZEL in Berlin
Ausstellung der Berliner Secession von 1899.

in Silicatfarben ausgeführt, und aus der Kgl. Kunstschule sind auch die Modelle zu den Zierteilen der Façaden hervorgegangen.

Da das alte Rathaus mit mehreren anderen Gebäuden, die bei dem Brande verschont geblieben sind, zusammenhing und bei dem Neubau darauf Rücksicht genommen werden musste, boten sich dem Architekten nur zwei Fronten zu baukünstlerischer Gestaltung: die an der Liegnitzerstrasse und die dem Markte zugekehrte Hauptfront, an die sich rechts das Stadttheater anschliesst. Einige zu diesem gehörige Räume (besonders Ankleidezimmer) mussten noch in den

der Beigeordneten und ein Deputationszimmer, an der Seite nach der Liegnitzer Strasse das Magistratsbureau, das Standesamt und das Bureau für die Alters- und Invaliditätsversicherung anschliessen. Den grössten Teil des Kellergeschosses nimmt der Ratskeller nebst der Wohnung des Wirts ein. Ausserdem sind darin die Centralheizung und einige Gefangenenzellen untergebracht, die zu den Räumen des Polizeiamts im Erdgeschoss gehören.

Die Kosten des in allen Teilen feuersicher hergestellten Gebäudes betragen 170 000 M., wozu noch 25 000 M. für das

Inventar und die sonstige Ausstattung des Innern kommen. —

Ueber die Entstehung des Entwurfs zu dem Jagdhof für Witaszyce (Abb. 234 u. 235), der zu dem in der Provinz Posen gelegenen Schlosse des Herrn von Dulong gehört, dessen Umbau LUDWIG OTTE in Gross - Lichterfelde ausgeführt hat (s. Jahrgang I. dieser Zeitschrift S. 90), verdanken wir dem Architekten folgende Mitteilungen. Da das Jagdgebiet der Herrschaft Witaschütz etwa eine halbe Stunde Fahrzeit von dem Schlosse entfernt liegt, erwies es sich als notwendig, in diesem Gebiete eine Försterwohnung zu schaffen, und ausserdem schien es bequem, hier zugleich Räume zu gewinnen, in denen die Jagdessen abgehalten werden und in denen auch der Besitzer übernachten konnte, wenn es sich darum handelte, am andern Morgen recht früh zur Jagd aufzubrechen. Das Gelände ist hügelig und stark bewaldet; auf der höchsten Erhebung finden sich Reste einer alten Burg. Zunächst war in Aussicht genommen worden, an dieser Stelle die alte Burg wieder aufzubauen; aber Rücksichten auf den Förster und dessen Familie besiegten diese historische Anwandlung, und so wurde als Baustelle das von einem sehr schnell fliessenden Bach durchströmte Thal zu Füssen des Burgbergs gewählt. Das im Geiste bereits fertig gewordene Bild der Niederlassung auf dem Berge wollte sich aber nicht mehr aus der Phantasie des Künstlers verdrängen lassen, und daraus erwuchs der gegenwärtige Plan, dem folgender Gedankengang, natürlich als poetische Fiktion, zu Grunde liegt. Den Kernpunkt der neuen Anlage bildet ein anscheinend uralter, trotziger Rundturm mit starken Quadermauern. An diesen hat man dann an der Wende des 16. Jahrhunderts — ein Wohnhaus angebaut, das später, so gut es ging, als Försterwohnung hergerichtet wurde. Im 18. Jahrhundert baute dann der lebens- und jagdlustige Besitzer das kleine Jagdschloss für sich und seine Gäste, richtete ordentliche Stallungen ein und rundete das Ganze zu einem Jagdhofe ab.

Für die Aussenarchitektur hat Otte wieder jene Barockformen gewählt, die er mit feinem Gefühl für rein malerische Wirkungen bei Vermeidung jedes Aufwandes an plastischer Ornamentik besonders bei den Landhäusern Griebenow und Imelmann in der Kolonie Grunewald angewendet hat. Er hat sie aber nicht von französischen Vorbildern der Barockzeit abgeleitet, sondern vornehmlich von ländlichen Edelsitzen in Mecklenburg, die von einheimischen Architekten erbaut, bereits

Abbildung 244.

Porträtstatuette.
Von FRITZ KLIMSCH in Charlottenburg.
Ausstellung der Berliner Secession von 1900.

Abbildung 245.

Die Wahrheit.
Von HANS DAMMANN in Charlottenburg.
Grosse Berliner Kunstausstellung
von 1899.

eine dem Geschmack und den Lebensgewohnheiten der Bewohner entsprechende Vereinfachung des französischen Barockstils zeigen. —

Die am Kurfürstendamm gegenüber der Einmündung der Kurfürstenstrasse gelegene Bautengruppe für den Zoologischen Garten, die verschiedenartige Zwecken dient, ist im Juli nach elfmonatiger Bauzeit der Benutzung und dem Verkehr übergeben worden. Sie ist das Ergebnis eines Wettbewerbs, über den wir im ersten Jahrgang dieser Zeitschrift (S. 35—53) eingehend berichtet haben. Das mit dem ersten Preis ausgezeichnete Projekt der Architekten ZAAR und VAHL ist unter deren Leitung zur Ausführung gelangt, mit einigen nicht unwesentlichen Aenderungen. Die Höhenverhältnisse des Verwaltungsgebäudes sind durch Hinzufügung des Kellergeschosses gesteigert worden, und das Dach hat durch die dem japanischen Stil mehr entsprechende Ausschweifung und durch Zuthaten von Schornsteinen und Fensteröffnungen eine lebendigere Gestaltung erhalten.

Die Gruppe umfasst ausser dem Verwaltungsgebäude (Abb. 225 und die Details davon Abb. 226 und 227) ein linksseitiges Pförtnerhaus, ein Thor für den Wirtschaftshof, den Haupteingang für das Publikum (das sog. japanische Thor) und ein rechtsseitiges Pförtnerhaus mit Unfallstation und einer Fahrradhalle. Für die äussere Erscheinung der Gebäude ist eine reiche Wirkung durch Verwendung von farbigem Cementstuck, Vergoldung, japanischen Malereien, Holzbildhauerarbeiten und rot- und grünglasierten Ziegeln für die Dächer angestrebt worden. Die Architekturteile sind aus schlesischem Sandstein hergestellt, die Flächen weiss verputzt. Das Dach ist nach japanischer Art mit reicher Holzarchitektur konstruiert. Wände und Decken sind massiv, die Treppe ist nach Moniersystem hergestellt. Für die plastischen Arbeiten hat RIEGELMANN die Modelle geliefert. Die Steinmetzarbeiten haben Gebrüder ZEIDLER, die Malerarbeiten M. J. BODENSTEIN, die Bronzebeschläge der Hauptthore METHLING und GLEICHAUF in Charlottenburg und die Dachdeckerarbeiten NEUMEISTER in Berlin ausgeführt. Die Baukosten für die ganze Anlage betrugen 288 500 M., wovon 150 000 M. auf das Verwaltungsgebäude, 65 000 M. auf das japanische Thor, 27 000 M. auf die Fahrradhalle, 22 000 M. auf das rechtsseitige, 20 000 M. auf das linksseitige Pförtnerhaus und 4500 M. auf das Wirtschaftsthor kamen.

Die in einfachen Barockformen komponierte Façade des Wohnhauses Cauerstrasse 7 in Charlottenburg (Abb. 236), das von ERICH WALTER in Charlottenburg unter Mitwirkung des Architekten J. HART erbaut worden ist, ist mit hydraulischem Kalk auf Mauerwerk von Rathenower Steinen verputzt. Die Ornamente der Fassade sind in frischem Mörtel

Abbildung 246.

Nymphe. Von PAUL AICHELE in Berlin.
Grosse Berliner Kunstausstellung von 1899.

problems, das die moderne Koloristik beschäftigt, auf eine Wiedergabe aller Wirkungen des Sonnenlichts gerichtet, die dem Eindruck, den wir in der wirklichen Natur empfangen, möglichst nahe kommen will. Welche Fortschritte er bei diesen heissen Bemühungen gemacht hat, lehrt ein Vergleich zwischen einem auf der Ausstellung befindlichen älteren Bilde, den „Amsterdamer Waisenmädchen", die sich im Garten des Waisenhauses im Sonnenschein ergehen oder sich mit Wäschenähen beschäftigen, und zwei Bildern neuesten Datums, dem „Schulgang" und dem „Kirchgang" (Abb. 239). Hat jenes den Vorzug stärkerer plastischer Wirkung, so sind die neuen Bilder dafür von lebhafterer und reicherer koloristischer Stimmung, und die sich auf dem Erdboden wiederspiegelnden Sonnenstrahlen haben an Leben und Bewegung gewonnen. Ob es aber der Malerei mit den materiellen Mitteln

Abbildung 247.

Weiblicher Studienkopf. Von LUDWIG MANZEL in Berlin.
Grosse Berliner Kunstausstellung von 1899.

angetragen (Bildhauer WARMINSKY und SCHNOLER). An dem inneren Ausbau ist bemerkenswert, dass die Fussböden der Küchen und Badezimmer in Terrazzo auf massiven Decken hergestellt worden sind. Die Baukosten betrugen 100.000 M.

MALEREI.

Die in diesem Hefte reproduzierten Gemälde sind sämtlich der Ausstellung der „Berliner Secession" entnommen, deren verschiedene, zum Teil völlig entgegengesetzte Richtungen sie an charakteristischen Beispielen zeigen. Der Führer der Secession, MAX LIEBERMANN, hat in der neuesten Zeit seine künstlerischen Bestrebungen fast ausschliesslich auf die Lösung des Haupt-

Abbildung 248.

Der Gartenbau. Zinnrelief. Von LUDWIG MANZEL in Berlin.
Grosse Berliner Kunstausstellung von 1899.

der Farbe jemals gelingen wird, die
flüchtigste aller sinnlichen Erscheinungen,
das Glitzern und Flimmern, das immer
wechselnde Bewegungspiel der Sonnenstrahlen, glaubwürdig auf der Leinewand
festzubannen, scheint uns nach dem gegenwärtigen Maasse menschlicher Erkenntnis
unwahrscheinlich.

Das wissen die Maler ebenso gut wie
wir. Diese Erkenntnis hält sie aber nicht
davon ab, in frohem Bewusstsein eines reich
entwickelten Könnens immer nach den
höchsten Zielen zu streben. Ein solches

scheint uns VICTOR FREUDEMANN in seinem
„Dämmerung" genannten Stadtbilde erreicht
zu haben, einem Blick auf die roten Ziegeldächer und den Kirchturm einer alten
Stadt, über die sich die Schatten des
Abends herabgesenkt haben, mit denen
aber die aus den Fenstern der Häuser
dringenden Lichtstrahlen von Lampen und
Kerzen einen Kampf aufnehmen, den der
Maler mit grossem Geschick zu einem
Stimmungsbilde von feinem poetischen Gehalt gestaltet hat (Abb. 241). Noch zarter und
feiner hat FRANZ SKARBINA die poetischen

Abbildung 240.

Die Lithographie. Zinnrelief. Von LUDWIG MANZEL in Berlin.
Grosse Berliner Kunstausstellung von 1899.

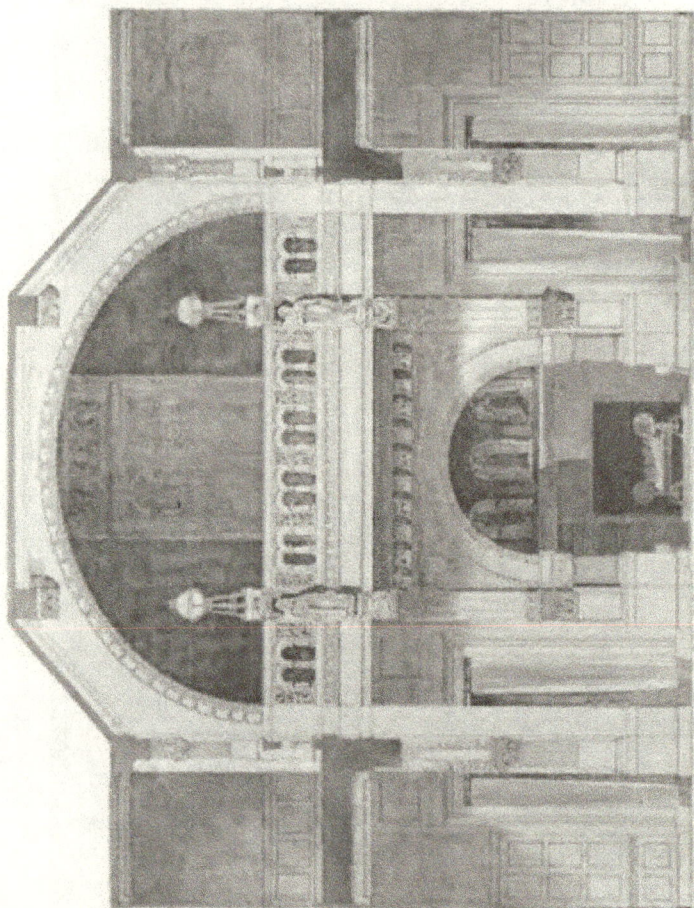

Abbildung 240

Projekt einer Kaminwand mit vorliegender Galerie.

Entworfen und gezeichnet von WILHELM KIMBEL i. Fa. KIMBEL & FRIEDERICHSEN in Berlin.

Reize der Abenddämmerung in seinem Idyll „Auf dem Lande" (Abb. 240) ausgesponnen, wo die junge, am Ufer eines sanft dahingleitenden Flüsschens einherwandelnde Dame mit voller Empfänglichkeit diese Reize auf sich einwirken lässt, während das kleine Mädchen neben ihr nach Kinderart mit sichtlicher Unempfindlichkeit gegen den stillen Zauber eines friedlichen Abends einhertrottet. Den Abendfrieden der Natur spiegelt auch die Marschlandschaft mit weidenden Rindern (Abb. 243) von OSKAR FRENZEL, wieder, der auch den einfachsten Motiven des norddeutschen Flachlands eine feierliche, über das Alltägliche gesteigerte Stimmung abzugewinnen weiss. In der Art, wie er Tiere und Landschaften zu geschlossener Wirkung zusammenstimmt, kann er sich mit den besten niederländischen Meistern des 17. Jahrhunderts messen, von denen er sich sonst freilich durch seine völlig freie malerische Behandlung unterscheidet.

Der Bildnismaler GEORG LUDWIG MEYN vertritt in der „Berliner Secession" das konservative Element. Sein Bildnis eines mit liebevollem Wohlwollen auf die Dinge dieser krausen Welt blickenden, grauhaarigen Herrn (Abb. 242) hat vorzügliche zeichnerische und malerische Eigenschaften, von denen aber wohl keine zu denen gehört, die für die künstlerische Eigenart der „Secession" als charakteristisch gelten.

PLASTIK.

In der Ausstellung der „Berliner Secession" befindet sich auch die Porträtstatuette einer Dame von FRITZ KLIMSCH, die unsere Abbildung 244 wiedergiebt. In seiner skizzenhaften, aber ungemein geistvollen Behandlung ist dieses kleine Bildwerk höchst charakteristisch für jene moderne Richtung in der Plastik, die in ihrer nervösen Beweglichkeit und Lebhaftigkeit ihr Hauptinteresse auf den Ausdruck geistigen Lebens konzentriert. Während der Kopf mit äusserster Feinheit modelliert ist, ist das Kostüm der Dame nur flüchtig angelegt. Aber gerade durch diese scharf kontrastie-

rende Behandlung des Stofflichen und der Fleischteile des Kopfes hat der Künstler eine feine malerische Wirkung erzielt, die den Schein des Lebens aufs Höchste steigert.

Die übrigen Bildwerke dieses Heftes gehören der grossen Kunstausstellung an. Sowohl in dem weiblichen Studienkopf, der fast völlig frei aus einem Stück griechischen Marmors mit ungewöhnlicher plastischer Kraft herausgemeisselt worden ist (Abb. 247), wie in den beiden für einen dekorativen Zweck bestimmten Zinnreliefs, die den Gartenbau und die Lithographie symbolisieren (Abb. 248 u. 249), hat LUDWIG MANZEL eine Feinheit und Tiefe der Empfindung offenbart, die er bisher in seinen grossen monumentalen und dekorativen Arbeiten nur selten zeigen konnte. Aus den Zügen des aufwärts blickenden Mädchens spricht innige, demutsvolle Hingebung an einen höheren Willen. Dieses Antlitz ist der Spiegel einer reinen Seele, die sich aus dem Staube emporringen will. Mit gleicher technischer Meisterschaft wie hier die volle Rundung blühenden Lebens hat der Künstler in den beiden allegorischen Darstellungen das Flachrelief in seinen zartesten Abstufungen behandelt. Danach wäre er der richtige Mann, um der Berliner Medaillenplastik neben der französischen und österreichischen eine ehrenvolle Stellung zu erringen.

Unter den Bildhauern, die auf der grossen Kunstausstellung zum ersten Male die allgemeine Aufmerksamkeit durch reife Schöpfungen auf sich gelenkt haben, stehen HANS DAMMANN und PAUL AICHELE in erster Reihe. Obwohl Dammann, dessen künstlerischen Entwicklungsgang wir schon im vorigen Heft (S. 133 — 135) skizziert haben, in seinem Empfinden und Denken völlig der modernen Schule angehört, sucht er in der Natur niemals das Hässliche, sondern stets das Schöne und Erfreuliche auf, und diese warme, begeisterte Liebe zu edler Schönheit giebt sich auch in seiner Gestalt der Wahrheit kund, die im Dunklen gethront, aber jetzt ihr Gewand abgelegt

Abbildung 151.

Studie zu einem Esszimmer für ein Landhaus.
Entworfen und gezeichnet von WILHELM KIMBEL. i. Fa. KIMBEL & FRIEDERICHSEN in Berlin.

Abbildung 252.

Atelier Baumspektor Schlosse.

Studie zu einer Diele für Schloss Dirpensee
vom WILHELM KIMBEL, i. Fa. KIMBEL & FRIEDRICHSEN in Berlin.

hat und in stolzer, hüllenloser Nacktheit dasteht, alles um sich herum erhellend und
beleuchtend (Abb. 245).

Paul Aichele ist kein Jüngling mehr.
Aber er hat sich bisher nur selten auf der
grossen Kunstausstellung zeigen können,
weil seine Thätigkeit vornehmlich für die
Kunstindustrie, für die Kleinplastik, für den
Bronzeguss in Anspruch genommen war.
1859 in Markdorf in Baden geboren, hat
er nach praktischer Vorbildung im bildnerischen Handwerk seit 1875 zwei Jahre
lang die Kunstschule in Stuttgart besucht,
wo er besonders den Unterricht Donndorfs
genoss, und 1879 ging er nach Berlin, wo
er seine Studien in der Aktklasse des
Kunstgewerbemuseums fortsetze. Obwohl
er bald genötigt war, durch dekorative und
kunstgewerbliche Arbeiten dem Erwerbe

nachzugehen, hat er doch in seinen kurzen
Lehrjahren den Grund zu einer gediegenen
Kenntnis des menschlichen Körpers gelegt.
Das hat er in diesem Jahre auch zum ersten
Mal an einer grossen Arbeit bewiesen: der
lebensgrossen, für Bronzeguss bestimmten
Gipsgruppe „Neckerei", die das harmlos
unschuldige Spiel eines Knaben und eines
Mädchens in idyllischer Nacktheit darstellt, die an jener Grenze stehen, wo sich,
ihnen noch unbewusst, der Uebergang vom
Knaben zum Jüngling, vom Mädchen zur
Jungfrau vollzieht. Dieselbe Sicherheit in
der Formenbehandlung, die diese Gruppe
erkennen lässt, zeichnet auch die anmutsvolle Halbfigur einer Nymphe aus, die in
ihrer weichen Schönheitsfülle auf Ausführung in Marmor berechnet ist (Abb. 246).

A. R.

Abbildung 253.

Grabkreuz aus Schmiedeeisen und schmiedbarer Bronze, nach Angaben des Architekten WILHELM SCHMIDT in Berlin entworfen und gezeichnet von SCHULZ & HOLDEFLEISS, Kunstschmiede in Berlin.

DEKORATION UND KUNST-GEWERBE.

Im dritten Hefte des laufenden Jahrgangs haben wir unseren Lesern einige Proben von dem vielseitigen und umfangreichen Schaffen des Malers ALBERT MAENNCHEN (Abb. 146—148) geboten, denen wir jetzt eine grössere Anzahl folgen lassen, die die Vielseitigkeit seines Könnens noch deutlicher und reicher veranschaulichen. Obwohl seine Thätigkeit sich auf alle Gebiete der Malerei erstreckt, hat er in neuerer Zeit seinen Schwerpunkt in der dekorativen Kunst und in Entwürfen für das Kunstgewerbe gefunden. Neben Plakaten und Zeichnungen für den Buchschmuck hat er dabei die dekorative Wandmalerei, die figürliche wie die rein ornamentale, bevorzugt und eine Reihe von Entwürfen für Innendekorationen, die zum Teil auch ausgeführt worden sind, geschaffen, in denen sich ein mit reicher Phantasie und feinem Farbensinn begabtes Talent offenbart, das zwar aus dem Boden der modernen Richtung erwachsen ist, aber im übrigen seine eigenen Wege geht und das gute Erbteil klassischer Epochen mit den freien Regungen des modernen Kunstgeistes mit Geschick und Geschmack zu verschmelzen weiss.

Abbildung 254.

Thorweg für den Neubau der L. C. Wittich'schen Hofbuchdruckerei in Darmstadt. Nach dem Entwurfe des Architekten KRITZLER gezeichnet von SCHULZ & HOLDEFLEISS, Kunstschmiede in Berlin. 2 m hoch, 3,50 m breit.

Abbildung 255.

Thür im Kaufhaus N. Israel, Ecke Spandauer- und Königstr.
Nach Angaben von LUDWIG ENGEL, Architekt in Berlin,
entworfen und ausgeführt von SCHULZ & HOLDEFLEISS,
Kunstschmiede in Berlin.

In Albert Maennchen hat sich schon frühzeitig der Künstler geregt. Am 30. Mai 1873 in Rudolstadt geboren, hat er bereits mit dreizehn Jahren, noch als Schüler, seine ersten Kunststudien unter der Leitung seines älteren Bruders Adolf Maennchen, des trefflichen Landschafts- und Genremalers, begonnen, als dieser noch Akademiker war. Später durfte er an grossen dekorativen Arbeiten des Bruders mitwirken, und dadurch gewöhnte er sich früh daran, in grossem Maassstabe zu arbeiten. Nachdem er noch eine Lehrzeit bei einem Malermeister durchgemacht, besuchte er seit 1890 die Schule des Berliner Kunstgewerbemuseums, wo ihn besonders der Unterricht Max Kochs sehr förderte. Aber die Notwendigkeit, für seinen Lebensunterhalt selbst sorgen zu müssen, liess ihn den Unterricht nur mit Unterbrechungen geniessen. Wenn er am Tage studierte, musste er des Nachts Muster für Geschäfte zeichnen oder er arbeitete den Tag über bei Malermeistern und studierte in den Abendstunden. Daneben strebte er unermüdlich nach weiterer Ausbildung, und noch von 1897 bis 1898 war er längere Zeit Schüler des Professors Scheurenberg an der Berliner Hochschule für die bildenden Künste.

Grössere dekorative Malereien hat er sowohl in Berlin als auch besonders in Danzig ausgeführt, wo er u. a. die Vorhalle und das Vestibül des Hauptpostamtes mit figürlichen und ornamentalen Fresken geschmückt hat.

Die Abbildungen 250 bis 252 sind Entwürfe aus dem Atelier der Kunsttischler KIMBEL und FRIEDERICHSEN, die noch nicht oder nur in veränderter Gestalt ausgeführt worden sind. Die Kaminwand (Abb. 250) ist ein Teil eines Entwurfs, der für den Ausbau einer grossen Diele gemacht worden war. Der Entwurf zeigt romanischen Stilcharakter in freier Erneuerung. Zur Ausführung sollte Eichenholz dienen, mit sparsamer Verwendung von Farbe im Grund der Ornamente. War dieser Entwurf für ein grosses Schloss gedacht, so soll die Studie zu einem Speisezimmer (Abb. 251) mehr den Bedürfnissen eines Landhauses entsprechen, durch vollständige Bekleidung der Decke und Wände mit Holz, das in einem warmen, vielleicht gelb-rötlichen Ton gebeizt sein kann, den Eindruck höchster Behaglichkeit erzielen. Die Schränke zu beiden Seiten der Buffetnische sollen zur Aufbewahrung von Tischgerät, Leinen u. s. w.

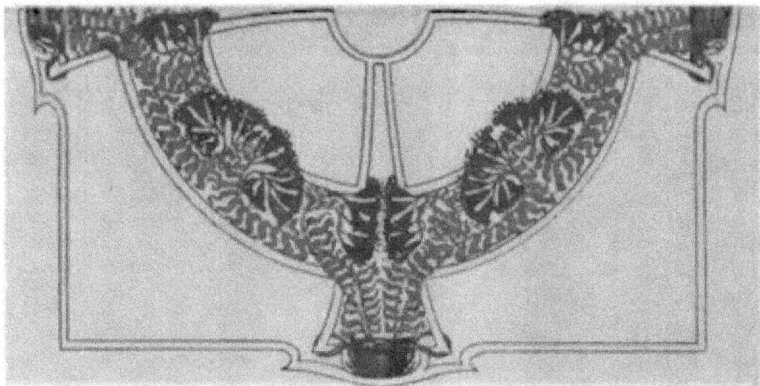

Alb Maennchen entw.   Kunstanst von Ernst Wasmuth Berlin

Malereien für ein Empfangszimmer
ausgeführt von G u Alb Maennchen, Berlin - Steglitz

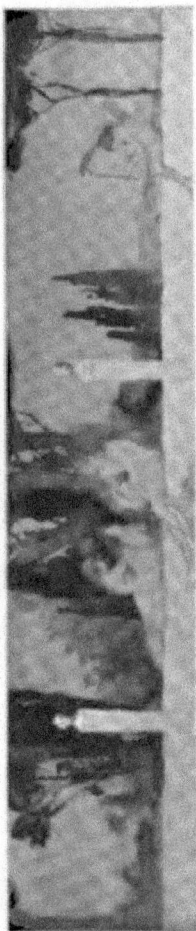

Abbildung 356.

Abbildung 357.

PER·ASPERA·AD·ASTRA

dienen. Als Holzart würde Eiche oder Kiefer in Betracht kommen. — Ebenfalls für einen Landsitz, allerdings von bedeutend grösserem Umfang gedacht, war die Studie

zu einer Diele im Schlosse Diepensee (Abb. 252). Sie ist aber nicht nach diesem Entwurf, sondern in einer wesentlich anderen Fassung ausgeführt worden.

CHRONIK AUS ALLEN LÄNDERN.

« Eine *deutsche Bauausstellung* wird unter dem Protektorat des Königs Albert von Sachsen in *Dresden* im Jahre 1900 im städtischen Ausstellungs-Palast und -Park vom 1. Juli bis 15. Oktober stattfinden. Die Ausstellung soll ein Bild des gegenwärtigen Standes des deutschen Hochbauwesens und des deutschen Staatsbauwesens geben und enthalten:

Abteilung 1: Staatsbauwesen (Hochbau-, Strassen-, Wasser- und Brückenbau); Abteilung 2: Privat-Architektur (dekorativer Ebenbau, Perspektiven oder Modelle mit Grundrissbeilagen und Durchschnitten); Abteilung 3: Bau-Literatur; Abteilung 4, 5 und 6: Bau-Industrie, Technik im engeren Sinne, Kunst- und Bau-Handwerk (Haus-Wasseranlagen, Lüftungsanlagen,

Abbildung 258.

Wand- und Deckenmalerei
Nach dem Entwurf von ALB. MAENNCHEN ausgeführt von G. und ALB. MAENNCHEN, Maler in Berlin.

Abbildung 259.

Fries für ein Schlafzimmer. Von ALB. MAENNCHEN, Maler in Berlin.

Klosetts, Heizungen, Haus-Telegraphen, Gas- und elektrische Leitungen, Aufzüge, Kühlanlagen, Bade-Einrichtungen, kleinere Konstruktionsarbeiten; Arbeiten, welche von den Gewerken selbst oder fabrikmässig hergestellt werden, soweit der Arbeiter sie am Bau anbringt; Gegenstände, die in vom Aussteller selbst zu errichtenden Gebäuden oder im Freien zur Ausstellung gelangen; Materialbearbeitungs-Maschinen im Betriebe u. s. w.); Abteilung 7: Landwirtschaftliche Baukunst (insbesondere die für die landwirtschaftlichen Betriebe nötigen Bauteile). Die Verteilung der für die Abteilungen 4, 5 und 6 zur Anmeldung kommenden Gegenstände in die einzelnen Abteilungen behält sich die Ausstellungskommission vor. Alle, welche zur Erreichung des obengenannten Zweckes beizutragen vermögen, werden zur Beteiligung eingeladen. Die Anmeldung hat möglichst bald, spätestens bis zum 15. September 1899 zu erfolgen. Ausstellungsbedingungen und Anmeldebogen versendet auf Anfrage kostenlos die Direktion der Deutschen Bauausstellung Dresden 1900, Dresden-A., Sachsen-Allee 4, 1. Etage.

* * *

Zu dem Wettbewerb um einen *Bebauungsplan für den Park Witzleben in Charlottenburg* waren 16 Entwürfe eingegangen. Den ersten Preis von 1000 Mark erhielt Regierungs-Baumeister EMANUEL HEIMANN in Neubabelsberg, den zweiten Preis von 800 Mark Bauinspektor ENGELBRECHT in Genthin und den dritten Preis von 500 Mark Stadt-Bauinspektor FROBENIUS in Charlottenburg.

* * *

Gegen die übertriebene *Anwendung der grünen Farbe in der Innendekoration* wendet sich L. EYSELL in einem beachtenswerten Artikel in der „Deutschen Bauhütte". Nachdem er zunächst an das vor einigen Jahren in Deutschland in die Mode gekommene „englische Musterzimmer" erinnert, dessen Möbel meist aus poliertem Mahagoniholz mit stumpf-

grünen Bezügen gefertigt waren, entwirft er von der neuen Richtung, die er die „grüne" nennt, folgende treffende Charakteristik: „Sie ist radikaler als die erste; was jene leise anstrebte, setzt diese konsequent durch. Sie verzichtet auf das Mahagoniholz, das in seinem warmen, rotbraunen Ton immerhin noch etwas Wohnliches hatte, und ersetzt es durch grün gebeizten Eiche oder Tanne, dessen Maserung durch die Beize deutlich erkennbar bleibt. Der Ton ist ein gedämpftes Oliv, und da er an sich nichts fertig ist, sondern sich erst durch das Uebereinanderstreichen verschiedener Beizen bildet, auch durch die Maserung beeinflusst wird, so ist nicht dafür gut zu sagen, dass ein Möbelstück genau wie das andere ausfällt — vielleicht zum Vorteil des Ganzen, da dadurch allzugrosse Einförmigkeit vermieden bleibt.

Die grüne Farbe bemächtigt sich in verschiedenen Tönen der ganzen Innen-Architektur: Thüren und Fensterkreuze sind blassgrün gestrichen, die Möbelrahmen zeigen sich wie mit uralter grüner Patina bedeckt, kleine Stehschänke mit verblichenem grünen Damast bezogen. Die Tischplatten setzen sich aus grün glasierten Kacheln zusammen. Grün, mit wunderbaren, grossen stilisierten Blumen, aber auch nur im Tone gemustert erscheinen die Möbelbezüge, in gleicher Art, nur mit unendlich viel grösseren Formen ist der Teppich gehalten. Natürlich herrscht grün im Kaminaufbau vor, und die Tapete ist grün und barock in der Zeichnung, die Deckenmalerei ist grün auf weissem Grunde, die Fenstervorhänge bestehen aus grünem Mull und die Gardinen an Waschschirmen und Zierschränken aus grüner Liberty-Seide. Ebenso selbstverständlich ist es, dass sämtliche Potterien grün sind, entweder stumpf und matt wie alte Patina, oder stark glasiert, und dass ihre Formen mehr absonderlich als edel wirken. Die Bilder in einem solchen Zimmer können nur Radierungen oder Stiche sein, jeder gesunde, natürliche Farbenton würde aus dem Ganzen herausfallen — es ist deshalb auch kaum möglich, ein selbständiges Kunstwerk, sondern stets nur ein Dekorationsstück dort anzubringen, das sich der Gesamtwirkung unterordnet. Ein solches echtes

Abbildung 160.

Entwurf zu einem Deckengemälde.
Von Alb. Maennchen, Maler in Berlin.

grünes Zimmer ist so tyrannisch in seinem Effekt, dass man sich selbst ganz stilwidrig und ungehörig darin fühlt, falls man nicht gerade mit englisch-grünem Hängerkleidchen angethan einhergeht.

Diese „grüne" Richtung ist eine Nachahmung des Fremdländischen, aber in übertriebener, unverstandener

Form; wenn man sie als „echt englisch" bezeichnet, so ist man sehr im Irrtum. Dieses „grüne Zimmerchen", wie es jetzt der Stolz mancher deutschen Frau ist, steht mit dem englischen Komfort im argen Widerspruch, und die englische Lady würde sich sehr bedanken, wollte man ihr zumuten, in diesem Raume wirklich zu wohnen. Wohl giebt es in den englischen Häusern derartig ausgestattete Zimmer, aber sie dienen nicht als Wohnstuben, sondern als Durchgangsräume. Wenn man aus dem Park, der die englischen Landhäuser umgiebt, über das herrliche bowlinggreen in das Haus eintritt, so kann es nichts Anmutenderes geben, als solch grünes Zimmer. Es erscheint wie die stilisierte Fortsetzung der Natur da draussen, als der natürliche Uebergang zu der warmen Wohnlichkeit innen. Hier ist es durchaus berechtigt, weil natürlich — in einer deutschen Grossstadtwohnung, noch dazu einige Treppen über dem Erdboden, wird es immer etwas Angekünsteltes, Fremdes bleiben.

So enthusiastisch die Neuerung des Grün begrüsst wurde, so schnell wird man ihrer müde werden und wahrscheinlich noch weniger als bei anderen Bizarrerien der Mode wird man dann begreifen können, dass man das vor Kurzem noch schön gefunden. „Unsere schönen grünen Zimmer", jetzt noch unser Stolz und die Wonne unserer Augen, wie bald werden sie als Ausstattung von Kinderstuben und Logierzimmern ein würdeloses Dasein führen, oder zum Trödler wandern — vorausgesetzt, dass er sie nimmt!

* *
*

Auf der *Pariser Weltausstellung* soll am Quai d'Orsay eine Reihe von *Häusern fremder Völker* errichtet werden, in denen die nationalen Eigentümlichkeiten und Vorzüge der einzelnen Völker zur Geltung kommen sollen. Die Pariser Kommission hatte die ausdrückliche Bestimmung erlassen, dass für diese Gebäude ein geschichtlicher, für das betreffende Land besonders charakteristischer Stil gewählt werden sollte. Ueber eines der Häuser, das englische, hat jetzt das „Centralblatt der Bauverwaltung" einige Mitteilungen gebracht, denen wir das folgende entnehmen: Als Vorbild für die Aussenarchitektur hat das unter der Regierung Jakob I. (1604) errichtete, bei Stratford - on - Avon gelegene Kingtrou - Haus gedient. Dieses Gebäude ist eines der besten der damaligen Zeit, die man, als unmittelbar auf die elisabethische Zeit folgend, in welcher sich mit dem nationalen Wohlstand des Landes auch die Grundform des heutigen englischen Landsitzes entwickelt hat, als

die klassische Zeit des englischen Wohnhausbaues bezeichnen kann. Das Haus hat die doppelte Bestimmung, einmal dem Prinzen von Wales bei dessen
Besuchen in Paris als Unterkunftsstätte zu dienen,
dann aber auch während der übrigen Zeit selbst und

Morris, nach Zeichnungen Burne-Jones' für McCulloch
gefertigt, enthalten wird; auch die Verglasung der
Fenster wird von dem Hause Morris geliefert. Ferner
liegen im Erdgeschoss ein Bücherzimmer, ein Speisezimmer und zwei Wohnzimmer. Nach deren Durch-

Abbildung 260.

Speisezimmerdecke für Königsberg i. Pr.

Entwurf von ALB. MANSHORS, Maler in Berlin. Architekten HEITMANNS & KRAH in Königsberg i. Pr.

mit seinem Inhalte Ausstellungsgegenstand zu sein. Zu
letzterem Zwecke sind die Zimmer in beiden Haupt-
geschossen so angeordnet, dass sie eine geschlossene
Raumfolge für die Besichtigung geben. Das Erdgeschoss enthält eine 6 zu 12 m grosse Eintrittshalle,
welche Wandteppiche aus der Weberei von William

schreitung gelangen die Besucher vermittelst der
grossen Haupttreppe in das erste Stockwerk, welches
den Hauptraum des Hauses, die grosse Galerie enthält. Dieser 5,60 zu 14,70 m grosse Raum liegt zur
Hälfte über der Halle und nimmt die ganze Front
des Hauses ein. Er ist eine Nachbildung der Bilder-

galerie in dem Landsitze Knole-Haus bei Sevenoaks und wird den kostbarsten Schatz des Hauses bergen eine Ausstellung von Gemälden englischer Meister des 18. Jahrhunderts, die man aus Einzelsammlungen, vorwiegend aus königlichen und aus solchen von Mitgliedern des Königlichen Hauses zusammenzubringen gelenkt. Zur Seite dieser Galerie ist ein Raum für eine Sammelausstellung wertvoller englischer keramischer Erzeugnisse vorgesehen. Im übrigen birgt das Geschoss Schlafzimmer. Für die Herstellung des Gebäudes wurde die Forderung aufgestellt, in Anbetracht des grossen Wertes der Ausstellungsgegenstände eine feuersichere Bauweise zu wählen, und zwar aus ästhetischen Gründen mit Beibehaltung der dicken Wände des Urbaues. Dies führte zur Ausführung einer doppelten, aus Eisen und Cement gebildeten Wand, bei der die alte Wandstärke als Hohlraum auftritt. Die wegen der schwierigen Gründungsverhältnisse — es zieht sich ein Eisenbetontunnel unter dem Hause entlang — ungemein verwickelte Berechnung und Konstruktion dieses Eisenbaues hat der in London ansässige deutsche Ingenieur MAX AM ENDE besorgt. Der Architekt des Hauses ist Herr EDWIN L. LUTYENS in London. Für das Haus Oesterreichs ist die Bauweise Fischers von Erlach, für das Haus Deutschlands, das Regierungsbaumeister J. RADKE entworfen hat, der Stil der deutschen Renaissance gewählt worden.

* * *

§ Zu der Preisbewerbung um das *„Vergnügungseck"* der Deutschen Bauausstellung zu Dresden 1900 sind 17 Entwürfe eingegangen. Den ersten Preis erhielt Architekt DRECHSLER in Leipzig, den zweiten LEHNERT und VON MAYENBURG, den dritten MICHEL und SCHIICHEN sämtlich in Dresden.

* * *

§ Ueber die Kosten der *Arbeiten zur Vollendung des Kölner Doms* hat der Dombaumeister Geh. Regierungsrat VOIGTEL in der diesjährigen Wahlversammlung des Central-Dombau-Vereins interessante Mitteilungen gemacht, denen wir das folgende entnehmen: Die Arbeiten zur Vollendung des Domes

haben bekanntlich i. J. 1824 unter der Leitung des damaligen Bauinspektors AHLERT begonnen, der sie bis zu seinem 1833 erfolgten Tode fortgeführt hat. Es sind in diesem ersten vjährigen Abschnitte die Strebewände des Chores hergestellt worden; die Ausgaben dafür bezifferten sich auf 483918 M. Von 1833 bis 1861, also durch 29 Jahre hat Baurat ZWIRNER als Dombaumeister an der Spitze der Kölner Bauhütte gestanden. Die unter seiner Leitung ausgeführten Arbeiten erstreckten sich in den ersten 9 Jahren (bis Ende 1841) auf die weitere Herstellung des Chorbaues, welche an Kosten noch 304077 M. erforderte. 1842 begann dann der Fortbau des Domes, der bei Zwirners Tode bis zur Vollendung der Umfassungswände einschliesslich der Portale und bis zur Errichtung der Eisenkonstruktionen des Daches und des Dachreiters über der Vierung vorgeschritten war. Der Kostenaufwand während dieser 20 Jahre stellte sich auf 6046898 M. Der letzte Abschnitt des Baues von 1861 bis heute umfasst einen Zeitraum von 37½ Jahren. Es sind während dieser Zeit unter Leitung des gegenwärtigen Dombaumeisters, Herrn Geh. Regierungsrats Voigtel die Strebesysteme des Langhauses und der Querschiffes, sowie die beiden Hauptthürme, die Eindeckung der Dächer mit Bleiplatten, der neue Fussbodenbelag des Domchores und die Fenster des Hochschiffes zur Ausführung gelangt. Die Kosten dieser Arbeiten, zu denen sich andere von geringerer Wichtigkeit gesellen, haben insgesamt 14833513 M. betragen. Die Gesamtkosten des Baues während der nunmehr verflossenen 75¾ Jahre belaufen sich demnach auf 21930386 M. — gewiss eine bescheidene Summe, wenn man die Grösse des Werkes ermisst und es mit Bauten, wie der Pariser Grossen Oper, dem Brüsseler Justizpalast und dem Berliner Reichstagsgebäude vergleicht. Noch bescheidener freilich ist im Verhältnis zu anderen Bauausführungen unserer Zeit die Besoldung, welche die leitenden Baubeamten für ihre Thätigkeit empfangen haben. Nach den Feststellungen Voigtels hat das an die 3 Dombaumeister gezahlte Honorar den Gehalt im ganzen nur 381144 M., mithin nicht mehr als etwa 1,73 % der Gesamt-Bausumme betragen. Der Jahres-Durchschnitt stellt sich auf 5063 M.

G. BARLOESIUS.

Verantwortlich für die Redaktion: Dr. ANTON KOSSMANN, Berlin. — Verlag von ERNST WASMUTH, Berlin W., Markgrafenstr. 35
Gedruckt bei JULIUS SITTENFELD, Berlin W. — Clichés von CARL SCHÜTTE, Berlin W.

Abbildung 263.

Villenkolonie Grunewald, Villa Hartung, Beymestrasse 28—30.
Erbaut von HUGO HARTUNG, Architekt, Villenkolonie Grunewald.

AD. HARTUNG.

ZU UNSEREN BILDERN.

ARCHITEKTUR.

Die von HUGO HARTUNG erbaute Villa Beymestrasse 28/30 in Kolonie Grunewald, die durch unsere Abbildungen 262 bis 268 von verschiedenen Seiten veranschaulicht wird, wird von dem Architekten selbst bewohnt. Demnach war für die Anordnung des Grundrisses die Anlage eines geräumigen Zeichensaales bestimmend, der mit der Wohnung in Verbindung steht. Ueber dem Zeichensaal liegt die Wohnung des Hausmeisters, da im Kellergeschoss aus humanitären Rücksichten keine Wohnräume untergebracht werden sollten. Der Keller ist für Zwecke der Beheizung, die durch eine Niederdruckdampfheizung von Gebr. Körting in Hannover erfolgt, und der maschinellen Einrichtung für die elektrische Lichtanlage ausgenutzt worden und enthält ausserdem noch Vorratsräume und ein Bad für das Gesinde. Dieser Keller ist zum Teil wieder unterkellert, wodurch sehr tief gelegene und zur Erhaltung von Vorräten sehr geeignete Räume gewonnen wurden. Da das Grundwasser erst bei 5 m Tiefe auftritt, konnte diese Anordnung ermöglicht werden. Die Wohnräume nehmen das Erdgeschoss und das erste Stockwerk ein. Sie gruppieren sich um eine geräumige Halle mit breiter Treppe und liegen nach Osten und Süden, eine Anordnung, die am meisten den sanitären Bedingungen entspricht und sich für unser Klima am besten eignet. Die Lage der Zimmer um die Halle herum hat den Architekten der Notwendigkeit überhoben, die Zimmer unmittelbar untereinander zu verbinden; nur Salon und Wohnzimmer machen davon eine Ausnahme. Durch diese Anordnung und die Vermeidung von Flügelthüren sind in den Zimmern grosse Wandflächen gewonnen worden. Auch die

Küche und die sonstigen Wirtschaftsräume liegen im Erdgeschoss an besonderem Flur mit Eingang. Dieser Flur ist mit der Halle und durch eine Anrichte mit dem Speisezimmer in Verbindung gebracht worden. Dadurch konnte ein vollkommener Abschluss gegen Speisegerüche erzielt werden.

Das Aeussere stellt sich als eine Komposition im Geiste des 16. Jahrhunderts dar. Das Erdgeschoss, Teile des Obergeschosses (z. B. Badezimmer und Treppenhaus) und die Schornsteine sind in verputztem Backsteinbau (mit sog. Kellenputz ohne Reibeputz) mit Werksteinecken, Gesimsen u. dgl. m. aus rotem Mainsandstein

Fachwerks im Geiste der Renaissance, die geschieferten Wände des Obergeschosses und das Dach — alle diese Elemente wirken zusammen, um dem Bau ein ungemein frisches Aussehen zu geben, das bewusst als deutsche Art auftritt und sich in beabsichtigten Gegensatz zu der immermehr überhandnehmenden Nachahmung englischer Bauten stellt. Es ist in der That für uns Deutsche ungleich empfehlenswerter, aus dem ungeheuren Formenreichtum unserer heimischen Kunst zu schöpfen als bei einem im Vergleich zu uns in dieser Beziehung ärmlichen Volke Anleihen zu machen.

Im Innern sind viele Decken und Wände

Abbildung 263.

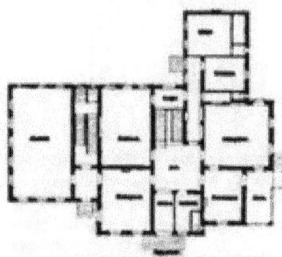

Abbildung 264.

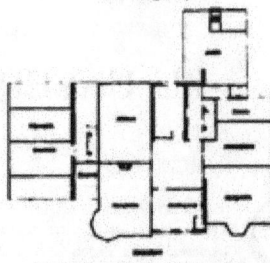

Grundrisse zu Abbildung 262.

ausgeführt. Der nicht geschliffene, sondern geflächte Sandstein ist ganz unregelmässig versetzt; die Steine sind verwendet worden, wie sie der Bruch geliefert hat. Dem malerischen Kontrast zu Liebe sind Obergeschoss und Dach in verputztem, rotgestrichenem Fachwerk konstruiert, das nur auf der Wetterseite geschiefert wurde. Der dafür und für die Dächer verwendete Schiefer ist aus Thüringen bezogen worden.

Die Farbe der Materialien, der reiche Putz, das unregelmässige Gefüge des Steinwerks, dessen spätgotische, breite, an sächsische Denkmäler erinnernde Profilirung, die den Holzbauten der Rhein- und Moselgegenden nachgeahmte Behandlung des

verbrettert und deckend gestrichen. Die dekorativen Malereien der Decken, von denen die farbige Tafel dieses Hefts einige Proben bietet, sind von CHR. GAISS mit grossem Geschick ausgeführt worden. Auf Anregung des Architekten hat er sich dabei an die feinen Ornamentschöpfungen Peter Flötners, eines der hervorragendsten Künstler der deutschen Frührenaissance gehalten. Sonst sind die Wände weiss, Thüren u. s. w. in grüner Umbra gestrichen worden. — Die Baukosten betrugen 100 000 Mark.

Bei der Villa Hecht in Kolonie Grunewald bei Berlin (Abb. 271 — Abb. 280), die nach den Plänen von KARL EDUARD

Abbildung 165.

Villenkolonie Grunewald, Villa Hartung, Beymestrasse 28—30.
Erbaut von HUGO HARTUNG, Architekt, Villenkolonie Grunewald.

Abbildung 106.

Villenkolonie Grunewald, Villa Hartung, Brymenstrasse 18—30.
HUGO HARTUNG, Architekt, V.-K. Grunewald. Haupteingang und Façadendetail.

HANGERT in dreizehn Monaten, vom 15. Februar 1898 bis 15. März 1899, erbaut worden ist, wurde der Grundriss nach einem vom Bauherrn aufgestellten Programm gestaltet, welches den diagonalen Aufgang mit vorgelegter Loggia und den drei Hauseingängen forderte. Gleichsam die Seele der ganzen Raumdisposition bildet eine zweigeschossige Oberlicht-Mittelhalle, um die sich alle anderen Räume gruppieren. Die äussere Architektur wurde durch den von der Königsallee zum Diana-See stark abfallenden Bauplatz bedingt. Der Erdgeschossfussboden wurde 1 Meter über der Strassen-Oberkante angenommen, und dadurch kam es, dass die Fundamente zum Teil über 5 Meter „heraufgeholt" werden mussten. Um zu verhindern, dass der Beschauer den Eindruck gewinne, als ob das Gebäude „versinke", wurde der vor dem Hause liegende Teil des Gartens gleich hinter der Strasse versenkt und wagerecht bis hinter das Haus geführt und dann die etwa 7 Meter betragende Höhendifferenz in zwei Terrassen ausgeglichen. Die ener-

Abbildung 267.

Abbildung 267.

Seitenansicht

Abbildung 268.

Hofansicht

der

Villa Hartung,

Villenkolonie

Grunewald,

Beymestr. 28—30.

Erbaut

von

HUGO HARTUNG,

Architekt,

Villenkolonie

Grunewald.

Abbildung 268.

gische Höhenentwickelung, die dem Bau
gegeben worden ist, wird durch die beiden
Fernblicke von der Königsbrücke über den
Königssee und von der Fontanestrasse aus
über den Diana-See begründet.

Der Sockel ist in Sandstein ausgeführt,
das Kellergeschoss ist mit roten Steinen,
die teilweise bis zum ersten Stockwerk
hinaufgezogen sind, die übrigen Flächen
mit grauweissen Ullersdorfer Steinen verblendet. Der Turm hat eine Verblendung
mit 3 cm starkem Bohlenfachwerk und
gelblich-weissen Steinen erhalten. Die
Architekturteile sind in Sandstein hergestellt, das Dach ist mit rotbraun glasierten
Falzziegeln gedeckt. Für die Gestaltung
der Innenarchitektur war die Abneigung
des Bauherrn gegen „Prunk und Eleganz"
bestimmend gewesen. Daher wurde überall
versucht, mit den einfachsten Mitteln eine
frische Behaglichkeit zu erzielen. Grossen
Wert legte der Besitzer auf hygienische
Einrichtungen. So hat das Haus mehrere
Badezimmer, eine isolierte Krankenstation,
einen Turn- und Fechtsaal, eine Kegelbahn
u. dgl. m. aufzuweisen. Ferner befinden
sich im Hause eine Zentral-Warmwasser-
heizung mit Warmwasserbereitungsanlage
und eine eigene Dynamoanlage mit Akku-
mulatoren und im Garten eine Gewächs-
hausanlage. Die Bauausführung erfolgte
durch Maurermeister CARL MITTAG. Die
Baukosten betrugen einschliesslich der
Gartenanlagen, des Gewächshauses u. s. w.
etwa 350 000 Mark.

Gleich den im 4. Heft des laufenden
Jahrgangs veröffentlichten Villenentwürfen
von MEIER und WERLE (Abb. 162 und 165)
sind auch die beiden Idealprojekte zu
Landhäusern am Meer, die unsere Abbildungen 281 und 282 wiedergeben, aus dem
Streben der Architekten hervorgegangen,
jeden Bau gleichsam aus seiner landschaftlichen Umgebung herauswachsen zu lassen
und mit dieser harmonisch zusammenzustimmen. Diese Villen sollen weitere Be-
weise dafür liefern, dass eine solche Forderung eine ästhetische Notwendigkeit ist und

dass ihre Erfüllung aus einem künstlerischen
Empfinden heraus ermöglicht werden kann.
Der eine Bau (Abb. 282) müsste auf dem
sturmumbrausten Strande eines nordischen
Meeres erstehen, der andere unter lachendem
Himmel am Gestade eines südlichen Binnen-
sees. Auch bei dem bereits ausgeführten
Landhause in Gross-Lichterfelde (Abb. 285)
hat die Architektur jene Forderung zu erfüllen gesucht. Auf dem flachen Boden
der köstlichen Gartenstadt lagert es sich
in breiten Massen und gemütlichen heimischen Formen. Es ist eine Mietsvilla, in
der gezeigt werden soll, dass eine künstlerische Ausstattung, wie sie in den bekannten Werle'schen Werken „Das vornehme deutsche Haus" und „Ein malerisches Bürgerheim" gezeigt wird, sich
auch in Mietshäusern bei mässigen Mieten
ermöglichen lässt und dadurch auch Mietswohnungen ein individueller Charakter
gegeben werden kann. Bei Ausführung
der Fassaden in Putzbau und Rathenover
Verblendsteinen erforderte das Landhaus
einen Aufwand von 60 000 Mark.

Das in Coburg von denselben Architekten für Herrn Bildhauer Stellmacher in
diesem Sommer erbaute Wohn- und Ateliergebäude (Abb. 283) ist ebenfalls mit seiner
landschaftlichen Umgebung glücklich in
Einklang gebracht worden. Von steilem
Abhang strebt es oberhalb der Stadt
Coburg empor und grüsst zu der hochragenden Veste hinüber. Da für das Erdgeschoss ein Atelier mit Oberlicht gefordert war, tritt das Obergeschoss um
2 Meter zurück. Die Ausführung ist in
Putzbau und Ziegelverblendung, die innere
Ausstattung im Sinne der oben citierten
Veröffentlichungen Werle's erfolgt. Den
bildnerischen Schmuck hat JOSEPH JUNKERS-
DORF in Wilmersdorf, die Malerarbeiten
haben Gebrüder DRABIG in Berlin und die
Kunstschlosserarbeiten R. BLUME in Charlottenburg ausgeführt. Die Baukosten betrugen 22 000 Mark.

Von den sorgfältig ausgearbeiteten
Plänen zu umfangreichen Umgestaltungs-

A. a. B.
C. D.

Hugo Hartung Arch.   Kunstanst von Ernst Wasmuth Berlin

Villencolonie Grunewald
Villa Hartung Beymestrasse 26-30
A a Decke im Speisezimmer B Wand im Speisezimmer

Abbildung 270.

Abb. 269/270. Stallgebäude der Villa Mendelssohn, V.-K. Grunewald, Bismarck-Allee.
Erbaut von ERNST IHNE, Architekt in Berlin.

Abbildung 271.

Villenkolonie Grunewald, Villa Hecht. König-Allee 35. Erbaut von KARL ED. BANGERT,
Architekt in Berlin.

vorschlägen und Neuanlagen von FELIX
WOLFF, die einen ganzen Raum in der
grossen Kunstausstellung füllen, hat keiner
so sehr allgemeine Billigung gefunden wie
der in einer Perspektive mit Grundriss und
einem grossen Modell veranschaulichte,
der eine Fortführung der malerischen
Terrassenanlage vor dem Orangeriehause

bei Sanssouci bis zum Park von Sanssouci
darstellt (Abb. 288 u. 289). Bekanntlich ist
diese Schöpfung Friedrich Wilhelms IV. nicht
weiter als bis zu einem halbrunden Wasserbecken gediehen, das mit Hermenpfeilern
besetzt ist. In der Nähe führt eine Chaussee
vorüber, vor der die Anlage in ihrer
weiteren Entwickelung stehen geblieben

ist. In ihrer jetzigen Gestalt ist sie von keinem Standpunkte aus zu übersehen, auch von der Chaussee nicht, da, von hier aus gesehen, die vorderen Bauteile die hinteren verdecken. In seinem Entwurf der Fortführung der Terrasse überbrückt Wolff die Strasse, die etwas tiefer gelegt wird, und gewinnt dadurch eine Verbindung mit einer unteren Terrasse die sich zum Park von Sanssouci senkt und dort in einem viereckigen Bassin endigt. Trotz der für die Ueberführung der Terrasse notwendigen Stützmauern u. s. w. bleibt für die Strasse noch soviel Breite, dass zwei Wagen bequem an einander vorüberfahren können. Durch die Ausführung dieses Planes, die, soweit sich nach dem Modell übersehen lässt, keine erheblichen technischen Schwierigkeiten bietet, würde der Park von Sanssouci um ein Bild von grossartiger bau- und gartenkünstlerischer Wirkung bereichert werden.

Das von den Architekten VOLLMER und JASSOY in der Zeit vom Dezember 1898 bis zum April 1899 für den Bildhauer Professor Otto Lessing erbaute Ateliergebäude in der Kolonie Grunewald, von dem wir in Heft 3 dieses Jahrgangs eine Gesamtansicht geboten haben (Abb. 113), ist durch seine eigenartige Ausführung in Gipsdielenbau von besonderem Interesse. Die Aussenwände sind als Holzfachwerkwände konstruiert, auf die die Gipsestrichdielen aufgeschraubt worden sind, die sich durch eine grosse Tragkraft und Widerstandsfähigkeit auszeichnen. Sie beruhen auf der Verwendung von Estrichgips an Stelle von Stuckgips. Die Dielen, die aus der Fabrik von ALBRECHT MEIER & CO. in Walkenried am Harz stammen, werden in drei Stärken von 70, 100 und 140 mm und in Längen von 1 m und 1,25 m geliefert. Für das Lessingsche Ateliergebäude wurden Dielen von 70 mm Stärke verwendet. Der Quadratmeter kostete einschliesslich des Ansetzens und Nachputzens 3 Mark. Die Dächer sind mit Leinwand von grüner Färbung eingedeckt. Die umfangreichen

Abbildung 272.

Abbildung 273.

Abbildung 274.

Abb. 272—274. Grundrisse zu Abbildung 271.

Eisenkonstruktionen der
Oberlichter, Fahrbühnen
und Gleisanlagen sind von
der Firma BRETSCHNEIDER
& KRÜGNER geliefert wor-
den. Die Modelle für die
Ornamente am Aeussern
des Baues sind aus dem
Atelier des Professors Lessing selbst hervorgegangen.
Die Baukosten betrugen
etwa 90 000 Mark.

MALEREI.

Von den fünf Gemälden,
die wir für dieses Heft zur
Reproduktion ausgewählt
haben, befinden sich drei
auf der Ausstellung der
Secession. Ihre Schöpfer
sind sämtlich Berliner Kinder, und aus diesem Um-
stande mag der Schluss gestattet sein, dass neben anderen Faktoren sie auch
die allgemeine, tief im Berliner Blute steckende Op-
positionslust in die Reihen
der Secession geführt hat,
obwohl sich ihre künst-
lerische Richtung, wenig-
stens soweit sie sich in
den hier wiedergegebenen
Bildern offenbart, keineswegs den extremen Tenden-
zen nähert, die für „seces-
sionistisch" gelten. Alle drei sind auch Schüler der Berliner Akademie. FELIX KRAUSE,
der jüngste von ihnen,   er ist erst 26 Jahre
alt — hat die Akademie vom Sommer 1892
bis zum Winter 1895 besucht. Er hat seine
Ausbildung also in einer Zeit erhalten, wo
das Malen in freier Natur bereits zu allgemeiner Uebung gelangt war. Sein gesunder Berliner Sinn scheint ihn aber vor
den Verirrungen der Münchener Hellmalerei
bewahrt zu haben. Sein Bildnis seiner
Schwester (Abb. 300) ist eine durch und

Abbildung 275.

Villenkolonie Grunewald, Villa Hecht, Königs-Allee 35.
Detail der Halle.
KARL ED. BANGERT, Architekt in Berlin.

durch gesunde Freilichtmalerei, die die
Wirklichkeit schlicht und wahr in solider
Malweise ohne technisches Raffinement und
überflüssige Palettenwitze wiedergiebt.

PAUL HOENIGER (geb. 1865), der von
1882—1888 auf der Berliner Akademie
studiert hat, dann eine Zeit lang Schüler
von F. Skarbina gewesen ist und später
durch Studienreisen, namentlich durch einen
längeren Aufenthalt in Paris, seine Ausbildung beendigt hat, hat sich die Schilderung des Strassenlebens der modernen

Abbildung 276.

Abbildung 277.

Abbildung 276.

Herrenzimmer

Abbildung 277.

Bücherschrank in der

Villa Hecht

Villenkolonie Grunewald,

Königs-Allee 35.

KARL ED. BANGERT, Architekt

in Berlin.

Abbildung 278.

Kegelbahn in der Villa Hecht, Villenkolonie Grunewald, Königs-Allee 35.
KARL ED. BANGERT, Architekt in Berlin.

Abbildung 279.   Abbildung 280.

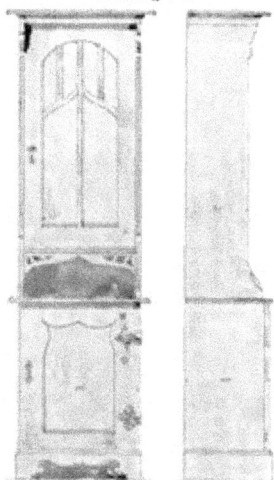

Weinkellerthür   Schrank im Ankleidezimmer
in der Villa Hecht, Villenkolonie Grunewald, Königs-Allee 35.
KARL ED. BANGERT, Architekt in Berlin.

Abbildung 281.

Villa am Meere. Idealprojekt von MEIER & WERLE, Architekten in Berlin.

Grossstädte zu seiner Spezialität erkoren. Er hat einen scharfen Blick für die besonders auffälligen Erscheinungen wie für die allgemein charakteristischen Typen der Grossstadt und weis mit geschickter Hand das unablässig vor den Augen des Zuschauers vorüberziehende Menschengewimmel in einem architektonisch-landschaftlichen Rahmen festzuhalten. Das könnte gelegentlich auch einem geschickten Moment-photographen, einem der vielen Liebhaber-Photographen, gelingen, die in neuester Zeit ihre Fertigkeit zu einer Virtuosität ausgebildet haben, die für manche „Kunst-

Abbildung 282.

Villa am Meere. Idealproject von MEIER & WERLE, Architekten in Berlin.

Abbildung 183.

Wohn- und Ateliergebäude für Herrn Bildhauer Stellmacher in Kolberg.
Erbaut von MEIER & WERLE, Architekten in Berlin.

maler" unheimlich und vielleicht
auch schreckenerregend sein
mag. Die echten Künstler freilich sehen diesem Wettbewerb
der Dilettanten mit Gelassenheit
zu. Sie wissen, dass der mecha-
nische Apparat, auch wenn er
mit noch so grossem Raffinement
geleitet wird, niemals das erzeugen wird, was man die künst-
lerische Handschrift nennt, die den Geist und
Charakter eines Künstlers widerspiegelt. Sie
zeigt sich sowohl in der Farbe wie in der
Wärme, Tiefe und Selbständigkeit der Auffassung. Geist und prickelnde Lebendigkeit haben wir oft an den bunten, in allen
Lichtwirkungen glitzernden und schwimmen-
den Strassenbildern Hoenigers bewundert.
Aber selten hat er soviel Gefühlswärme,
soviel Liebe in ein Bild hineingelegt, wie
in diesen stillen Winkel von „Alt-Berlin"
(Abb. 296) mit seinem Abendfrieden, in den
das Spiel altmodischen Gas- und Lampen-

Abbildung 184.

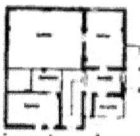

Grundriss zu Abb. 183.

lichts eindringt, ohne eine Steigerung des Lebens hervorzurufen.
Nur ein Berliner mit seiner starken Heimatsliebe vermag solchen
unscheinbaren Idyllen, an denen
die wilde Jagd grossstädtischer
Erneuerungssucht bis jetzt noch
vorübergezogen ist, malerische
Reize abzugewinnen.

Ein nicht weniger stark entwickeltes Heimatsgefühl hat CARL LANG-
HAMMER. Aber er teilt seine Liebe zwischen
der Mark Brandenburg und Italien, und damit folgt er nur dem grossen Zuge, der die
Berliner Landschaftsmalerei seit dem Anfang
der siebziger Jahre beherrscht. Das Ziel,
das er seinem Schaffen gesteckt hat,
heisst, wie er selbst bekennt, „Einfachheit
und Grösse der künstlerischen Auffassung",
und dazu bietet ihm unsere Mark ebenso
gut Motive wie die römische Campagna. Im
Jahre 1868 geboren hat Langhammer von
1885 bis 1893 die Berliner Akademie be-

Abbildung 285.

Landhaus Brandt in Gross-Lichterfelde, Zehlendorferstrasse.
Erbaut von MEBES & WEHLE, Architekten in Berlin.

sucht. Aber mehr als die technische Ausbildung, die er hier erwarb, förderte ihn der Atelierunterricht Eugen Brachts, der durch die geistvolle Art, wie er seine Schüler zu selbständigem Nachdenken über ihre Kunst führt, einen starken Einfluss auf die jüngere Generation der Berliner Landschaftsmaler geübt hat und noch übt. Umsomehr emfand Langhammer die Lücken in seinem technischen Können, und zu ihrer Ausfüllung ging er nach Paris, wo er in den Ateliers von J. Lefèbvre und T. Robert Fleury die Mittel kennen lernte, um das Maass handwerklicher Geschicklichkeit zu erreichen, das ihm zum Ausdruck des innerlich Empfundenen unentbehrlich erscheint. Wenn die ungeheure Masse von alter und neuer Kunst, die er in Paris zu sehen bekommen hatte, auch in ihrer Nachwirkung nach der Rückkehr in die Heimat seine ästhetische Anschauung in Verwirrung brachte und dies auch in seinen ersten Arbeiten offenbar wurde, so gab ihm später ein längerer Aufenthalt in Italien

Abbildung 286.

Grundriss zu Abb. 285.

das künstlerische Gleichgewicht wieder zurück. Hier lernte er, wie er selbst sagt, erst begreifen, „was grosse Kunst eigentlich ist, dass sie niemals im Gehorsam oder aus Protest gegen Tagesströmungen entsteht." Hier trat er auch in ein inniges Verhältnis zur Natur und hier gewann er die Ueberzeugung, dass nur der, der durch eine Naturstimmung bis ins Mark erschüttert wird, auch die Kraft besitzt, sie künstlerisch zu gestalten und anderen mitzuteilen. In einem solchen Momente seelischer Erschütterung hat Langhammer auch das grandiose Naturphänomen geschaut, das ihm das Motiv zu seinem Bilde „Aufziehendes Wetter in der Campagna de Roma" (Abb. 295) geboten hat. Leider vermag unsere Abbildung die wahrhaft grossartige Wirkung, die die mit hoher technischer Virtuosität durchgeführte Schilderung einer unaufhaltsam nahenden Katastrophe auf den Beschauer übt, nur sehr unvollkommen zu veranschaulichen. Zeichnung und Farbe wirken hier zu einem so

Abbildung 287.

Atelierneubau Otto Lessing, Villenkolonie Grunewald, Wangenheimstrasse.
Erbaut von J. VOLLMER und H. JASSOY, Architekten in Berlin.

mächtigen Akkord zusammen, dass die re-
produzierende Technik mit ihrem Schwarz
und Weiss dieser Schöpfung hilflos gegen-
übersteht. Was dem Künstler vorgeschwebt
hat, die römische Campagna in ihrer ganzen
Weite und Grösse zu geben, hat er auf
diesem Bilde in hohem Maasse erreicht.

In die noch lange nicht nach Gebühr
gewürdigte Romantik des nordwestlichen
Deutschlands, das dem Landschafts- und
Architekturmaler eine fast unerschöpfliche
Fülle der dankbarsten Motive bietet, führt
uns FRANZ HOFFMANN-FALLERSLEBEN mit
seinem epheuumsponnenen „alten Schloss"
(Abb. 297). Hart an der Weser gelegen,
gehört es, wie seine eigenartigen Formen
erkennen lassen, zu jener Gruppe von
Renaissancebauten, die man besonders in
Hameln, Lemgo und Barntrup antrifft und
deren enge stilistische Verwandtschaft es
wahrscheinlich macht, dass sie auch einen
gemeinschaftlichen Ursprung haben und
von demselben Werkmeister oder mehreren
gleicher Schulung erbaut worden sind. In
den Wesergegenden, namentlich in der
Umgebung von Corvey, wo sein Vater,
der berühmte Dichter, 1874 als Bibliothekar
des Herzogs von Ratibor starb, hat der
Künstler seine ersten Studien gemacht,
und wieviel er auch seitdem auf seinen
Wanderungen gesehen und kennen gelernt
— immer wieder kehrt er zu den Wesergegenden mit ihren alten Renaissance-
schlössern zurück. Bis zum Tode seines
Vaters hatte Hoffmann-Fallersleben, der
1855 in Weimar geboren worden ist, auf
der Akademie in Düsseldorf studirt. 1875
ging er sodann zum Besuch der Kunstschule
in Weimar, wo er in Theodor Hagen einen
ausgezeichneten Lehrer fand, der namentlich
seine koloristische Ausbildung förderte,
aber auch auf die Grösse und den Ernst
seiner Naturauffassung von Einfluss wurde.
Eine Zeit lang malte Hoffmann fast ausschliesslich Heide- und Wahlbilder, zu denen
er die Motive aus der Umgegend von
Hannover schöpfte. Später entwickelte sich
in ihm eine Neigung zur Strandlandschaft,

und Jahre lang suchte er von der Bucht
von Apenrade bis Danzig alle malerischen
Punkte der Ostsee auf. Von 1879 bis 1882
war er wieder in Düsseldorf thätig, wo er
sich im Verkehr mit Kröner, Irmer, Dücker
und Alfred Böhm jenen schönen Schmelz
des Kolorits angeeignet zu haben scheint,
der seinen Landschaftsbildern neben der
Kraft der Stimmung stets einen poetischen
Reiz verleiht. Er ist in gleichem Maasse
dem „alten Schloss" wie den beiden anderen
Bildern des Künstlers auf der grossen
Kunstausstellung, dem „Oktobertag im
Walde" und dem „Parkeingang zur Winter-
zeit", eigen.

Nach einem nochmaligen sechsjährigen
Aufenthalt in Weimar siedelte Hoffmann vor
zehn Jahren nach Berlin über, wo er seitdem
eine sehr fruchtbare Thätigkeit als Maler,
Illustrator und Radierer entfaltet hat. Stärke
und Wahrheit der Empfindung, die alle
seine Arbeiten, auch die unscheinbarsten,
durchdringen, haben ihn aber davor geschützt, dass seine Produktion, je mehr sie
in die Breite ging, an Tiefe verlor. Auch
aus dem einfachsten Vorwurf weiss er eine
feine, poesievolle Stimmung zu entwickeln
und das Gesehene mit köstlichen koloristischen Reizen zu umkleiden.

Das winterliche Strassenbild aus Breslau
(Abb. 298) von GRETE WALDAU ist ein
Teil einer Bilderreihe, die zum Schmuck
eines Saales in dem alten Patrizierhause
bestimmt ist, das auf unserem Bilde an der
linken Ecke des Strassenzuges sichtbar ist.
Von diesen Bildern hat die Künstlerin im
Laufe dieses Jahres fünf vollendet, deren
Motive sämtlich Breslau und seiner Umgebung entnommen sind. Zwei dieser
Bilder gewähren uns einen Blick auf den
im Vordergrunde vorüberfliessenden, von
Dampfschiffen und anderen Fahrzeugen be-
lebten Oderstrom, einmal von der Lessingbrücke, das andere Mal von der Universitäts-
brücke aus. Auf einem dritten Bilde ist
die Villa des Bestellers, des Kommerzienrats Heimann, mit ihrer reichen gärtnerischen
Umgebung, auf einem vierten Bilde ein

Projekt für die Umgestaltung und Fortführung der Terrassenanlage vor dem Orangeriehause bei Sanssouci. Von FELIX WOLFF, Architekt in Berlin.

von ihm gestiftetes Hospital, das weit vor der Stadt auf freiem Felde liegt, dargestellt. Im Gegensatz zu jenem düstren Winterbilde zeigen uns alle übrigen Bilder die lachende Pracht des Sommers bei heiterem oder nur leicht bewölktem Himmel. Dabei konnte die Künstlerin, besonders auf den Stromöbildern, die nicht geringe Kraft ihres reichen koloristischen Könnens entfalten. Aber ebenso grosse Sorgfalt hat sie auf die Wiedergabe der architektonischen Einzelheiten, soweit es für die dekorative Wirkung erforderlich war, verwendet. Es kommt in unseren Tagen selten vor, dass der Architekturmalerei Aufgaben solchen Umfangs gestellt werden. Um so höher ist die Energie zu schätzen, mit der die Künstlerin diese Aufgabe gelöst hat. Grete Waldau ist eine Schülerin des Grossmeisters der Berliner Architekturmalerei, Karl Graeb, und seines Sohnes Paul, gewesen, und sie darf sich rühmen, dass sie die alten Ueberlieferungen mit Fleiss und Eifer fortsetzt. Wie innig sie sich mit der Formensprache und dem Geist der alten Architektur vertraut gemacht, hat sie schon

in zahlreichen Staffelei-
bildern gezeigt, in denen
sie in der Feinheit der Behandlung bisweilen ihrem
Meister Karl Graeb nahe
gekommen ist.

PLASTIK.

Die bis jetzt enthüllten
und die durch Modelle und
Abbildungen danach be-
kannt gewordenen Herr-
scherstandbilder in der
Siegesallee scheinen mehr
und mehr denen Recht zu
geben, die bei dem Be-
kanntwerden des Plans
die Befürchtung aus-
sprachen, es würde die
Gefahr der Einförmigkeit
und Eintönigkeit bei 32
gleichartigen Gruppen
nicht vermieden werden
können. Wenn man aber
die bis jetzt aufgestellten
Gruppen unbefangen prüft,
wird man zu der Ueber-
zeugung gelangen, dass
nicht der Plan an sich an
dem grösseren oder kleineren Gelingen der einen
oder der anderen Gruppe
Anteil hat, sondern das
Maass künstlerischer Kraft
und künstlerischer Selbstständigkeit, das jeder Bildhauer für die ihm gestellte
Aufgabe mitbringt. Auf
die Selbständigkeit legen
wir dabei das Haupt-
gewicht. Es ist bekannt,
dass mit der Oberleitung

Abbildung 180.

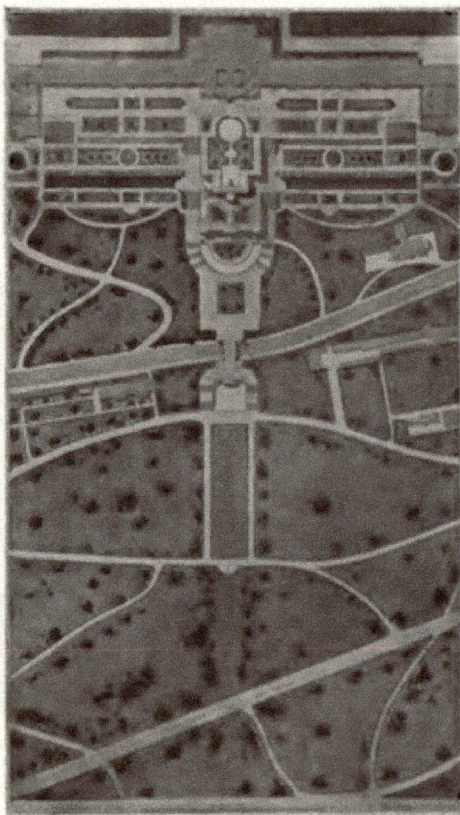

Grundriss zu Abb. 180.

der Ausführung ein Bildhauer betraut ist,
dem sich schwächere Naturen willig fügen,
während sich stärkere dadurch in der Entfaltung ihres eigentlichen Wesens bedrückt
fühlen. Daraus erklärt sich zum Teil manches
Unzulängliche und Lahme. Als drittes Moment tritt dann die darzustellende Persönlichkeit hinzu, die je nach ihrem geschichtlichen Verdienst den Künstler begeistert
oder kalt lässt. In der glücklichen Lage,
mit der Darstellung eines Herrschers betraut
zu werden, dessen Name allein das Herz jedes

Brandenburgers, jedes Preussen höher schlagen lässt, hat sich Professor FRITZ SCHAPER befunden, als ihm der Auftrag zu teil wurde, die auf den grossen Kurfürsten bezügliche Gruppe auszuführen. Ein Künstler seines Rufs und seines Verdienstes hatte natürlich in dem einmal festgestellten Rahmen volle Selbstständigkeit des Schaffens. Dafür hatte er aber auch grosse Schwierigkeiten zu überwinden, da er sich nicht bloss mit Vorbildern von zum Teil klassischer Gehung abzufinden, sondern auch der in diesem Falle besonders sachverständigen und strengen Kritik seines kaiserlichen Auftraggebers zu begegnen hatte, der sich, wie bekannt, mit dem ganzen geistigen Wesen und der körperlichen Erscheinung seines grossen Ahnherrn, den er sich in der Ausübung seines Herrscherberufs als Vorbild erwählt, aufs innigste vertraut gemacht hat. Um so grösser war die Genugthuung des Künstlers, als er mit seiner Auffassung und bildnerischen Gestaltung des grossen Kurfürsten die rückhaltlose Zustimmung und nach der Vollendung des Gipsmodells den vollen, freudigen Beifall des Kaisers fand, dem dieses Abbild so vollkommen erschienen ist, dass er eine Wiederholung in Bronzeguss befahl, die als kaiserliches Geschenk vor der Sparenburg in Bielefeld aufgestellt werden soll. SCHAPER hat den Herrscher in der Vollkraft seiner Jahre, auf der Höhe seiner Erfolge, etwa um die Zeit bald nach dem Fehrbelliner Siege, dargestellt. Seiner Kraft bewusst, sicher auf sich selbst gestellt, steht er da, die rechte Seite auf den Stock gestützt, furchtlos in die Ferne blickend (Abb. 290). Von allen Seiten zeigt die Figur edle, charakteristische Linien; für die graphische Darstellung ist aber die von uns gewählte rechte Seitenansicht die vorteilhafteste, weil dabei sowohl das Gesichtsprofil wie die monumentale Wucht der ganzen Erscheinung zu voller Geltung kommt. Wie einst mit seinem Goethe hat Schaper jetzt mit seinem grossen Kurfürsten ein Werk geschaffen, das das Ideal, das sich das Volk von diesem Herrscher ge-

bildet hat, in wahrhaft klassischer Weise verkörpert. Die beiden Halbfiguren, die ihm beigesellt sind, stellen seinen treuen Berater, den Minister Freiherrn Otto von Schwerin, und seinen tapferen Feldmarschall von Derfflinger dar (Abb. 291 und 292).

OTTO MARKERT, der Schöpfer der kleinen Figur eines nach beendeter Schicht heimkehrenden Grubenarbeiters, die unsere Abbildung 294 wiedergiebt, gehört zu den zahlreichen Bildhauern, die ihre Zeit zwischen Kunst und Handwerk teilen müssen. Als Vorsteher des bekannten Ateliers von Robert Schirmer ist er vorzugsweise auf dekorativem Gebiete für die äussere und innere Ausschmückung von Bauten thätig. So hat er z. B. einen wesentlichen Anteil an der Ausführung der viel bewunderten plastischen Arbeiten in der Kuppel der Berliner Gewerbeausstellung von 1896 nach Entwürfen und Modellen von Bruno Schmitz und Vogel gehabt. Nur in seinen Musestunden kann er sich selbstschöpferischer Thätigkeit, namentlich in Entwürfen und Modellen für das Kunstgewerbe, in Holzschnitzereien u. dgl. m. widmen und dabei seine künstlerische Persönlichkeit zur Geltung bringen, die sich unter dem Einfluss der modernen, unmittelbar auf die Natur weisenden Richtung entwickelt hat. Im Jahre 1867 als Sohn eines kleinen Handwerkers in Schneeberg im sächsischen Erzgebirge geboren, wurde ihm durch ein Stipendium ein dreijähriges Studium auf der Kunstgewerbeschule in Dresden ermöglicht, nachdem er sich zuvor in dreijähriger Lehrzeit die notwendigsten Begriffe in der Technik für Holz, Stein und Modellieren angeeignet hatte. 1887 ging er nach Berlin, um hier sein Glück zu versuchen. Er brachte weiter nichts mit als Gewandtheit in der Anwendung der Barockformen; aber dies genügte damals für sein Vorwärtskommen. In jener Zeit hat er u. a. die Bühnenbekrönung im Apollo-Theater geschaffen. Unter dem Wandel der Geschmacksrichtung sah er sich aber bald genötigt, die auswendig gelernten Formen abzu-

Abbildung 290

Standbild des grossen Kurfürsten für die Sieges-Allee.
Von Fritz Schaper in Berlin.

giers Meunier nicht abweisen. Der Deutsche braucht sich dieses Vergleiches nicht zu schämen. Wer sich trotz der ungeheuren Reklame, die in Deutschland für den finsteren, verbitterten Schilderer wirklichen und vermeintlichen sozialen Elends gemacht worden ist, noch ein unbefangenes Urteil bewahrt hat, der wird anerkennen müssen, dass die schlichte Gestalt Markerts, die nichts übertreibt und nichts beschönigt, der Wirklichkeit viel näher kommt, als die Gestalten Meuniers, die ein seltsames Gemisch von Anklage und Verherrlichung bilden, viel Tendenz, aber wenig nüchternen Wirklichkeitssinn verraten.

Aus der herben, rauhen Luft harter Tagesarbeit führt uns die liebliche, sich auf einem Baumast wiegende Mädchengestalt, die ihr Schöpfer, Gustav Schmidt-Cassel „Waldeinheit" getauft hat (Abb. 293), in das romantische Land, in das Dunkel eines deutschen Waldes, das der Volksglaube mit Nixen, Elfen und anderen geheimnisvollen Wesen belebt. Die Gestalt soll die von keines Menschen Fuss gestörte Einsamkeit eines entlegenen Waldes verkörpern, und man kann sich die jungfräuliche Stille deutscher Waldeinsamkeit schwerlich besser versinnlicht denken als durch dieses holde Mädchenbild. Es gleicht dem Sonnenstrahl, der von Ast zu Ast huscht, und soll zugleich das Geheimnis des Werdens im Frühling verkörpern. Gustav Schmidt hat sich das Unterscheidungsmerkmal seines Namens von seiner Vaterstadt beigelegt, wo er 1867 geboren wurde. Seiner Ausbildung nach gehört er aber Berlin an, wo er zuerst die Lehranstalt des

werfen und, wenigstens in seinen eigenen Werken, nach unbefangener Natürlichkeit und Individualität zu streben. In wie hohem Grade ihm dies geglückt ist, beweist sein Bergmann, den er nach Erinnerungen aus seiner Jugend geschaffen hat. Vor einer solchen Figur lässt sich ein Vergleich mit den Gruben- und Hüttenarbeitern des Bel-

Abbildung 291.

Minister Freiherr Otto von Schwerin.
Halbfigur für das Standbild des grossen Kurfürsten.
Von FRITZ SCHAPER in Berlin.

Kunstgewerbemuseums und dann die
Kunst-Akademie von 1890–1895 besucht hat.

DEKORATION
UND KUNSTGEWERBE

Der Altar für die katholische Herz-
Jesu-Kirche in Berlin, der bei der Einweihung der Kirche im vorigen Jahre
noch nicht fertig war, ist nach monate-
langer mühevoller Arbeit kürzlich vollendet und in der Chornische aufgestellt
worden. Unsere Abbildung 303 zeigt,
mit welch' feinem künstlerischen Geschmack und Geschick der Erbauer der
Kirche, Professor CHR. HEHL., der wie
zu allen übrigen Schmuckstücken der
Kirche auch zu diesem vornehmsten
den detaillierten Entwurf geschaffen,
den Altar in seinen architektonischen
Rahmen hineinkomponiert hat. Aber
nicht bloss in seiner Erfindung und Komposition, sondern auch in seiner tech-

nischen Ausführung, die in der Werkstatt des Ciseleurs O. ROHLOFF erfolgt
ist, ist der Altar ein Meisterwerk, das
unserem Kunstgewerbe zu hoher Ehre
gereicht. Wie für den Entwurf die
allgemeine Stilfassung der Kirche,
strengromanische Formen aus dem
Anfang des XII. Jahrhunderts, maassgebend war, so entspricht auch die
bei der Ausführung des Altars angewendete Technik dieser Zeit. Der
Altaraufsatz ist in Kupfer getrieben,
im Feuer vergoldet und mit ornamentalen Details in Grubenschmelz geschmückt. Die umrahmenden Leisten
und das Kreuz sind mit Filigranranken
und Halbedelsteinen in Kapselfassung
verziert. Die Reliefs in den unteren
und oberen Feldern enthalten Darstellungen aus der Heilsgeschichte mit
ihren altestamentlichen Vorbildern,
und in dem die Bekrönung bildenden
Bogenaufsatz sieht man den thronen-

Abbildung 291.

Feldmarschall von Derfflinger.
Halbfigur für das Standbild des grossen Kurfürsten.
Von FRITZ SCHAPER in Berlin.

den Heiland zwischen den Symbolen der
Evangelisten. Die Modelle für die bildne-
rischen Darstellungen hat Professor OTTO
GEYER, die Malereien auf Kupfer an den
Innenseiten der Tabernakelthüren A. KLEIN-
ERTZ in Köln angefertigt.

Der von Professor MAX SELIGER entworfene und gezeichnete Karton für eine
Grabdenkmaldekoration (Abb. 299) ist zur
Ausführung in Mosaik durch die Glas-
mosaikanstalt von PUHL & WAGNER in
Rixdorf für ein Grabmal bestimmt, das auf
dem Friedhof in Halensee für die Familie

Abbildung 204.

Heimkehr. Von OTTO MARKERT in Berlin.
Grosse Berliner Kunstausstellung von 1899.

Abbildung 203.

Waldesinbrit. Von GUSTAV SCHMIDT-Kassel.
Grosse Berliner Kunstausstellung von 1899.

B. A. W. II. 6.

des Bankdirektors B. Dernburg nach dem
Entwurfe von SPALDING und GRENANDER
in einfacher, aber vornehmer Architektur
mit schlichten Profilen errichtet wird.
Die Architektur war für die Aufnahme des
Mosaiks direkt komponiert. Zu beiden
Seiten sind zwei kleine Nischen zur Aufnahme von Aschenurnen angebracht, und
darnach hat Seliger das Motiv für seine
Darstellung — Engel, die trauernd einen
Sarkophag umgeben — gewählt. In den
weichen, schwebenden Linien erkennt man
die Muster, denen Seliger am liebsten
folgt: die zarten Gebilde der italienischen
Frührenaissance. Obwohl erst 34 Jahre alt,

70

218

Abbildung 295.

Aufziehendes Wetter in der Campagna de Roma. Von CARL LANGHAMMER in Berlin.
Ausstellung der Berliner Secession von 1899.

Abbildung 296.

Alt Berlin. Von PAUL HOENIGER in Berlin. Ausstellung der Berliner Secession von 1899.

Abbildung 297.

Das alte Schloss.

Von

FRANZ HOFFMANN-
Fallersleben
in Berlin.

Grosse
Berliner Kunstausstellung
von 1899.

Abbildung 298.

Alte Patrizierhäuser
in Breslau.
Von GRETE WALDAU.

Abbildung 290.

Karton für ein Grabdenkmal-Dekoration. (Zur Ausführung in Glasmosaik bestimmt.)
Von MAX SELIGER in Berlin. Grosse Berliner Kunst-Ausstellung von 1899.

Abbildung 300.

Porträt meiner Schwester.

Von FELIX KRAUSE

in Steglitz.

Ausstellung

der

Berliner Secession

von 1899.

Abbildung 301.   Abbildung 302.

hat Seliger in der kurzen Zeit seiner selbständigen Thätigkeit durch ein fein entwickeltes Gefühl für Flächendekoration
und durch die anmutige Leichtigkeit seines
Schaffens bereits schöne Erfolge erzielt.
Am 12. Mai 1865 in Posen geboren, hat er
von 1886 bis 1889 die Kunstschule und
später die Schule des Kunstgewerbe-
museums in Berlin besucht, auf der er besonders durch den Unterricht Max Kochs
gefördert wurde. Nach einer italienischen
Studienreise und nach einer praktischen
Thätigkeit auf dem Gebiete der dekorativen
Malerei am deutschen Repräsentationshause
auf der Weltausstellung in Chicago hatte
er sich durch seine Arbeiten soviel Vertrauen in seine Tüchtigkeit erworben, dass
er 1894 als Nachfolger Kochs als Lehrer
für figürliche dekorative Malerei am Berliner Kunstgewerbemuseum angestellt wurde.
Auf allen Gebieten der dekorativen Malerei
thätig, hat er sich in weiteren Kreisen

Abbildung 303.   Abbildung 304.

Abbildung 301—304. Das Werden und die Verwendung der Brodfrucht. Medaillons als Einsätze für die
Fenster im Speisesaal der Villa Knorr in Heilbronn a. N. (Architekten J. VOLLMER und H. JASSOY.)
Entworfen und gezeichnet von PAUL GATHEMANN und MANNO KELLNER, Dekorationsmaler in Charlottenburg,
ausgeführt von J. C. SPINN & CO. in Berlin.

Abbildung 305.

Altar für die Herz Jesu-Kirche in Berlin. Von Chr. Heidt., Architekt in Berlin.

romanischem Stil entworfen worden (Abb. 312-314). Die Ausführung in Schmiedeeisen erfolgte auf Kosten der Stadt Charlottenburg durch den Kunstschlosser PAUL FERD. KRÜGER in Berlin in reiner Handarbeit. Die Kosten eines jeden Kandelabers, der 6,10 m hoch ist und in der Ausladung der Arme mit Laternen eine Breite von 2 m erreicht, betrugen 3000 Mark.

Die nach einem Entwurfe des Architekten FROHNEBURG in der Kunstschmiede von A. M. KRAUSE in Berlin ausgeführte Fahrstuhlthür, die Abbildung 315 wiedergiebt, ist für ein Hotel in Dortmund angefertigt worden. Ihre Höhe bis zum Kämpfer beträgt 2 m, ihre Breite ebensoviel. Sie ist aus Winkel-Quadrat- und Mannstaedt-Ziereisen konstruiert; Füllungen und Aufsatz sind aus Quadrateisen und aus flachschilfblattartig ausgeschmiedeten Gebilden hergestellt. Die Kosten beliefen sich ohne Drahtgewebe auf 250 M., wozu noch etwa 25 M. für die Bespannung mit Draht kommen.

Als Motiv für die vier von den Malern PAUL GATHEMANN und MARNO KELLNER in Charlottenburg entworfenen und gezeichneten Medaillons (Abb. 301—304) hat das Werden der Brotfrucht im Wechsel der Jahreszeiten und seine Verwendung gedient. Sie sind von der Glasmalereianstalt von J. C. SPINN & Co. in Berlin als Einsätze für die Fenster im Esszimmer der von VOLLMER und JASSOY in Berlin erbauten Villa des Kommerzienrats Karl Knorr ausgeführt worden.

vornehmlich durch seine Malereien am Hauptportal der Berliner Gewerbeausstellung von 1896 und durch seine Entwürfe zu den Stickereien für den Thron im Palazzo Caffarelli in Rom bekannt gemacht.

Zur einheitlichen Ausschmückung des Auguste Victoria-Platzes im Charakter der auf diesem Platze erbauten Kaiser Wilhelms-Gedächtniskirche sind auch die beiden zur Strassen- und Bürgersteigbeleuchtung vor der Kirche bestimmten Kandelaber von dem Erbauer der Kirche, FRANZ SCHWECHTEN, in

NEUE ERWERBUNGEN
DES KÖNIGL. KUNSTGEWERBE-MUSEUMS IN BERLIN.

Die Erfolge der modernen Sturm- und Dranggeister, die in kühnem Anlauf die Mauern der alten Dekorationsformen niedergerissen und von Grund auf neu die Hochburg der Kunst aufzubauen versuchen, haben

Abbildung 306.

Anhänger. Französische Arbeit.
16. Jahrhundert.

der pietätvollen Verehrung der Meisterwerke alter Kunst starken Abbruch gethan. So anerkennenswert nun auch die Bestrebungen der „Jungen" sind, so ungerecht ist doch andererseits eine Missachtung der „Alten", wie sie heute dem ewigen Gesetz des Kontrastes zufolge an die Stelle der früheren Ueberschätzung getreten ist. Wie lehrreich und vorbildlich auch für unsere modernsten Kunstbedürfnisse noch immer die besten Arbeiten früherer Jahrhunderte bleiben, zeigen zahlreiche Neuerwerbungen des Kunstgewerbemuseums, in denen das, wonach unsere modernen Künstler sich noch vergeblich abmühen, in schöner Vollendung erscheint.

So stellt sich z. B. der abgebildete wollene Wirkteppich als ein Muster textiler Flächendekoration dar, die auch schon wegen ihrer naturalistischen Motive mit der neuzeitigen Zierkunst manche Berührungspunkte hat. Den Grund füllen dicht neben einander gesetzte Pflanzen, Rosen, Iris, Glockenblume, Löwenzahn u. a., nur soweit stilisiert, als der grobe Faden zu einer derberen, breiten Wiedergabe ihrer Erscheinungsform nötigte. In diesem duftenden Garten tummelt sich allerlei Getier. Ein langbeiniger Reiher schreitet durch das Kraut und schaut nach Nahrung aus, ein Fasan bückt sich nieder, um sich an einer vollen Aehre gütlich zu thun. Hier hockt ein spitzschnäbeliger Specht, dort sitzt ein

Abbildung 307.

Deckelbecher. Danzig.
Mitte des 17. Jahrhunderts.

Abbildung 308

Wollener Wirkteppich.   Niederland.   Um 1520.

Häschen mit emporgereckten Ohren, während neben ihm ein Storch einen zappelnden Frosch ergriffen hat. Dicke Blattguirlanden, von Obst und Blumen umwunden, füllen die Borte aus. Der Teppich ist um 1520 in den Niederlanden gefertigt worden. Die Viktorkirche in Xanten besitzt datierte Teppiche aus jenem Jahre, bei denen auf ähnlichem Blumengrunde prächtige, die ganze Höhe der Bildfläche einnehmende Heilige stehen. Der neue Wirkteppich bildet eine wertvolle Bereicherung der einzig in der Welt dastehenden Stoffsammlung des Museums.

Auch die unvergleichliche Gold- und Silberabteilung hat einen beträchtlichen Zuwachs interessanter Arbeiten erfahren. Aus der Auktion der Sammlung Martin Heckscher, welche, nachdem sie fast 2 Jahre im Museum ausgestellt gewesen, im vorigen Jahre zu London zu übermässig hohen Preisen versteigert worden ist, ist für das Museum neben anderen Stücken auch ein kostbarer Anhänger, französische Arbeit des 15. Jahrhunderts, gerettet worden. Der aus vergoldetem Silber bestehende Rahmen setzt sich aus Zweigen zusammen, die mit gotischem Blattwerk umschlungen sind; die Ecken zieren Distelköpfe. Die Vorderseite zeigt unter Kristall ein zierliches, in Elfenbein geschnittes und bemaltes Relief: die Krönung Mariä. Auf der silberfarbenen Rückseite sind in Niellomasse Pflanzen aus-

geführt, welche, aus einer kleinen Vase herauswachsend, den ganzen Grund gefällig bedecken: neben stilisiertem Blattwerk Erdbeeren und Blüten mit langen Staubgefässen.

Einen interessanten Beitrag zu der vor zwei Jahren so wenig erfolgreichen künstlerischen Konkurrenz um eine Ehemedaille bietet eine runde silbervergoldete Kapsel aus der Zeit des dreissigjährigen Krieges. Auf der einen Seite ist ein jugendliches Paar in vornehmer Tracht dargestellt, deren Herzen sich gefunden. Amor in ihrer Mitte segnet den Liebesbund ein. Die Scene auf der andern Seite möchte man als Fortsetzung der ersten betrachten. Dem Bunde, den die Liebe geschlossen, giebt die Kirche in der Person Christi selbst ihren Segen. Gesenkten Blickes lauscht das schon etwas ältere Paar den ernsten Worten des Herrn. Wie schlicht und ungesucht, wie sinnig und zugleich in Komposition und Maasstab gut getroffen!

Etwas später als diese Kapsel, etwa in die Mitte des 17. Jahrhunderts, ist der abgebildete Deckelbecher zu setzen. Die eingeschlagene Marke weist auf Danzig als Herstellungsort hin. In leichtem Relief heben sich golden vom Silbergrunde grosse Tulpen, Rosen und kleinere Blumen ab, in lebendiger Bewegung emporwachsend, jedesmal eine grössere Blume mit einer kleineren wechselnd. Während die kleineren

Abbildung 309.

Kapsel aus der Zeit des dreissigjährigen Krieges.

Abbildung 310.　　　　　　　　　　　　Abbildung 311.

Abbildungen 310 u. 311 Entwürfe für schmiedeeiserne Thüren.　Von ARNO KÖRNIG, Architekt in Wilmersdorf

Abbildung 312.

auf volutenartigen Sockeln aufstehen, wachsen die grösseren direkt aus der Fläche heraus, indem das untere Ende ihrer Stiele von mehreren allmählich im Grunde verlaufenden kleinen Kreisbogen umschrieben ist, ein Motiv, das der Künstler vielleicht aus der Beobachtung gewonnen hat, dass um den im Wasser stehenden Pflanzenstiel die Flüssigkeit eine kreisförmige Rinne zu bilden scheint.

Die von der oberen Kante des Bechers stalaktitenartig herabhängenden Zapfen gleichen in ihrer Bildung Schmuckformen, wie sie uns etwa in den Stichen des Amsterdamer Ornamentstechers JAN LUTMA, der in der Mitte des 17. Jahrhunderts lebte, begegnen.

Ausser diesen Stücken sind noch mehrere andere interessante und kostbare Silberschmiedearbeiten erworben worden: aus der

Abbildung 313.

Sammlung Heckscher ein nürnberger Haufe-
becher vom Jahre 1532 mit überaus feinen
eingravierten Darstellungen, weltlichen und
biblischen Liebesscenen und spielenden
Amoretten, und ein Gewürzbüchschen aus
dem siebzehnten Jahrhundert mit silbernen
Blumen auf schwarzem Niellogrunde, ferner
ein Wärmuntersatz in durchbrochener Silber-
arbeit (Paris 1724 5), sowie ein ober-
italienischer silberner Knäuelkorb aus dem
Ende des vorigen Jahrhunderts. Von besonders kulturhistorischem Interesse sind

Abbildung 314.

Kandelaber vor der Kaiser Wilhelm-Gedächtniskirche
in Berlin. Entworfen von FRANZ SCHWECHTEN in
Berlin, ausgeführt von FERD. PAUL KRÜGER, Kunstschlosser in Berlin.

Detail zu Abbildung 313.

endlich zwei Embleme aus vergoldetem Kupfer in Gestalt eines
Ackleybechers und eines grossen
Ringes, der Meisterstücke des Nürnberger Goldschmiedes, welche bei
Leichenfeiern der dortigen Gold-
schmiedezunft benutzt wurden. Sie
tragen das Datum 1606.
A. Brüning.

Abbildung 315.
Fahrstuhlthür für ein Hotel
in Dortmund.
Nach dem Entwurfe
des Architekten FROHNE,
von A. M. KRAUSE, Kunst-
schmiedewerkstatt ausgeführt.

Abbildung 316.
Moderner
Salon.
Entworfen
und
ausgeführt
in den Werk-
stätten von
KELLER und
REINER
in Berlin.
Krone von
R. LEVY.

Abbildung 317.

Modernes Buffet.

Entworfen und ausgeführt

in den

Werkstätten

von

KELLER und REINER in Berlin.

Abbildung 318.

Modernes
Schlafzimmer.
Entworfen
und
ausgeführt
in den
Werkstätten
von
KELLER und
REINER
in Berlin.

BERICHTIGUNG.

Die Unterschriften zu den Abbildungen 236 und 238, Heft 5, sind dahin richtig zu stellen, dass die Fassaden nebst den Hofansichten, Durchfahrten, Details etc. allein von dem Architekten G. HART in Berlin entworfen und gezeichnet worden sind.

Abbildung 254 stellt einen Portierenhalter dar.
                                                        Die Redaktion.

CHRONIK AUS ALLEN LÄNDERN.

☐ In dem *Wettbewerb für Entwürfe zu Wandgemälden* im grossen Saale des Hamburger Rathauses ist die Mehrzahl der Preise — fünf von acht — Berliner Künstlern zugefallen. Da das Preisgericht sich nicht entschliessen konnte, einem der 44 eingegangenen Entwürfe den ersten Preis zuzuerkennen, wurde die Gesamtsumme von 10000 M. in vier zweite Preise von je 3000 M. und vier dritte Preise von je 1000 M. geteilt. Zweite Preise erhielten Prof. FERDINAND KELLER in Karlsruhe, G. A CLOSS in Stuttgart, Prof. W. FRIEDRICH in Berlin und A. ZICK in Berlin, dritte Preise Prof. DUYFFCKE in Hamburg, J. VOSS in Berlin, Prof. L. DETTMANN in Berlin und OTTO MARCUS in Berlin.

*   *   *

↓ Zu dem *Ideen-Wettbewerb für einen Gesamtplan der Industrie- und Gewerbe-Ausstellung für Rheinland, Westfalen und benachbarte Bezirke* waren 13 Entwürfe eingegangen. Das Preisgericht erteilte den ersten Preis dem Architekten GEORG THIELEN zu Hamburg, den zweiten Preis dem Architekten AUGUST LACHMEYER zu Düsseldorf und den dritten Preis den Architekten SCHULZE und SCHLICHTING zu Berlin. Zwei weitere Entwürfe des Architekten JULIUS WENDLER zu Berlin und der Architekten HOFFE und EMMINGMANN zu Berlin wurden dem Ausstellungs-Vorstande zum Ankauf empfohlen.

*   *   *

*, Einen *Wettbewerb für den Bau einer evangelischen Kirche in Poppelsdorf bei Bonn* schreibt das Presbyterium der evangelischen Gemeinde in Bonn aus. Die Kirche soll Raum für 600 Sitzplätze bieten, die Baukosten dürfen den Betrag von 150000 M. nicht überschreiten. Es sind drei Preise von 1500, 1000 und 500 M. ausgesetzt. Preisrichter sind Stadtbaurat SCHULTZE und Kreisbauinspektor SCHULZE in Bonn, Baurat FREYSE in Köln a. Rh., Baurat MASCH in Charlottenburg und ausserdem drei Nichttechniker. Die Entwürfe sind bis zum 1. November an das Presbyterium einzusenden.

*   *   *

* In dem *Wettbewerb für Entwürfe zu einem Denkmal der Kaiserin Augusta in Köln* sind die beiden ersten Preise (1500 und 1000 M.) den Entwürfen der Bildhauer STOLZMANN und DORNBACH und des Architekten KIRSCH, sämtlich in Köln, zu teil geworden. Der dritte Preis (500 M.) ist dem Bildhauer Prof. ERNST HERTER in Berlin zugefallen.

*   *   *

*. Ein *„Künstlerverband für Illustration in Reklame"* soll, wie kürzlich in einer Versammlung von etwa 40 Künstlern und Künstlerinnen beschlossen worden ist, in Berlin als eingetragene Genossenschaft mit beschränkter Haftung begründet werden. Die Genossenschaft will, wie aus einem Aufrufe hervorgeht, der die schriftliche Zustimmung der Professoren R. Begas, E. Doepler d. J., Lessing u. a. gefunden hat, die deutsche Plakatausstellung fortsetzen, um so eine Sammelstelle für künstlerische Plakatentwürfe zu schaffen, Wanderausstellungen veranstalten u. dgl. m.

*   *   *

4. Die Ausführung eines *Neubaus für die Versicherungsgesellschaft „Nordstern"* in Berlin ist nach einer engeren Konkurrenz zwischen den Architekten KAYSER und VON GROSHEIM, REIMER und KÖRTE und W MARTENS den erstgenannten übertragen worden.

*   *   *

* In einem für die *Deutsche Bauausstellung in Dresden 1900* ausgeschriebenen Wettbewerbe zur Gewinnung von Entwürfen für *„Mustergehöfte zu einer Wirtschaft von 35 Hektar Land"* hat der Architekt ERNST KÜHN in Dresden die beiden ausgesetzten Preise gewonnen.

*   *   *

::: In dem *Wettbewerb für Entwürfe zu einem Kunstausstellungsgebäude in Düsseldorf* hat das Preisgericht einstimmig den ersten Preis dem Architekten A. BENDER in Düsseldorf, den zweiten Preis dem Professor S. NECKELMANN in Stuttgart, den dritten Preis den Architekten KARL BORNSTEIN und EMIL KOPF in Berlin zuerkannt.

*   *   *

❈ Die *Dresdener Bauausstellung im Jahre 1900* soll bekanntlich durch die Anlage eines „Vergnügungsecks" einen Reiz für das grosse Publikum erhalten, und dieser wird voraussichtlich in vollem Maasse durch die Ausführung des mit dem ersten Preise gekrönten Entwurfes des Leipziger Architekten DRECHSLER erreicht werden. Nach einer Beschreibung im „Centralblatt der Bauverwaltung" läuft der Vorschlag Drechslers darauf hinaus, eine römisch-germanische Grenzansiedlung zur Zeit des Tacitus zu veranschaulichen, um so einmal die vollendete römische Kunst dem Voranfängen germanischer Kunstbethätigung gegenüberzustellen. „Der für das Vergnügungseck In Aussicht genommene Bauplatz hat dreieckige Gestalt und ist nach dem Grossen Garten zu von einem schönen Eichenwalde, an der Schmalseite von der Stübel Allee und nach dem Domänischen Garten zu von einem neu angelegten Garten mit modernen Gebäuden begrenzt. Um letztere zu verdecken, dem ganzen Vergnügungseck eine in sich abgeschlossene Erscheinung zu geben und damit der Einbildungskraft der Besucher zu Hülfe zu kommen, sind die Hauptgebäude an dieser Seite gelegt. Der waldige Teil ist, um den Besucher beim Verweilen in dieser behaglichen Ecke auch die Schönheit der Natur in vollen Zügen geniessen zu lassen, thunlichst frei gehalten und nur mit eingestreuten Baulichkeiten durchsetzt, welche ihrer Art nach geeignet sind, den landschaftlichen Reiz noch zu erhöhen. Von der eigentlichen Ausstellung soll das Vergnügungseck mit Umgebung des Botanischen Gartens durch eine elektrische Bahn zugänglich gemacht werden. Ausserdem sollen unmittelbare Zugänge an der Hercules- und Stübel-Allee geschaffen werden. Von der Hercules-Allee gelangt der Besucher zunächst zum römischen Provinzialcastell. Die „Porta romana", ein grosser Thorbogen mit mächtigem seitlichen Rundturm bildet den Zugang; hat man ihn durchschritten, so öffnet sich dem Blicke eine antike Strasse, die sich hinter dem Thore zu einem Platz erweitert, auf welchem sich ein kreis-

runder, von einer Säulenhalle umgebener Vestatempel, das „Orakel", erhebt. Längs der Strasse sind verschiedene römische Wohnhäuser errichtet, so das „Haus des Pansa", Häuser für Handwerker u. s. w., alle in der Weise der Alten nach der Strasse zu mit Verkaufsläden versehen. Rechter Hand, an den Wald gelehnt, eine Villa mit Säulenporticus und seitlichen hermengeschmückten Laubengängen; weiterhin eine Fontaine. Von dieser gelangt man nach dem offenen Amphitheater für Gladiatorenkämpfe und andere zur Römerzeit übliche Vorführungen. Den Abschluss des Castells nach dieser Seite bildet die turmbewehrte „Porta germanica", und hinter ihr sieht sich der Grenzwall (Limes) hin, vor welchem sich die germanische Ansiedlung ausbreitet. Dem Beschauer zunächst erhebt sich links das Hauptgebäude, die Königshalle, ein gewaltiger in Holz gefügter Bau, dessen mittlerer Teil die weitgespannte Halle einnimmt; an sie schliessen sich rechts und links in stumpfen Winkeln Seitenhallen und Wirtschaftsräume an. Der volle Bau, um den sich die übrigen germanischen Baulichkeiten in bildlicher Gruppe scharen, ist urwüchsig geschmückt mit Kieferngehängen, Stierschädeln, Waffentrophäen u. dgl. m. Der Königshalle gegenüber ist, umgeben von einem Weiher, die Musikhalle angeordnet. Im Walde versteckt liegt die sagenhafte „Hunnighütte" mit dem durchs Dach ragenden Eschenstamme. Am hinteren Ende der Ansiedlung erhebt sich die „Nibelungenhalle" mit hohem Warturme. Der Eingang von der Stübel-Allee ist durch einen grossen Thorbau betont, an den sich rechts und links Wallmauern mit Wartürmen anschliessen. Der hallenartige Ueberbau ist mit Trophäen, Fahnen und Laubgewinden reich geschmückt und kann durch zwei seitliche Treppenanlagen erstiegen werden; von ihm aus würde man das ganze Vergnügungseck überblicken können. Auch eine „Drachenhöhle" mit erleuchtetem Wasserfall ist in Aussicht genommen."

BÜCHERSCHAU.

Handbuch der Kunstgeschichte von ANTON SPRINGER. Fünfte vermehrte Auflage. Vier Bände. Leipzig, E. A. Seemann.

Mit dem kürzlich erschienenen dritten und vierten Bande liegt die fünfte Auflage dieses vortrefflichen Handbuchs, das sich durch seine knappe und doch geistvolle Behandlung des gewaltigen Stoffs allgemeine Anerkennung erworben hat, jetzt vollendet vor. Es ist bekannt, dass Springer besonders darin eine grosse Meisterschaft besessen und geübt hat, den geistigen Zusammenhang der Kunstentwicklung klarzulegen und daneben doch das individuelle Element zu gebührender Geltung kommen zu lassen. Diese Vorzüge zeigen sich in diesem Handbuch in besonders glänzendem Lichte. Das lebhafte Element

stört nirgends den Fluss der Erzählung. Mit grossem Geschick sind vielmehr die Personen, Ornamente und Jahreszahlen in die lebendige, stellenweise schwungvolle Darstellung verwoben worden. Sind für die fünfte Auflage auch an dem Texte nur wenige Veränderungen notwendig gewesen, so hat doch das Werk durch eine vornehme Ausstattung auf Kunstdruckpapier, durch Ersatz der alten Chromolithographieen durch Dreifarbendrucke und Hinzufügung neuer farbiger Tafeln sowie durch eine beträchtliche Verbesserung vieler Illustrationen ein ganz neues Aussehen erhalten. Das in vier Bände gebundene Werk umfasst 1286 Seiten mit 1588 Abbildungen und 14 Farbentafeln.

Verantwortlich für die Redaktion: Dr. ADOLF ROSENBERG, Berlin. — Verlag von ERNST WASMUTH, Berlin W., Markgrafenstr. 35. Gedruckt bei JULIUS SITTENFELD, Berlin W. — Clichés von CARL SCHÜTTE, Berlin W.

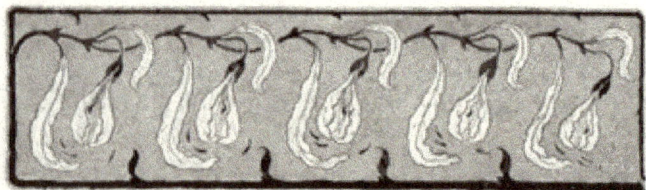

RICH. GRIMM.

STADTBAUFRAGEN.

Von Hans Schmidkunz.

Vor kurzem war eine öffentliche Mitteilung zu lesen, nach der nun auch das sonst so wenig beachtete Gebiet des künstlerischen Städtebaus seinen Kongress und seine Ausstellung erhalten soll. Im Jahre 1898 war zu Brüssel ein erster „internationaler Kongress für öffentliche Kunst" abgehalten worden; der zweite derartige Kongress soll im Jahre 1900 zu Paris bei Gelegenheit der Weltausstellung stattfinden. Das Organisations-Komitee in Paris hat das Programm dieses Kongresses bereits festgestellt. Alle die Fragen sollen behandelt werden, die sich mit der Schaffung und Erhaltung eines künstlerisch befriedigenden Bildes der Plätze und Strassen in den Städten und mit der Schönheit ihrer Umgebung befassen. Diese künstlerischen Fragen sollen nun in drei Gruppen behandelt werden, einer technischen, einer administrativen und einer im engsten Sinn künstlerischen: in dieser sind beabsichtigt Vorträge über Aesthetik der Städte, über die Elemente und Bedingungen eines künstlerischen Bildes von Strassen und Plätzen, über die Aesthetik der Landschaft, über verschiedene einzelne Anlagen u. s. w. Zugleich soll eine Ausstellung für öffentliche Kunst stattfinden, die in analoger Weise angeordnet sein wird, abgesehen von der Sonderung nach den Ländern. Die Ausstellung will in verschiedentlichen Bildern die erläuternden Beispiele geben, will künstlerischen Vereinigungen Gelegenheit bieten, die Ergebnisse ihrer Propaganda zu veranschaulichen, will Baugesetze zeigen, Plakate, gegen die die Baupolizei eingeschritten war, ausstellen, u. dgl. m.

Mit dieser Veranstaltung ist nun die Frage der „Stadtbaukunst" neuerdings aufgerollt. Sie war bis vor etwa einem Jahrzehnt kaum *mehr* gewesen als eines der vielen Kapitel der Lehre vom Bauwesen, wurde aber dann durch mehrere Vorkämpfer, unter denen C. Sitte (Wien) und K. Henrici (Aachen) hervortraten, zu einem besonderen Punkt der Modernitätsbestrebungen in der Kunst gemacht. Allerdings gelang es ihr nicht, die öffentliche Aufmerksamkeit für sich so zu gewinnen, wie es inzwischen anderen dieser Punkte gelang, insbesondere dem „Secessionismus" in der Malerei und dem Aufschwung der „dekorativen" oder „angewandten" Kunst. Und doch steht sie diesen beiden Punkten ganz nahe. Von einem „Secessionismus im Städtebau" konnte bereits mit Recht gesprochen werden; nur dass dieser Secessionismus mehr oder noch mehr als der in der Malerei auf Vorbilder zurückverweist, die hinter der von beiden am stärksten befehdeten jüngsten Vergangenheit zurückliegen. Dem „dekorativen" Zug der Moderne, natürlich im weitesten Sinn des Dekorativen, gehört die Moderne im Städtebau schon deswegen an, weil ja die Strassen und Plätze unserer Stadt neben der Wohnung unsere nächste alltägliche Umgebung bilden, ganz abgesehen davon, dass die eine nicht ohne die andere im Stande ist, zu einer wahrhaft naturgemässen künstlerischen Erscheinung zu gelangen. Nun nur noch eines! Die künstlerische Durchbildung des Städtebaus im engeren Sinne ist zwar eine der schwierigsten Reformaufgaben des Augenblicks, weil ihre Objekte nicht so ohne weiteres auf- und umgestellt werden können; allein sie ist, kurz gesagt, vielleicht die wenigst teuere künstlerische Aufgabe, weil es sich bei ihr nicht um die Herstellung mehr oder minder kostspieliger Objekte handelt (das ist Sache der Architektur, der Plastik, des Kunstgewerbes u. s. w.), sondern nur um die richtige Aufstellung von Objekten, die ohnedies hergestellt werden; zu dieser Aufstellung bedarf es nur der nötigen Einsicht und Willenshandlung im richtigen Augenblick, in *dem* Augenblick nämlich, in welchem eben die Anlage der Baublöcke, der Strassen, der Plätze, der Denkmäler stattfindet. Wie weit sie mehr Raum, also mehr Kosten für Grund und Boden verlangt, müsste jeweils eigens erörtert werden; hier nur so viel, dass sie dort, wo sie derartige höhere Ansprüche stellt, zugleich im Namen der Hygiene spricht, und im übrigen gerade einer speziellen Raumverschwendung — im Uebermaass der Strassenbreite und Platzgrösse — Opposition macht.

In unseren Zeilen soll weder die Gesamtheit der Forderungen der Städtebau-Moderne entfaltet werden — denn das ist bereits mehrfach geschehen; noch auch soll eine Geschichte dieser Reformbewegung oder eine Uebersicht über ihre Literatur gegeben werden — denn das würde hier zu weit führen. Unsere Frage sei vielmehr die: „Welches Interesse kann die Oeffentlichkeit dem gegenwärtigen Stand der Frage und jenem Pariser Kongress entgegenbringen?"

Für die Reformbewegung im Städtebau ist die Oeffentlichkeit noch lange nicht gewonnen. Diese steht im Durchschnitt fast ganz auf dem Standpunkt der gegenwärtig üblichen Bauweise, deren Hauptmerkmale sind: möglichst breite und gerade Strassen, möglichst grosse Plätze, schematische, unindividuelle Anlage beider, Zusammenlegen von „Baufluchtlinie und „Strassenflucht", Ineinanderführung des Verkehrs durch gehäufte Strassenkreuzungen, insbesondere auf den „Sternplätzen", Zerreissung statt Abschliessung der Platz- und Strassenprospekte, Verstellung der Verkehrslinien durch architektonische und plastische Werke, und schliesslich der „Freilegungswahn". Die Reformbewegung im Städtebau will auf Grund praktischer, d. h. Verkehrs- und Gesundheitsrücksichten, und auf Grund künstlerischer Ansprüche auf wohlgefällige Strassen- und Platzbilder die ausschliessliche Herrschaft jener Hauptmerkmale bekämpfen, ohne jedoch gerade die jenen Formen entgegengesetzten als alleinseligmachend zu verkünden. Sie verweist auf bessere Zeiten eines künstlerisch wertvollen Städtebaus zurück. Sie bringt besonders die Schönheiten der süddeutschen und westdeutschen Städte älterer Anlage in Erinnerung. Wo es gilt, diese vorhandenen Schönheiten zu erhalten, hat unsere Reformbewegung auch die durchschnittliche öffentliche Meinung auf ihrer Seite, allerdings meistens mit dem Bedauern, dass den Ansprüchen unserer Zeit nun doch vieles bloss Historische geopfert werden müsse.

Berichte über diese Konflikte bilden denn auch den grössten Teil dessen, was in der Oeffentlichkeit über unser Gebiet zu hören ist. So war jüngst die Rede von den Baudenkmälern von Oberlahnstein, einer jener mittelrheinischen Städte wie St. Goar u. a., deren Bedeutung und Zugkraft in ihrem altertümlichen Bilde liegen. Auch hier hiess es: erhalten, was möglich ist, und preisgeben, was nicht mehr zu halten ist. Angesichts dieser Schwierigkeiten nimmt die Stadtbaufrage die bestimmtere Form des Problems an: *die historisch gegebenen Schönheiten der Stadtbaukunst mit den Anforderungen des heutigen Lebens zu vereinigen.* Nur scheinbar entspricht diesen Anforderungen die heute übliche Bauweise. Diesen Schein zu zerstören und *die Formen herauszufinden*, die sowohl dem heutigen Leben als auch den historisch gereiften Anforderungen der Kunst entsprechen, wird namentlich die Aufgabe des augenblicklichen öffentlichen Interesses an den Stadtbaufragen sein, wie es durch jene Pariser Kongressankündigung angeregt werden kann. Und das vielleicht beste Mittel zur Durchführung jener Aufgabe wird ein Ueberblick über die bisherigen geschichtlichen Typen des Städtebaus sein. Er wird zeigen, wie die verschiedenen Natur- und Kulturfaktoren auf die Entstehung bestimmter Stadttypen eingewirkt haben, aber wahrscheinlich auch, dass keineswegs jede Stadtbauform ein völlig entsprechender Ausdruck der jeweiligen Verhältnisse war, dass vielmehr oft ganz spezielle Faktoren, einschliesslich derer eines individuellen Geschmacks, in ungefähr den nämlichen allgemeineren Verhältnissen verschiedene und in verschiedenen allgemeineren Verhältnissen ähnliche Stadtbauformen erzeugt haben, und dass kaum irgendwo soviel künstliche Verbildung *das* umzwingt, was sich aus der Natur der Sache ergiebt, wie im Städtebau, zumal im gegenwärtigen.

Wir bedürfen dazu vor allem eines noch kaum existirenden Kapitels der Kunstgeschichte: der Geschichte des künstlerischen Städtebaus. Einige Haupttypen, wie sie in diesem Kapitel näher beschrieben und erklärt werden müssten, seien hier markirt. Den geschichtlichen Reigen mag die assyrische Herrscherstadt eröffnen, mit ihrer konzentrischen Lagerung um die selbst wieder vorwiegend konzentrische, terrassenförmige Königsburg und ihren den militärischen Herrscherwillen verratenden breiten Strassen; Ausgrabungen der jüngsten Zeit wie die von Sendschirli brachten uns diesen Typus zum Teil wieder in Erinnerung.

Der uns vertrauteren Periode des griechischen und italienischen Altertums gehört die kurz so zu nennende graecoitalische Hügelstadt an, vertreten durch die alten Hauptstädte der Griechen und Römer und vielleicht noch bis in die jetzigen italienischen Felsenstädte zu verfolgen; ein Stadtbautypus, in welchem anscheinend der Hausblock und die Stadtstrasse, zwei einander bedingende Gebilde, erst langsam anfingen sich zu entfalten. In welchem Sinn Sparta die „weitstrassige" genannt wurde, wäre wohl erst noch festzustellen. Fast mit einer plötzlichen Wendung wird dieser Typus bereits im 5. Jahrhundert v. Chr. abgelöst durch die hellenistische Stadt, die Vorläuferin der modernen amerikanischen Stadt, ja schon der ostelbischen Stadt; sie bildet mit ihren schachbrettartigen Strassen, von denen einige breitere in einen mittleren, schematisch ausgesparten Platz münden, den bisher wohl bezeichnendsten Kolonisationstypus. Will man sich zum Verständnis mit stilgeschichtlichen Analogien helfen, so mag man von einem „antiken Barocco" sprechen. Auch dieser Typus wurde uns in jüngeren Ausgrabungen, z. B. von Alexandria, von Priene und von anderen solchen Städten vorgeführt. Ein Seitenstück zu ihm, etwa einem „antiken Empire" zuzurechnen, ist die römische Lagerstadt, d. h. das zu einer Stadt verfestigte Lager der römischen Heere, mit seiner offiziell vorgeschriebenen quadratischen und rechtwinklig ausgebauten Grundform, die noch im Kern zahlreicher gegenwärtiger Städte von solchem Ursprung zu erkennen ist (Wien, Strassburg u. s. w.).

Hatte so schon das Altertum die zwei Hauptklassen von Stadtbautypen gekannt: die ohne Willkür naturgemäss gewordene, individuell variable Stadt einerseits, das

Willkürprodukt, die bewusst angelegte,
gegründete, unindividuelle Stadt andererseits, so wiederholt das Mittelalter diese
Zweiheit, mit höherer Ausbildung der in
freier Weise gewordenen Stadt, die zugleich auf die relative individuelle Freiheit
des Mittelalters, wenigstens des späteren,
ein günstiges Licht fallen lässt. Wir können
diesen Typus kurz die gotische Stadt
nennen; wir kennen ihn zumeist in der
Form, die er im Süden und Westen Deutschlands als die „malerische", „altdeutsche"
Stadt angenommen hat, unbeschadet eines
oft andersartigen, z. B. römischen Kernes.
Allein er ist nicht der einzige Vertreter
jener alten Zeit. Neben ihm steht der ost-
elbische Kolonisationstypus, wie er erst in
jüngster Zeit, besonders von dem Historiker
J. Fritz, zu unserer Kenntnis gebracht
worden ist. Er hat das „rostförmige" Schema
und die Formen der Mitte mit der hellenisti-
schen Stadt gemein, besitzt aber die Rund-
form wohl für sich allein. Letztere mag
slavischen Ursprunges, ersteres italienischen
(nach Fritz) oder holländischen Ursprunges
(nach dem Verfasser dieser Zeilen) sein;
jedenfalls besitzen Holland, Nord- und Ost-
deutschland eine Klasse von Stadtbautypen,
die jener „gotischen" Stadt Frankreichs,
Belgiens und Südwestdeutschlands scharf
entgegengesetzt ist.

Als die Fortsetzung dieser gotischen
Stadt kann die Stadt der Barockzeit gelten,
mit ihrem Drang nach offeneren, perspek-
tivisch weiteren und geradlinigeren Räumen.
Aus diesem spezifisch neuzeitlichen Drang
und aus sonstigen Faktoren der Neuzeit
sind nun weiterhin zwei einander ähnliche
Erscheinungen des Städtebaus entstanden:
einerseits die geometrischen Künsteleien
von Duodezfürsten des 18. Jahrhunderts,
andererseits die moderne „Stadterweiterung". Diese, eine „innere" und eine
„äussere", hat mit ihrer Nüchternheit des
Freimachens, Ablinierens und schnellen
Fertigseins (darin an die Kolonisationsstadt
des Hellenismus und an die ostdeutschen
Kultur erinnernd) zu dem gegenwärtigen

Stadtbautypus geführt. Seine Endform ist
der „Amerikanismus" im Städtebau, jene
Unterwerfung aller Verschiedenheiten des
praktischen Bedürfnisses und aller künstlerischen Ansprüche unter einen bequemen
Schematismus. Er kehrt, nachdem er in
Städten wie New York sich ganz rein aus-
geprägt hat, auch auf anderem englischen
Kolonisationsboden in schnell aufblühenden
Städten wie den südafrikanischen, z. B.
Bulawayo, wieder. Sein Verbreitungsbezirk
findet schon in den südlichen Gegenden
der Vereinigten Staaten von Nordamerika
eine Grenze an dem Verbreitungsbezirk der
spanischen Stadt, die dem „gotischen"
Typus näher steht, aber auch noch orientalische Elemente aufweist (St. Augustine
in Florida, dann Havanna und Santiago
auf Cuba u. s. w.). Die „orientalische" Stadt
selber ist ebenfalls der gotischen Stadt
ähnlicher als der Kolonisationsstadt. Eine
nähere Betrachtung wird auch in dem
engen Strassengewirr und Winkelwerk der
echt asiatischen Städte, ganz abgesehen
von ihren andersartigen „europäischen
Vierteln" und von den „gemischten" Städten,
verschiedene Formelemente herausfinden,
wird weiterhin den imperialistischen Charakter der quadratischen und sonst noch
rechtwinkligen Linienzüge Pekings als
typisch zu deuten wissen, wird die „Zwiebel-
form" der altrussischen Stadt vielleicht mit
manchen „Zwiebelschalen" deutscher Stadt-
formen (Aachen, Münster) in Verbindung
bringen können.

Ist so die Uebersicht hergestellt, so werden
wir daraus folgende Lehren ziehen. Das
Wertvolle des Wildwachsens einerseits und
des bewussten Gründungsplanes andererseits in allen Ehren! Heute müssen wir uns
jedenfalls klar sein, was wir wollen, und
was wir ausführen können. Vorbei mit der
malerischen Wildheit, vorbei aber auch mit
dem unkünstlerischen Zwang eines Schemas,
mag dieser Zwang nun asiatisch-imperia-
listisch oder amerikanisch-demokratisch sein!
Weder ungebundene Natur noch auch

Künstelei, weder orientalische und mittel-
alterliche Enge noch auch moderne Zer-
dehnung! Wir müssen vor allem die Anlage
und Umformung von Stadtbau-Objekten
solchen Architekten anvertrauen, die den
Bedarf moderner Verkehrswelt und Gesund-
heitspflege mit den historisch gegebenen
künstlerischen Mitteln zu decken wissen, die
das Gleiche thun, was jede sich neubildende
Kunst zu thun hat: *bewusst besser und
schöner machen, was in natürlichem Werden
von selber, nur erdrückt durch das Zu-
sammenstossen verschiedener, einander ent-
gegenwirkender Faktoren und mit beklagens-
werter Kraftverschwendung entsteht.* Das
„Neu-Empire" der gegenwärtigen Stadt-
anlage und Stadterweiterung wird dann
keine verlorene Episode sein, so wenig wie
die „gotische" Stadt nur etwa „historisch"
bleiben soll; es wird beispielsweise die

„Avenue", jene junge, noch ungefüge, aber
in uralten Wallfahrtswegen vorgebildete
Entwickelungsform des modernen Städtebaus, den kommenden Geschlechtern von
Stadtbaukünstlern als ein ganz besonders
dankbares Problem hinterlassen.

Wir besitzen heute eine noch erst kleine,
aber bedeutungsvolle Reaktion gegen die
Uebermacht und unabsehbare Anschwellung
der Grossstädte. Wird zu den diese Reaktion
bildenden Faktoren, unter denen der nationale eigens erwähnt werden mag, auch
noch der Drang nach einer selbständigen
Stadtbaukunst hinzutreten, so ist wenigstens
das Eine zu erhoffen, dass die Städte ihrerseits beitragen werden zu der heissersehnten
Erfüllung auch unseres Alltagslebens mit
künstlerischen und — als echt künstlerische — zugleich den praktischen Bedürfnissen angemessenen Eindrücken.

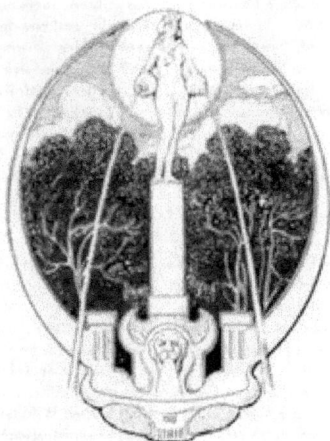

AD. HARTUNG.

Abbildung 310.

Künstlerhaus Bellevuestrasse 3. Erbaut von KARL HOFFACKER, Architekt in Charlottenburg.

ZU UNSEREN BILDERN.

ARCHITEKTUR.

Als das zweigeschossige, palastartige Wohnhaus an der Nordseite der Bellevuestrasse 1897 vom Verein Berliner Künstler für den lang ersehnten und geplanten Bau eines eigenen Heims erworben wurde, ging man von der Hoffnung aus, dass das vorhandene Haus, das in den siebenziger Jahren erbaut worden ist, im wesentlichen erhalten bleiben und ohne erhebliche Schwierigkeiten im Inneren für die Zwecke des Vereins ausgestaltet werden könnte. Je mehr aber die Entwürfe und Pläne des vom Verein mit der Bauausführung betrauten Architekten KARL HOFFACKER zur Reife gelangten, desto stärker trat die Notwendigkeit eines vollständigen Umbaues in den Vordergrund. Als dann

der Bau in Angriff genommen wurde, stellte es sich heraus, dass wenig mehr als die äusseren Umfassungsmauern benutzt werden konnten, und selbst die schöne Sandsteinfaçade, auf die man besonderen Wert gelegt hatte, musste starken Veränderungen unterzogen werden, wenn die Bedeutung und Bestimmung des Hauses wenigstens einigermaassen nach aussen zum Ausdruck kommen sollten. Der Haupteingang wurde in die Mitte des Hauses verlegt, und das obere Geschoss wurde bis auf die seitlichen Fensteröffnungen geschlossen. Die dadurch gewonnene Wandfläche des Mittelbaues erhielt einen bedeutsamen Schmuck, der die Bestimmung des Gebäudes angemessen verkündet: ein von flachen, auf Konsolen ruhenden Pilastern eingerahmtes Bild in

Glasmosaik, das, nach dem Karton von HANS
KOBERSTEIN in der deutschen Glasmosaik-
anstalt von WILHELM WIEGMANN in Rixdorf
ausgeführt, unter dem Medaillonbildnis
Albrecht Dürers die drei Künste darstellt.
Zur Linken des Be-
schauers steht die Ma-
lerei, zur Rechten die
Bildhauerkunst, und in
der Mitte wird die Ar-
chitektur durch einen
romanischen Dom ver-
anschaulicht. Das
Künstlerwappen zwi-
schen zwei weiblichen
Masken bildet den obe-
ren Abschluss der
architektonischen Ein-
fassung des Bildes.
Diese und die anderen
plastischen Verzierun-
gen der Fassade hat
Bildhauer VOLCKE nach
den Modellen von OTTO
LESSING ausgeführt.

War dem Architek-
ten unter den obwalten-
den Verhältnissen eine
monumentale oder auch
nur stark individuell
ausgeprägte Gestaltung
der Façade erschwert,
so hat er seine künst-
lerische Eigenart in der
Plandisposition und in
der Detaillierung des
Inneren desto ungehin-
derter zum Ausdruck
bringen können und in
einzelnen bevorzugten
Räumen auch Gelegen-
heit gehabt, monumen-
tale Wirkungen zu erzielen. In den Entwürfen und Detailzeichnungen, die Hoffacker auch für den ganzen inneren Ausbau
angefertigt hat, kommt der nordisch-germa-
nische Stilcharakter mit romanischen Grund-
formen zu entschiedenem Ausdruck, und in

Abbildung 320.

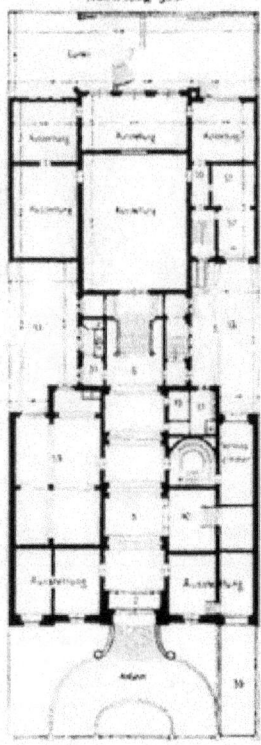

Grundriss zu Abbildung 319.

der durchgehenden Betonung dieser Stilformen liegt der eigenartige künstlerische
Reiz, der die gesamte, mit grösster Liebe
und Sorgfalt durchgeführte, innere Ausschmückung des Künstlerhauses so überaus
anziehend macht. In
unseren Abbildungen
sind deshalb vorzugs-
weise Details der Innen-
dekoration berücksich-
tigt worden.

Durch das von einem
flachen Korbbogen
überspannte Hauptpor-
tal gelangt man in einen
Eingangsflur, der un-
mittelbar auf das Trep-
penhaus führt, der mit
der neue, 615,5 Quadrat-
meter grosse Anbau be-
ginnt (s. die Grundrisse
Abb. 320—322). Zu
beiden Seiten des Ein-
gangsflures, dessen et-
was gedrückte Verhält-
nisse übrigens nicht dem
Architekten zur Last zu
legen, sondern die durch
die Beibehaltung der
Façade hervorgerufen
worden sind, sind nach
der Strasse zu Ausstel-
lungsräume angeordnet,
die besonders der Klein-
plastik und dem Kunst-
gewerbe dienen sollen.
An den westlichen Aus-
stellungsraum schliesst
sich, links vom Ein-
gang, ein etwa 120
Quadratmeter grosser
Erfrischungsraum an,
der für die Besucher der Ausstellung und
die Familienmitglieder der Künstler bestimmt ist, und rechts befinden sich die
Garderobe, eine Nebentreppe, die Geschäftsstelle des Vereins für deutsches Kunstgewerbe und die Toiletten. Eine Marmor-

treppe am Ende des Eingangsflures verbindet Vorder- und Hinterhaus und führt
auf halber Höhe der ersten Etage des
Vorderhauses zu den eigentlichen Ausstellungsräumen, die aus drei Oberlicht-
und zwei Seitenlichtsälen bestehen, wozu
noch das Verkaufsbureau kommt. Den Zugang zu den Ausstellungsräumen vermittelt
ein von G. RIEGELMANN in Holz geschnitztes
Portal, an dessen Pfosten sich rechts und
links zwei zur Ausführung in Bronzeguss
bestimmte Reliefs von HERMANN HIDDING,
anschliessen, die das Werden und Wachsen
des Künstlers von seinen ersten mühsamen
Schritten bis zur Sonnenhöhe des Ruhms
schildern. Die Füllungen der Thürpfosten

zeigen symbolisches Bildwerk; über den
oberen Feldern zwei weibliche Köpfe, die
die Phantasie und die Schönheit versinnlichen, in den unteren Feldern einen Adler
mit ausgebreiteten Schwingen, der der
Schlange der Zwietracht mit seinem Schnabel
den Kopf zerhackt, und darunter zwei ver-
schlungene Hände unter einem Apfelbaum.
Auf der linken Seite ist das Datum der
Begründung des Vereins (19. Mai 1841),
auf der rechten Seite das Datum der Einweihung des neuen Hauses (15. Oktober 1898)
verzeichnet (Abb. 326). — Die Decke des
Treppenhauses, von dessen feiner plastischer
Ornamentik Abbildung 327 eine Probe
giebt, hat Professor MAX KOCH mit Gemälden aus der deutschen Göttersage geschmückt.

Vom Treppenhause gelangt man durch
einen Vorraum in den in dem ersten Stock-

Abbildung 321.

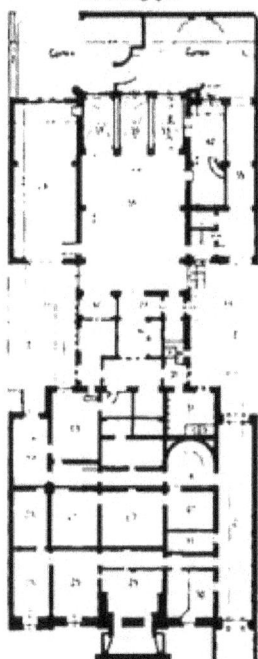

Abbildung 322.

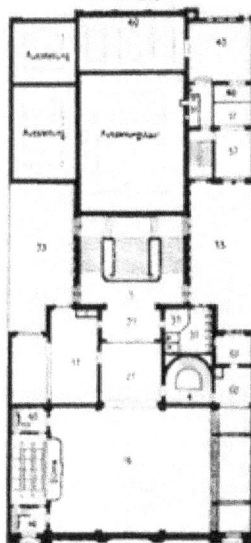

Abbildung 321 u. 322 Grundrisse zu Abbildung 319.

Abbildung 323.

Grosser Festsaal im Künstlerhaus Bellevuestrasse 3. Ansicht nach der Bühne.
Von KARL HOFFACKER, Architekt in Charlottenburg.

werk des Vorderhauses gelegenen grossen Festsaal, der eine besonders reiche Ausstattung erfahren hat, freilich mit einer gewissen Zurückhaltung, die durch die Forderung des Ausstellungsprogramms bedingt worden ist, dass die Wände nötigenfalls zur Aufhängung von Bildern benutzt werden können. Der Saal, der von einem dreigeteilten, in der Mitte durch ein Oberlicht durchbrochenen, hölzernen Tonnengewölbe überspannt ist, hat eine Grundfläche von 300 Quadratmetern, wozu noch an der Westseite eine 35 Quadratmeter grosse Bühne hinzukommt, der rechts und links je drei über einander liegende Ankleideräume beigesellt sind. An der Ostseite erhebt sich, von zwei in Holz geschnitzten Säulen getragen (Abb. 325), eine 50 Quadratmeter grosse Empore, deren Rückwand ein von Professor MAX KOCH gemaltes, geschickt

in die Kleeblattform des Bogens hineinkomponiertes Bild schmückt (Abb. 324). Es stellt das Erscheinen des nordischen Apollo, Baldur, unter den Menschen dar, denen er Licht und Wärme und damit zugleich die musischen und bildenden Künste bringt. Auch das Bogenfeld über der Bühne hat Max Koch mit einem Bilde in sgraffitoartiger Behandlung geschmückt, einer Darstellung des den Drachen der Zwietracht niederwerfenden Ritters St. Georg in nordisch-germanischer Auffassung (Abb. 323).

Ausser dem Festsaal mit seinem Vorraum enthält das Vorderhaus noch einen Speisesaal, Buffeträume und an der Rückfront, eine Etage höher, vier grössere Klubzimmer mit den zugehörigen Toiletten, darüber die Küchenräume. Im Kellergeschoss des Vorderhauses liegen die Packräume für die Bilder und die Wirtschaftskeller, in dem Keller-

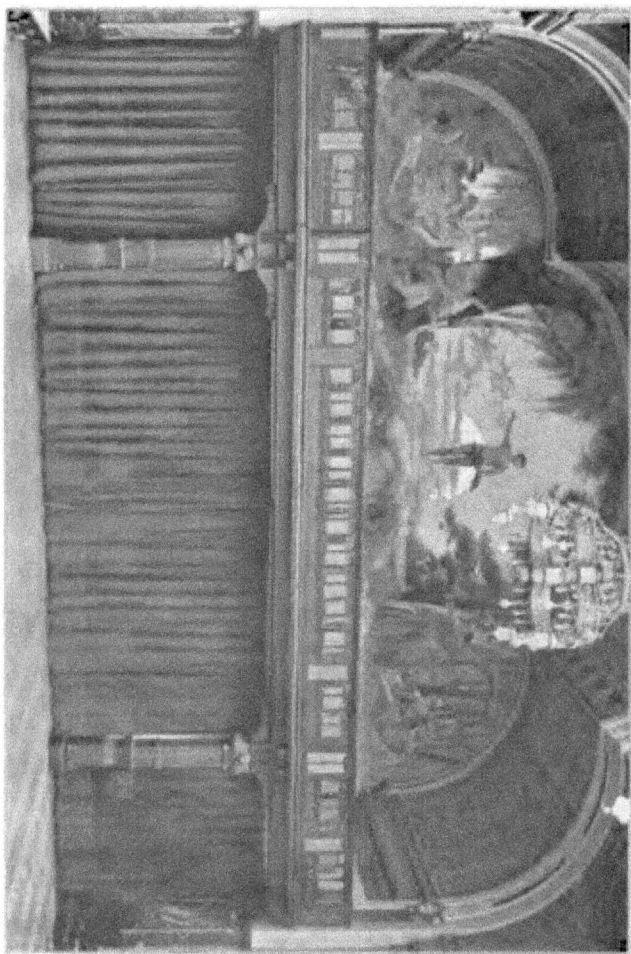

Abbildung 314

Künstlerhaus Bellevuestrasse 3. Ostseite des grossen Festsaales. Von KARL HOFFACKER, Architekt in Charlottenburg.
Gemälde von MAX KOCH in Wannsee.

Abbildung 335

geschoss des Hinterhauses die
Kistenlagerkeller für die Ausstellung
und die Centralheizung (Nieder-
druckheizung und speziell für die
Ausstellungsräume Warmwasser-
heizung), sowie die Betriebsräume
für die künstliche Ventilation.

Die eigentlichen Gesellschafts-
räume des Vereins: Kneipe, Billard-
zimmer, Bibliothek, zwei Kegel-
bahnen u. s. w. liegen im Hinterhaus, unter den Ausstellungsräumen
zu ebener Erde. Unsere Abbildungen 330, 331 u. 333 geben mehrere
Ansichten des Kneipzimmers und
des angrenzenden Bibliothekraums
(vgl. das Detail dazu Abb. 332). Die
ornamentale Bemalung der Kneipe
hat der Maler BÖHLAND ausgeführt.
Aus der Bibliothek gelangt man
in einen kleinen Garten, der dadurch freundlicher gestaltet ist, dass
die ihm zugewendete Architektur
einen künstlerischen Schmuck erhalten hat, u. a. durch eine von
G. BARLÖSIUS gemalte Wappendar-
stellung, die das Künstlerwappen
zwischen den Wappen des Reichs
und der Stadt Berlin mit dem
Spruch „Ohn Gunst all Kunst um-
sunst" zeigt (Abb. 328).

Der rechte hintere Seitenflügel
des Gebäudes enthält in vier Etagen
die Geschäftsräume des Vereins,
Vorstandszimmer und Sitzungszimmer, die Kostümkammer und die
Wohnung des Hauswarts. — Die
Ausführung des gesamten Um- und
Neubaus hat nur wenig mehr als
ein Jahr in Anspruch genommen.

Von künstlerischen Mitarbeitern
sind ausser den genannten noch
Professor E. DOEPLER D. J., der das
Bild des hl. Lucas über dem Ein-
gang zur Vereinskneipe gemalt hat, und
Bildhauer SCHIRMER (Stuckverzierungen)
zu erwähnen. G. RIEGELMANN hat ausser den
Holzbildhauerarbeiten auch die Steinbild-

Künstlerhaus Bellevuestrasse 3. Säule und Detail von der Empore
im grossen Festsaal.
Von KARL HOFFACKER, Architekt in Charlottenburg.

hauerarbeiten im Innern ausgeführt. Die
Maurerarbeiten führten HELD & FRANCKE,
die Zimmerarbeiten H. GÖRISCH, die Klempnerarbeiten C. THOM, die Dachdeckerarbeiten

NEUMEISTER, die Tischler-
arbeiten STIEHL, HEIDEKLANG &
BILECKI, STIEBITZ & KÖPCHEN
und J. C. PFAFF aus. Die Steinmetzarbeiten sind von HOLZ-
MANN & CO., die Schlosserarbeiten von ROTT, die Bronze-
thürbeschläge von S. LÖWY,
das Treppengeländer der
Haupttreppe und das From-
gitter von METHLING &
GLEICHAUF, die Malerarbeiten
von Gebr. EILERS, die Kunst-
verglasungen und alle übrigen
Glaserarbeiten von J. SCHMIDT,
die Treibarbeiten der Bronze-
kapitäle der Marmorpfeiler im
Festsaal von GUSTAV LIND,
die Drahtputz- und Zugarbei-
ten von BOSWAN & KNAUER,
die Marmorarbeiten vom Mar-
morwerk Kiefersfelden, die
Gas- und Wasseranlagen von
DAVID GROVE, die Heizungs-
und Ventilationsanlagen von
RIETSCHEL & HENNEBERG. Die
elektrischen Beleuchtungskörper für den Festsaal und die
Kneipe hat PAUL STOTZ in
Stuttgart, alle übrigen C.
KRAMME in Berlin geliefert.
ALFRED MESSEL, der Archi-
tekt der im Grunewald auf
einem der Seegelände liegenden Villa Dotti, von der unsere
Abbildungen 336—348 eine
Gesamtansicht und eine Reihe
von Details bieten, hat bei
dem Entwurf und der De-
taillierung die ausgesprochene
Absicht verfolgt, sich thunlichst in Form und Charakter
an die altväterliche Bauweise
anzuschliessen, was in unserer,
baukünstlerisch von aller Tradition losgelösten Zeit ein be-
sonderes Interesse beanspru-
chen darf. Einstmals bestand

Abbildung 336.

Künstlerhaus Bellevuestrasse 3.
Detail vom Eingangsportal zu den
Ausstellungsräumen. KARL HOFF-
ACKER, Architekt in Charlotten-
burg. G. RIEGELMANN, Bildhauer
in Berlin.

für derartige Familienhäuser,
wenn auch jeweilig durch Zeit
und Ort verschiedenartig gestaltet, ein fast feststehender
Typus. Man baute von Innen
heraus, legte die Räume zusammen, wie sie den Bedürfnissen des Hauswesens ent-
sprachen, und die äussere
Form fand sich so fast von
selbst. Das Schmuckwerk war
auf wenige Teile konzentriert.
Oft war es nur ein Erker oder
etwa eine Halle; das Ganze
wirkte aber in seiner Einfachheit und in seiner Selbstver-
ständlichkeit überaus wohl-
thuend. Eine gewisse Behäbig-
keit und Behaglichkeit schien
von dem Innern auf das
Aeussere übergegangen zu
sein. Nie drängte sich ein Zu-
viel von Formen hervor! Nie
wurden Motive angeschlagen,
deren man nicht Meister gewesen wäre!

Das hatte seinen natürlichen
Grund; denn die ausführende
Hand war auch die entwer-
fende. Die Formen waren
überliefert, aus dem Handwerk entwickelt und unter
dem Eisen der bildenden Hand
entstanden. Wer aber selbst
an Stein und Holz formt, der
bleibt sachlich und frei von
Uebertreibung!

Langsam nur modelten einst
die veränderten Verhältnisse
das Ueberkommene um, wie
auch das bürgerliche Leben
lange festhielt an Brauch und
Herkommen des Hauses und
die überlieferte Sitte nur ungern aufgab. Wie ganz anders
heute! Wer heute entwirft
und baut, fühlt sich frei von
jeder Fessel der Oertlichkeit

und der Ueberlieferung. Unendlich sind die Motive, die uns aus
allen Zeiten und Teilen der Welt
umgeben! Aber die hastende,
drängende Zeit gestattet der ausführenden Hand nicht mehr, auch
zu entwerfen. Eine Trennung in
einen Entwerfenden und einen me-
chanisch Ausführenden ist eingetreten. Ihr verdanken wir die
Vergröberungen und Uebertreibungen, die unsere Zeit charakterisiert, der Herrschaft des Papiers
und der oft übermässig gesteiger-
ten Individualität der Künstler und
Bauherren die Unstetigkeit der
Entwicklung. Die Erfahrung der
Jahrhunderte, dass nur langsames
Aufbauen fördert, ist vergessen.
Wenn man aber neuen Idealen
nachjagt, ohne das Alte zu beherrschen, werden alle neuen
Werke dieser Art einen dilettan-
tischen Charakter haben. Je weniger die Baukünstler in unseren
Tagen sich Zeit und Ruhe gönnen
können, die Formen selbst durch-
zubilden, um so mehr sollten sie
die Notwendigkeit empfinden, sich
einem ernsten Studium des Ueberlieferten
zuzuwenden.

Dass es möglich ist, im Anschluss an die
überlieferten Formen die modernen Bedürfnisse zu befriedigen, dafür bietet die von
A. Messel entworfene Villa Dotti ein voll-
gültiges Beispiel. So viele moderne Aufgaben uns vorliegen, die eine selbständige,
von der Ueberlieferung unabhängige Lösung
verlangen, so wenig scheint das bürgerliche
Haus ungestüme Neuerungen zu fordern.

Bei dem ersten Blick auf das Haus, dessen
Grundrisse der Bauherr selbst, Regierungs-
baumeister A. DOTTI, nach den Wünschen
und Bedürfnissen seiner Familie aufgestellt
hat, fallen uns zunächst die gelagerten Verhältnisse auf, die der gesamten Erscheinung
eine gewisse beschauliche Ruhe verleihen.
Die meist überhängenden Dächer schleppen

Abbildung 317.

Künstlerhaus Reitersuestrasse 5   Detail der Decke im Treppenhaus.
KARL HOFFACKER, Architekt in Charlottenburg.

nach unten, soweit es anging. In der Hauptsache ist das Gebäude in Putzbau ausgeführt. Nur der Sockel und einzelne vor-
springende Teile sind in Sandstein hergestellt; einzelnes Fachwerk ist sichtbar. Auf
die Mitwirkung der Farbe ist ein beson-
deres Gewicht gelegt worden. Das Ganze
ist aus einem zarten Grau heraus gestimmt.
Das Holzwerk und die „geschmookten"
Ziegel variieren in diesen Tönen und bilden
einen feinen Kontrast zu dem gelblich ge-
haltenen Putz. Wo es das Innere verlangte,
sind den Räumen Erker und Hallen ange-
fügt worden, die dem Aeusseren seinen
besonderen Charakter geben.

Durch einen kleinen Vorraum gelangt
man in einen zentralen Wohnraum, eine
Art Diele, um die sich im Erdgeschoss die
übrigen Räume gruppieren: Esszimmer.

Abbildung 159

Abbildung 160

Architektur des Hofes.   Künstlerhaus Bellevuestraße 3.   Eingang zur Kneipe.
Baurat Heilmann, Architekt in Charlottenburg.

Abbildung 130

Künstlerhaus Bellevuestrasse 3. Kneipe mit dem Blick nach der Bibliothek.
KARL HOFFACKER, Architekt in Charlottenburg

Abbildung 131

Kneipe im Künstlerhaus Bellevuestrasse 3. KARL HOFFACKER, Architekt in Charlottenburg

Abbildung 332

Künstlerhaus Bellevuestrasse 3. Säule in der Kneipe
KARL HOFFACKER, Architekt in Charlottenburg

Herrenzimmer und das „gute Zimmer", wie
man es nannte, ehe fremdländische Sitte
die heimische überwucherte. Auch die
Küche liegt in demselben Geschoss. Im
oberen Stockwerk sind hauptsächlich die
Schlafräume, im Dachgeschoss Fremden-
und Dienstbotenzimmer untergebracht. Das

Untergeschoss birgt eine Remise, zu
der die Zufahrt hinabgeführt ist.

Die Ausstattung des Innern hält sich
in einfachen Grenzen. Einige Kamine,
aus altem Holzwerk aufgebaut, etwas
Täfelung an Decke und Wänden der
Diele und auch altes Zierwerk um Türen
und Fenster sind herangezogen worden,
um den Räumen ein trauliches Aussehen
zu geben. Ueberall hat sich der Architekt bestrebt, jeden Raum eigenartig in
seiner Farbe zusammenzuhalten.

Die Bauleitung lag in den Händen
des Bauherrn, dem A. Messel als Architekt zur Seite stand. Die Ausführung
des Rohbaus besorgte die Firma MESSEL
& ALTGELT. Die kunstgewerblichen
Tischlerarbeiten sind von GOSSOW, die
Malerarbeiten von J. M. BODENSTEIN
ausgeführt worden.

In der Villa Braun (Abb. 349—352)
hat derselbe Architekt gezeigt, dass
sich die oben entwickelten baukünstlerischen Absichten auch in kleineren
Verhältnissen durchführen lassen. —

Bei der Konkurrenz um eine Garten-
halle bei der sog. Waldschänke im
Zoologischen Garten waren 13 Projekte
zur engeren Wahl gestellt, unter denen
sich an vierter Stelle der mit dem
Motto „Ein goldner Apfel war sein
Schild" versehene Entwurf von Georg
RÖNSCH befand, den unsere Abbildung
353 wiedergibt. In dem Protokoll der
Preisrichter war zwar „der zu grosse
Aufwand von Dachflächen bemängelt",
im übrigen aber dem Projekt hohe
Anerkennung gezollt worden. „Der
Charakter des Naturholzes ist, so heisst
es in dem Protokoll, sachlich durch
geführt. Der Grundriss zeigt eine grosse
Einfachheit ohne Störung durch ver-
engende Einbauten und hat einen besonderen Reiz durch die Anlage eines erhöhten Eckplatzes. Die Darstellung ist eine
vorzügliche." Die Länge der Halle war
auf 37 Meter, ihre Breite auf 7 Meter angenommen. Als Baumaterial sollten nach

Kneipe im Künstlerhaus Bellevuestrasse 3. KARL HOFFACKER, Architekt in Charlottenburg.

dem Programm Naturstämme mit Ziegeldach dienen.

PLASTIK.

Der Schöpfer der beiden Büsten Sr. Majestät des Kaisers und des verstorbenen bayrischen Generals Freiherrn von der Tann, die unsere Abbildungen 354 und 333 wiedergeben, FRIEDRICH PFANNSCHMIDT, ist ein Sohn des Meisters religiöser Malerei, Carl Gottfried Pfannschmidt. In der frommen Atmosphäre des elterlichen Hauses, unter der liebevollen künstlerischen Erziehung des Vaters war es selbstverständlich, dass sich sein Sinn ebenfalls auf die religiöse Kunst als auf das höchste Ziel bildnerischer Thätigkeit richtete, und in der Absicht, sich vornehmlich der religiösen Plastik zu widmen, begann er, sechzehn Jahre alt, im Oktober 1880 seine Studien auf der Berliner Kunstakademie, deren Schüler er bis zum Winter 1884 auf 1885 blieb, worauf er längere Zeit in den Ateliers der Professoren Albert Wolff und Fr. Schaper und später

von Johannes Schilling in Dresden arbeitete. Nachdem er sich eine eigene Werkstatt gegründet, trat er zuerst mit religiösen Bildwerken in die Oeffentlichkeit, die ganz von der streng idealen Auffassung der väterlichen Kunst, aber auch von ihrer echten und wahren Empfindung erfüllt waren. Sie brachten ihm so hohe Anerkennung ein, dass er bald zur Ausschmückung zahlreicher Kirchenbauten herangezogen wurde. So hat er den ganzen plastischen Schmuck für die Gnadenkirche geschaffen, und auch für die Kaiser Wilhelm-Gedächtniskirche und den neuen Dom hat er einige grössere Arbeiten geliefert. Neben der religiösen Kunst reizte ihn jedoch schon frühzeitig die Porträtbildnerei, und diese ist in den letzten Jahren mehr und mehr in den Vordergrund seines Schaffens getreten. Als Porträtbildner bewegt er sich mit voller künstlerischer Freiheit. Wie unsere beiden Büsten zeigen, weiss er auch malerische Wirkungen geschickt zur Erhöhung der Lebenswahrheit heranzuziehen. Aber die malerische Auf-

Abbildung 334.

Künstlerhaus Bellevuestr. 3. Thür in der Kneipe.
KARL HOFFACKER, Architekt in Charlottenburg.

fassung ist für ihn kein Deckmantel, unter dem sich Nachlässigkeit in der Einzelbildung verbirgt. Beide Büsten sind vielmehr in allen Einzelheiten mit grosser Sorgfalt durchgeführt, aber ohne dass irgendwo etwas Kleinliches und Peinliches den vollen Gesamteindruck beeinträchtigt. In einem im April dieses Jahres enthüllten Moltkedenkmal für Zerbst hat sich der Künstler auch in der Porträtplastik grossen Stils bewährt, und jetzt beschäftigt ihn ein Denkmal für den General von der Tann, das ihm in seiner Vaterstadt Tann i. d. Rhön errichtet werden soll und zu dem die Büste als Vorstudie gedient hat. Die Büste Sr. Majestät ist die erste, die den Kaiser in Admiralsuniform darstellt. —

Wir haben schon mehrere Male betont, dass die Genreplastik, insbesondere die Kleinplastik im Genre auf der diesjährigen grossen Kunstausstellung so gut und mannigfaltig vertreten war wie noch selten zuvor, und wir haben aus dem reichen Schatze unseren Lesern bereits eine stattliche Reihe von Arbeiten vorgeführt, die durch die Erfindung wie durch die künstlerische Ausführung gleich hervorragend waren. Heute lassen wir drei weitere Schöpfungen dieser Art folgen. Es soll und kann nicht geleugnet werden, dass die deutschen Bildner das technische Raffinement in der

Abbildung 335.

Künstlerhaus Bellevuestrasse 3. Brüstungsgitter. KARL HOFFACKER, Architekt in Charlottenburg.

Abbildung 336.

Villa Dorti, Villenkolonie Grunewald, Winklerstrasse 18. Von ALFRED MESSEL, Architekt in Berlin.

Abbildung 337.

Villa Dott, Villenkolonie Grunewald, Winklerstrasse 18. Haupteingang.
ALFRED MESSEL, Architekt in Berlin.

Abbildung 338.

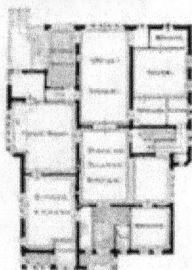

Villa Dotti, Villenkolonie Grunewald, Winklerstrasse 18.
ALFRED MESSEL, Architekt in Berlin.

Abbildung 339.   Abbildung 340.

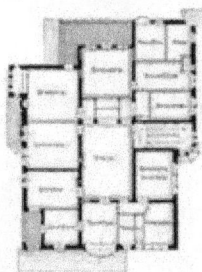

Abbildung 339 u. 340 Grundrisse zu Abbildung 336. Von A. DOTTI

Abbildung 341.

Villa Dorst, Villenkolonie Grunewald, Winklerstrasse 18.
Fassadendetail. ALFRED MESSEL, Architekt in Berlin.

Abbildung 342.

Portal und Erker.

Abbildung 343.

Villa Dotti, Villenkolonie Grunewald,
Winklerstrasse 18.
Salon und Wohnzimmer.
ALFRED MESSEL, Architekt in Berlin.

Abbildung 344.

Villa Dotti, Villenkolonie Grunewald, Winklerstrasse 18. Garderobenspind.
ALFRED MESSEL, Architekt in Berlin.

Abbildung 345.

Villa Hotti, Villenkolonie Grunewald, Winklerstrasse 18.
Sitzgelegenheit im Herrenzimmer.
ALFRED MESSEL, Architekt in Berlin.

Kleinplastik, die hohe Lebendigkeit im Ausdruck, in der Bewegung und in der Geberdensprache, die Kühnheit in der Komposition und in der Erfindung von den Italienern und Franzosen gelernt haben. Die reiche formale Begabung und die starke und vielseitige Ausdrucksfähigkeit durch Geberden und Bewegungen sind ein natürliches Erbteil der romanischen Race. Unsere deutschen Bildhauer haben aber in den letzten Jahren bewiesen, dass sie sich durch Fleiss und Energie anzueignen vermögen, was ihnen die Natur versagt, und nachdem sie einmal die Virtuosität ihrer romanischen Vorbilder erreicht, kamen auch die eigentümlichen Vorzüge des germanischen Geistes, die grössere Wärme, Tiefe und Wahrheit der

Empfindung und vor allem sein köstlichstes Besitztum, der Humor, zu ungeschmälerter Geltung. Die naive Frische des deutschen Humors wird niemals von einem Bildner romanischer Race, mag er noch so witzig und geistreich sein, zur Anschauung gebracht werden, und dass dieser Humor unter unseren Künstlern noch manche schöne Früchte zeitigt, ist eine Beobachtung, die uns über viele unerquickliche Erscheinungen im modernen Kunstleben hinwegtröstet.

Eine der besten plastischen Humoresken auf der grossen Kunstausstellung verdanken wir VICTOR SEIFERT, einem noch jungen, aus Oesterreich stammenden Künstler, der in Berlin eine zweite Heimat gefunden hat. Am 19. Mai 1870 in Wien geboren, fand er schon frühzeitig im elterlichen Hause künstlerische Anregungen und Anleitung zum Zeichnen. Er sah sich aber bald auf sich selbst angewiesen, kam mit siebenzehn Jahren nach München und von da nach Berlin, wo er auf der Akademie Studien unter den Professoren Herter und Breuer machte. Er hatte das Glück, dauernde Aufträge zu erhalten, und in Folge dessen liess er sich 1894 naturalisieren. In weiteren Kreisen wurde er zuerst vor vier Jahren durch die vom Deutschen Kunstverein angekaufte Gruppe eines Fauns mit Enten bekannt, und dasselbe Thema hat er jetzt in der grösseren Figur des mit zwei geraubten jungen Gänsen lachend davoneilenden Satyrknaben behandelt, den die geängstigte Gänsemutter an dem zottigen Behang seines Bocksfusses festzuhalten sucht (Abb. 358). Die Bocksfüsse sind nur eine leere mythologische Maske; denn aus dem Gesicht des jugendlichen Räubers lacht uns der ganze ruchlose Uebermut eines echten Berliner Strassenjungen entgegen.

Aus Berliner Boden erwachsen ist auch OTTO PETRIs schlanke Gestalt des jugendlichen Ruderers, der mit der Rechten jubelnd

Abbildung 346.

Villa Buni, Villenkolonie Grunewald, Winklerstrasse 18. Diele.
ALFRED MESSEL, Architekt in Berlin.

Abbildung 347.

Abbildung 348.

Abb. 347 u. 348. Villa Dotti, Villenkolonie Grunewald, Winklerstrasse 18. Pförtnerhaus.
ALFRED MESSEL, Architekt in Berlin.

Abbildung 349.

Villa Braun, Villenkolonie Grunewald, Wernerstrasse 16.
Von ALFRED MESSEL, Architekt in Berlin.

den Lorbeerzweig erhebt, den er als Siegespreis im Wettrudern — „Pro patria!" errungen, eine schwungvolle Verherrlichung des Rudersports, der in keiner der deutschen Grossstädte mit so viel Leidenschaft und — wir dürfen hinzufügen — mit so viel Sachkenntnis betrieben wird wie in Berlin (Abb. 350). Die ausserordentliche Feinheit und Sicher-

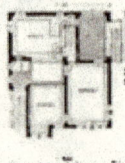

Grundriss
zu Abbildung 349.

heit in der Durchbildung des nackten Jünglingskörpers lassen nicht vermuten, dass sein Schöpfer lange Zeit gebraucht hat, ehe er sich vom Handwerk zur Kunst hindurchringen konnte. Im Jahre 1860 in Berlin geboren, kam Petri, nachdem er der ihm besonders verhasst gewordenen Schule entronnen, zu einem Holzbildhauer in die Lehre, und er blieb auch noch

Abbildung 351.

Villa Braun, Villenkolonie Grunewald, Wernerstr. 16. Diele. ALFRED MESSEL, Architekt in Berlin.

Abbildung 352.

Villa Braun,

Villenkolonie Grunewald,

Wernerstrasse 16.

Hausthür.

ALFRED MESSEL, Architekt

in Berlin.

Abbildung 351.

Waldschänke für den Zoologischen Garten. Konkurrenzprojekt von GEORG ROENSCH, Architekt in Berlin
Grosse Berliner Kunst-Ausstellung von 1899.

längere Zeit bei diesem Handwerk, nachdem er seiner Militärpflicht genügt. Wie wenig auch das ewige „Schnörkeldrehen" seinen Thatendrang befriedigte, so vermochte er doch nicht, bei völligem Mangel an eigenen Mitteln, das Joch abzuschütteln. Um trotzdem vorwärts zu kommen, besuchte er eine Fortbildungsschule, an der Professor Manzel als Lehrer thätig war. Dieser wurde auf die Begabung des jungen Künstlers aufmerksam, und auf seinen dringenden Rat wagte es Petri, sich unter Manzels Leitung der Kunst zu widmen. Er machte auch so rasche Fortschritte, dass er bereits 1889 eine humoristische Gruppe „Ein Kulturfeind" — ein Knäblein, das gegen seinen Willen von der Grossmutter gewaschen wird — auf die grosse Ausstellung bringen konnte, und von jetzt an trat er jährlich mit kleineren Arbeiten an die Oeffentlichkeit. Zu grösseren reichten seine Mittel nicht. Einmal — es war im Jahre 1896 — setzte er aber doch sein Letztes dran, um seine Kraft in einer grossen Aufgabe zu zeigen. Er schuf eine lebensgrosse Gruppe

„Am Meeresgrund" — ein Triton, der mit lüsternen Blicken den auf dem Meeresgrunde ruhenden nackten Leichnam eines in jugendlicher Schönheitsfülle prangenden Mädchens betrachtet — und diese durch den Gegensatz zwischen dem schönen weiblichen Körper und dem des grotesken Fischmenschen ungemein wirksame Schöpfung brachte dem Künstler auf der Ausstellung jenes Jahres die erste Auszeichnung, die kleine goldene Medaille, ein. Seitdem hat die Not des Lebens den Künstler wieder gezwungen, sich dekorativen Arbeiten zuzuwenden, und nur nebenbei konnte er von der reichen künstlerischen Kraft, die er in jener Gruppe bewährt hatte, bescheidene Proben in Statuetten und Büsten geben.

Auch JOSEPH DRISCHLER, der auf der diesjährigen grossen Ausstellung durch eine fein charakterisierte Statuette des Grafen Moltke und durch eine ungemein lebensvolle Bronzestatuette eines in seiner Arbeit rastenden Schmieds (Abb. 357) vertreten war, gehört zu den Künstlern, die äusseren Glücksumständen oder der Gunst des Schick-

Abbildung 354.

Büste S. M. des Kaisers Wilhelm II.
Von Fr. Pfannschmidt, Bildhauer in Berlin.
Grosse Berliner Kunst-Ausstellung von 1899.

im Atelier des Professors R. Siemering in Berlin, seine frühere Thätigkeit wieder auf, indem er sich mehrere Jahre lang an der Ausführung der grösseren Werke des Meisters beteiligte. Erst, nachdem es ihm endlich gelungen, sich eine eigene Werkstatt zu gründen, konnte er an eine selbständige Thätigkeit denken. Bei seinen Arbeiten für andere hatte er wenigstens den Vorteil gehabt, seinem technischen Können eine solide Grundlage zu geben, und so konnte in rascher Folge eine stattliche Reihe grösserer und kleinerer Werke entstehen, die den Namen des Künstlers schnell bekannt machten. Ein gesunder, schlichter Realismus ist der Grundzug seiner Kunst, der ebensowohl seinen Porträtschöpfungen wie seinen Genrefiguren zum Vorteil gereicht. Besonders ist es ihm geglückt, das Wesen und den Charak-

Abbildung 355.

Büste des Generals von der Tann. Von Fr. Pfannschmidt, Bildhauer in Berlin. Grosse Berliner Kunst-Ausstellung von 1899.

als wenig, ihrer eigenen Thatkraft, ihrer Geduld und Entsagungsfähigkeit alles verdanken. Am 11. Oktober 1838 in Rinteln an der Weser geboren, erhielt er seine künstlerische Ausbildung in Münster unter Professor Widnmann. Nach Vollendung seiner Studien war er vorzugsweise darauf angewiesen, grosse monumentale Modelle für bekannte Künstler auszuführen. Nachdem er dann dieser untergeordneten Thätigkeit müde geworden, ging er nach New-York, in der Hoffnung, dort sein Glück zu machen. Nach siebenjährigem Schaffen kehrte er aber wieder in die Heimat zurück, und hier nahm er,

ter unserer Heroen Moltke und Bismarck zu
erfassen und zur Anschauung zu bringen.
Davon legen namentlich zwei Bismarck-
denkmäler Zeugnis ab, die Drischler für die
sächsischen Städte Zwickau und Treuen geschaffen hat. Doch ist seine Begabung reich
und vielseitig genug, um auch Aufgaben
idealen Stils gerecht zu werden. Davon
zeugt u. a. ein Standbild des Erzengels
Michael an der Kaiser Friedrich-Gedächnis-
kirche in Berlin. *A. R.*

CHRONIK
AUS ALLEN LÄNDERN.

Aus Anlass der *Grossen Berliner Kunstausstellung* hat der Kaiser die grosse goldene Medaille
dem Maler Professor JOSEPH SCHEURENBURG in
Charlottenburg und dem Kupferstecher Professor

Abbildung 336.

Pro Patria. Von OTTO PETRI, Bildhauer in Berlin
Grosse Berliner Kunst-Ausstellung von 1899.

Abbildung 337.

Schmied. Von J. DRISCHLER, Bildhauer in Berlin.
Grosse Berliner Kunst-Ausstellung von 1899.

HANS MEYER in Berlin, die kleine goldene Medaille
dem Maler FRIEDRICH VON SCHENNIS in Berlin, dem
Bildhauer L. TUAILLON in Rom, den Architekten
VOLLMER und JASSOY in Berlin, dem Maler JULIUS
SCHMID in Wien, dem Maler GONZALO BILBAO in
Sevilla, dem Illustrator HERMANN VOGEL-PLAUEN
in Loschwitz, dem Maler ADALBERT RITTER VON
KOSSAK in Berlin, dem Maler JULIUS WENTSCHER
in Berlin und dem Maler ISIDOR KALFMANN in Wien
verliehen.

*   *   *

Der Bildhauer JOHANNES PFUHL in Charlottenburg ist mit der Ausführung eines *Goethedenkmals
für Görlitz* beauftragt worden.

*   *   *

Zur Erlangung von Entwürfen für den *Neubau
eines Gemeindeschulhauses in Schmargendorf* bei
Berlin ist ein Wettbewerb unter den Architekten
Deutschlands ausgeschrieben worden. Es sind drei
Preise von 300, 200 und 100 Mark ausgesetzt. Die
Entwürfe sind bis 15. Oktober, abends 7 Uhr, an den

Abbildung 358.

Der Dieb. Von VICTOR SEIFERT, Bildhauer in Berlin.
Grosse Berliner Kunst-Ausstellung von 1899.

Gemeindevorstand in Schmargendorf einzureichen, von dem auch die Unterlagen kostenfrei zu beziehen sind. Unter den Preisrichtern befinden sich als bautechnische Sachverständige Geh. Baurat FR. SCHULZE in Berlin, Stadtbauinspektor EGELING in Schöneberg, Gemeinde-Baurat KLEEMANN in Steglitz und Ingenieur RAMMRATH in Wilmersdorf.

* * *

⚹ In *Breslau* soll auf dem Kaiser Wilhelmplatz ein *Reiterstandbild Kaiser Friedrichs* errichtet werden. Zu diesem Zweck hat der Vorsitzende des geschäftsführenden Ausschusses des Denkmalkomitees die Bildhauer R. MAISON und W. von RUMANN in München, JOHANNES BOSE, ADOLF BRÜTT und JOSEPH UPHUES in Berlin aufgefordert, bis zum März nächsten Jahres Entwürfe einzureichen, von denen der zur Ausführung geeignete ausgewählt werden soll.

* * *

⚹. Der Magistrat von *Hildesheim* hat einen sehr dankenswerten Beschluss gefasst. Um die charakteristischen Eigentümlichkeiten der alten Bauweise der Stadt nach Möglichkeit zu erhalten, sollen fortan in den älteren Stadtteilen nur solche Neubauten zugelassen werden, die sich der alten Bauart anpassen. Um nun den kleineren Meistern im Baugewerbe künstlerische und stilgerechte Zeichnungen von Fassaden zugänglich zu machen, ist beschlossen worden, eine Sammlung solcher Zeichnungen, besonders für den Bau mittlerer und kleinerer Häuser, zu veranstalten. Zu diesem Zweck soll ein Preisausschreiben an die deutschen Architekten erlassen werden, in welchem je 30 einfache Zeichnungen von Fassaden gefordert werden. Es werden drei Preise von 1000, 750 und 500 Mark ausgesetzt. Die auf diese Weise erlangten Zeichnungen sollen dann zu einem Werke vereinigt werden. Die städtischen Kollegen von Hildesheim haben bereits 3000 Mark zu dem Unternehmen bewilligt.

* * *

⚹ In dem *Wettbewerb um Pläne zu einer evangelischen Kirche in Köln-Lindenthal*, deren Baukosten auf 60000 Mark bemessen waren, waren 78 Entwürfe eingegangen. Den ersten Preis (500 Mark) erhielten die Architekten ZÖLLMANN und ADOLF SCHMIDT in Berlin, den zweiten (350 Mark) der Regierungs-Baumeister K. KOTHE in Berlin, den dritten (150 Mark) der Regierungs-Bauführer HARTMANN in Hannover.

* * *

☐ Ein *Preisausschreiben für Entwürfe zur Erneuerung des Inneren der St. Salvatorkirche in Gera* ist von dem dazu eingesetzten Komitee mit Termin zum 30. November d. Js. für deutsche Architekten erlassen worden. Es gelangen zwei Preise von 900 und 500 Mark zur Verteilung. Dem Preisgerichte gehören ausser Herrn Pfarrer Lüders als Vorsitzendem an die Herren Baurat Dr. Mothes-Zwickau, Stadtbaurat Keil, Baumeister Fraasch und Baumeister Nitzsche, sämtlich in Gera. Unterlagen sind durch das „Komitee zur Erneuerung des Innern der St. Salvatorkirche" in Gera kostenfrei zu erhalten.

* * *

Abbildung 359.

Lünette im kleinen Konzertsaal des Zoologischen Gartens. W. BÖCKMANN, Architekt,
M. J BODENSTEIN, Maler in Berlin.

Abbildung 360.

Wanddekoration für ein Trinkzimmer, ausgeführt im Wohnhaus Lützowplatz 3
von M. J. BODENSTEIN, Maler in Berlin.

: In dem *Vorwettbewerb um Entwürfe zu einer Bibliothek mit Museum für Hagenau i E.* errangen den ersten Preis (1500 Mark) die Architekten KARL BÖRNSTEIN und EMIL KOPF in Berlin. Den zweiten Preis (1000 Mark) erhielten die Architekten KÜDER und MÜLLER in Strassburg i.E., den dritten (500 Mark) der Architekt RICH. ZIEGLER in Breslau.

* * *

: In dem engeren *Wettbewerb um Entwürfe zu einem Amts- und Gemeindehause in Wannsee bei* Berlin, in welchem seinerzeit der erste Preis nicht verliehen worden war, haben diesen nunmehr die Regierungs-Baumeister OTTO STAHN und A. METZING in Berlin mit einem gemeinsamen Entwurfe davongetragen. Das im märkischen Backsteinstil zur Ausführung kommende Gebäude soll, wie das „Centralblatt der Bauverwaltung" mitteilt, an der Einmündung der alten Dorfstrasse des nunmehr in Wannsee eingemeindeten Ortes Stolpe in die Potsdamer Chaussee, drei Meilen von Berlin errichtet werden.

* * *

Abbildung 361.

Entwurf zu einem gemalten Fries in der offenen Gartenhalle der Villa Guthmann in Wannsee.
KAYSER & VON GROSZHEIM, Architekten, M. J. BODENSTEIN, Maler in Berlin.

☒ Einen *Wettbewerb um Entwürfe für eine Sool-bad-Anlage in Bernburg* hat der dortige Magistrat unter den in Deutschland ansässigen Architekten ausgeschrieben. Für die besten Entwürfe stehen drei Preise im Gesamtbetrage von 6000 Mark zur Verfügung. Das Preisgericht bilden neben dem Bürgermeister von Bernburg Hofbaurat Bönger in Dessau und die Bauräte Schmieden und Schwechten in Berlin. Einlieferungsfrist bis 1. November d. Js. Die Bedingungen und Unterlagen des Wettbewerbs können gegen Einsendung von 3 Mark vom Magistrat in Bernburg bezogen werden.

*   *   *

☒ Der *Bau des neuen Rathauses in Leipzig* wird demnächst mit voller Kraft in Angriff genommen werden, nachdem die Vorarbeiten beendigt und alle Hindernisse beseitigt worden sind. Am 11. Juli haben die Stadtverordneten von Leipzig die Ausführungspläne und den Kostenanschlag sowie den mit Stadtbaurat LICHT vereinbarten Vertrag genehmigt. Die Kosten des Baues, der am 1. April 1902 im Rohbau und bis zum 1. April 1904 vollständig vollendet sein muss, sind von der Stadtverordneten-Versammlung auf 6,778,064,71 M. festgesetzt worden. Hierin einbegriffen ist das auf 4,6 % der Bausumme bemessene Honorar des Architekten, während die bisher verausgabten Kosten der Vorarbeiten mit 63,029,69 M. sowie die mit 1020,500 M. bewerteten Kosten der Baustelle noch hinzutreten. Der Beschluss der Stadtverordneten erfolgte mit Einstimmigkeit und stellte

sich demnach, wie die „Deutsche Bauzeitung" betont, als eine erneute, grossartige Vertrauens-Kundgebung sowohl für den Architekten, wie für das bisherige Haupt der Stadt, Herrn Oberbürgermeister Dr. GEORGI dar, dem es nunmehr vor dem im Oktober d. J. bevorstehenden Austritt aus seinem Amte noch beschieden war, am 19. September wenigstens den Grundstein zu diesem Bau zu legen, dessen glückliches Zustandekommen in erster Linie ihm zu danken ist. Eifrige Förderer der Angelegenheit sind auch diesmal, wie schon im vorigen Jahre, die dem Leipziger Stadtverordnetenkollegium angehörigen Architekten gewesen.

*   *   *

☒ Zur *Erlangung von Entwürfen für den Neubau der Kunstgewerbeschule und des Kunstgewerbemuseums in Dresden* hat das königl. sächs. Ministerium des Innern mit Termin zum 1. November einen Wettbewerb für deutsche Architekten ausgeschrieben. Es gelangen drei Preise von 3500, 2000 und 1500 M. zur Verteilung; das Preisrichteramt üben aus die Herren Geh. Hofrat C. GRAFF, Stadtbaurat Prof. H. LICHT, Landbaumeister REICHELT, Geh. Baurat WALDOW und Geh. Hofrat Dr. WALLOT. Unterlagen sind unentgeltlich durch die Kanzlei des Ministeriums des Innern (Seestr. 18 III.) in Dresden zu erhalten. Auf Grund der letzteren macht die „Deutsche Bauzeitung" folgende erläuternde und kritische Bemerkungen: „Zur Errichtung auf einem rings von Strassen umgebenen Gelände an der Dürerstrasse sind angenommen ein Hauptgebäude mit den Räumen für die Kunstgewerbe-

Abbildung 362.

Entwurf zu einem gemalten Fries in der offenen Gartenhalle der Villa Guthmann in Wannsee.
KAYSER & VON GROSZHEIM, Architekten, M. J. BODENSTEIN, Maler in Berlin.

schule und die zu dieser gehörige Vor- und Abend-
schule, sowie ein Nebengebäude für den gesamten
plastischen Unterricht. Die Gebäude sind unter Vermeidung alles architektonischen Prunkes durchaus
einfach zu gestalten. Das Nebengebäude erhält nur
Sockel- und Erdgeschoss, das Hauptgebäude Sockel-
geschoss, Erdgeschoss und drei Obergeschosse. Das
Raumprogramm enthält genaue Angaben über die
Lage der Raumgruppen und ihre besonderen Eigenschaften bezw. Anordnungen. Angesichts der Ver-
schiedenartigkeit der Raumgruppen und ihrer Bedürfnisse wäre vielleicht doch die Frage der Zulassung gruppierter Bauten, welche das Bauprogramm
auszuschliessen scheint, in Erwägung zu ziehen und
zwar sowohl aus dem Grunde möglichst freier Entfaltung der einzelnen Raumgruppen, wie auch aus
Gründen, die in der Rücksicht auf die Umgebung
der einstigen Schule liegen. Der moderne Zug der

Baukunst drängt den Kastenbau mehr und mehr zu-
gunsten des gruppierten Baues zurück, und es ist in
der That nicht zu leugnen, dass letzterem grosse Vorzüge beiwohnen, und dass bei ihm bei sorgfältiger
Anordnung die einheitliche Verwaltung keineswegs
zu leiden braucht. Die Kosten freilich werden sich
wohl etwas erhöhen, aber die sächsische Staatsregierung hat ja nie an Mitteln gespart, wo es galt,
etwas Ganzes und Gutes zu schaffen. Im übrigen ist
das Raumprogramm klar und übersichtlich, und es ist
die Arbeitsleistung auf ein angemessenes Maass beschränkt. Verlangt werden ein Lageplan 1:500,
Grundrisse, Ansichten, Schnitte 1:200 und ein kurzer
Erläuterungsbericht. Die preisgekrönten Entwürfe
können von dem Ministerium des Innern, dessen
Eigentum sie werden, ganz oder teilweise für die Ausführung benutzt werden, auf welche die Preisträger
somit einen Anspruch nicht haben.«

BÜCHERSCHAU.

Dachdeckungen. Verglaste Dächer und Dachlichter.
Massive Steindächer. Nebenanlagen der Dächer.
Von H. KOCH, Professor in Berlin-Charlottenburg,
L. SCHWERING, Geh. Oberbaurat in St. Johann und
E. MARX, Geh. Baurat in Darmstadt. (»Handbuch
der Architektur«, III. 2. Heft 5). *Zweite Auflage.*
Mit 1404 Abbildungen im Text und 3 Tafeln.
Stuttgart, ARNOLD BERGSTRÄSSER (A. KRONER).

Jeder Architekt weiss, dass Dachdeckungen einen
so bedeutsamen, aber auch so schwierigen Teil eines
jeden Gebäudes bilden, dass von ihrer richtigen Konstruktion und Ausführung die längere oder kürzere
Bestand eines jeden Bauwerks zum nicht geringen
Teile abhängt. Dieser Umstand einerseits, andererseits aber auch die Thatsache, dass die Dachdeckungen im weitesten Sinne des Worts und die

Nebenanlagen der Dächer (Dachfenster, Ausstiegeöffnungen und Laufstege, Entwässerung, Schneefänge Giebelspitzen, Dachkämme, Windfahnen, Turmkreuze, Fahnenstangen) in obigem Bande zum ersten Male in umfassender Weise, die zugleich dem modernen Stande dieses Gebietes der Bautechnik entspricht, behandelt worden sind, machten es erklärlich, dass die erste Auflage bereits nach vier Jahren vergriffen war. — Die jetzt erschienene zweite Auflage umfasst dieselben Konstruktionsgebiete; doch sind ihr alle wichtigen Erfindungen und Verbesserungen der letzten Jahre einverleibt worden. Wir finden die neueren Formen der Dachziegel und die neueren Konstruktionen der Metalldächer verzeichnet, und ebenso sind die Verbesserungen in der Anlage der ungemein wichtigen Glasdächer und die neueren Dachrinnen-Anordnungen berücksichtigt worden. Die bewährten Herausgeber haben dafür gesorgt, dass auch die zweite Auflage auf die Höhe des gegenwärtigen Standpunkts der Technik gehoben worden ist.

* * *

Die von der „Gesellschaft für vervielfältigende Kunst" in Wien herausgegebene Zeitschrift „*Die Graphischen Künste*" hat sich mit dem Beginn ihres XXII. Jahrgangs ein neues Programm gestellt. Während sie bisher das gesamte Gebiet der bildenden Künste in ihren Bereich gezogen hatte, wird sie sich von jetzt an, ihrem Titel entsprechend, auf das Gebiet der eigentlichen Graphik konzentrieren. Damit hat sie sich keineswegs eine Beschränkung auferlegt. Denn bei der umfassenden und sich unablässig erweiternden Bedeutung der graphischen Künste im modernen Kunstschaffen ist die Aufgabe, die sich die Zeitschrift gestellt hat, sowohl in Bezug auf den Reichtum des Stoffs als auf die räumliche Ausbreitung der graphischen Künste, so gewaltig, dass es nur den ausserordentlichen technischen Hilfsmitteln, über die die Gesellschaft für vervielfältigende Kunst verfügt, möglich ist, jener Aufgabe in befriedigender Weise gerecht zu werden. In welchem Maasse ihr dies gelingt, davon legen die beiden ersten Hefte des laufenden Jahrgangs ein glänzendes Zeugnis ab. Im ersten Heft wird uns eine umfassende Charakteristik des geistvollen französischen Universalkünstlers Eugen Grasset in Wort und Bild geboten, und im zweiten Hefte wird uns die Thätigkeit des englischen Graphikers Alphonse Legros und der von ihm beeinflussten Künstler unter Beigabe von charakteristischen Proben ihres Schaffens geschildert. Zur Ausführung der Einzelblätter wie der Textillustrationen sind alle technischen Verfahren: Heliogravüre, Aetzung, Lichtdruck u. s. w. herangezogen worden.

Abbildung 364.

Thorweg für den Neubau der I. C. Wittich'schen Hofbuchdruckerei in Darmstadt.
Nach dem Entwurfe des Architekten KRITZLER gezeichnet von SCHULZ & HOLDEFLEISS, Kunstschmieden in Berlin.
2 m hoch, 3,30 m breit.

Gewissermaassen als Ergänzung zu dieser Zeitschrift, die uns einen Ueberblick über die Fortschritte auf allen Gebieten der graphischen Thätigkeit gewähren will, dient eine neue Publikation der Gesellschaft: *Die Jahresmappe*. Sie ist an die Stelle des früheren Galleriewerks der Gesellschaft getreten und will im Gegensatz zu diesem, das besonders zur Pflege der reproduzirenden Kunst ins Leben gerufen war, wie es im Programm heisst, „unter dem Einflusse veränderter Kunstanschauungen ihr Augenmerk besonders dem graphischen Originalschaffen zuwenden." Die Mappe wird jedoch ausser Arbeiten dieser Art „auch reproduzirende Werke der künstlerischen Vervielfältigungsarten sowie photomechanische Nachbildungen von Aquarellen, Handzeichnungen u. s. w. enthalten." Bis jetzt sind zwei solcher Jahresmappen ausgegeben worden, die je sechs Blätter umfassen. Es sind meist Arbeiten solcher Künstler, die im

Vordergrunde der modernen Bewegung stehen, die sich ja der Pflege der graphischen Kunst, insbesondere der Radierung und der Lithographie, mit besonderer Liebe angenommen hat. Wir finden Blätter von Hans Thoma, Hans von Volkmann, G. Lührig, Fritz Burger, Emil Orlik, H. Vogeler, daneben aber auch Radierungen von Altmeister William Unger, von Peter Halm, eine schöne Aigraphie „Mutter und Kind" von Cornelia Paczka und einen prächtigen Farbendruck nach einem Blumenstrauss in Aquarell von Henriette Mankiewicz. Die technische Ausführung und der Druck sämtlicher Blätter sind von einer Vollkommenheit, wie wir sie bisher nur selten bei ähnlichen Veröffentlichungen kennen gelernt haben. Die „Jahresmappe" verspricht nach ihren ersten Leistungen ein sehr wirksames Mittel zur Förderung aller graphischen Künste zu werden.

*   *   *   *   A. R.

Abbildung 365.

Ernst Wasmuth

Berlin W. 8.

Soeben erschienen:

Brüssel.

Abbildung 366.

Grabgitter MAENNCHEN. Seitenteil.
Nach dem Entwurfe von BRUNO
MÖHRING, Architekt in Berlin
von ED. PULS, Kunstschmiedewerkstatt in Tempelhof, ausgeführt.

Als vierzigster Band der bekannten *Künstler-Monographieen*, die H.
KNACKFUSS in Verbindung mit anderen im Verlage von VELHAGEN
und KLASING in Bielefeld herausgiebt, ist die von 144 Abbildungen
nach Gemälden und Zeichnungen begleitete Biographie des ungarischen
Malers MICHAEL VON MUNKACSY
von F. WALTHER ILGES erschienen.
Da der Künstler seit einem Jahre
als unheilbar geisteskrank in einer
Heilanstalt bei Bonn seinem Ende
entgegensieht, darf sein Lebenswerk
als abgeschlossen gelten. Dieses
Lebenswerk ist aber so gross und
bedeutend gewesen, dass eine zu-
sammenfassende Darstellung, wie sie
uns hier geboten ist, jedem Kunstfreunde willkommen sein wird. Der
Verfasser hat aus den besten und
nächsten Quellen geschöpft: aus
langjährigem Verkehr mit dem Künstler und aus den Mitteilungen seiner
Gattin, und da ihm auch die Studien-
mappen des Künstlers zur Verfügung

Grabgitter MAENNCHEN. Thör.
Nach dem Entwurfe von BRUNO MÖHRING, Architekt in Berlin
von ED. PULS, Kunstschmiedewerkstatt in Tempelhof, ausgeführt.

standen, hat er eine beträchtliche Zahl
von Studien und Zeichnungen, die bisher noch nicht veröffentlicht waren,
seinen Lesern bieten können. Von
den ausgeführten Gemälden des Meisters
ist die grosse Mehrzahl in Abbildungen
vertreten, so dass ein vollkommen ab-
gerundetes Bild geboten werden konnte.
                                          A. R.

Verantwortlich für die Redaktion: Dr. ADOLF ROSENBERG, Berlin. — Verlag von ERNST WASMUTH, Berlin W., Markgrafenstr. 35
Gedruckt bei JULIUS SITTENFELD, Berlin W. — Clichés von CARL SCHÜTTE, Berlin C.

Malereien für einen Ofenschirm
von Hans Anker in Berlin

ZU UNSEREN BILDERN.

ARCHITEKTUR.

In der Gemeinde Kerzendorf bei Ludwigs-felde, an der Anhalter Bahn unweit von Berlin gelegen, hat KARL HOFFACKER in der Zeit von Oktober 1896 bis Anfang November 1898 eine Kirche erbaut, die als ein Musterbeispiel dafür gelten kann, dass auch mit bescheidenen Mitteln eine gleichmässig feine und sorgsame Durchbildung des Aeusseren und Inneren und damit zu-gleich ein künstlerisch ungemein befriedi-gender Gesamteindruck erzielt werden kann. Die Kirche ist an Stelle einer alten, aus Findlingsteinen und Ziegeln erbauten kleinen Dorfkirche, die nur mit einem niedrigen hölzernen Turm versehen war, im Auftrage und auf Kosten eines in Kerzendorf begüterten bekannten Berliner Finanzmannes errichtet worden, der sie als Patronatsherr der Gemeinde geschenkt hat. Im Gegensatz zu dem in der Mark meist üblichen spätmittelalterlichen Typus von Backsteinkirchen hat Hoffacker die ihm besonders sympathischen romanischen Stilformen angewendet, aber in durchaus freier, selbständiger Behandlung, was sich besonders in der eigenartigen, vom Her-kömmlichen abweichenden Gestaltung des Innern kundgiebt.

Das Aeussere der Kirche stellt sich ziemlich schlicht dar; es ist aber an echten Baumaterialien nicht gespart worden. Der Sockel ist aus Niedermendiger Basaltlava, die Einfassungen der Fenster und Thüren, die Säulen und anderen Architekturteile sind in rheinischem Tuffstein ausgeführt. Die Wände sind aus Ziegelsteinen gemauert, die Flächen sind rauh geputzt, und das Dach ist mit roten Falzziegeln von Ludovici ge-deckt (Abb. 374). Im Innern ist die Kirche mit einem hölzernen Tonnengewölbe über-spannt (Abb. 377). Das Holz ist dunkel lasiert, nur einzelne Profile sind farbig ab-gesetzt. Der Chor (Abb. 376) ist farbig, aber nur rein ornamental ausgemalt und

hat einfache farbige Glasfenster unter Be-
nutzung von amerikanischem opaken Glas.
Altar und Kanzel (Abb. 378) sind aus
Eichenholz und mit Schnitzereien vom Bild-

wurden, wenn auch in einfacher, einer Dorfkirche entsprechenden Weise. Die Kirche
enthält 250 Sitzplätze, eine Sakristei, eine
Viertelsorgel und zwei Glocken, die von der

Abbildung 367.

Cavalierhaus in Kerzendorf. Erbaut von KARL HOFFACKER, Architekt in Charlottenburg.

hauer RIEGELMANN geschmückt. Jedes
Kapitäl der Bogenstellungen der Fenster
hat eine andere ornamentale Ausbildung
erhalten; ebenso hat der Architekt darauf
Wert gelegt, dass die Emporenstützen
(Abb. 379), die Umrahmung der Orgel und
die Eingangsthür mit Schnitzwerk versehen

alten Kirche übernommen worden sind.
Neben dem Haupteingang zur Seite des
Chors befindet sich der Patronatseingang;
die Kanzel ist von der Sakristei direkt
zugänglich.

An der Ausführung waren folgende Firmen
beteiligt. Die Maurerarbeiten lieferte Maurer-

Abbildung 368.

Cavalierhaus in Kerzendorf. Gartenfront. Von KARL HOFFACKER, Architekt in Charlottenburg.

Abbildung 369.

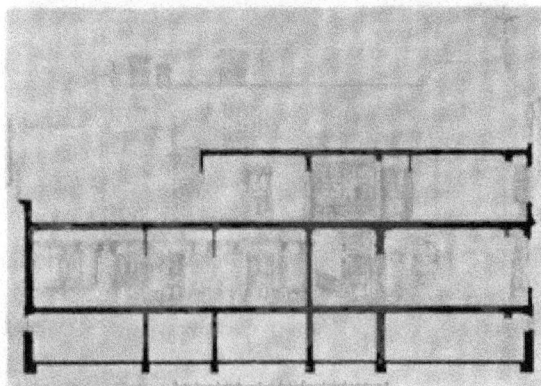

Längsschnitt zu Abb. 367 u. 368.

Abbildung 370.

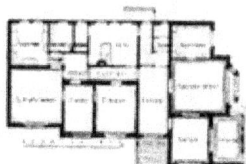

Cavalierhaus in Kerzendorf. Haupteingang.
Von KARL HOFFACKER, Architekt in Charlottenburg.

Abbildung 371.   Abbildung 372.

Grundrisse zu Abbildung 367 und 368.

meister Loth in Wiet-
stock, die Zimmer-
arbeiten die Firma
Andres Witwe, die
Klempnerarbeiten Ha-
gedorf, beide in
Trebbin, die Kunst-
schlosserarbeiten (die
Turmspitze und die
Krone für die Be-
leuchtung des Kirchen-
raums) Paul Marcus,
die Steinmetzarbeiten
Ph. Holzmann & Co.,
die Malerarbeiten
Gebr. Eilers, die Tisch-
lerarbeiten (Eingangs-
thür und Kirchen-
bänke) J. C. Pfaff, die
Glaserarbeiten J. C.
Schmidt und die Dach-
deckerarbeiten Neu-
meister, sämtlich in
Berlin. — Trotz der
Verwendung von zum
Teil echten Baumate-
rialien gelang es
dem Architekten, die
Baukosten verhältnis-
mässig niedrig zu
halten. Sie betrugen
ausschliesslich des Ge-
stühls und der Orgel
57 832 Mark.

Das ebenfalls von
Karl Hoffacker auf

Abbildung 373.

Diele im Cavalierhaus Kerzendorf. Von KARL HOFFACKER, Architekt
in Charlottenburg.

dem Landgut des Kirchenpatrons in
Kerzendorf erbaute Kavalierhaus (Abb. 367
bis 373) sollte nach dem ursprünglichen
Bauprogramm im Parterregeschoss nur als
Sommerwohnung für den jung vermählten
Besitzer dienen. Die Küche und die Nebenräume sollten daher nur zur Bereitung des
Frühstücks und der kleineren Mahlzeiten
benutzbar sein, während die Hauptmahl-
zeiten und grösseren Festlichkeiten bei
dem Vater des Besitzers, der das nur
wenige Schritte vom Kavalierhaus be-

legene, alte Schloss bewohnte, veranstaltet
wurden. Die Zimmer im ersten Stock
sollten für Besuch, vor allem aber für
die öfter wiederkehrende Einquartierung
von Offizieren dienen. Deshalb war auch
für Dienerzimmer, grössere Garderobenräume u. s. w. nichts vorgesehen. Während
des Baues, der im November 1897 begonnen
worden war, starb jedoch der Vater, und
das junge Ehepaar entschloss sich, trotz
einer gewissen Beschränktheit der Räume,
das Kavalierhaus als Sommervilla für sich

Abbildung 374.

Kirche zu Kerzendorf.
Erbaut von KARL HOFFACKER, Architekt in Charlottenburg.

Abbildung 375.

Grundriss zu Abbildung 374.

Abbildung 375.

Altarprospekt der Kirche zu Kerzendorf.

Abbildung 376.

Orgelprospekt

Erbaut von KARL HOFFACKER, Architekt in Charlottenburg.

Abbildung 378.

Kanzel der Kirche zu Kerzendorf.
Von KARL HOFFACKER, Architekt in Charlottenburg.

allein in Benutzung zu nehmen. Daraufhin wurde in einem bereits ziemlich weit vorgerückten Stadium des Baues die Bestimmung der einzelnen Räume verändert und eine etwas andere Innenausstattung gewählt. Das Erdgeschoss enthält Salon, Speise- und Herrenzimmer nach Norden, Damen-, Toilette- und Schlafzimmer nach Osten, Schrankzimmer, Bad, Garderobenräume und Küche nach Westen. Im oberen Geschoss liegen an der Nordseite drei jetzt als Kinder- oder Fremdenzimmer benutzte Räume, ausserdem noch zwei Kammern, Boden- raum u. s. w.

Obwohl nur ein einfacher Ziegelbau mit glattgeputzten Flächen, macht das Haus

durch die geschickte Gruppierung der Bauteile und die farbige Behandlung doch einen sehr reizvollen, malerischen Eindruck. Das Holzwerk, das teilweise an den Giebelzirnbrettern und am Ein- gang (Abb. 370) mit einfachen Kerb- schnitzereien verziert ist, ist dunkelbraun lasiert. Die Fenstersprossen, die Ab- fallrinnen, das Spalierwerk u. a. m. sind grün gestrichen, und das Dach ist mit roten Biberschwänzen gedeckt. — Auf besonderen Wunsch des Bauherrn wurden alle Räume im Erdgeschoss einschliesslich des Treppenhauses (Abb. 373) weiss gehalten. Die Wände im Erdgeschoss erhielten durchweg niedrige Holzpaneele und Gliederungen durch Holzpilaster und -friese. Die stilistische Ausbildung des Holzwerks klingt etwas an den Stil Ludwigs XVI. aber in freier, moderner Auffassung an. — Die Maurer- und Zimmerarbeiten haben Pumplun & Co., die Klempner- arbeiten P. Thom, die Bautischler- arbeiten C. Stiehl in Charlottenburg, die Paneele und Wandverkleidungen J. C. Pfaff, die Glaserarbeiten J. C. Schmidt, die Heizungsanlage (Central- heizung im Keller) Rietschel und Henne- berg, die Malerarbeiten Gebr. Eilers und die Stuckarbeiten R. Schürmer in Berlin ausgeführt. —

Bei dem Neubau des Kaufhauses Hoffmann (Abb. 380—388), der in der Zeit von drei- zehn Monaten, vom Juli 1898 bis anfangs September 1899 von CREMER UND WOLFFEN- STEIN aufgeführt worden ist, war den Architekten die Aufgabe gestellt wor- den, Souterrain, Erdgeschoss und erstes Stockwerk für den Geschäftsbetrieb des Besitzers, des Inhabers eines grossen Herren- garderobengeschäfts, einzurichten, während die drei obersten Stockwerke zu einem Hotel garni ausgebaut werden sollten. Die der Friedrichstrasse zugekehrte, von zwei zierlichen Ecktürmchen eingefasste und in der Mitte durch einen reich mit Bildwerk verzierten Giebelaufbau ausgezeichnete

282   *Berliner Architekturwelt*

Façade hat fünf Achsen, die Seitenfaçade in der Schützenstrasse ihrer vier. Hinter dem nördlichen Ecktürmchen setzt sich die Façade, etwas zurücktretend, noch um eine Achse fort. Hier liegt der von den Geschäftsräumen isolierte Eingang zum Hotel, von dem eine Treppe resp. ein Fahrstuhl zu dem zweiten Stockwerk und weiter führt. Durch diese seitliche Fortsetzung haben die Architekten den Vorteil gewonnen, die Haupt - Façade von der des Nachbarhauses etwas abzuheben. In der Komposition der Façade haben die Architekten den Versuch gemacht, durch vom Sockel aufwärts geführte Pilaster, die am obersten Stockwerk in stilisierten Bäumen endigen, deren belaubtes Astwerk sich nach obenhin friesartig verbreitet, die beiden untersten Geschosse mit den oberen zu einem einheitlich erscheinenden Organismus zusammenzufassen. Die Formenbehandlung der Façaden bewegt sich in den von Cremer und Wolffenstein mit besonderer Virtuosität geübten Formen der Frühgothik in Verbindung mit Renaissanceelementen.

Die in schlesischem Sandstein ausgeführten Façaden haben einen mannigfaltigen plastischen Schmuck erhalten, der in der reichen Ausgestaltung des Giebels gipfelt.

Das Mittelfeld des Giebels füllt ein Wappenschild mit den Anfangsbuchstaben des Namens des Besitzers, überhöht von einer Krone, die aus Schneiderscheeren gebildet ist, und unter dem Schilde schlängelt sich ein Spruchband mit der Inschrift: „Arbeit ist des Bürgers Zierde“. Die Fensterbrüstungen des zweiten Stockwerks sind mit Reliefs geschmückt, die sich auf Jagd- und Reitsport beziehen, weil das Hoffmannsche Geschäft eine besondere Abteilung für Jagd- und Reitkleider enthält, und über den Pfeilern rechts und links von der Eingangsthür treten die Halbfiguren zweier vergnügt lachender Schneider hervor, die sich um Nadel und Zwirn bemühen. Mit Zwirnsfäden zusammen sind auch die Buchstaben der Firma in der Wölbung unterhalb des Erkers, der aus dem zweiten Geschoss heraustritt. Ein zweites Wappenschild, das von zwei abwärts laufenden Füchsen flankiert ist, ist an der Ecke des Gebäudes angebracht. Die Nischen über den Pilastern der unteren Geschosse sind sehr sinnreich zur Aufnahme der Halter der elektrischen Lampen verwendet worden. Den gesamten plastischen Schmuck hat Bildhauer E. Westpfahl geschaffen.

Abbildung 370.

Kirche zu Kecrendorf. Detail der Orgelempore.
Von KARL HÖNIACKER, Architekt in Charlottenburg.

Abbildung 380.

Neubau Herrmann Hoffmann, Friedrichstrasse Ecke Schutzenstrasse.
Erbaut von CREMER & WOLFFENSTEIN, Architekten in Berlin.

Abbildung 381.   Abbildung 382.

Abbildungen 381, 382, 384, 385 Grundrisse zu Abbildung 380.

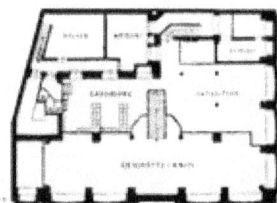

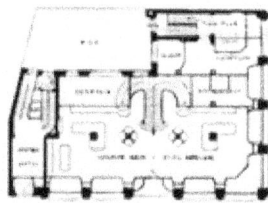

Abbildung 383.

Neubau Herrmann Hoffmann, Mittelgiebel nach der Friedrichstrasse.
Von CREMER & WOLFFENSTEIN, Architekten in Berlin.

Abbildung 384.

Abbildung 385.

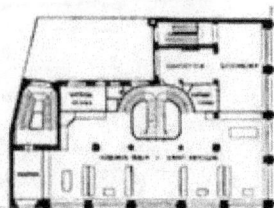

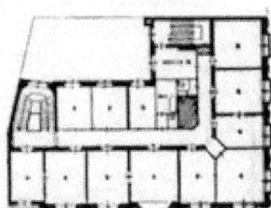

Abbildungen 381, 382, 384, 385 Grundrisse zu Abbildung 380.

Abbildung 386.

Neubau Herrmann Hoffmann. Portal (Hoteleingang)
an der Friedrichstrasse.
Von CREMER & WOLFFENSTEIN, Architekten in Berlin.

Das ganz in Eichenholz ausgeführte Verkaufslokal im Erdgeschoss ist so disponiert worden, dass es als ein einziger Raum wirkt. Vier Pfeiler tragen die kassettierte Decke, die sich zu den beiden äussersten, mit Spiegelglas bekleideten Pfeilern kelchartig herabsenkt, so dass ein nach allen Seiten freier Ausblick möglich ist. — Von aussergewöhnlichen Konstruktionen ist die der Hintertreppe zu erwähnen, die als eine sich durchkreuzende derartig angelegt ist, dass dadurch zwei Treppen entstehen, die völlig von einander getrennt sind, was für den Verkehr sehr vorteilhaft ist. Dabei ist nur soviel Raum in Anspruch genommen, wie ihn eine Treppe erfordert. Freilich beträgt die Höhe zwischen den Treppenläufen nur die Hälfte einer Etagenhöhe. — Die Schaufensterverschlüsse werden nicht von oben nach unten gezogen, sondern aus dem Souterrain nach oben hinaufgeführt. — Die Ausführung der Steinmetzarbeiten erfolgte durch C. SCHILLING, die der Tischlerarbeiten durch KIMBEL & FRIEDRICHSEN, SIEBERT & ASCHENBACH und MAX SCHULZ, der Schlosserarbeiten durch SCHULZ & HOLDEFLEISS. Die Baukosten betrugen rund 400000 Mark. —

Für das stattliche Wohn- und Geschäftshaus an der Hauptstrasse in Schöneberg, Ecke der Maxstrasse (Abb. 389—393), das mit seinem über der stumpfen Ecke kühn aufsteigenden Dreieckgiebel die ganze Umgebung beherrscht, hat Architekt OSSENBÜHL die Façaden mit freier Verwendung von Renaissancemotiven entworfen. Die Grundrisse hat der Eigentümer, Ratsmaurermeister A. DANNEBERG aufgestellt, und die Ausführung ist durch die Firma ECKERT & DANNEBERG erfolgt. Die reichen

Stuckarbeiten an der Façade sind von ALFRED HEIDER. —

Aus dem ergebnisreichen Wettbewerb um eine Gartenhalle im Anschluss an die sogenannte Waldschänke für den zoologischen Garten in Berlin teilen wir durch Abbildung 389 noch ein Projekt mit, dessen Verfasser, WALTHER FÜRTHMANN, die Genugthuung hatte, dass sein Entwurf mit zwölf anderen auf die engere Wahl gesetzt wurde. Bei dem Urteil der Preisrichter war der Umstand entscheidend, dass der Verfasser sich zu wenig an das Programm gehalten hätte, da der Charakter des Baues als Naturholzhaus wenig zur Geltung gekommen wäre. Dagegen wurde anerkannt, dass „der japanische Charakter in sehr interessanter Weise durchgeführt" wäre.

MALEREI.

Unter den Sonder- und Sammelausstellungen, die der grossen Kunstausstellung dieses Jahres einen eigenartigen Reiz verliehen haben, war die des Professors JOSEF SCHEUREN-BERG von besonderem Interesse, weil sie uns einerseits einen Ueberblick über den grössten Teil seines Schaffens von seiner letzten Düsseldorfer Zeit bis auf die Gegenwart gewährte, andrerseits dafür zeugte, wie ernst und eifrig der Künstler bestrebt ist, der modernen Kunstbewegung zu folgen und sich von der „neuen Kunst" anzueignen, was sie Gutes und Wertvolles zu Tage fördert. Das ist um so bemerkenswerter, als Scheurenberg, seiner künstlerischen Erziehung nach, noch mit der alten Düsseldorfer Schule zusammenhängt. Am 7. September 1846 zu Düsseldorf geboren, besuchte er von 1862 bis 1867 die dortige Akademie, wo er sich besonders an Karl Sohn anschluss, und wurde dann Privatschüler von Wilhelm Sohn, der damals und noch lange

Zeit später als der beste Kolorist und Techniker der Düsseldorfer Schule galt. Scheurenberg fühlte sich anfangs besonders für die Genremalerei berufen, die er in der während der siebziger Jahre beliebten empfindsamen Art kultivierte, aber doch mit feinem poetischen Gefühl, das ihn bisweilen auch einen zum Herzen dringenden Ton finden liess. Daneben war er auch von früh an als Bildnismaler thätig; aber ist es ein Zufall gewesen oder war es ein Ausfluss seiner Neigung oder seines Temperaments — als Bildnismaler scheint er grösseres Interesse an der Darstellung männlicher Kraft und

Abbildung 387.

Neubau Herrmann Hoffmann. Hausthür an der Schdoerostrasse. Von CREMER & WOLFFENSTEIN, Architekten in Berlin.

Abbildung 322.

Neubau Herrmann Hoffmann, Geschäftslokal im Erdgeschoss. Von CREMER & WOLFFENSTEIN, Architekten in Berlin.

Abbildung 389.

Wohnhaus in Schöneberg, Hauptstrasse 96, Ecke Maxstrasse.
Nach dem Entwurfe des Architekten OSSENBÜHL,
erbaut von ECKERT & DANNEBERG, Baugeschäft in Berlin.

Charakterstärke gefunden zu haben, und das gab sich bald auch in seiner koloristischen Ausdrucksweise zu erkennen, die im Gegensatz zu der seiner Genrebilder mehr und mehr an plastischer Kraft und Festigkeit zunahm. Mehrere Bildnisse aus den achtziger Jahren, die die Ausstellung enthielt, liessen dieses Wachstum deutlich erkennen.

Im Jahre 1879 folgte Scheurenberg einem Rufe als Lehrer an die Kunstakademie in Kassel, wo er später auch Gelegenheit fand, sich auf dem Gebiete der monumentalen Malerei zu bewähren, indem er im dortigen Justizpalast die vier weltlichen Kardinaltugenden darstellte. Der Aufenthalt in Kassel scheint ihm aber so wenig behagt zu haben, dass er schon nach zwei Jahren nach Berlin übersiedelte, um sich ein Jahrzehnt lang in voller Freiheit seinem künstlerischen Schaffen zu widmen. Obwohl ihn die Bildnismalerei vorzugsweise in Anspruch nahm, wurde er auch in Berlin vor eine monumentale Aufgabe gestellt, indem ihm die Ausführung zweier historischer Wandgemälde und zweier allegorischer Kompositionen für das Rathaus übertragen wurde. In den historischen Gemälden entfaltete er einen kräftigen, gesunden, jedem falschen Pathos abholden Realismus, und schlichte Wahrheitsliebe bei einfacher, ungesuchter Anordnung ist auch der Grundcharakter seiner zahlreichen Bildnisse, von denen die im letzten Jahre entstandenen in der grösseren Freiheit der malerischen Behandlung und in der Helligkeit des Tons die Einwirkung der modernen Richtung erkennen lassen. Zu ihnen gehören auch die im Auftrage der Akademie der Künste gemalten Bildnisse ihres Präsidenten, des Geheimrats Ende und des Dombaumeisters Geheimrat Raschdorff (Abb. 395), die die Porträtirten in den purpurnen Amtstalaren der Senatoren der Akademie darstellen. Auch in einigen landschaftlichen Studien Scheurenbergs zeigte sich insofern der Einfluss der modernen Richtung, als der Künstler darin

mit bestem Erfolge nach der koloristischen Bewältigung der kompliziertesten Lichterscheinungen gestrebt hat. In einigen Genrebildern und Einzelfiguren „aus neuester Zeit, namentlich in der herrlichen „Virginitas" genannten Mädchengestalt, hat Scheurenberg dagegen eine Sicherheit der Zeichnung und eine Kraft der plastischen Modellierung in hellem Licht gezeigt, die ihn als einen Zögling der guten alten Schule kennzeichnen. — Seit 1897 übt Scheurenberg auch wieder eine Lehrthätigkeit als Leiter einer Malklasse an der Berliner Hochschule aus. Die Gesamtheit seines künstlerischen Schaffens, von dem seine Ausstellung ein so glänzendes Bild entrollt hat, wurde durch die Verleihung der grossen goldenen Medaille ausgezeichnet.

Mit einer Sammelausstellung war auch KARL BREITBACH vertreten. Sie gewährte aber nicht einen Rückblick auf das gesamte Schaffen des überaus thätigen und vielseitigen Künstlers, sondern sie umfasste nur einen kleinen Teil der Studien, die Breitbach in den letzten Jahren in Südtirol gemacht hat: landschaftliche Idyllen in sommerlicher Pracht und leuchtendem Sonnenglanz, malerische Innenräume aus Klöstern und Bauernhäusern und die drei prächtigen Charakterköpfe, die unsere Abbildungen 396—398 wiedergeben. In der Charakteristik dieser drei Köpfe hat Breitbach eine Kraft entfaltet, die ausser ihm in der deutschen Malerei nur noch Knaus und Defregger bei solchen Typen eines urwüchsigen Volkstums gezeigt haben. Wer mit der Geschichte der Berliner Malerschule nicht vertraut ist, wer nicht weiss, dass Breitbach bereits auf eine vierzigjährige künstlerische Thätigkeit zurückblicken kann, der würde geneigt sein, sowohl in diesen Studienköpfen wie in den durch eine ungewöhnliche Frische der malerischen Behandlung ausgezeichneten, meist in Aquarell ausgeführten Landschaften und Interieurs Werke eines Künstlers zu sehen, der, in voller Jugendkraft stehend, mit frischer Empfänglichkeit die Eindrücke

Abbildung 390.

Giebel-Detail zu Abbildung 389.

Abbildung 391.

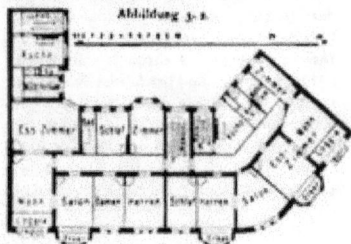

Abbildung 392.

Grundrisse zu Abbildung 389. Von A. DANNEBERG in Berlin.

Abbildung 303

Wohnhaus in Schöneberg, Hauptstrasse.
Von OSSENBÜHL, Architekt in Berlin.

einer ersten Tiroler Studienreise wiedergegeben hat. Breitbach hat aber bereits
die Mitte der sechziger Jahre überschritten,
und er scheint auf dem besten Wege zu
sein, sich jenen Berliner Meistern wie
Menzel, Eschke und Knaus anzureihen, über
die das Alter keine Macht hat. Im Jahre
1836 in Berlin geboren, hat Breitbach, ein
Schüler der Berliner Akademie, zu den
zahlreichen Malern gehört, die in den
fünfziger und sechziger Jahren nach Paris zogen, weil
sie ihre letzte und höchste
Ausbildung nur in der
dortigen hohen Schule der
Kunst erlangen zu können
hofften. Er arbeitete dort
im Atelier von Couture,
der wegen seiner glänzen-
den Technik vielen deut-
schen Malern ein Leitstern
gewesen ist, und nach
seiner Rückkehr in die
Heimat erprobte er die
neuerrungene Technik so-
wohl in Landschaften als
in Bildnissen. Später wandte
er sich auch der Genre-
malerei zu; aber der
Schwerpunkt seiner Kunst
lag doch in der Landschaft,
die er aber immer mit
Figuren belebt, in denen
sich die Stimmung der
Landschaft bedeutungsvoll
wiederspiegelt. Wie er mit
den Jahren die französische
Technik völlig abgestreift
und sich eine durchaus
selbständige koloristische
Ausdrucksweise gebildet
hat, so haben auch seine
Landschaften sowohl in
der Wahl der Motive wie
in der poetischen, fein
empfundenen Stimmung
einen durchaus nationalen
Zug.

Noch stärker tritt der nationale Zug, das
echt deutsche Empfinden in den Landschaften von JOHANNES HERMES hervor,
der die Motive zu seinen Bildern, in denen
das Stimmungselement fast immer stark
betont ist, mit Vorliebe aus der Mark
Brandenburg schöpft. Auch die diesjährige
grosse Kunstausstellung hatte in einem
durch feine Beleuchtung ausgezeichneten
„Abend an der Havel" ein derartiges Bild

Abbildung 301.

Waldschänke für den Zoologischen Garten.
Konkurrenzprojekt von WALTHER FÜRTHMANN.

aufzuweisen. Koloristisch noch anziehender und feiner war aber ein Motiv aus Misdroy behandelt, das unsere Abbildung 399 wiedergiebt: eine einsame Fischerhütte am Strande bei bewölktem Himmel, von dem sich nur am Horizont ein fahler Schimmer auf die glatte Meeresfläche ergiesst. Mit grosser koloristischer Virtuosität war das Grau des Himmels in seinen verschiedenartigen Abstufungen im Gegensatz zu dem glitzernden Wasserspiegel und dem gelblichgrauen Dünensande abgestimmt, und mit starker Gewalt sprach die frostige Stimmung eines trüben Herbsttages, die unheimliche Oede der einsamen Meeresküste zum Beschauer. Auch dieser Meister poetischer Stimmungslandschaft ist ein Berliner. Am 28. Mai 1842 geboren, hat er seine erste Ausbildung auf der Kunstakademie seiner Vaterstadt und später im Atelier des jetzt in Königsberg lebenden Landschaftsmalers Max Schmidt erhalten. 1865 ging er nach Düsseldorf, wo er bis 1870 die Akademie besuchte und sich unter der besonderen Leitung Oswald Achenbachs weiterbildete. Von 1871 bis 1874 setzte er seine Studien in Weimar fort, und dann war er noch ein Jahr lang im Haag thätig, wo er sich mit der holländischen Landschaft vertraut machte. Aber seine Kunst wurzelte doch in der Heimat, und so kehrte er 1875 zu dauerndem Aufenthalt nach Berlin zurück, wo er sich bald durch die seinen individuellen Reize seiner Landschaften, auf denen er die geheimen Regungen der Naturseele mit zarter Hand zu enthüllen weiss, einen geachteten Namen erwarb. Er hat den Ruhm der märkischen Landschaftsmalerei auch nach auswärts getragen; auf der internationalen Ausstellung in Melbourne 1888/89 wurde eine seiner Abendlandschaften von der Havel mit der goldnen Medaille erster Klasse ausgezeichnet.

PLASTIK.

Am 26. August sind in der Siegesallee zwei neue Standbilder brandenburgischpreussischer Herrscher in Gegenwart des

Kaisers enthüllt worden: das des Kaisers Karls IV., des Luxemburgers, der auch die Mark Brandenburg von 1373–1378 regiert hat, von LUDWIG CAUER und das Friedrichs des Grossen von JOSEPH UPHUES. Während der erstere der Natur seiner Aufgabe nach wenig mehr als eine Kostüm-figur geben konnte, die im allgemeinen dem Charakter der Zeit entspricht, in die die Re-gierung des Kai-sers fiel, und er sich im übrigen mit einer rein äusserlichen Charakteristik begnügen muss-te, ist es Uphues gelungen, durch eine durchaus selbständige Auffassung einen neuen, vom Her-kömmlichen ab-weichenden und doch durch stau-nenswerte Lebenswahrheit von seiner histo-rischen Echtheit völlig überzeu-genden Typus des grossen Kö-nigs zu schaffen. Nicht in der Er-scheinung, in der Friedrich der Grosse vorzugsweise im Ge-dächtnis seines Volkes weiterlebt, tritt er vor uns, sondern als jugendlicher Fürst, der, elas-tischen Fusses vorwärts schreitend, eben sei-nen Gang unterbricht und nach rechts blickt, wo irgend etwas seine Aufmerksamkeit fesselt. So mag Friedrich II. in der Zeit unmittelbar nach den beiden ersten schlesischen Kriegen,

Abbildung 404.

Geh. Reg.-Rath Prof. J. C. Raschdorff. Von JOSEF SCHEURENBERG
in Berlin.
Grosse Berliner Kunst-Ausstellung von 1899.

im Glanze seines jungen Ruhmes, noch von keiner Sorge gebeugt, einhergeschritten sein, seine stets wachsamen Augen überall hin richtend. Mit grossem Geschick hat der Künstler die nervöse Beweglichkeit im Wesen des jugendlichen Friedrich in der feingliedrigen, schlanken Gestalt zum Ausdruck ge-bracht. Zu die-ser Beweglich-keit bildet die majestätische Ruhe, die kalt-blütige Energie, die aus den Zü-gen des Königs spricht, einen überaus wirk-samen Gegen-satz. Weit ent-fernt, sich an die stark ideali-sierten Bildnisse zu halten, die uns Antoine Pesne von dem Friedrich der vierziger Jahre hinterlassen hat, hat der Künst-ler mit scharfem Blick für das Charakteristi-sche aus späte-ren, wahrheits-getreueren Bil-dern und viel-leicht auch aus der Totenmaske die Gesichtszüge des jugendlichen Friedrich gewissermaassen re-konstruiert (Abb. 403). Als Begleiter des Königs erscheinen zur Linken des der Gruppe gegenüberstehenden Beschauers der Generalfeldmarschall Graf von Schwerin, der Friedrichs Siege während der ersten schlesischen Kriege entscheiden half

Abbildung 306.

Abbildung 307

Abbildung 306 und 307
Studienköpfe. Von KARL BREITBACH in Berlin.
Grosse Berliner Kunstausstellung von 1892.

(Abb. 404), und zur Rechten Johann Sebastian Bach, der grosse, von Friedrich hochgeschätzte Tondichter, der 1747 zu dem Könige auch in persönliche Beziehungen getreten war (Abb. 405). Auch in diesen beiden Nebenfiguren hat sich Uphues als Meister feinsinniger Charakteristik erwiesen.

Von besonderem Interesse ist die Architektur der drei Sockel und der Bank (Abb. 402), die sich, dem herrschenden Stil der fridericianischen Zeit entsprechend, in den Zierformen des Rokoko bewegt. Mit voller Sicherheit sind die architektonischen und ornamentalen Formen behandelt, was zum Teil der Mitwirkung des Architekten Hermann A. Krause verdankt wird, und insbesondere ist die Ornamentik höchst reizvoll und mannigfaltig ausgebildet worden. Wenn auch nicht zu übersehen ist, dass dem Künstler eine überaus dankbare Aufgabe zugefallen ist, so verdankt er doch den grössten Teil seines Erfolges nicht der volkstümlichen Persönlichkeit des Dargestellten, sondern den rein künstlerischen Vorzügen seines Werkes, der eigenartigen Auffassung und Gestaltung, der intimen Charakteristik und der überaus feinen Durchbildung aller Einzelheiten, die in der ungemein liebevollen Marmorausführung zur besten Geltung gelangt sind. Diese Vorzüge haben auch den Kaiser bewogen, dem Künstler eine Wiederholung der Königsstatue zu übertragen, die im Park von Sanssouci aufgestellt werden soll.

Im Vorgarten der Universität ist am 6. Juni ein Denkmal für Hermann von Helmholtz enthüllt worden. Auf Grund des Ergebnisses einer vor fünf Jahren veranstalteten beschränkten Konkurrenz hatte sich das Denkmalkomité für einen Entwurf des Professors ERNST HERTER entschieden, der aber erst nach mannigfachen Veränderungen zur Ausführung gelangt ist. Da es dem Komité vornehmlich darauf ankam, das Gedächtnis des grossen Forschers vor der Stätte seines langjährigen Wirkens durch eine dem Leben möglichst vollkommen entsprechende Bildnisstatue zu

Abbildung 308.

verewigen, sah sich der Künstler genötigt, sich mit den durch die moderne Tracht gebotenen Schwierigkeiten abzufinden, die in diesem Falle noch dadurch erhöht wurden, dass der Künstler das moderne Festkleid, den Frack, zu wählen hatte. Er hat ihn freilich durch den übergeworfenen Talar der Universitätsprofessoren möglichst zu verdecken gesucht und dadurch zugleich den Vorteil gewonnen, dass die Figur gegenüber dem Hintergrunde, der Front des Universitätsgebäudes, die nötige Fülle erhalten

Studienkopf. Von KARL BREITBACH in Berlin.
Grosse Berliner Kunst-Ausstellung von 1899.

hat (Abb. 406). Das Wichtigste bei einer schlichten Porträtstatue ist ihm jedenfalls trefflich gelungen: das geistige Wesen des Gelehrten, der vor seinen Zuhörern dozierend dargestellt ist, ist in dem edlen, charaktervollen Kopf mit der hohen gewölbten Stirn zu vollem Ausdruck gelangt. Die Figur ist in weissem Tiroler Marmor, der Sockel in rötlichem bayrischen Marmor ausgeführt, der hier zum ersten Male in Berlin bei einem Denkmal zur Verwendung gekommen ist. ~

Abbildung 309.

Fischerhütte in Misdroy. Von JOH. HERMES in Berlin.
Nach einer Aufnahme von HERMANN BOLL, Verlagsanstalt in Berlin.

Abbildung 400.

boren, hat er die hiesige Akademie in den Jahren 1855—1858 besucht und dann seine weitere Ausbildung bei Fr. Drake erhalten, der ihm die grossen Ueberlieferungen der Rauchschen Schule aus erster Hand vermittelte. Wie aber Drake bereits die herbe Strenge des Rauchschen Stils durch ein feines Gefühl für heitere Anmut und malerische Bewegung gemildert hatte, so wurden diese Elemente noch stärker durch seine Schüler betont. Auch Pohle folgte, ohne sich von der würdevollen Monumentalität der Rauchschen Schule zu trennen, dem modernen Geiste in der Bildhauerkunst, der nach dem Ausdruck vollen Lebens und starker und tiefer Empfindung strebt. Beides, ernste Würde der äusseren Erscheinung und Tiefe und Wahrheit der Empfindung, hat der Künstler besonders in Grabfiguren bewährt, die schon seit dem Anfang der sechziger Jahre die Aufmerksamkeit auf ihn lenkten. Die Grabmalplastik blieb dann lange Jahre hindurch seine Hauptbeschäftigung, bis ihm zu Anfang der achtziger Jahre der Auftrag zu Teil wurde, für Eberswalde ein Denkmal des Oberlandforstmeisters von Hagen zu schaffen. Bald nach dessen Vollendung nahm er ein Denkmal für den Erfinder der Lithographie, Max Senefelder, in An-

Grabfigur. Von MARTIN SCHAUSS, Bildhauer in Berlin. Grosse Berliner Kunst-Ausstellung von 1899.

Abbildung 401.

RUDOLF POHLE, der Schöpfer der reizenden Humoreske „Ein kleiner Schäker" (Abb. 407), die auf der diesjährigen grossen Kunstausstellung sowohl durch die glückliche Erfindung als durch die überaus zarte Modellierung der jugendlichen Körper und die meisterliche Behandlung des Flachreliefs in verschiedenen Abstufungen auffiel, gehört der älteren Generation der Berliner Bildhauerschule an. Am 19. März 1837 in Berlin ge-

Siesta. Von MARTIN SCHAUSS, Bildhauer in Berlin. Grosse Berliner Kunst-Ausstellung von 1899.

griff, das im Jahre 1892 im Norden Berlins, auf einem Platze zwischen der Schönhauser Allee und der Weissenburger Strasse, aufgestellt wurde und sowohl durch die ungemein lebendig und charakteristisch aufgefasste Hauptfigur wie durch die Anmut der beiden an der Vorderseite des Sockels befindlichen Genien allgemeinen Beifall fand. In den beiden Kinderfiguren zeigt sich ebenfalls jenes fein entwickelte Gefühl für formale Schönheit, das auch unserem Relief seinen höchsten Reiz verleiht. Noch ein drittes Werk Puhles wird demnächst auf einem öffentlichen Platze Aufstellung finden, eine lebensgrosse, in Marmor ausgeführte, weibliche Figur in idealer Gewandung, die unter der Last eines grossen Schmerzes zu-

sammengebrochen ist. Es ist Bürgers Leonore, die die Nachricht vom Tode des Geliebten empfangen hat. Der Künstler hat die Figur, die er im Jahre 1888 geschaffen, der Stadt Charlottenburg zum Geschenk gemacht, und der Magistrat hat beschlossen, sie auf dem Schlossplatze aufstellen zu lassen. —

Unter den zahlreichen Grabfiguren, die die diesjährige grosse Ausstellung aufzuweisen hatte, hat der Friedensengel von MARTIN SCHAUSS als Sinnbild stiller, in den Willen des Höchsten ergebener Trauer wohl den stärksten und tiefsten Eindruck gemacht (Abb. 400). Ohne die tragisch-pathetische Geberde, die man nur zu oft bei modernen Grabfiguren, namentlich bei denen französischer und italienischer Künstler findet, ohne Schaustellung einer wohlstudierten Pose sitzt die edle Gestalt, still in sich gekehrt, auf einem Säulenkapitäl, in der Rechten einen Immortellenkranz, den sie aber nicht niederzulegen wagt, als fürchte sie, die zur Hüterin des Grabesfriedens bestellt ist, diesen Frieden zu stören. Die ergreifende Wirkung der Figur, die inzwischen an ihrem Bestimmungsorte, in der Begräbnishalle der Familie des Baurats Scheck auf dem katholischen Kirchhof bei Südende aufgestellt worden ist, war durch die meisterhafte Marmorausführung noch gesteigert worden. Unter des Bildners Hand hatte der Marmor Leben und Wärme angenommen, ohne dass eine Tönung oder irgend ein anderes Hilfsmittel ähnlicher Art angewendet

Abbildung 401.

Bankwange am Denkmal Friedrichs des Grossen in der Siegesallee. Von JOSEPH UPHUES in Berlin.

worden war. Nur
durch die sichere Be-
rechnung der Wechsel-
wirkung von Licht
und Schatten war die-
ser Eindruck vollen
Lebens hervorgerufen
und damit die Meinung
widerlegt worden,
dass der reine weisse
Marmor immer kalt
und kreidig wirke.

Der schöne Erfolg
war das Ergebnis
mehrjähriger Studien,
die der Künstler vor-
nehmlich auf die Be-
herrschung aller nur
möglichen bildsamen
Stoffe verwendet hat.
Ein entschiedener
Gegner des toten,
widerwärtigen Gipses
ist er aufs eifrigste
bestrebt, nach Ersatz-
mitteln zu suchen,
die, ohne erheblich
kostspieliger zu sein,
eine Wirkung ver-
sprechen, die auch
das fein gebildete
Auge befriedigt. Er
hat Figürchen in
Elfenbein geschnitzt,
er hat Köpfe und Re-
liefs in feingetöntem
Wachs geformt, er
hat zarte Flachreliefs
und Plaketten für
Zinn- und Bronzeguss
ausgeführt und jetzt
auch Majolikafiguren
hergestellt, in denen
sich neben scharf aus-
geprägtem Sinn für
das Malerische ein
äusserst fein ausge-
bildetes Formenge-

Abbildung 403.

Standbild Friedrichs des Grossen in der Siegesallee.
Von JOSEPH UPHUES in Berlin.

fühl kundgiebt. Martin
Schauss, der am
25. September 1867
in Berlin geboren
worden ist, hat seine
technische Fertigkeit
zumeist in kunstge-
werblichen Werk-
stätten erworben. Er
wollte anfangs Gold-
schmied werden, war
dann eine Zeit lang
in der königlichen
Porzellan-Manufaktur
thätig und besuchte
von 1888–1891 die
Berliner Kunstaka-
demie, ohne sich je-
doch an einen Lehrer
enger anzuschliessen.
Von 1892 bis 1895
studierte und arbeitete
er in Paris, von
wo er seine ersten
Schöpfungen, Büsten
und Werke der Klein-
plastik, nach Berlin
schickte, die sowohl
durch die eigenartige
Auffassung wie durch
die Lebendigkeit und
Sicherheit der Ausfüh-
rung auffielen. Wenn
man nach seinem
Friedensengel ein Ur-
teil wagen darf, schei-
nen aber die in Paris
empfangenen Ein-
drücke weniger stark
auf ihn eingewirkt zu
haben als ein anderth-
albjähriger Aufent-
halt in Rom, der ihm
durch seinen Sieg im
Wettbewerb um den
grossen Staatspreis
der Berliner Akademie
ermöglicht worden

Abbildung 404.　　　　　　　　　　　Abbildung 405.

Graf von Schwerin.　　　　　　　　　　Johann Sebastian Bach

Halbfiguren am Denkmal Friedrichs des Grossen in der Siegesallee.
Von JOSEPH UPHUES in Berlin.

war. Mit heiligem Eifer versenkte er sich in die Schönheit der antiken Kunst, von der auch ein Abglanz auf den Friedensengel gefallen ist. Aus diesen klassischen Studien ist wohl auch das hübsche Bronzefigürchen einer Römerin hervorgegangen, die nach dem Bade Siesta hält (Abb. 401). Sie charakterisiert vortrefflich die technische Virtuosität, mit der sich Schauss in der Kleinplastik bewegt. *A. R.*

Abbildung 406.

Helmholtz-
Denkmal
vor der
Universität.

Von
ERNST HERTER
in
Berlin.

Abbildung 407.

Ein kleiner Schäker.   Relief von RUDOLF PHILF.   Grosse Berliner Kunst Ausstellung von 1899

Abbildung 408.

Zimmer auf der Grossen Berliner Kunst-Ausstellung von 1899. Von MARIE KIRSCHNER.

CHRONIK AUS ALLEN LÄNDERN.

⊿ Für die *deutsche Bauausstellung in Dresden 1900* geben die Anmeldungen so zahlreich ein, dass, wie dem „Centralblatt der Bauverwaltung" geschrieben wird, der grosse städtische Ausstellungspalast durch Anbauten erheblich vergrössert werden muss, um den Raumansprüchen zu genügen. Neben zahlreichen von grossen Industriefirmen zu errichtenden Baulichkeiten, neben dem reizvollen Bahnhofe, von dem aus die elektrische Untergrundbahn die Verbindung mit dem jenseit des Botanischen Gartens gelegenen „Ver-gnügungseck" herstellt, wird der Ausstellungspark durch ein von der Dresdner Baumeister-Innung zu errichtendes „Innungshaus", ein in vollem Betriebe stehendes landwirtschaftliches Mustergehöft und mehrere Blumenbeete belebt werden. Das Innungs-haus soll in seinen unteren Teilen eine Restauration bergen, in den oberen Teilen allerhand Baugegen-stände aufnehmen, in sich selbst aber durch An-wendung verschiedener vaterländischer Baustoffe gleichfalls einen bemerkenswerten Ausstellungsgegen-

Abbildung 409.

Möbel

aus dem Zimmer

Abbildung 408.

Von

MARIE KIRSCHNER.

Englisches Fauteuil.
Von CARL MÜLLER Nfgr. H. BURCHARDT, Berlin
Grosse Berliner Kunst-Ausstellung von 1899.

stand bilden. Zu dem landwirtschaftlichen Mustergehöfte war, wie bekannt, ein Wettbewerb unter den
deutschen Architekten ausgeschrieben. Architekt
Kühn, der als Sieger aus dem Kampfe hervorging,
wird Gelegenheit finden, seinen Plan in die Wirklichkeit umzusetzen, während die übrigen Wettbewerbs-
pläne an geeigneter Stelle zur Ausstellung gelangen
sollen. Da der Verband deutscher Architekten- und
Ingenieur-Vereine auch einen Teil der für die von
ihm geplante Veröffentlichung bestimmten Aufnahmen
des alten deutschen Bauernhauses ausstellen wird,
werden sich lehrreiche Vergleiche zwischen den An-
schauungen von Vergangenheit und Gegenwart an-
stellen lassen. Aus den verschiedenen königlichen,
prinzlichen und städtischen Sammlungen, aus den
Museen, den Archiven der Ministerien usw. sind dem
Ausschuss für Bauliteratur die Originalpläne berühmter Meister zur Verfügung gestellt worden. Dass
auch die übrigen deutschen Regierungen einem bezüglichen Ersuchen freundlich gegenüberstehen werden,
ist um so sicherer zu erwarten, als die meisten
deutschen Staaten und, was mit besonderer Freude
zu begrüssen ist, auch die verschiedenen Kriegs-
ministerien ihre Bewilligung an der Ausstellung zugesagt haben. Eine fast vollständige Vergleichung
des deutschen Staatsbauwesens wird damit ermöglicht. Dass eine gleichzeitige Uebersicht über das
so hoch entwickelte südliche Bauwesen ausgeschlossen bleibt, ist zu bedauern. In Rücksicht auf
die im Jahre 1903 von der Stadt Dresden geplante

Städte-Ausstellung musste der Centralausschuss aber
ausführlich auf eine Ausstellung von Plänen
städtischer Bauten verzichten. Auch die deutschen
Privatarchitekten, für deren Werke ein Dresdner
Bürger — neben den Staatsauszeichnungen — besondere Denkmünzen stiften wird, rüsten sich der
unter Wallots besonderer Leitung stehenden Aus-

Künstlern, die ihren Entwurf bis zum 1. December
einzuliefern haben, ist eine Entschädigung von je
2000 M. zugesichert worden.

⁎ Die grosse Berliner Kunstausstellung hat einen
Reinertrag von etwa 30000 M. ergeben.

Abbildung 41.

Büffet in Eichenholz für ein Herrenzimmer. Von WILHELM KIMBEL und A. FRIEDERICHSEN in Berlin.
Grosse Berliner Kunst-Ausstellung von 1899.

stellung der Baukunst ihre volle Unterstützung an-
gedeihen zu lassen.

⁂ Zu einem engeren Wettbewerb um ein Kaiser
Wilhelm-Denkmal für Danzig, das die Provinz
Westpreussen errichten will, sind die Berliner Bild-
hauer BOESE, EBERLEIN, MANZEL, SCHOTT und
VON USCHTRITZ eingeladen worden. Für 110000 M.
soll ein Reiterdenkmal ausgeführt werden. Den

⁎ In dem Wettbewerb um Plakate für Veilchen-
parfüm, den die Firma Jäger und Gebhardt ausgeschrieben hatte, ist der erste Preis (400 M.) dem
Kunstakademiker A. WEISSGERBER in München, der
zweite (300 M.) dem Maler H. GROTH in Hamburg
und der dritte (300 M.) dem Maler M. JACOBY in
Grunewald-Berlin zuerkannt worden. — In einem
zweiten Wettbewerbe um Lanolin-Creme-Plakate
für dieselbe Firma erhielten den ersten Preis
ALBERT KLINGNER, den zweiten HANS LOOSCHEN

und drei dritte Preise JULIUS VOSS, K. TYCH und L. KUBA.

* * *

☐ Aus der internationalen Preisbewerbung für die *Neubauten der Universität von Californien* ist der Architekt E. BÉNARD in Paris als Sieger hervor-

baugesellschaft Zöller, Wolfers, Droege in Berlin ein Wettbewerb unter den Mitgliedern des Architekten-Vereins in Berlin und des Architekten- und Ingenieur-Vereins in Potsdam ausgeschrieben worden. Es handelt sich im allgemeinen um eine teils offene, teils geschlossene Bebauung mit Zweifamilien-Wohn-

Abbildung 412.

Schrank von ANNA ACKERMANN in Berlin.
Grosse Berliner Kunst-Ausstellung von 1899.

gegangen. Er erhielt den ersten Preis von 10000 Doll., die übrigen Preise im Betrage von 1000 bis 4000 Doll. sind amerikanischen Architekten zugefallen. Die Jury bestand aus den Architekten John Belcher in London, Walter Cook in New-York, J. L. Pascal in Paris und Paul Wallot in Dresden.

* * *

⊣ Für die *Aufteilung und Bebauung des Wiesen-geländes „Wilam"* bei Potsdam ist von der Strassen-

bäusern besserer Art, die vornehmlich von Offizieren und Beamten bewohnt werden sollen. Auf aus-reichende Gärten ist Rücksicht zu nehmen, bei der Mehrzahl der Grundstücke auch auf Pferdeställe. Für die Preisverteilung sind 4000 M. ausgesetzt, die in drei Preisen von 1800, 1200 und 1000 M., unter Um-ständen aber auch in anderer Weise verteilt werden sollen. Ankauf nichtpreisgekrönter Entwürfe zu je 800 M. bleibt vorbehalten. Einlieferungs-tag ist der

Abbildung 414

Abbildung 413.

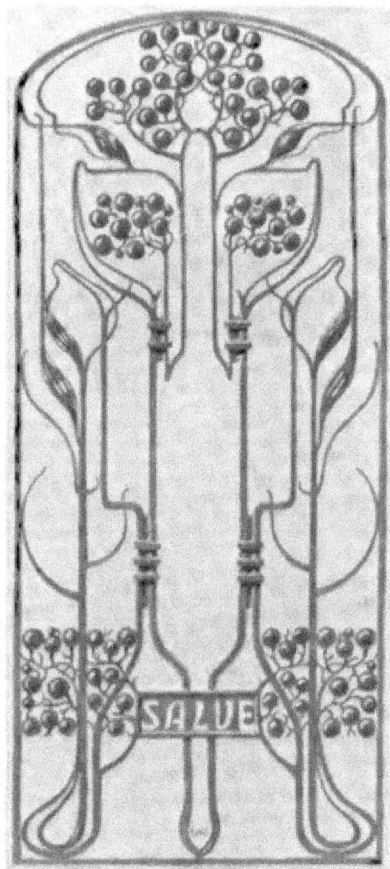

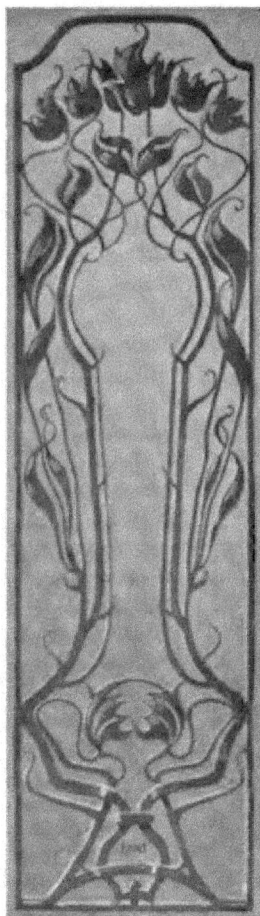

Hausthürgitter.   Füllung für eine Hausthür.

Entwürfe für Schmiedeeisen von AD. HARTUNG, Architekt in Berlin.

Abbildung 415.

Schmiedeeisernes Brüstungsgitter.
Entwurf von AD. HARTUNG, Architekt in Berlin.

1. Dezember. Das Preisgericht besteht aus den Mitgliedern des Landbaubeurteilungsausschusses des Berliner Vereins.

* * *

* ALBERT KRÜGER, der treffliche Radierer, dem wir schon viele ausgezeichnete Nachbildungen von Gemälden klassischer Meister, insbesondere der niederländischen Schule verdanken, hat sich seit einigen Jahren auch der Pflege des *Farbenholzschnittes* gewidmet. Nach einigen tastenden Versuchen ist es ihm jetzt gelungen, die Kunstfreunde durch eine überaus reizvolle Schöpfung von hoher Vollendung zu überraschen. Dem Charakter des Farbenholzschnittes entsprechend, der scharfe Konturen und möglichst bestimmt ausgesprochene Lokaltöne ver-

langt, hat Krüger zur Wiedergabe ein Werk der florentinischen Malerei aus der zweiten Hälfte des 15. Jahrhunderts gewählt, die Halbfigur eines jungen anmutigen Mädchens in der Berliner Gemäldegalerie, die jetzt dem Lorenzo di Credi zugeschrieben wird. Nach der Inschrift am unteren Rande des Bildes (Noli me tangere — Rühr' mich nicht an) hat der Künstler die Absicht gehabt, ein Abbild unantastbarer Jungfräulichkeit zu geben, und diese Absicht spricht sich auch in der frühlingsfrischen Farbengebung aus. Diese Eigenschaften des Originals, die herbe Jungfräulichkeit der Erscheinung und die zarte rosige Färbung, hat Krüger in seiner Reproduktion, zu der zehn Stöcke nötig waren, zu vollkommener Anschauung gebracht. Er hat denn auch die Genug-

Abbildung 416.

Brüstungsgitter in Schmiedeeisen.
Entwurf von AD. HARTUNG, Architekt in Berlin.

thuung gehabt, dass sein Werk auf der diesjährigen nationalen Kunstausstellung in Dresden mit der goldnen Plakette ausgezeichnet worden ist. Den Vertrieb des in der Reichsdruckerei gedruckten Blattes, das bei einer Bildgrösse von 30½ : 45½ cm auch als

schlossen, die gewiss allgemeine Billigung finden werden. Den Verunzierungen Dresdens, die durch Vorrichtungen entstehen, welche infolge ihrer erheblichen Grösse und der auffallenden Art ihrer Ausführung der Umgebung ihres Standortes zur Unzierde

Abbildung 417.

Malereien für die Diele im Hause Uhlandstrasse 175 in Charlottenburg.
Von GEBR. DRABIG, Dekorationsmaler in Berlin.

vornehmer Wandschmuck zu empfehlen ist, hat die Kunsthandlung von AMSLER & RUTHARDT in Berlin, Behrenstr. 29a, zum Preise von 50 M. übernommen.

* Gegen das *Unwesen der Anbringung von Inschriften, Reklameschildern und Plakaten* hat der Rat der Stadt *Dresden* neuerdings Massregeln be-

gereiben, sei es, dass sie der landschaftlichen Schönheit der Gegend Eintrag thun, sei es, dass sie die architektonische Wirkung von einzelnen Bauwerken u. s. w. in auffälliger Weise stören, soll in Zukunft dadurch entgegengetreten werden, dass in geeigneten Fällen dem Betreffenden die Beseitigung aufgegeben wird. Auch an anderen Orten Sachsens hat sich die gleiche Erkenntnis Bahn gebrochen, und man beginnt dem Reklame-Unfuge zu steuern. So sprach sich der Bezirksausschuss der Amtshauptmannschaft in *Schwarzenberg* dahin aus, dass vor Anbringung von Plakaten an landschaftlich schönen Punkten sich die jedesmalige Einholung des Einverständnisses der Verwaltungsbehörde empfehle, der das Recht zur Anordnung der

• Die Verlagsanstalt F. BRUCKMANN in München hat kürzlich Folio-Pigmentdrucke nach den *Gemälden des Städelschen Kunstinstituts* veröffentlicht, die sich den vor zwei Jahren von derselben Firma herausgegebenen Pigmentdrucken nach Gemälden der Alten Pinakothek in München würdig anreihen. Ebenso wie diese zeichnen sie sich durch hervorragende Güte der

Abbildung 418.

Malereien für eine Trinkstube.
Von Gebr. DRABIG, Dekorationsmaler in Berlin.

Wiederbeseitigung zusteht. Das „Centralblatt der Bauverwaltung", dem wir diese Mitteilungen entnehmen, weist noch auf *Meissen* hin, wo sich zur Seite der vom Bahnhofe nach der Brücke führenden Strasse an den Felsen aufdringliche Inschriften befinden, die auf Bierkneipen u. dgl. aufmerksam machen und damit das malerische Stadtbild und die ganze herrliche Landschaft schädigen.

• • •

Ausführung und einen aussergewöhnlich billigen Preis — jedes Blatt im Format von ca 22 : 29 cm kostet eine Mark — aus. Die Münchener Verlagsanstalt hat sich nicht, wie alle anderen Photographen, darauf beschränkt, nur die allgemein beliebten Bilder zu reproduzieren, sondern sie hat nach Auswahl der Galeriedirektion alles aus dem Bestand der Sammlung publiziert, was ein hinreichendes kunstgeschichtliches Interesse bietet. Die BRUCKMANN'schen Pigmentdrucke haben einen angenehmen bräunlichen Ton

und geben alle Einzelheiten der Originale mit vollkommener Schärfe und Klarheit wieder. Gegenüber
den gewöhnlichen Photographieen haben sie ferner den
Vorzug der Unveränderlichkeit; auch rollen sie sich nicht
und können bequem ohne Karton aufbewahrt werden-

*   *   *

[2] Die *Deutsche Marmor-Industrie* hat sich in
den letzten Jahren technisch so vervollkommnet, dass
sie die ausländische Konkurrenz, insbesondere die
italienische nicht mehr zu scheuen braucht. Das hat
sich besonders durch den Vergleich der Herrscher-
denkmäler in der Sieges-Allee in Berlin gezeigt, die
teils in italienischen, teils in deutschen Werkstätten
ausgeführt worden sind. Dieser Aufschwung deutschen
Gewerbefleisses hat der Direktion der Aktiengesellschaft für Marmor-Industrie Kiefer in Berlin, Kiefern-
felde und Oberalm Anlass zu einer Zuschrift an die
„Vossische Zeitung" gegeben, der wir das Folgende
entnehmen: „Man betrachte nur die Gruppe Otto
des Faulen von Herrn Professor Brütt und die des
Herrn Professor Karl Begas, die beide in deutschen
Werkstätten ausgeführt worden sind, und man wird
erkennen, dass sie den Nachbargruppen, die von
Italienern ausgeführt worden sind, in nichts nach-
stehen. Diese Erkenntnis hat sich dann auch schon
kräftig Bahn gebrochen, denn eine ganze Reihe von

Künstlern, die von dem Kaiser mit der Lieferung
von Gruppen für die Sieges-Allee betraut worden, haben
ihre Ausführungen nicht Italienern, sondern deutschen
Bildhauern übertragen. In den Bildhauerwerkstätten
von Rockhaus, Mensrath, Lange, Tölbecke u. a. m.
sieht man Gruppen für die Sieges-Allee in Ausführung,
und nach allen Arbeiten, welche diese Bildhauer
bereits geliefert haben ist die volle Gewähr vorhanden, dass durch diese die Sieges-Allee mit weiteren
jede Kritik aushaltenden Kunstausführungen bereichert
werden wird. Was die Architekturarbeiten an den
bis jetzt zur Sieges-Allee gelieferten Gruppen anbelangt,
so gestatten die beiden erst jüngst der Oeffentlichkeit
übergebenen Denkmäler einen Vergleich zwischen
italienischer und deutscher Arbeitsleistung. Die Architektur der Gruppe Friedrich der Grosse, die von der
Firma M. L. Schleicher in Berlin, und die der Gruppe
Kaiser Karl IV., die von der Aktien-Gesellschaft für
Marmorindustrie Kiefer in Kiefersfelden ausgeführt
wurde, beweisen, dass unsere deutschen Werke in
Geschmack und Sorgfalt in der Materialwahl wie in
Ausführung der Steinmetz- und Bildhauerarbeiten den
Italienischen zum mindesten vollständig gewachsen
sind, ja sogar Vorzüge aufweisen, die letztere nicht
besitzen. In dieser Richtung ist speziell der Hinweis
auf die Gruppe Kaiser Karl IV. berechtigt. Bei der

Abbildung 419.

Vestibüldecke für das Wohnhaus Rankestrasse 35 in Charlottenburg.
Von GEBR. DRABIG, Dekorationsmaler in Berlin.

bisherigen Ausführung der Blöcke wurde ein Fugenschnitt angewendet, der, ganz abgesehen von der
wenig konstruktiven Anordnung, für unsere hiesigen
klimatischen Verhältnisse nicht gesund erscheint. Die
Blöcke der Gruppe Kaiser Karl IV. sind je aus einem
Stück gemeisselt, berücksichtigen somit in weit-
gehender Form die hiesigen klimatischen Verhältnisse. Durch diese Art der Ausführung ist nicht
allein eine grössere Stabilität erreicht, sondern der
ganze Aufbau bekommt auch ein monumentales Aussehen. Es ergiebt sich aus dem Vorgesagten, dass
in unseren deutschen Bildhauer- und Steinmetz-
werkstätten für Marmorausführungen heute ebenso
tüchtige und geschulte Arbeitskräfte thätig sind wie

in Italien, ja, dass der Deutsche noch den Vorzug
besitzt, in konstruktiver Beziehung mit mehr Sachkenntnis und Technik zu arbeiten als die Ausländer."

* * *

* Ein von Bildhauer WALTER SCHOTT in Berlin
geschaffenes *Denkmal für die Gefallenen des ersten
Gardregiments z. F.* ist am 18. August in Gegenwart
des Kaisers auf dem Schlachtfelde von St. Privat enthüllt worden. Auf einem hohen Unterbau aus roh
behauenen Steinen steht die kolossale Bronzefigur
des gepanzerten und behelmten Erzengels Michael,
der sich mit den Händen auf sein Schwert stützt.
Der Schöpfer des Denkmals wurde durch die Verleihung des Professortitels ausgezeichnet.

BÜCHERSCHAU.

Von dem grossen, vom Stadtbaurat HUGO LICHT
herausgegebenen, im Verlage von Ernst Wasmuth
erscheinenden Sammelwerk *Architektur der Gegenwart*, das eine Uebersicht über hervorragende, für
die Entwickelung der modernen Baukunst besonders
charakteristische Monumental- und Privatbauten in
allen Hauptstädten des Kontinents gewähren will,
ist vor kurzem die 10. Lieferung, die dritte des
fünften Bandes, ausgegeben worden. Berlin ist darin
durch Hoffackers Künstlerhaus und zwei Kaufhäuser
(Israel und Tietzmann), Wien durch eine der Bahn-
hofsanlagen der neuen Stadtbahn von Otto Wagner,
das Haus der Secession von J. M. Olbrich und zwei
Wohn- und Geschäftshäuser, München durch die
beiden gewaltigen Monumentalbauten des Justiz-
palastes von Thiersch und des bayerischen National-
museums von G. Seidl und durch einige eigenartige
Wohn- und Geschäftshäuser von Dülfer, F. Rank
und Heilmann & Littmann und Paris und Brüssel
sind durch einige Wohnhäuser vertreten, die für die
moderne Richtung bezeichnend sind, für sich abgeschlossenen
in jüngster Zeit in der Architektur jener beiden Städte
bemerkbar gemacht hat. Der begleitende Text ist
reich mit Abbildungen (Details, Grundrissen, Durchschnitten u. dgl. m.) versehen, die die Lichtdrucktafeln in willkommener Weise ergänzen. Im
Anhange sind einige interessante, ebenfalls für die
moderne Richtung in der Brüsseler Baukunst charakteristische Interieurs aus der Kongoausstellung von
1897 mitgeteilt.

Da ein Werk wie die „Architektur der Gegenwart"
gewisse Richtungen in der modernen Baukunst nicht
einseitig hervorrufen kann, hat es die Verlagsbuchhandlung unternommen, die Schöpfungen des
modernen Stils in besonderen, für sich abgeschlossenen
Sammlungen, als „Städtebilder" vorzuführen. Als
erstes dieser Städtebilder ist *Brüssel* erschienen, eine
Sammlung von 37 Tafeln in Lichtdruck, auf denen eine

Anzahl von Geschäfts- und Wohnhäusern dargestellt
sind, in denen die Merkmale des neuen Stils besonders deutlich zum Ausdruck kommen.

Eine andere Veröffentlichung desselben Verlags,
Stadt- und Landhäuser, eine Sammlung moderner
Wohngebäude, Villen und Einfamilienhäusern in
Stadt und Land, ist mit der kürzlich erfolgten Ausgabe der 4. und 5. Lieferung zum Abschluss gelangt.
Auf fünfzig Tafeln wird ein ungemein vielseitiges,
gut gewähltes Material geboten, das die mannig-
fachsten Bedürfnisse berücksichtigt und deshalb als
Vorbildersammlung gute Dienste thun wird. In den
letzten Lieferungen sind besonders die Villenvororte
Berlins und Münchens herangezogen worden, in denen
der moderne Landhausbau seine schönsten Blüten
gezeitigt hat.

Ihrem baldigen Abschluss entgegen geht die Sammlung *Ausgeführte Grabdenkmäler und Grabsteine*,
von der jetzt die neunte Lieferung erschienen ist.
Sie enthält auf zehn Lichtdrucktafeln nach wohl ge-
lungenen Naturaufnahmen vierzehn architektonisch
und plastisch hervorragende Grabdenkmäler von
Friedhöfen in Berlin und Umgebung, Frankfurt a. M.,
Hildesheim und Koblenz. Auch diese neue Lieferung
ist ein erfreuliches Zeugnis dafür, dass die Grab-
denkmälerkunst, dank dem Zusammenwirken von Architekten und Bildhauern und dem wachsenden Verständnis des Publikums, in jüngster Zeit einen leb-
haften Aufschwung genommen hat, der erhoffen lässt,
dass der handwerksmässige Betrieb der Grabplastik,
wie er länger als ein Jahrhundert in Deutschland
geherrscht hat, in absehbarer Zeit ganz zurückge-
drängt werden wird. Von überwiegend bildnerischen
Ausführungen sind aus dieser Lieferung des gehalt-
vollen Werkes besonders die von E. Herter in Berlin,
F. Hausmann in Frankfurt a. M. und F. Küsthardt in
Hildesheim, von architektonischen die von C., Hoch-
gürtel, H. Tietz und G. Gebhardt in Berlin hervorzuheben.

Verantwortlich für die Redaktion: Dr. ADOLF KOHNANN, Berlin. — Verlag von ERNST WASMUTH, Berlin W., Markgrafenstr. 35
Gedruckt bei JULIUS SITTENFELD, Berlin W. — Clichés von CARL SCHÜTTE, Berlin W.

Arbeitermiethäuser in der Proskauerstrasse, Ecke Schreinerstrasse, erbaut nach dem Entwurfe von Alfred Messel in Berlin.

Abbildung 120.

ARBEITERMIETHAEUSER IN BERLIN.

(Hierzu die Abbildungen 430—437.)

Unter den Versuchen, einem der Grundübel, die die auf die Lösung der sozialen Frage gerichteten Bestrebungen in erster Linie zu bekämpfen haben, den misslichen Wohnungsverhältnissen der arbeitenden Bevölkerung und den daraus entspringenden sanitären und moralischen Schäden an die Wurzel zu gehen, verdienen die vom Berliner Spar- und Bauverein seit dem Anfang der neunziger Jahre errichteten, nach genossenschaftlichen Grundsätzen verwalteten Arbeitermiethäuser auch unter künstlerischen Gesichtspunkten eine hervorragende Beachtung. Ohne Anlehnung an fremde Muster, am wenigsten an die Arbeiterwohnhäuser in England, deren Kasernensystem deutschen Lebensgewohnheiten im höchsten Grade unsympatisch sein würde, sind die Miethäuser des genannten Vereins aus den Anforderungen entwachsen, die in Berlin an kleine Wohnungen gestellt werden.

Während diese in der Regel aber nur bei einem Durchschnittspreise von 200 bis 240 M. aus Stube und Küche bestehen, woraus der Uebelstand entspringt, dass die Küche fast immer als Schlafraum benutzt wird, hat sich der Spar- und Bauverein die Aufgabe gesetzt, für ähnliche Mietpreise Wohnungen von zwei Stuben mit Küche, Speisekammer und Kloset herzustellen, also über die gewöhnlichen Arbeiterwohnungen hinauszugehen und ausserdem noch eine Reihe von Vorteilen zu gewähren, die zum Teil aus dem genossenschaftlichen Betrieb, zum Teil aus der Wahl geeigneter Grundstücke erwachsen, die reichliche Zufuhr von Licht und Luft durch die Anlage geräumiger Höfe ermöglichen. Durch gärtnerische und sonstige Ausstattung dieser Höfe soll zugleich den Kindern Gelegenheit gegeben werden, sich, ohne den Gefahren der Strasse ausgesetzt zu sein, nach Herzenslust in freier Luft tummeln zu können.

Dass die ersten vom Berliner Bau- und Sparverein errichteten Arbeitermiethäuser neben ihrer durchaus zweckmässigen und in der Folge auch als durchaus praktisch bewährten Grundrissanlage auch eine den ästhetisch gebildeten Sinn befriedigende künstlerische Gestaltung des Aeusseren erhalten haben, ist ein Verdienst ALFRED MESSEL's, der früher dem Vorstande des Vereins angehörte und noch jetzt als Mitglied des Aufsichtsrats fungiert. Schon vor zehn Jahren war er selbständig auf den Gedanken gekommen, auf eigene Hand Miethäuser für Arbeiter nach einheitlichem Raumprinzip zu erbauen; aber die Ausführung seines Plans war an der Schwierigkeit gescheitert, ein geeignetes Bauterrain zu gewinnen, das die notwendige Rentabilität verhiess, ohne dass die Grundsätze einer Arbeiter-Normalwohnung, wie sie sich Messel gedacht hatte, beeinträchtigt würden.

Die Rentabilitätsfrage blieb auch entscheidend, als Messel den ersten Versuch im Auftrage des Vereins mit dem Doppelhause in der Sickingenstrasse in Moabit machte (Abb. 424). Die Lage des Grundstückes war weit davon entfernt, zweckmässig zu sein. Aber es gelang dem Architekten doch wenigstens, eines seiner Ideale zu erreichen, die Anlage eines geräumigen Hofes, der den Seitengebäuden und dem von diesen isolierten Quergebäude eine hinreichende Luft- und Lichtzufuhr gewährt und zugleich einen weiten Spiel- und Erholungsplatz bietet.

Bei der Anordnung der Räumlichkeiten war Messel auf den Gedanken gekommen, ein „Normalhaus" zu konstruieren, das bei einer Höhe von vier Stockwerken acht völlig getrennte, räumlich gleiche Wohnungen enthalten sollte, deren jede unmittelbar der Haupttreppe zugänglich sein sollte. Dieses Normalhaus bildet den Kern seiner Anlagen. In dem Gebäudekomplex an der Sickingenstrasse konnte er es noch nicht mit voller Konsequenz durchführen. Von anderen Faktoren, die bei der Beratung über die Grundrissbildung ihren Einfluss

gehend machten, war bei den Eckwohnungen die Anlage sogenannter „Berliner Zimmer" durchgesetzt worden, die sich als unzweckmässig und ungesund erwiesen haben. Ein anderer Uebelstand, der in der Unmöglichkeit liegt, in den Wohnungen in den Seitenflügeln und im Quergebäude eine quere Durchlüftung der Räume herbeizuführen, kann nur bei einem anderen Zuschnitt des Grundstücks gehoben werden, und dies Ziel ist erreicht worden, als es dem Verein gelang, im Osten Berlins an der Proskauer-Strasse ein über 3000 Quadratmeter grosses Grundstück zu erwerben, das an drei Seiten von Strassen begrenzt wird, während die vierte an ein als bebaut zu denkendes Nachbargrundstück stösst. Auf einem Bauplatz von solchem Zuschnitt, der für die Zwecke des Vereins besonders ausgewählt war, konnten die Ideale, die dem Architekten bei dem Entwurf seines Normalhauses vorgeschwebt hatten, nahezu verwirklicht werden.

Obwohl der Hof noch durch die Anlage eines kleinen eingeschossigen Doppelhauses geschmälert wird, das sich mit seiner Rückwand an das Nachbargrundstück anlehnt und in einem Obergeschosse je vier aus Stube, Küche und Zubehör bestehende Wohnungen enthält, nimmt der Hof, dessen grösste Ausdehnung 40 Meter beträgt, doch etwa die Hälfte des ganzen Gebäudes ein, so dass das Bauterrain bei weitem nicht in dem baupolizeilich zulässigen Maasse ausgenutzt worden ist. Das Hofgebäude steht in seinem Erdgeschoss mit den Vorderhäusern in Verbindung. An die Gastwirtschaft, die von der Schreinerstrasse zugänglich ist, schliessen sich Räume an, die für gemeinnützige Zwecke der Mietgenossenschaft bestimmt sind, zur Unterkunft für eine Bibliothek, zur Abhaltung eines Kindergartens und zur Veranstaltung von Versammlungen zu Belehrung und Unterhaltung. Auf der anderen Seite des Verbindungshauses ist eine Bäckerei eingerichtet, die ebenso wie das Wirtshaus und eine in einem der Eckläden befindliche

Abbildung 421.

Arbeitermiethäuser in der Proskauerstrasse, Ecke Schreinerstrasse. Hofansicht.
Nach dem Entwurfe von ALFRED MESSEL in Berlin.

Abbildung 422.   Abbildung 423.

Abbildung 422 u. 423 Grundrisse zu Abbildung 420.

Abbildung 424.

Arbeitermiethäuser Sickingen-strasse 7 u. 8, erbaut nach dem Entwurfe von ALFRED MESSEL in Berlin.

Konsumanstalt von der Genossenschaft in eigener Regie betrieben wird.

Wie ein Blick auf den Grundriss erkennen lässt, besteht die Gebäudegruppe, abgesehen von dem im Hofe gelegenen Doppelhause, aus zehn völlig getrennten Häusern mit je einem Treppenaufgang. Von diesen zehn Häusern entsprechen acht im Grossen und Ganzen dem Typus des obenerwähnten Normalhauses; die Eckhäuser, die je drei aus zwei grösseren Stuben mit Küche bestehende Wohnungen enthalten, sind aus räumlichen Gründen abweichend ausgebildet worden. Durch die Anordnung der Treppenhäuser in den einspringenden Ecken ist bei ihnen auch die Anlage von „Berliner Zimmern" glücklich vermieden worden. Von den acht Normalhäusern dienen zwei

dem geringsten Wohnungsbedürfnis, das sich auf Stube und Küche beschränkt. Aber auch in diesen beiden Häusern ist der für alle übrigen geltende Grundsatz durchgeführt worden, dass jedes Geschoss nur zwei getrennte Wohnungen enthält. Die sechs übrigen Normalhäuser enthalten in jedem Geschoss zwei aus Stube, Kammer und Küche bestehende Wohnungen. Es ist dafür gesorgt worden, dass jede Wohnung ihren Balkon erhalten hat; einzelne sind sogar mit Loggien ausgestattet. — Die Waschküche und die Baderäume sind im Dachgeschoss untergebracht. — Bei genauerer Betrachtung des Grundrisses wird eine Verschiedenheit in den Grössenverhältnissen der Wohnungen auf der rechten und linken Hälfte des Grundstücks auffallen.

Abbildung 433.

Arbeitermiethäuser Sickingenstrasse 7 und 8. Detail der Fassade.

Dieser Unterschied, der etwa einen halben Meter ausmacht, ist darauf zurückzuführen, dass bei den Wohnungen auf der rechten Hälfte, die zuerst fertig und in Benutzung genommen wurden, über die Kleinheit der Küchen Klage geführt worden war. Indem diesem Uebelstande auf der linken Seite abgeholfen wurde, musste zugleich der Mietpreis der Wohnungen entsprechend erhöht werden. —

Wie Professor Dr. H. Albrecht, der der Arbeiterwohnungsfrage ein besonders liebevolles und fruchtbringendes Studium gewidmet hat, in einer Besprechung der Miethäuser des Berliner Spar- und Bauvereins in der „Zeitschrift für Architektur und Ingenieurwesen" hervorhebt, hat der Vorstand der Genossenschaft in seinen alljährlich herausgegebenen Geschäftsberichten immer wieder betont, „dass er nicht in erster Linie Gewicht darauf legt, mit allen Mitteln eine Verbilligung der Wohnungen anzustreben.

Arbeitermiethäuser Sickingenstrasse 7 u. 8. Hofansicht. Nach dem Entwurfe von ALFRED MESSEL, in Berlin.

Viel bedeutsamer erscheint ihm die Aufgabe, das Wohnungsbedürfnis der arbeitenden Klassen zu heben, sie daran zu gewöhnen, dass sie ihre Wohnung nicht bloss als die Schlafstelle betrachten, die sie nicht entbehren können, sondern als ihr Heim, an dem sie sich erfreuen, wenn sie von der Arbeit in den Schoss ihrer Familie zurückkehren. Dazu gehört aber in erster Linie, dass auch sein Äusseres das Genossenschaftshaus von den Mietkasernen abhebt, wie sie sich in trauriger Eintönigkeit in

den Arbeitervierteln der Grossstädte aneinanderreihen."

Neben dem Gefühl für die Segnungen eines eigenen Heims — denn das Genossenschaftsmitglied ist, so lange es die Wohnung inne hat und seinen Verpflichtungen nachkommt, zugleich Mitbesitzer des Hauses — soll also auch der Schönheitssinn erweckt und befriedigt werden, und dieser mehr idealen Forderung hat Alfred Messel, soweit es die immerhin beschränkten Mittel zuliessen, in hohem Maasse entsprochen.

Bei dem Hause in der Sickingenstrasse musste er sich freilich mit einer künstlerischen Gestaltung der Strassenfront begnügen, die in ihren Einzelheiten an Motive der Tiroler Renaissance anklingt. Bei der Gebäudegruppe an der Proskauerstrasse konnte er sich dagegen in voller Freiheit bewegen. Er fasste die zehn innerlich für sich bestehenden Häuser zu einem einheitlichen künstlerischen Ganzen zusammen und gab der Häusergruppe, die dem Auge somit als eine geschlossene Einheit erscheint, durch Belebung der Fassaden mit thurmartig ansteigenden Dächern an den Ecken und mit Giebeln gewissermaassen ein monumentales Gepräge, dessen ernste Haltung aber durch eine Menge reizvoller, malerischer Einzelheiten gemildert wird, namentlich durch die in rhythmischem Wechsel bald vortretenden, bald zurückspringenden Fassadenteile. Mit gleicher Liebe sind auch die Hofseiten durchgeführt, die mit einer vierfachen Reihe von laubbekränzten Balkonen umzogen sind, von denen man auf die wohlgepflegte Gartenanlage im Hofe mit dem grossen, mit Kies bestreuten Spielplatz in der Mitte herabblickt.

Trotz dieses engen Zusammenlebens von weit über hundert Familien — der gesamte Komplex enthält 125 Wohnungen

Abbildung 427.

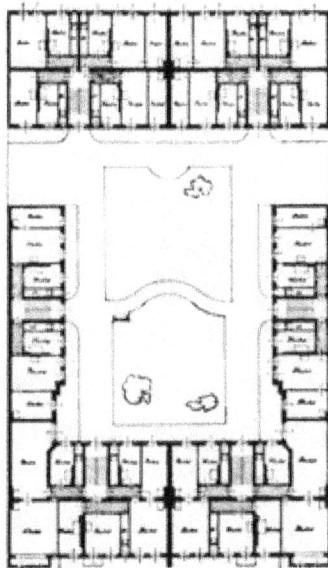

Grundriss zu Abbildung 414.

und 11 Läden haben sich nicht die Misshelligkeiten ergeben, die sonst in den Berliner Mietkasernen an der Tagesordnung sind. Im Gegenteil haben die gemeinsamen Wohlfahrtseinrichtungen und gemeinnützigen Ziele zu einem festen Zusammenschluss der Hausbewohner, zu einem überaus harmonischen Zusammenleben geführt, das in Sommerfesten und anderen gemeinschaftlichen Vergnügungen gipfelt.

Für diejenigen, die mit den Grundsätzen des Vereins nicht bekannt sind, sei noch kurz bemerkt, dass auf die Wohnungen nur die Mitglieder des Vereins, deren Zahl etwa 1200 beträgt, ein Anrecht haben. Jeder Mieter zahlt ausser dem Mietpreis, der je nach der Grösse und der Lage der Wohnungen von 180 bis 350 M., bei einzelnen bevorzugten Wohnungen in der Sickingenstrase bis 500 M. steigt, wöchentlich 30 Pf., bis eine Gesamtsumme von 300 M. erreicht ist, die auch sofort eingezahlt werden kann. Durch diese Summe, die verzinst wird, wird er Miteigentümer des Hauses. Er kann aber auch vorher in seinem Mietrecht nicht verkümmert werden, solange er den Bestimmungen seines Vertrags nachkommt und Mitglied des Vereins bleibt, also auch nicht gekündigt werden, während er das Recht hat, seine Wohnung drei Monate vor Ablauf des Vertrages in der üblichen Weise

Abbildung 428.

Katholische Ludwigskirche, erbaut von AUGUST MENKEN in Berlin.

kündigen zu können. Die Wohnungen werden unter die Mitglieder verloost.

Nach dem Entwurfe Messels ist von dem Berliner Spar- und Bauverein noch ein drittes Arbeitermiethaus auf Westend, an der Ecke der Eschen- und Ulmen-Allee erbaut worden, das sich aber von den beiden besprochenen Wohnhausgruppen in seiner Anlage von Grund aus unterscheidet. Da nach der Baupolizeiordnung für die Vororte von Berlin für Westend eine „landhausmässige Bebauung" vorgeschrieben ist, war nur eine Bebauung von ⁵/₁₀ der Gesamtfläche und die Anlage von nur zwei voll ausgebauten Geschossen gestattet. Um trotz dieser Beschränkung und trotz des hohen

Bodenpreises (350 M. für die Quadratruthe) noch eine Rentabilität, zumal bei niedrigen Mietpreisen, zu ermöglichen, hat sich der Architekt einige Bestimmungen der Baupolizeiverordnung, nach denen das Dachgeschoss zur Hälfte, das Kellergeschoss zu drei Vierteln zu Wohnzwecken eingerichtet werden kann, derart zu Nutze gemacht, dass er das Dachgeschoss in genügender Höhe anlegte und das Kellergeschoss fast ganz aus dem Erdboden heraushob. Dadurch wurden drei Wohngeschosse gewonnen, die zwei Läden und zwanzig aus Stube, Kammer und Küche bestehende Wohnungen zu einem durchschnittlichen Mietpreise von 260 M. enthalten, von denen eine jede ihren abgeschlossenen Flur und ihr eigenes Klosett besitzt. Bei der Ausbildung der Fassaden wurde ebenfalls ein grosses Gewicht auf eine gefällige malerische Wirkung im Landhauscharakter gelegt. Ein grosser Garten bildet einen besonderen Reiz dieser Anlage.

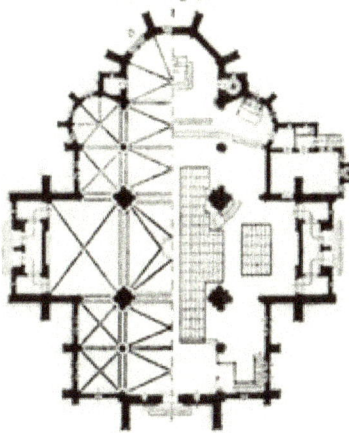

Abbildung 420.

Grundriss zu Abbildung 420.

Im weiteren Verfolg seiner Bestrebungen, die sich, wie die bisherigen Erträge ergeben haben, auf einer durchaus sicheren geschäftlichen Grundlage bewegen, hat der Berliner Bau- und Sparverein inzwischen ein grosses Terrain im Norden der Stadt, an der Stargarder- und Greifenhagener-Strasse, erworben, auf dem der Bau einer neuen Gruppe von Häusern nach dem Messelschen Normaltypus, die wiederum etwa 125 Wohnungen enthalten werden, in

Angriff genommen worden ist. Man hofft den Bau so schnell fördern zu können, dass die Wohnungen am 1. Oktober 1900 bezogen werden können. Die drei bis jetzt fertigen Anlagen des Vereins stellen ein Kapital von etwa 1½ Millionen Mark dar, das sich in Anbetracht der gemeinnützigen Zwecke noch vorteilhaft genug verzinst. Bis jetzt hat die Jahresdividende auf die Anteile der Genossenschaftsmitglieder 3½ Prozent betragen, während die Spareinlagen der Mitglieder sogar mit 4 Prozent verzinst werden konnten.

Es muss hervorgehoben werden, dass die erfolgreichen Bestrebungen des Vereins den Beifall aller politischen Parteien gefunden haben. Selbst die Sozialdemokratie hat sich, weil die Vorteile dieser Wohnungen zu klar am Tage liegen, zu stillschweigender Duldung entschlossen, obwohl ihr dadurch eine Hauptquelle ihres Zuflusses, die Unzufriedenheit mit der wirtschaftlichen Lage, mit der Zeit verstopft werden kann.

Nicht nur dass durch die Schaffung gesunder und geräumiger und doch billiger Arbeiterwohnungen manches soziale Uebel — wir erinnern dabei auch an das in Berlin besonders grassierende Schlafburschenwesen gehoben werden kann, ein hervorragender Rechtslehrer glaubt darin auch ein wichtiges Mittel zur Eindämmung des Verbrechertums zu sehen. In der Vorlesung über „das Verbrechen als sozialpatholo-

gische Erscheinung", die der ausgezeichnete Strafrechtslehrer Professor von Liszt bei Antritt seines Lehramts an der Berliner Universität gehalten hat, hat er den Satz aufgestellt: „Ein Wohnungsgesetz, das den Arbeitern ein erträgliches Heim verbürgt und ihnen einen schwachen Abglanz des Familienlebens giebt, ist viel wirksamer zur Bekämpfung der Kriminalität als ein Dutzend Strafparagraphen." Damit wird ein neuer Ausblick auf die Wichtigkeit der Arbeiterwohnungsfrage eröffnet, die so gross erscheint, dass Staatshilfe als nötig erachtet wird. Der Berliner Spar- und Bauverein hat aber, freilich bisher nur in einem begrenzten Kreise, den Beweis geliefert, dass eine Lösung der Frage auch auf dem Wege der Selbsthilfe, auf genossenschaftlicher Grundlage, erreicht werden kann.

A. R.

ZU UNSEREN BILDERN.

ARCHITEKTUR.

Von den Neubauten, die dieses Heft vorführt, gehören zwei der grossen Zahl von Kirchen an, die in den letzten Jahren in Berlin und seinen Vororten errichtet worden sind. Da für die meisten dieser Kirchen verhältnismässig geringe Mittel zur Verfügung standen, sahen sich die Architekten genötigt, mit dem wohlfeilsten Material, dem Backstein, auszukommen, was jedoch auch die vielen erwünschte Gelegenheit gab, an die heimische Bauweise anzuknüpfen. Einen echt märkischen Charakter trägt neben anderen auch die katholische Ludwigskirche, die AUGUST MENKEN 1895—1897 auf einem von der Terraingesellschaft Wilmersdorf geschenkten, in diesem Vororte gelegenen Platze erbaut hat, der seitdem den Namen „Ludwigskirchplatz" erhalten hat. (Abb. 428 u. 429). Nach der Lage der Kirche auf dem sehr ungünstig zugeschnittenen Platze sah sich der Architekt genötigt, um einen wuchtigen monumentalen Eindruck zu gewinnen und die Kirche zur Herrschaft über die den Platz umgebenden vielstöckigen Miethäuser zu bringen, einen kräftigen Vierungsturm über der Masse der Kirche emporsteigen zu lassen. Während die Kirche sonst ganz in Backstein ausgeführt ist, mussten die den Turm tragenden Pfeiler in Anbetracht seines schweren Gewichts in Sandstein her-

gestellt werden, und dadurch wurde der Charakter des Kircheninnern bestimmt.

Im besonderen halten sich die Stilformen an die um die Mitte des 13. Jahrhunderts in der Mark Brandenburg üblichen, und ihnen ist auch der plastische Schmuck der Kirche, namentlich die mit Laubwerk geschmückten, vom Bildhauer JANSKISTORI gestalteten Kapitelle und die Figuren fürstlicher Heiligen auf den Vierungspfeilern, die nach den Modellen des Bildhauers FINK von Zeyer und Drechsler ausgeführt worden sind, angepasst. Bemerkenswert sind auch die Kunstschmiedearbeiten von GOLDE und RAEFEL. — Wie die Kirche jetzt dasteht, ist sie übrigens noch nicht ganz vollendet. Der Westgiebel bildet nur einen vorläufigen Abschluss, da das Schiff hier später um drei Joche verlängert werden soll. Auch soll die Kirche noch zwei kleine Türme erhalten. — Die Baukosten der Kirche, die jetzt 2000 Besucher fassen kann, betrugen 280 000 Mark. —

Von der Gemeinde Gross-Lichterfelde war im Jahre 1896 ein Wettbewerb um den Bau einer auf der Dorfaue zu errichtenden evangelischen Kirche veranstaltet worden, in welchem der Architekt FRITZ GOTTLOB in Berlin den ersten Preis erhielt. Er wurde auch mit der Ausarbeitung des Bauentwurfs und in der Folge mit der Bauleitung beauftragt, und es gelang ihm,

Abbildung 450.

Abbildung 451.

Tre Pile, Rom.   Vom Grabmal d. Pietro di Toledo in S. Giacomo degli Spagnuoli in Neapel.

Reiseskizzen von AUGUST MESSEL, Architekt in Berlin.

Abbildung 432.

Wohnhaus Thomasstrasse 20, erbaut von PAUL HOFFE, Architekt in Berlin.

die Bauausführung, mit der im Frühjahr 1898 begonnen wurde, so rasch zu fördern, dass die etwa 900 Sitzplätze enthaltende Kirche bis auf die innere Ausstattung fast fertig ist und die Einweihung voraussichtlich im Mai 1900, wie festgesetzt worden war, erfolgen kann. Gottlob hat nicht nur die Entwürfe für die Architektur, sondern auch für die inneren Ausstattungsstücke (Orgel, Kanzel, Altar, Gestühl, Beleuchtungsgegenstände, schmiedeeiserne und Holzthüren, Altardecke, Chorteppich u. dgl. m.) angefertigt (Abb. 437–444).

Bei der Ausbildung der Architektur war er von dem Gedanken geleitet worden, die ganze Kirche, soweit es die Anforderungen unserer Zeit gestatteten, im Sinne der alten, mit einfachen Mitteln arbeitenden norddeutschen Backsteingotik zu gestalten. Unter Verzicht auf Glasurziegel verwendete er zur Belebung der Flächen lediglich Putzblenden. Auch das Dach ist einfarbig mit Biberschwänzen als Kronendach eingedeckt. Für den Sockel sind gesprengte, hammerrecht bearbeitete, verschiedenfarbige Granitfindlinge und für die Flächen Handstrichsteine mittelalterlichen Formates (28 × 13 × 9 cm) verwendet worden. Die Fugen sind 15 mm stark.

Abbildung 433.

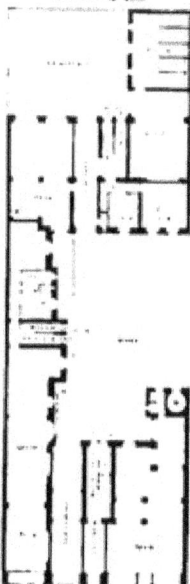

Grundrisse zu Abbildung 432.

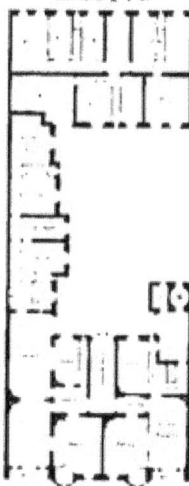

Die Steine sind nicht ängstlich sortiert, sondern sie zeigen reichliche Farbenunterschiede, so dass weder der Sockel noch das aufgehende Mauerwerk jene „moderne Geleektheit" zeigt, die nicht selten bei kirchlichen Neubauten mittelalterlichen Stils unangenehm wirkt und die Illusion vollkommen stört. Der Flächenverband, der in jeder Schicht abwechselnd je einen Läufer und einen Strecker zeigt, wirkt ruhig teppichartig. Der Dachverband, in den die Gewölbe bis zu seiner halben Höhe hineinragen, ist bis auf die Eisenkonstruktion über der Vierung aus Holz hergestellt. Der Entwurf dazu und die ganze statische Berechnung rühren vom Ingenieur O. Leitholf in Berlin her, während der Turmhelm nach der Werkzeichnung des Architekten verbunden wurde.

Abbildung 432.

Der Grundriss, der sich eng der sehr schmalen Baustelle anschmiegen musste, zeigt ein 12 m im Lichten breites Mittelschiff, zwei schmale, mit Spitzbogentonnen überwölbte Seiten- und zwei Kreuzschiffe. Nach den Emporen führen zwei gradlinige Treppen, unter deren Podesten ein Kloset, zwei Stuhlkammern und ein Zugang nach dem unter dem Chor gelegenen Heizkeller angeordnet sind. Vor der heizbar gemachten Turmhalle ist eine gedeckte Unterfahrt angelegt worden, die bei Trauungen und ähnlichen Anlässen willkommen sein wird. Die Kirche ist einschliesslich des Treppenhauses, der Sakristei u. s. w. mit echten Gewölben versehen worden; für die Rippengewölbe wurden gem starke Wölbsteine hergestellt, die in engsten Verband mit den Gewölberippen, durch die sie hindurch binden, gebracht werden konnten. Die Emporensäulen und die Unterbauten für Taufstein, Altar und Kanzel sind in allen Teilen aus Backstein hergestellt.

Victoria Luise-Platz (Platz 2) in Schöneberg.

Nach dem mit dem ersten Preise gekrönten Entwurfe des Kgl. Garten-Inspektors Encke in Wildpark bei Potsdam.

Vergl. Jahrg. I. S. 419—422.

Ausbau eines zweigeschossigen Turmzimmers als Bankettsaal mit Bibliothek.

Architekten SEHRING & LACHMUND in Berlin.

B.A.W. R.

Abbildung 436.

Entwurf zu einem Bleichenlager von Fritz Gottlob, Architekt in Berlin.

Bei ihrer Einweihung wird die Kirche vollständig mit farbigen, figürlichen und ornamentalen Fenstern versehen, überhaupt in allen Teilen fertig sein, wozu die reichen Stiftungen wesentlich beitrugen. So stiftete die Kaiserin, die hohe Protektorin der Kirche, die grosse, 4,75 Meter im Durchmesser haltende, die Himmelfahrt Christi darstellende Fensterrose des Chors, der Gemeindevorstand und die Loge je ein Mittelfenster der Kreuzschifffenstergruppe, die Gemeindekirchenvertretung die Kanzel u. s. w. — Im Chor ist das Leben Christi in vier Hauptmomenten — Geburt, Kreuzigung, Grablegung, Auferstehung und Himmelfahrt — dargestellt; den Schluss bildet die Darstellung des in den Wolken thronenden, segnenden Heilands im Scheitel des Triumphbogens.

Von den an der Ausführung beteiligten Firmen und einzelnen Künstlern sind besonders zu nennen Maurer- und Zimmermeister ASSMANN, Tischlermeister STÄHR und Kunstschmiede BECHLER & PASCHE in Gross-

Lichterfelde, Hofsteinmetzmeister METZING in Berlin, Bildhauer CARL HAUER (Modelle für ornamentierte Formziegel) in Berlin, Glasmaler JOSEF SCHERER in Wilmersdorf und Bildhauer SEELIG (Kanzel) in Berlin. Die Form- und Verblendsteine hat das Verblendsteinwerk von LOUIS GIEN in Ludwigshof-Böhne bei Rathenow geliefert. Die Baukosten werden etwa 240 000 Mark betragen.

Aus den Bestrebungen des Architekten, das Interesse an der alten norddeutschen Backsteingotik wieder zu beleben, ist auch eine Reihe phantasievoller Entwürfe hervorgegangen, von denen unsere Abbildungen 442 bis 445 einige charakteristische Proben bieten. Im Vorworte zu seinem, in den Jahren 1896 bis 1899 entstandenen Werke „Formenlehre der norddeutschen Backsteingotik" sagt Gottlob von dieser Bauweise, die wegen ihrer konstruktiven Folgerichtigkeit auch dem Laien durchaus verständlich ist, dass sie zwar „durch jahrhundertelange Uebung bereits zu hoher Vollendung gelangt, trotzdem sehr wohl

Abbildung 435

Evangelische Kirche für die Dorfaue in Gross-Lichterfelde,
erbaut von FRITZ GOTTLOB, Architekt in Berlin.

noch entwickelungs-
fähig* sei. In welcher
Richtung sich diese
Entwickelung etwa
bewegen könnte, sol-
len seine im grossen
Stile erdachten und
durchgeführten Kom-
positionen veranschau-
lichen, die keinen be-
stimmten baulichen
Zweck verfolgen, son-
dern aus reiner Be-
geisterung für unsere
schöne norddeutsche
Baukunst des Mittel-
alters entstanden sind.

Dass dieser Stil
auch ganz modernen
Bedürfnissen ohne
Zwang angepasst wer-
den kann, beweist der
Entwurf des Architek-
ten für einen Bären-
zwinger im zoologi-
schen Garten zu Ber-
lin (Abb. 436). Infolge
einer beabsichtigten
Umänderung und Er-
weiterung des Bau-
programms wird der
Entwurf jedoch nicht
in dieser Gestalt zur
Ausführung gelangen,
sondern mehrfache
Veränderungen erfah-
ren.

Für die künstleri-
sche Gestaltung des
Platzes Z an der West-
grenze Schönebergs
hatte die Besitzerin
des Terrains, die Ber-
liner Bodengesell-
schaft einen Wett-
bewerb ausgeschrie-
ben, über dessen Er-
gebnis wir im ersten

Abbildung 439.

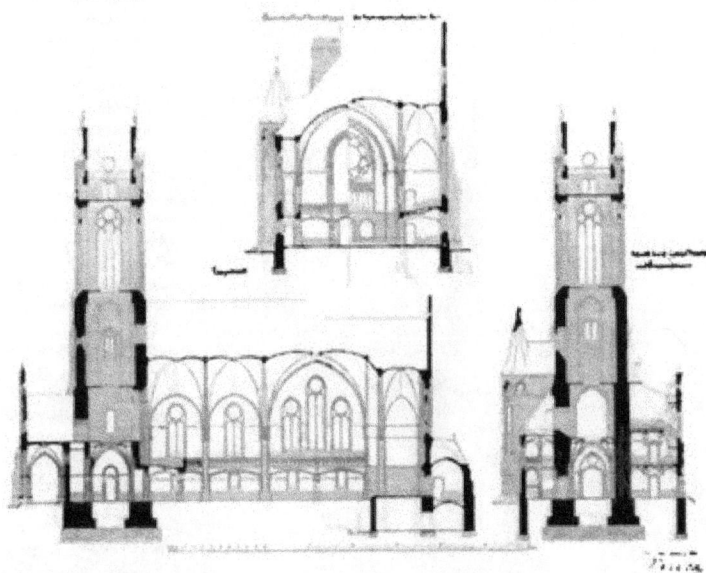

Abbildung 438.

Abbildung 440.

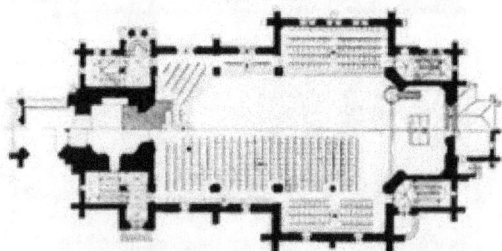

Abbildung 441.

Abbildung 438—441. Schnitte und Grundrisse zu Abbildung 437.
FRITZ GOTTLOB, Architekt in Berlin.

Abbildung 442.

Abbildung 443.

Abbildung 442—443. Entwürfe zu norddeutscher Backsteingotik von FRITZ GOTTLOB, Architekt in Berlin.

Abbildung 144

Entwurf zu einer Brücke von FRITZ GOTTLOB, Architekt in Berlin.

Jahrgange unserer Zeitschrift S. 425 431 eingehend berichtet haben. Danach war der mit dem ersten Preis gekrönte Entwurf des Königl. Garteninspektors ENCKE in Wildpark bei Potsdam zur Ausführung bestimmt worden. Die gärtnerische Anlage ist im Laufe des Frühjahrs erfolgt, und während des Sommers sind auch die beiden Bauwerke, die den Platz an der West- und Ostseite schmücken sollten, in Sandstein ausgeführt worden: an der Westseite eine in einfachen Formen gehaltene Pergola, an der Ostseite eine halbrunde Bank, deren Seitenteile durch wasserspeiende Löwenköpfe durchbrochen sind. Unsere Abbildung 435 giebt ein Schaubild des Platzes, der jetzt dem Verkehr übergeben worden ist und den Namen „Viktoria-Luise-Platz"

erhalten hat. Im Hintergrunde ist der Turm der Ludwigskirche (Abb. 428) sichtbar.

MALEREI.

An die Stelle des im April 1898 verstorbenen Professors Otto Knille als Vorsteher eines der mit der Kgl. Akademie verbundenen Meisterateliers für Malerei ist Ende vorigen Jahres Professor ARTHUR KAMPF aus Düsseldorf berufen worden, der in diesem Frühling sein Amt angetreten hat. Kampf, der bereits seit einigen Jahren an der Düsseldorfer Akademie eine erfolgreiche Lehrthätigkeit als Leiter einer Malklasse geübt hat, ist in Berlin kein Fremder. Von Berlin aus, durch die Jubiläums-Ausstellung des Jahres 1886, ist sein Name erst in weitere Kreise gedrungen. Damals

Burg am Wasser. Entwurf von Fritz Gottlob, Architekt in Berlin.

Abbildung 445.

erregte ein Bild des erst zweiundzwanzig-
jährigen Künstlers, „die letzte Aussage",
das in lebensgrossen Figuren die Ver-
nehmung eines im Wirtshausstreit tötlich
verwundeten Arbeiters durch einen Poli-
risten schildert, sowohl durch die Wahl
des Motivs wie durch die ungewöhnliche
Kühnheit einer naturalistischen, von un-
erschrockener Wahrheitsliebe erfüllten Dar-
stellungsweise lebhaftes Aufsehen. Seitdem
hat Kampf fleissig dafür gesorgt, dass sein
Name nicht in Vergessenheit geriet. Fast
jedes Jahr erschien auf der Berliner Ausstellung im Glaspalast oder in den privaten
Kunstsalons ein grösseres Werk von seiner
Hand, und eines der grössten, eine Episode
aus dem Befreiungskriege: Professor Steffens
begeistert zur Volkserhebung im Jahre 1813
zu Breslau, ist auch in Berlin, in der Nationalgalerie, geblieben. Eine Zeit lang schien es,
als hätte sich Kampf ausschliesslich der
Geschichtsmalerei gewidmet, namentlich Darstellungen aus dem Leben und den Kriegen
Friedrichs des Grossen und aus der Franzosen-
zeit 1812 bis 1813. Seit etwa sechs Jahren
ist er aber auch wieder mit Schilderungen
aus dem modernen Volksleben hervorgetreten, namentlich aus dem harten Schaffen
der Fabrikarbeiter und Landleute, und wie
auf jenen Geschichtsbildern hat er auch in
diesen Darstellungen Energie und Tiefe der
Charakteristik mit grösster Wahrheit und
Lebendigkeit der Schilderung und bedeutender koloristischer Kraft gepaart, die,
meist auf eine ernste Tonart gestimmt, alle
malerischen Ausdrucksmittel, Oel- und Temperamalerei, Aquarell, Pastell, Radierung
und Lithographie, mit voller Sicherheit beherrscht. In seiner Wahrheitsliebe ist Kampf
in seinen Schilderungen auch an dem
Grauenhaften, Abstossenden und Häss-
lichen nicht vorübergegangen; aber der
künstlerische Ernst, der aus ihnen sprach,
erzwang auch für solche Schöpfungen die
Anerkennung derer, die sich in ihren
ästhetischen Empfindungen verletzt fühlten.
Immer war auch die ausserordentliche Gewissenhaftigkeit der zeichnerischen und

malerischen Durchführung zu bewundern.
Dass ein Künstler von solcher Vielseitigkeit, von so gründlicher technischer Bildung
und so ernstem Streben der richtige Mann
ist, um in der hervorragenden Stellung des
Vorstehers eines Meisterateliers anregend
und durch eigenes Schaffen fördernd auf
die der Hochschule entwachsenen Kunst-
jünger zu wirken, bedarf nach den bisherigen
künstlerischen Leistungen Kampfs keiner
weiteren Begründung. Nichtsdestoweniger
hat sich der Künstler veranlasst gesehen,
in einer Sammelausstellung, die im Oktober
bei Keller und Reiner stattgefunden hat,
dem Berliner Publikum einen Ueberblick
über den Umfang seines Könnens und die
Art seiner Studien zu geben. Zu diesem
Gesamtbilde hatte er 26 Arbeiten vereinigt, überwiegend Naturstudien, Skizzen
und Blei- und Rotstiftzeichnungen, in denen
er von der ausserordentlichen Schärfe und
Feinheit seiner Zeichnung und der Kraft
seiner Modellierung ein glänzendes Zeugnis
ablegte (Abb. 446 u. 447). Von ausgeführten
Bildern waren nur zwei vorhanden: „Sonn-
tag Nachmittag", eine ländliche Idylle mit
einem greisen, die Feiertagsruhe geniessen-
den Paar, dem ein an einem Baum lehnen-
der Knabe etwas auf der Ziehharmonika
vorspielt, und eine feine, in Pastell ausgeführte Beleuchtungsstudie, ein Blick in eine
Theaterloge mit ihren eleganten Insassen.
Wie die meisten modernen Maler geht auch
Kampf mit Vorliebe allen Wirkungen des
natürlichen und künstlichen Lichtes nach, und
eine ausserordentlich geschmeidige Technik
ermöglicht ihm auch, selbst die schwierigsten Lichtprobleme koloristisch zu bewäl-
tigen. Eine in Grisaille ausgeführte Ansicht aus einem Walzwerk mit Arbeitern
bei dem Mittagsmahl (Abb. 448) giebt eine
Probe davon.

Arthur Kampf ist am 28. September 1864
in Aachen geboren worden, steht also erst
im 36. Lebensjahre. Er hat seine Studien
auf der Akademie in Düsseldorf gemacht,
wo besonders E. von Gebhardt und Peter
Janssen seine Lehrer waren.

Abbildung 446.

Drei Studienköpfe. Von A. KAMPF in Berlin.

In scharfem Gegensatz zu diesem realistischen Schilderer modernen Lebens steht Wilhem MÜLLER-SCHÖNEFELD, der zugleich mit Kampf ebenfalls eine Sammelausstellung bei Keller und Reiner veranstaltet hatte. Eine poetisch veranlagte Natur, hat er sich eine ideale Welt geschaffen, ein Land der Träume, in dem im Gegensatz zu unserem „Land der Leiden" ewiger Frühling herrscht und die Menschen ein Dasein voll heiterer Glückseligkeit führen. Seine poetische Neigung versteigt sich aber niemals zum maasslos Phantastischen. Seine Landschaften sind nach gründlichen Naturstudien, namentlich in südlichen Gegenden, komponiert, und die Figuren, die sich im Stande paradiesischer Unschuld in dieser Landschaft bewegen, lassen erkennen, dass der Künstler sich auch eifrig mit dem Studium des menschlichen Körpers befasst hat, den er mit geläutertem Schönheitsgefühl in harmonischen Einklang mit seinen landschaftlichen Gebilden zu bringen weiss. Wilhelm Müller, der das Unterscheidungsmerkmal seines Namens von seinem Geburtsort Schönefeld bei Leipzig angenommen hat, ist am 2. Februar 1865 geboren worden. Er hatte bereits die Lithographie erlernt, ehe er sich 1885 auf der Berliner Hochschule der Malerei widmen konnte. Nach neunjährigen Studien erhielt er für ein durch poetische Auffassung und zarte koloristische Behandlung ausgezeichnetes Bild „Frühling" — ein junges nacktes Paar im Vordergrunde einer mit Baumgruppen bestandenen Wiesenlandschaft — das auch auf der grossen Kunstausstellung des Jahres 1895 erschien, den grossen Staatspreis, der ihm einen einjährigen Aufenthalt in Rom ermöglichte. Nachdem er noch zwei Jahre auf Studienreisen in Italien und in Paris zugebracht, kehrte er wieder nach Berlin zurück. Was er in diesen Studienjahren und seitdem in Berlin geschaffen, hatte er zum grösseren Teil in jener Sammelausstellung zusammengefasst.

Um ein grosses Triptychon, das den gottbegeisterten Sänger Orpheus in seiner Gewalt über Götter, Menschen und Tiere darstellt – selbst die jagdfrohen Nymphen der Artemis werden durch den Zauber des Saitenspiels herbeigelockt (Abb. 449) war eine Reihe von Ideallandschaften südlichen Charakters gruppiert, die mit Figuren belebt sind, die gewissermassen die Stimmung deuten sollen.

Dass Müller-Schönefeld aber nicht ausschliesslich in jener idealen Welt lebt, die er sich mit starker poetischer Kraft selbst geschaffen, bewiesen einige zugleich ausgestellte Damenbildnisse, von denen unsere Abbildung 450 eines wiedergiebt. Der

Abbildung 448.

Walzwerk. Von A. KAMPF in Berlin.

Abbildung 447.

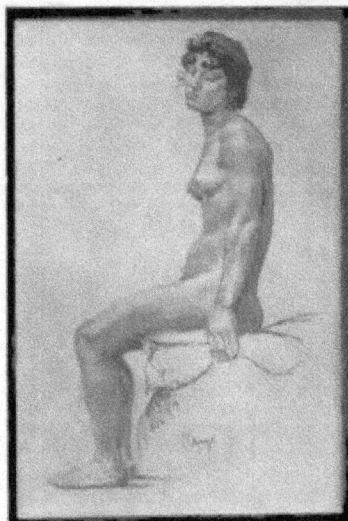

Sitzender weiblicher Akt. Von A. KAMPF in Berlin.

Künstler, den wir auf seinem Orpheusbilde als einen begeisterten Schilderer der antiken Welt kennen gelernt haben, zeigt sich auf diesem Bildniss von einer ganz anderen Seite. In der koloristischen Behandlung, in der Anordnung, in der Sicherheit, mit der er den raffinierten Reiz einer Damenrobe von der neuesten Mode bemeistert, kann er sich getrost mit den vorgeschrittensten unter den Vertretern der modernen Richtung messen. Er huldigt auch der modernen Lehre, dass das Bild nicht bei dem Rahmen aufhören darf, sondern dass der Rahmen erst das Kunstwerk vervollständigt und abrundet. Er darf sich aber nicht protzig vordrängen, sondern er muss sich dem Bilde bescheiden unterordnen: diese Absicht ist sowohl in dem Rahmen, der das Triptychon umschliesst, wie in dem Rahmen des Damenbildnisses zum Ausdruck gelangt. Letzteren hat nach eigenem Entwurf der Bildhauer OTTO STICHLING ausgeführt, der in diesem Hefte auch mit zwei eigenartigen Schränken vertreten ist, bei deren

Komposition und Ornamentik er gotische
Formen mit Geschick und Geschmack modernen Bedürfnissen angepasst hat. Der
eine Schrank (Abb. 451) soll zur Aufbewahrung von Gläsern, Tassen und Tellern
dienen, der andere (Abb. 452) für Parfüm
und Seifen.

PLASTIK.

Den von der Berliner Kunstakademie
ausgeschriebenen Michael Beer-Preis, der,
auf ein Jahr bemessen, zu einem acht-
monatigen Aufenthalt in Rom verpflichtet,
hat in diesem Jahre der ungarische Bildhauer ALEXANDER JARAY davongetragen.
Das Werk, dem er diese
Auszeichnung verdankt,
geht weit über die Ar-
beiten hinaus, die gewöhnlich zu solchen Wettbewerben eingereicht werden.
„Die Nachtwandlerin", ein
junges Mädchen, das traum-
verloren seinen Weg durch
das Dunkel und die Fähr-
nisse der Nacht sucht (Abb.
453), ist vielmehr das Werk
eines in ernster Arbeit gereiften Künstlers. In allen
Einzelheiten zeigt sich ein
gründliches Studium der
Körperform, und mit feinem
Nachempfinden ist das
schlummernde, willenlose
Seelenleben der Träumen-
den in dem Antlitz zum
Widerschein gebracht. Jaray
ist 1870 in Temesvar ge-
boren. Er machte in Wien
die Akademie durch, besonders unter der Leitung des
Professors Helmer, und besuchte dann die Meister-
schule des Professors von
Zumbusch. Vor drei Jahren
kam er nach Berlin, wo er
nach unablässigen fleissigen
Studien den ersten verdien-
ten Erfolg errungen hat.

Auf der diesjährigen
grossen Kunstausstellung ist
die Aufmerksamkeit der
Freunde germanischer Sa-
gen durch ein kleines Bildwerk erregt worden, das
in eigenartiger Verbindung

Schrank. Von W. MÜLLER-SCHÖNFELD in Charlottenburg.

Abbildung 449.

von halberhabener Arbeit und Flachrelief die Katastrophe des Nibelungenliedes, die Rache Krimhildes an den Burgunden mit dem triumphirenden Tode in der Mitte und den Gestalten Hagens und Volkers im Vordergrunde darstellte (Abb. 454). Der Katalog nannte als den Urheber des figurenreichen, mit peinlichstem Fleisse durchgeführten Bildwerks PAUL MATZDORF in Cöthen in der Mark. Als wir, durch die originelle Komposition und durch die selbständige Auffassung des Motivs überrascht, eine Reproduktion des Werkes beschlossen, erfuhren wir zu unserem Erstaunen, dass sein Schöpfer ein einfacher Dorfschullehrer ist, der niemals Zeichen- oder Modellierunterricht erhalten hat, sondern das, was er erreicht hat, nur der eindringenden Beobachtung der Natur verdankt. Obwohl sich schon in dem Knaben der Kunsttrieb mächtig regte, musste er, da seine Eltern mittellos waren, den Lehrerberuf erwählen. Als er dann nach Absolvierung des Seminars ein Lehramt erhalten, erwarb er sich durch schriftstellerische Arbeiten die Mittel zum Studium anatomischer und kunstgeschichtlicher Werke. Aber erst nach zehnjährigem harten Ringen kam er soweit vorwärts, dass er es wagen konnte, mit einem ersten plastischen Versuch in die Oeffentlichkeit zu treten. Seine Begeisterung für die germanische Mythe hat ihn zu einem Stoff aus der Nibelungensage geführt, und aus

demselben Kreise ist auch der Entwurf zu einem Monumentalbrunnen „Götterdämmerung" erwachsen, an dem der begabte Autodidakt zwei Jahre gearbeitet hat. Hoffentlich gelingt es seinem ernsten Streben, sich aus den engen Verhältnissen seines jetzigen Wirkungskreises herauszuringen und sein Talent unter günstigeren Bedingungen des Lebens und Schaffens zur Reise zu bringen! *A. R.*

Abbildung 450.

Porträt der Frau St.
Von MÜLLER-SCHOENEFELD in Charlottenburg.
Rahmen entworfen und ausgeführt
von OTTO STICHLING, Bildhauer in Berlin.

CHRONIK AUS ALLEN LÄNDERN.

✳ Von dem *Verein zur Erhaltung der Kunstdenkmäler Hildesheims* ist das von uns bereits erwähnte Preisausschreiben zur Erlangung von *Hauszeichnungen für Neubauten* nunmehr erlassen worden. Das Preisausschreiben ist durch eine Vorschrift des Magistrats veranlasst worden, nach welcher, vorbehaltlich bestimmter Ausnahmen, in den älteren Theilen der Stadt die von der Strasse aus sichtbaren Bautheile neu zu errichtender Bauwerke in Bauformen zur Ausführung zu bringen sind, welche sich an die bis gegen Mitte des 17. Jahrhunderts in Deutschland zur Verbreitung gelangten Bauformen anschliessen, und ausserdem die neuen Bauwerke möglichst dem Gepräge der näheren Umgebung, namentlich der etwa in der Nähe befindlichen maassgebenden grösseren Gebäude, anzupassen sind. Um namentlich auch den kleineren Bauunternehmern die Anwendung dieser neuen Vorschrift zu erleichtern, beabsichtigt der Verein, Zeichnungen von Vorderansichten von Häusern aller Art (Wohnhäuser, Geschäftshäuser mit und ohne Läden, Nebengebäude), von Thorwegen, Einfriedigungen, Schildern u. s. w. herauszugeben, welche den neuen Vorschriften und dem Charakter der älteren

Stadt entsprechen und als Vorbilder für neu zu er-
richtende Bauwerke dienen können. Um hierfür geeignete Vorlagen zu gewinnen, schreibt der Verein
einen Wettbewerb für deutsche Künstler aus. Jeder
Künstler hat so Ent-
wurfszeichnungen der
gedachten Art ein-
zureichen, welche
sich zur Aufnahme
in jenes Sammelwerk
und zur Benutzung
für darnach anzu-
fertigende Bauzeich-
nungen eignen. Die
Einreichung hat bis
zum 15 April 1901
bei dem Stadtbau-
amte zu Hildesheim
zu geschehen. Es
sind drei Preise von
1500 Mk., 1000 Mk.
und 600 Mk. aus-
gesetzt. Die preis-
gekrönten 30 Zu-
Zeichnungen gehen
in freies Eigentum
des Vereins über
und können von ihm
einzeln oder in ihrer
Gesamtheit vervieil-
fältigt, sowie von
jedermann frei zum
Zwecke von Bausaus-
führungen, welche
für Hildesheim be-
stimmt sind, benutzt
werden. Auch steht
dem Verein das Recht
zu, jede andere ein-
gelieferte Zeichnung
für je 50 Mk. anzu-
kaufen und damit be-
treffs ihrer die glei-
chen Rechte zu er-
werben. Uebrigens
bleibt es den Ur-

heber unbenommen, auch ihrerseits die von dem
Verein erworbenen Zeichnungen zu vervielfältigen
oder sonstigen Gebrauch davon zu machen. Das
Preisrichteramt haben übernommen die Herren Professor HEHL in Ber-
lin, Professor MOHR-
MANN in Hannover,
Stadtbaumeister
SCHWARTZ in Hil-
desheim, Oberbür-
germeister STRUCK-
MANN in Hildesheim.
Die näheren Bedin-
gungen, welche bei
der Einlieferung der
Zeichnungen unter-
schrieben zurückzu-
geben sind, sowie
der Wortlaut der
massgebenden Bau-
vorschriften können
vom Stadtbauamte in
Hildesheim bezogen
werden.

* * *

Eine *Freie
Vereinigung der
Graphiker*, der
Vertreter der gra-
phischen Kunst, ist
in Berlin begründet
worden. Die Ver-
einigung, deren Vor-
stand aus dem Kupfer-
stecher Prof. Hans
Meyer als Vorsitzen-
dem und dem Kupfer-
stecher Johannes
Piatz als Schriftfüh-
rer besteht, zählt be-
reits 21 Mitglieder.

* * *

Professor LUD-
WIG MANZEL ist auf

Abbildung 451.

Geschirrschrank.   Entwurf von OTTO STICHLING, Bildhauer in Berlin.

Grund eines engeren Wettbewerbs mit der Ausführung eines Reiterdenkmals Kaiser Wilhelms I. für *Bernburg* betraut worden.

*

== Die erste Ausstellung der *Berliner Secession* hat einen Reinertrag von 33 000 Mk. ergeben.

3. Ueber das *deutsche Haus auf der Pariser Weltausstellung*, das in der Reihe der Repräsentationsgebäude der Staaten am Quai d'Orsay zwischen der Alma- und der Invalidenbrücke errichtet worden ist, macht der Erbauer, Postbauinspektor RADKE, im „Centralblatt der Bauverwaltung" jetzt nähere Mitteilungen, denen wir das folgende entnehmen. Der zur Verfügung gestellte Platz hat eine Breite von 25 m und eine Tiefe von 28 m. Auf seiner Ostseite befindet sich eine 15 m breite Strasse, auf deren anderer Seite Norwegen sein Gebäude errichtet; auf der Westseite dagegen, wo sich das spanische Haus befindet, ist die Strasse nur 10 m breit. Ihre Nordseite ist der Seine zugekehrt. Auf der Mittelpromenade des Quai d'Orsay endlich steht das finnländische Gebäude, etwa 12 m von der Südfront des deutschen Hauses entfernt. Der Boden ist ziemlich schlecht; manche der Duclos-Pfeiler mussten bis auf 8 m Tiefe hinabgeführt werden. Die Oertlichkeit war für die Staatenbauten, die auf diesem Teile errichtet werden mussten, die denkbar ungünstigste.

Das Gebäude wird in seinen wesentlichen Teile aus Holz errichtet, und das hölzerne Gerippe ist aussen und innen mit Drahtgipsputz

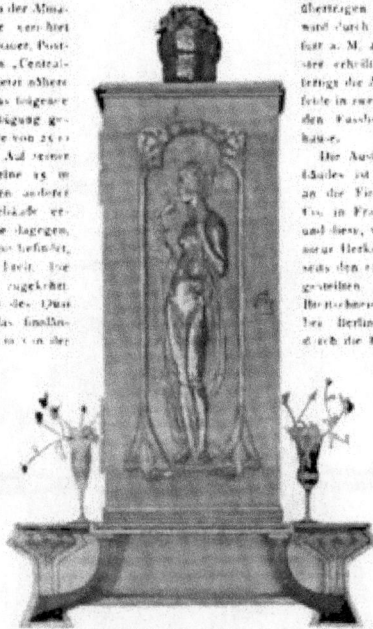

Abbildung 252.

Zierschränkchen.
Entwurf von OTTO STICHLING, Bildhauer in Berlin.

mer des Reichskommissars und seines Stellvertreters sowie das kleine Vorzimmer werden nach Vorbildern aus Sanssouci und dem Stadtschloss in Potsdam ausgestattet. Zur Herstellung der Decken dient angetragener Stuck. Die Dächer sind mit Ziegeln von Zinstag aus Kareth bei Regensburg, die Türme mit Kupfer gedeckt. Die Gründung des Gebäudes ist auf Pfählen erfolgt.

Die Fronten sollen farbigen Schmuck in Herrschen Mineralfarben erhalten, der dem Maler Böhland in Schöneberg bei Berlin übertragen ist. Das Treppenhaus wird durch ein von Lüthi in Frankfurt a. M. ausgestelltes grosses Fenster erhellt werden. Die Treppe fertigt die Aktiengesellschaft Kieferfeile in zweifarbigem Marmor, ebenso den Fussbodenbelag im Treppenhause.

Die Ausführung des ganzen Gebäudes ist in Gesamtunternehmung an die Firma Philipp Holzmann & Cie. in Frankfurt a. M. übertragen, und diese, vertreten durch den Ingenieur Herkner in Paris, lässt ihrerseits den 18 m hohen, in Eisen hergestellten Turm durch die Firma Breitschwerdt & Krügner in Pankow bei Berlin, die Modellierarbeiten durch die Firma Zeyer & Drechsler, die Dachdeckerarbeiten durch die Firma Meyer in Berlin und die Klempnerarbeiten durch die Firma Hess in Frankfurt a. M. ausführen.

Das Gebäude, das die Stilformen der deutschen Renaissance in reicher Ausbildung zeigt, ist ziemlich eng eingebaut und tritt infolgedessen nicht so in die Erscheinung, wie man gehofft hatte; nur der Turm ist von allen Seiten sichtbar und

bekleidet. Die Decken werden ebenfalls in Drahtgipsputz hergestellt. Der Fussboden besteht zum grössten Teil aus Holz und erhält Linoleumbelag. Die nördliche Vorhalle mit dem dahinter liegenden grossen Raume, ebenso die Südvorhalle und die neben ihr liegenden kleineren Räume haben gewölbliche Decken. Das Treppenhaus ist mit einer grossen Tonne überdeckt, die übrigen Räume haben glatte Voutendecken erhalten. Der Empfangssaal, die Zim-

rechtfertigt damit seine mehrfach angewiesene Zweckmässigkeit.

Der grösste Teil der Räume in den beiden Obergeschossen des Gebäudes ist dem deutschen Buchgewerbe, der photographischen Ausstellung und der Ausstellung der Centralstelle für Arbeiterwohlfahrtseinrichtungen zugewiesen worden.

Im untersten Geschosse befindet sich die Ausstellung der deutschen Weinproducenten, und im Anschluss

Abbildung 433

Die Nachtwandlerin.
Von ALEXANDER JARAY, Bildhauer in Berlin.

daran wird ein Restaurant eingerichtet werden, dessen Betrieb der Besitzer des Palasthotels in Berlin Knos übernommen hat. Die architektonische Ausgestaltung beider erfolgt auf Veranlassung des Erbauers durch den Architekten BRUNO MÖHRING in Berlin. Die Centralstelle für Arbeiterwohlfahrtseinrichtungen hat die Ausstattung ihrer Räume, die Anordnung ihrer Ausstellung u. s. w., ebenfalls auf den Vorschlag des Erbauers, dem Architekten BERNHARD SEHAEDE in Berlin übertragen.

*   *   *

☐ In dem *Wettbewerb um einen Entwurf für das König-Albert-Museum in Chemnitz,* zu dem 45 Entwürfe eingegangen waren, erhielten den ersten Preis FRITZ HESSEMER und JOH. SCHMIDT in München, den zweiten Preis F. BERGER in Stettin, zwei dritte Preise MAX LINDEMANN in Dresden und HEINRICH BEHRENS in Bremen.

*   *   *

✕ Ein Wettbewerb zur Erlangung von *Plänen zu Wohnungen für ostpreußische ländliche Arbeiter* ist

unter den preussischen Staatsangehörigen mit Termin
zum 16. Juni 1900 ausgeschrieben worden. Es sind
drei Preise von 500, 400 und 300 Mk. ausgesetzt.
Unter den fünf Preisrichtern befindet sich nur ein
Techniker, der Stadtbauinspektor PAPENDIEK in
Königsberg. Die Unterlagen sind kostenlos von der
Landwirtschaftskammer für die Provinz Ostpreussen
in Königsberg,
Lange Reihe 3, zu
beziehen.

* * *

■ In scharfe Form
geprägte, für den
Druck bestimmte
*Aeusserungen von
bildenden Künstlern,
insbesondere von
Architekten über
ihre Kunst* dringen
verhältnismässig sel-
ten in die Oeffent-
lichkeit. Es liegt in
der Natur des künst-
lerischen Schaffens,
dass sich der Künst-
ler nur selten be-
wegen lässt, von
dem zu reden, was
seine Seele erfüllt
und bewegt, oder
gar durch den Aus-
druck seiner Ueber-
zeugung in den Streit
der Meinungen ein-
zugreifen. Um so
willkommener werden
den unseren Lesern
einige solcher Mei-
nungs-Äusserungen
und Urteile sein, die
wir einem kürzlich
im Verlage von J. J.
Weber in Leipzig un-
ter dem Titel, *Das gol-
dene Buch des deut-
schen Volkes an der Jahrhundertwende*" erschienenen
Prachtwerk entnehmen, das sich die Aufgabe gestellt
hat, in Wort und Bild gleichsam die Quintessenz der
Errungenschaften deutscher Kultur zu bieten, die das
scheidende neunzehnte Jahrhundert dem zwanzigsten
vererbt. Zunächst lässt sich Oberbaudirektor Dr. DURM
über das Wesen und die Aufgaben seiner Kunst in
folgenden Sätzen aus: „Ein fieberhaftes Suchen nach
Auffallendem und Neuem in der bildenden Kunst beherrscht zur Zeit die Geister, und doch war alles
schon einmal! Jeder will Schule machen, und die

Abbildung 454.

Der Nibelungen Not.
Von PAUL MATZDORF in Cöthen (Mark).
Grosse Berliner Kunst-Ausstellung von 1899.

Vertreter wie die Anhänger der einen lassen die der
anderen nicht gelten und begegnen einander mit
schlecht verhehlter Geringschätzung. Dabei will jeder
wahr sein und aus dem Innern oder dem Bedürfnis
heraus schaffen, wobei der eine antiquarischen Lieb-
habereien oder Spielereien nachgeht und dabei das
vergisst oder ignoriert, was der moderne Mensch als
eine Errungenschaft
unserer Zeit in der
Art zu leben betrach-
tet, der andere einem
bunten Eklektizis-
mus huldigt oder
die Nachahmung
modernster anglo-
amerikanischer
Kunstweise für
deutsch-national er-
klärt! Zeitungsleb
oder Fürstengunst
sollen der Richtung
den Erfolg bei der
Menge sichern, wo-
bei die Worte Mark
Aurels vergessen
werden, „dass das
Lob eines Gegen-
stand weder schlech-
ter noch besser
macht. Alles Schöne,
von welcher Art es
auch sein mag, ist
an und für sich
schön, es ist in sich
selbst vollendet, und
das Lob bildet kei-
nen Bestandteil seines
nes Wesens." Die
Kunst ist nach Graf
Tolstoi jene mensch-
liche Thätigkeit,
durch welche ein
Mensch kraft seines
eigenartigen Kön-
nens seine Gefühle
anderen übertragt
und sie zwingt, sie mit ihm zu fühlen — alles beruht
auf Suggestion."

Was Durm nur beiläufig berührt, hat Professor C.
WALTHER in Nürnberg in eine bestimmte Form gefasst. „Ich wollte, schrieb er, jedes Volk bewahre
seine nationale Eigenart in der Kunst wie in der
Sprache. Für mich ist jedes Volapük ungeniessbar,
gleichviel ob es für die sprachliche oder für die
künstlerische Ausdrucksweise zusammengestellt ist."

Als einen entschiedenen Vertreter der modernen,
von der Ueberlieferung sich lossagenden Richtung

Abbildung 455.

Gewölbedecke. Von GEBR. DRANG, Dekorationsmaler in Berlin.

Abbildung 456.

Decke einer Diele. Von GEBR. DRANG, Dekorationsmaler in Berlin.

Abbildung 457.

Wandfries. Von GEBR. DRABIG, Dekorationsmaler in Berlin.

giebt sich neben OTTO WAGNER in Wien auch Baurat OTTO MARCH zu erkennen. Der Berliner Architekt schreibt: „Wir Deutsche suchen das Innerliche und Persönliche in der Kunst. Gesinnung und Lebensführung des einzelnen wie des ganzen Volkes bestimmen daher mehr als bei Völkern andern Stammes den Wert unserer Kunstäusserungen. Besonders gilt dies von der Baukunst, an deren Schöpfungen die Allgemeinheit durch die Gewährung der Baubedingungen innig beteiligt ist. Die sichtbar erstarkende Neigung unseres Volkes, seine Heimstätten schlicht, verständig und schön zu gestalten, giebt uns die Hoffnung, dass wir auch wieder lernen werden, die monumentalen Aufgaben einer höheren Kunst mit der „Einfalt ernster Leute" in unserer Weise zu erfüllen und in der Kunststätte einer künftigen deutschen Kultur der pedantischen Uebung historischer Stile zu entraten, deren kunstgelehrte Formensprache dem Herzen unseres Volkes wenig zu sagen weiss."

Ober-Baurat OTTO WAGNER fasst sein bekanntes künstlerisches Glaubensbekenntnis kurz und bündig in den Satz zusammen: „Der Ausgangspunkt unseres künstlerischen Schaffens kann nur das moderne Leben sein, nicht die Tradition." Dagegen berührt JOSEPH M. OLBRICH, der Erbauer des Hauses der Wiener Secession, die Gegensätze zwischen der alten

Abbildung 458.

Fauteuil in modernem Stil.
Ausgeführt von FRIED. THEIRMEHENS, Hofmöbelfabrik in Berlin.

und neues Richtung auffallender Weise gar nicht, sondern er spricht sich nur über das innerste Wesen der Baukunst dahin aus: „Die Architektur wird wieder

Garten-Umfriedigung für die Villa Saneke, Thiergartenstrasse, Ecke Regentenstrasse.

Nach dem Entwurfe von OTTO RIETH, Architekt in Berlin, ausgeführt von SCHULZ & HOLDEFLEISS, Kunstschmiede in Berlin.

Abbildung 450.

Verständnis und Freude beim Volke finden, wenn Herz und Gemüt bei der architektonischen Arbeit das schöpferische Element werden. Mit Innigkeit und Wärme werden dann auch solche Formen die architektonische Empfindung weiter sprechen lassen. Konstruierte Architektur, mag sie noch so neuartig erfunden sein, wird kalt und unverstanden bleiben; Kann eine Form, keine Seele!"

Auch die Frage des „neuen Stils", der nach der Versicherung Vieler bereits vorhanden sein soll, hat einige der Herren, die ihre Gedanken über die Kunst unserer Zeit mitgeteilt haben, beschäftigt. Sie verhalten sich aber durchweg sehr skeptisch gegen den neuen Stil. So schreibt HERMANN GÖTZ, der Direktor der Kunstgewerbeschule in Karlsruhe: „Unser scheidendes Jahrhundert tastet nach einem neuen Stile, doch nicht die Stilrichtung, sondern das echt künstlerische Empfinden und Können ist für die Bedeutung eines Kunstwerkes maassgebend. Die Gesetze des Schönen sind auch jetzt noch die gleichen wie vor Jahrtausenden, und sie werden dieselben bleiben, solange noch eine Kultur auf dieser Erde besteht." Ganz ähnlich spricht sich der bekannte österreichische Glaskunstwaren-Fabrikant LUDWIG LOBMEYR aus: „Seit einem halben Jahrhundert suchte ich auf bewährten Pfaden mein Kunsthandwerk mit Liebe und Freude zu üben, zu entwickeln. Nun wirbelt eine neue Moderichtung heran, die seitherigen Gesetze der Schönheit hinwegzufegen; doch das seit Jahrtausenden als schön und edel Gewürdigte kann dadurch nicht enthront werden." Selbst ein so junger Mann wie der Architekt WILHELM KREIS, der Sieger in dem Wettbewerb um die Bismarcksäulen, von dem man doch annehmen sollte, dass er der neuen Bewegung nahe steht, hat zu dem „neuen Stil" wenig Zutrauen. „Stil in den Stein," sagt er, „heisst soviel, als Logik ins Leben! Manche Leichtgläubige lesen mit Andacht in den Kunstblättern, der neue Stil sei da. Kunstgelehrte wollen ihn in einigen ganz neuen Schnörkeln gefunden haben." Gegen das Schnörkelwesen und die öde Nachahmung spricht sich übrigens auch OTTO ECKMANN aus, indem er schreibt: „Solange intimes Studium der Natur die Kunst beherrscht, ist sie schöpferisch und blüht. Das Erstarren zum Schnörkel wie das Verarbeiten geprägter Form bezeichnet Verfall."

Ganz besonders beherzigenswerte Mahnungen richtet auch einer der Hauptvertreter der neuen Richtung in München, HERMANN OBRIST, an die jetzigen Stürmer und Dränger, denen die radikale Umwälzung nicht schnell genug vor sich geht. „Es ist möglich, sagt er, dass den Deutschen es noch beschieden ist, das Herrlichste in den architektonischen und dekorativen Künsten zu erzeugen, was die europäischen Kulturländer hervorbringen können. Es drohen jedoch ernste Gefahren, von denen wir nur zwei hervorheben wollen: die eine ist das allzu rasche Berühmtwerden

jünger Kräfte durch die Presse und das entsprechende treibhausartige Produzierenmüssen und
Produzierenwollen, sowie der Dünkel, dem reich
beanlagte Naturen bei uns leicht verfallen. Die
zweite Gefahr droht uns von der beklagenswerten
Rührigkeit, mit der die Fabrikanten und die
grossen Unternehmerfirmen eine neue Richtung,
die eingeschlagen hat, aufgreifen und durch ver-
ständnislose Verwässerung der Motive so verbana-
lisieren, dass sie in Misskredit kommt, noch ehe
sie zu Kredit gekommen ist. Mit einem Worte:
lässt die moderne nervöse Hitze die neuen Keime
ausreifen, so werden wir eine unerhörte Blüte erleben; kommt aber die Krankheit in das grüne
Korn, so ist für Deutschland die Gelegenheit
auf unabsehbare Zeit vorbei."

Zum Schluss dieser Bütrachse zitieren wir
einen Ausspruch JULIUS LESSING's, der sich mit
der bei solchen Fragen gebotenen Zurückhaltung
über die Zukunft unseres Kunstgewerbes mit folgenden Worten äussert: „Das Kunstgewerbe hat
die zweite Hälfte des Jahrhunderts gebraucht, um
den in der ersten Hälfte abgerissenen Faden der
künstlerischen Ueberlieferung wieder anzuknüpfen.
Jetzt, am Ende des Jahrhunderts, strebt alles dahin,
sich von diesem Faden wieder frei zu machen.
Das kommende Jahrhundert wird es lehren, ob die
Menschheit lediglich aus sich heraus hinreichende
Schätze fördert, um des Erbes alter Kultur ent-
sagen zu können."

*   *   *

✕ Zur Erlangung von *Entwürfen für den Neubau einer evangelischen Kirche in Biebrich a. Rh.*
ist ein Wettbewerb an die Architekten Deutschlands ausgeschrieben worden. Als Architekten
gehören dem Preisgerichte an Ober-Baurat Prof.
Schäfer-Karlsruhe, Baurat Fr. Schwechten-Berlin,
Regierungs- und Baurat Angelroth-Wiesbaden,
Baurat Otto Match-Charlottenburg und Stadtbaumeister Thiel-Biebrich. Einsendungstermin ist der
1. April 1900. Das als evangelische Predigtkirche
mit zentraler Anlage und für 750 Sitzplätze zu
entwerfende Gotteshaus ist auf einem regelmässi-
gen Gelände in der Nähe des Rheinbahnhofs gedacht. Der Baustil ist freigestellt, „doch erscheint
nach Ansicht der Kirchengemeinde der frühgotische
Stil als sehr geeignet." Als Baumaterial ist roter
Sandstein in Aussicht zu nehmen. Es sieht eine
Bausumme von 240000 M. zur Verfügung. Es
werden verlangt ein Lageplan 1:500, Grundrisse,
Ansichten, Schnitte 1:200, zwei Hauptansichten
1:100. Die Lieferung einer flüchtigen perspektivischen Skizze vom Rhein ist freigestellt, eine
perspektivische Ansicht von einem näher be-
zeichneten Punkte gefordert. Hierzu treten Erläuterungsbericht nebst Kostenanschlag. Für 3—4
Preise stehen 6000 M. zur Verfügung.

*   *   *

Abbildung 460.

Beleuchtungskörper am Hause Fasanenstrasse 97.
Nach dem Entwurfe von PAUL LINGNER, Architekt in Berlin,
ausgeführt von ROB. BLUME, Kunstschlosser in Berlin.

Abbildung 461.

Schmiedeeisernes Thor für die Bergschule in Bochum
Nach dem Entwurfe von CARL WEINHOLD ausgeführt von R. MIKSIIS, Kunstschmiedewerkstatt in Berlin.
Blätter und Blumen gekehlt und geschmiedet. Die Drachen der Sockelfüllungen sind in 5 mm starkem Blech
aus der Fläche herausgetrieben. 3,50 m breit, 4,40 m hoch.

In der *Preisbewerbung um ein Gemeinde-Schul-haus in Schmargendorf* ist der erste Preis dem Architekten HERMANN BUCHHOLTZ in Charlottenburg, der zweite Preis dem Architekten JOH. RINGELMANN daselbst und der dritte Preis dem Baumeister OTTO

KASPER in Freienwalde a. O. zuerkannt worden. Trotz-dem war das Ergebnis für die Gemeinde insofern ungünstig, als aus dem Wettbewerb kein zur Aus-führung geeigneter Entwurf gewonnen worden ist.

*   *   *

BÜCHERSCHAU.

Velazquez. Ein Bilderatlas zur Geschichte seiner Kunst. Mit Text von Dr. KARL VOLL, München, Verlagsanstalt F. BRUCKMANN, A.-G.
Von den Klassikern der Malerei wird keiner von den Künstlern unserer Zeit so hoch geschätzt wie der spanische Grossmeister Velazquez, und zwar sind die

Künstler aller Richtungen in seiner Wertschätzung einig. Bei den „Modernen" steht er sogar in ganz besonderer Gunst, weil sie in ihm einen Vorläufer ihrer Bestrebungen, den ersten Bahnbrecher des Naturalismus zu erkennen glauben, der den Eindruck höchster Naturwahrheit durch die einfachsten künst-

lerischen Ausdrucksmittel zu erzielen verstand. In
der That ist kaum ein zweiter Meister der Natur
gegenüber so ehrlich und zugleich so bescheiden
gewesen wie Velasquez, und darum sind seine Werke
gerade für Künstler, die sich besonders für das technische Verfahren eines Kunstgenossen interessieren,
ungemein lehrreich. Es ist daher ein sehr dankens-
wertes Unternehmen der Bruckmann'schen Verlagsanstalt, dass sie uns in guten Autotypien für einen
geringen Preis (6 M.) 47 Werke des Künstlers, in
eleganter Mappe vereinigt, bietet. Wenn man von
einigen schwer erreichbaren Bildern in englischen
Privatsammlungen absieht, findet man alle Hauptwerke
des Meisters, soweit sie in den öffentlichen Sammlungen
Europas vorhanden sind, in erster Reihe die herrlichen
Schöpfungen im Prado-Museum zu Madrid. Da gute
Originalphotographien immer noch verhältnismässig
teuer sind, bieten diese Autotypien einen vollkommenen
Ersatz.

Der beigegebene Text enthält eine mit liebevoller
Wärme und feinem Verständnis geschriebene Charakteristik des Künstlers, die seine Eigenschaften unbefangen und vorurteilsfrei klar legt und sich namentlich vor Uebertreibungen und masslover Lobrednerei
hüten. Der Verfasser hat sich auf Grund seiner
Kenntnis der Originale überall ein eigenes Urteil
gebildet, und für Maler wird es besonders wertvoll
sein, dass er fast bei allen Bildern mehr oder weniger
eingehend die malerischen Qualitäten analysiert.

*   *   *   *.R.*

Zweige und Ranken. Herausgegeben von ALBERT
WINTHER, Maler, Lehrer an der Königl. Kunst-
akademie und Kunstgewerbeschule in Leipzig.
Lieferung 1. Leipzig, WILHELM OPETZ.

Der Herausgeber ist zu seinem dankenswerten
Unternehmen durch die Beobachtung angeregt worden,
dass die zahlreichen, in letzter Zeit erschienenen Veröffentlichungen von Pflanzenbildern für künstlerische
Zwecke an dem Mangel leiden, dass sie dem
Ornamentiker von unmittelbarem praktischen
Nutzen sind, weil ihr Maasstab so klein genommen
ist, dass sie nur selten ein eingehendes Detailstudium
erlauben. Und dessen bedarf der Ornamentiker, der
keine Zeit und Gelegenheit hat, sich direkt an die
Natur zu wenden. Für den Künstler sind nur solche
Nachbildungen brauchbar, die die pflanzlichen Motive
in annähernd natürlicher Grösse wiedergeben, so dass
er die feinen Einzelheiten, die Struktur der Blätter,
der Stengel, Zweige u. s. w. erkennen kann. Diesem
Uebelstand will der Herausgeber mit seiner Publikation
abhelfen, deren Naturaufnahmen, vortrefflich in Lichtdruck wiedergegeben, in solchem Maasstabe gehalten
sind, dass sie die Natur vollkommen ersetzen und
dass eine Verwendung der gebotenen Motive keine
Schwierigkeiten bereitet. Mit grossem Geschick ist

Abbildung 462.

Treppenpfosten in der Deutschen Bank, Mauerstrasse.
Schmiedeeisern auf Marmorsockel.
Nach dem Entwurfe von W. MARTENS, Architekt in
Berlin, ausgeführt von ED. PULS, Kunstschmiede-
werkstatt in Tempelhof.

die Auswahl so getroffen worden, dass die ver-
schiedensten künstlerischen Berufe aus dem Werke
Nutzen ziehen werden.

BERICHTIGUNG.

Die Unterschrift unter Abbildung 255 Heft 5 des
laufenden Jahrganges ist wie folgt richtig zu stellen:
Thür im Kaufhaus N. Israel (Erbauer Arch. L. ENGEL),
Entworfen von ARNO KÖRNIG, Arch., ausgeführt von
SCHULZ & HOLDEFLEISS, Kunstschmiede.
Die Redaktion.

Verantwortlich für die Redaktion: Dr. ADOLF ROSENBERG, Berlin. — Verlag von ERNST WASMUTH, Berlin W., Markgrafenstr. 35.
Gedruckt bei JULIUS SITTENFELD, Berlin W. — Clichés von CARL SCHÜTTE, Berlin C.

Kunstschale aus Porzellan. China um 1700. 46 cm hoch.

Abteilung 263.

NEUE ERWERBUNGEN

DES

KÖNIGL. KUNSTGEWERBE-MUSEUMS IN BERLIN.

Der stattliche Zuwachs, den die Porzellansammlung des Museums in dem letzten Jahre erfahren, hat eine völlige Umstellung der beiden Abteilungen des chinesischen und europäischen Porzellans erforderlich gemacht, bei der die einzelnen Gruppen infolge der neuen Erwerbungen noch schärfer von einander gesondert werden konnten, als es bis dahin der Fall war. Die Sammlung des chinesischen Porzellans, welche in den letzten beiden Jahren durch eine grössere Anzahl auserlesener Gefässe bereichert worden ist, zeigt infolge dessen ein ganz neues Antlitz. Wenn sie sich auch mit den pariser und londoner Sammlungen nicht messen kann, so sind doch jetzt die wichtigsten Typen in guten Exemplaren vertreten, so dass man sich an der Hand der Sammlung ein ausreichendes Bild von dem Umfange und der Leistungsfähigkeit der chinesischen Porzellankunst machen kann, die trotz der grossen künstlerischen Errungenschaften der europäischen Porzellanindustrie doch in der Mannigfaltigkeit ihrer Zierweisen, der grossen dekorativen Wirkung ihrer Malereien und dem eminenten Stilgefühl, das aus ihren Erzeugnissen spricht, in mancher Beziehung noch unerreicht geblieben ist.

Durch vortreffliche Stücke ist die Gruppe der Gefässe mit einfarbigen und geflammten Glasuren, die mit grosser Meisterschaft von der Berliner Manufaktur nachgeahmt werden, vermehrt worden, sodass ein ganzer Schrank damit gefüllt werden konnte. Zu den blaubemalten Porzellanen sind mehrere grosse Vasen aus der Blütezeit der chinesischen Porzellankunst unter dem Kaiser Kanghi (1662 1723) hinzugekommen, in denen die Virtuosität des Blaumalers, der die eine

Abbildung 464.

Porzellan-Kübel. China, 1. Hälfte des 18. Jahrhunderts.
Ohne Holzgestell 65 cm hoch.

Farbe in mannigfachen Abstufungen von den hellsten bis zu den tiefsten Tönen zu variieren und damit fast den Effekt eines mehrfarbigen Bildes hervorzurufen weiss, sich glänzend offenbart. Ebenso sind auch mehrere gute Beispiele der Verbindung der Blaumalerei mit der zweiten Unterglasurfarbe, über die die chinesische Keramik verfügt, dem aus Kupferoxydul gewonnenen Rot, erworben worden. In einer der europäischen Porzellankunst unbekannten Technik sind zwei prachtvolle, einen halben Meter hohe vierkantige Flaschen (Abb. 465) ausgeführt, welche auf schwarzem Grunde weisse Pflaumenzweige, ein Symbol der erwachenden Natur im Frühling, zeigen. Sie sind nämlich auf Biskuitgrund mit farbigen Emails überzogen, so dass der Grund völlig bedeckt ist, ein Malverfahren, das bis in die letzte Zeit der Mingdynastie (1368 bis 1644), als man es noch nicht verstand, mit Emailfarben auf die Glasur zu malen, geübt und dann im 17. und 18. Jahrhundert nachgeahmt wurde. In derselben Technik ist auch die in Abb. 463 dargestellte mit Pflanzenmotiven dekorierte Konfektschale (46 cm hoch) hergestellt. Sie setzt sich aus mehreren Kompartimenten zusammen, die vereint die Form einer stilisierten Lotosblume bilden. Die hierbei verwandten Emails sind gelb, grün, manganbraun und weiss, wozu noch ein trocknes Eisenrot hinzutritt. Auch die beiden Hauptgruppen der Malerei auf der Glasur, die mit durchsichtigen (famille verte) und die mit opaken Emailfarben (famille rose) sind durch einige Arbeiten bester Qualität bereichert worden. Aus der Uebergangszeit von der famille verte zur famille rose, also aus der Zeit um 1720,

stammt der durch seine Grösse auffallende
Kübel (ohne Holzgestell 67 cm hoch) mit
grossen Päonienstauden bemalt, den die
Abb. 464 wiedergiebt. Das Grün der
Blätter besitzt nicht mehr die Leuchtkraft
und Tiefe, die es auf den Arbeiten der
famille verte zeigt.

Unter den neu erworbenen e u r o p ä i s c h e n
P o r z e l l a n e n überwiegt die figürliche
Plastik, die neuerdings ein Gegenstand besonders eifrigen Sammelns geworden ist.
Neben einigen guten Renaissance-Figuren
sind vor allem einige köstliche Erzeugnisse
von süddeutschen Manufakturen zu nennen,
deren wertvollste Leistungen überhaupt auf
dem Gebiete der Plastik liegen. Höchst
ist mit einem musizierenden Chinesenpaar
und zwei Knabenfiguren vertreten, welche
die Hand des Bildhauers Joh. Peter Melchior,
des Freundes des jungen Goethe, verraten.
Die Frankenthaler Figur, welche den Monat
Dezember in Gestalt eines in Pelz gehüllten
Mannes, der in einen Feuertopf bläst, darstellt, und welche zu einer Folge von
Monatsdarstellungen gehört, wovon das
Museum schon drei Figuren besitzt, dürfte
auf Konrad Linck zurückzuführen sein, der
als Hofbildhauer des Kurfürsten Karl
Theodor von der Pfalz für die Manufaktur
zahlreiche treffliche Modelle geschaffen.
Durch die glückliche Erfassung der momen-
tanen Bewegung zeichnet sich die Figur
einer Dame aus (Abb. 466), welche in jähem
Schreck mit lautem Aufschrei sich zu einem
Hunde hinwendet, der ihr das Kleid zerreisst.
Sie gehört zu einer grösseren Anzahl ver-
wandter Arbeiten, die mit dem Namen des
an der Nymphenburger Manufaktur be-
schäftigten Bildhauers Dominikus Auliczek
in Verbindung gebracht werden. Ge-
schmackvoll und zurückhaltend ist die Bemalung. Der Kleiderrock ist nur ein wenig
gelb getönt, das Mieder hell lila, der Hut
grün, das Nackte fleischfarben, sonst domi-
niert die weisse Farbe der Masse. Aus der
Berliner Manufaktur, die sonst an guten
plastischen Arbeiten nicht sehr reich ist, so
hoch auch ihre künstlerischen Leistungen

Abbildung 465

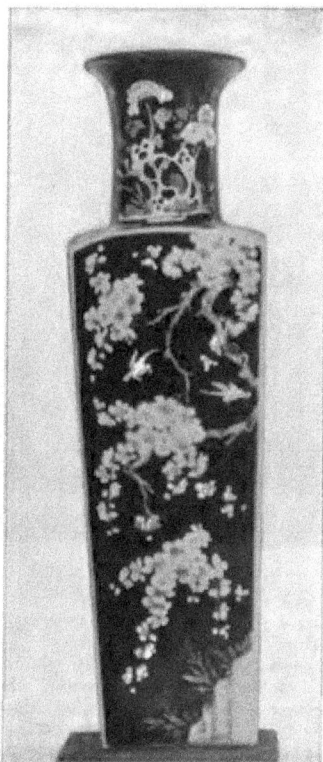

Porzellan-Flasche. China, 17. bis 18. Jahrhundert.
50 cm hoch.

auf dem Gebiete der Geschirrdekoration im
vorigen Jahrhundert standen', stammt eine
Gruppe der drei Parzen, die zu dem Besten
gehört, was Berlin überhaupt an derartigen
Arbeiten geschaffen hat (Abb. 467). Besonders beachtenswert und lehrreich ist die
zarte, diskrete Wiedergabe der Fleischfarbe,
eine Kunst, die in unserer Zeit ganz verloren gegangen zu sein scheint. Drei grosse

Abbildung 466.   Abbildung 467.

Porcellanfigur.
Nymphenburg, 1760—70.

Porcellangruppe „Die drei Parzen".
Berlin, Ende 18. Jahrhunderts.

weisse Figuren sind Wiederholungen von
Teilen des grossen Tafelaufsatzes, den
Friedrich der Grosse 1772 der Kaiserin
Katharina II. zum Geschenk machte. Sie
gehören zu den russischen Unterthanen,
welche den Thron der Kaiserin huldigend
umgeben. Auch mehrere gute Figuren und
Gefässe von der Manufaktur in Sèvres sind
erworben worden, darunter eine Kanne

mit königsblauer Glasur, die mit farbigen
Schmelzperlen mit untergelegten Gold-
blättchen verziert ist. Durch eine kleine
Anzahl von Arbeiten der beiden Kopenhage-
ner Fabriken und der Manufaktur Rörstrand
in Stockholm ist auch der durch diese
Kunstanstalten gepflegte moderne Porzellan-
stil mit naturalistischen Motiven in Unter-
glasurfarben hinlänglich repräsentiert.

A. Brüning.

Abbildung 468.

Füllung, entworfen von W. O. DRESSLER, Architekt in Berlin.

ARCHITEKTUR.

Von Jahr zu Jahr mehrt sich, besonders im Centrum von Berlin, die Zahl der hohen, turmartig aufstrebenden Häuser, die ausschliesslich Geschäftszwecken, im Erdgeschoss gewöhnlich Detailgeschäften, in den oberen Stockwerken Engrosgeschäften und Lagern gewidmet sind. Nach dem Vorgange Messels, der in dem bekannten Kaufhause in der Leipziger Strasse zuerst den Pfeilerbau als das sicherste Mittel zur Erzielung weiter Schaufensterflächen unter Beschränkung der Mauerflächen auf das geringste Maass erprobt hat, scheint sich jetzt bereits ein feststehender Typus für solche Geschäfts- und Warenhäuser gebildet zu haben. An dem Kaufhaus Israel ist das Prinzip des Pfeilerbaues ebenfalls zur Anwendung gekommen, und noch entschiedener ist es bei dem etwa gleichzeitig entstandenen Kaufhaus an der Ecke der Kaiser Wilhelm- und Rosenstrasse durchgeführt worden, das nach den Entwürfen und Plänen

von TRAUGOTT KRAUS in Wilmersdorf innerhalb von fünfviertel Jahren von der Baugesellschaft Union ausgeführt worden ist. Die günstige Lage des Grundstücks an der Kreuzung zweier Strassen hat auch Krahn den Vorteil geboten, die Einförmigkeit der Fronten durch eine von einem spitzen Turm gekrönte Erkeranlage an der abgeschrägten Ecke unterbrechen zu können. (Abb. 479 bis 481.) Die Fronten sind in Nesselberger Sandstein hergestellt, die Dächer mit grünglasierten Mönchen und braunglasierten Nonnen eingedeckt bis auf das Turmdach, das ganz mit grünglasierten Biberschwänzen gedeckt ist. Abfallrohre und Rinnen sind aus Kupfer. Zu der Decke und den Wänden des Kellers und zu dem Treppenhause wurden weissglasierte Steine verwendet. Sämtliche Decken sind durch komprimierte Eisenfilzunterlagen schallsicher hergestellt worden. — Der Dachboden ist als freier Raum ohne Stützen konstruiert und als Lagerraum eingerichtet. Bemerkenswert sind die schräg-

Abbildung 469.

Sanatorium in der Heinrich Kiepertstrasse 88 in Schöneberg,
erbaut von REIMER & KÖRTE, Architekten in Berlin.

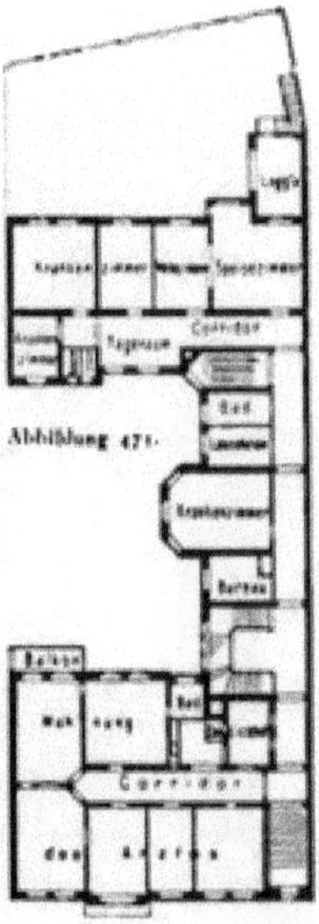

Abbildung 471.

Abbildung 472.

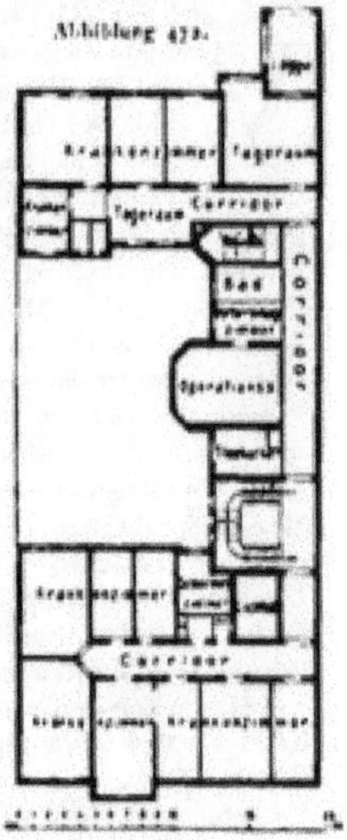

Abbildung 470.

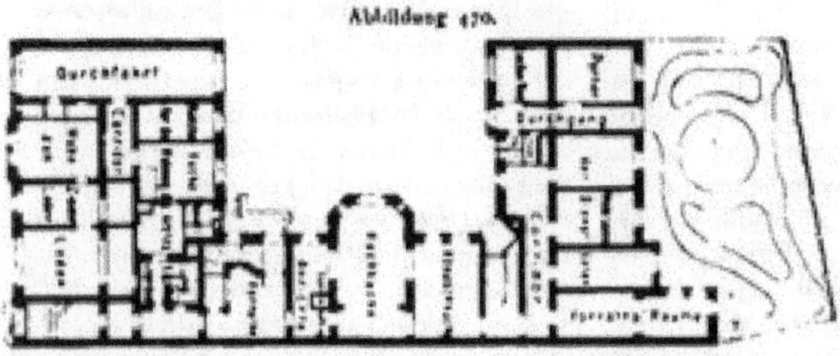

Abbildung 470, 471 und 472 Grundrisse zu Abbildung 469.

Skizze zum Eingang der Villa Staudt, Thiergartenstr.

liegenden Dachfenster, die als Doppel-
fenster mit besonderem Mechanismus
zum Oeffnen und Schliessen ohne
Kette gebildet sind. Auch die Anlage
des Kellers, der mit dem Strassenniveau abschneidet, ist beachtenswert,
da hier zum ersten Male eine Beleuchtung durch Oberlicht mit Luxfer-
Multiprismen angewendet worden ist,
durch die eine dem Tageslichte gleich-
kommende Helligkeit erzielt wird. —
Die Eingangshalle hat ein aus Segment-
Korbbogen u. s. w. zusammengesetztes
Sandsteingewölbe mit Fugenschnitt erhalten, das nicht zum Schein, sondern als
wirkliches Tragegewölbe konstruiert ist.

Die Modelle zu den Bildhauerarbeiten, von denen die konsolartigen
Ornamente zur Unterstützung der Li-
srnen vom dritten Stockwerk ab durch
ihre künstlerische Ausführung und
sinnbildliche Bedeutung von besonderem Interesse sind, haben ALBERT
KRETZSCHMAR, STRACKE, G. MEUTER
und WOLLSTÄDTER geschaffen, die
Steinmetzarbeiten hat PLÖGER, die
Kunstschlosserarbeiten haben RICHARD

Abbildung 474. 475. 476.

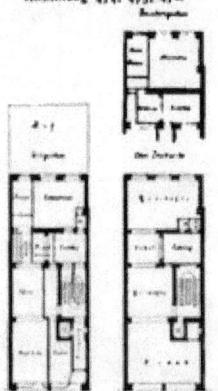

Abbildung 473.

Grundrisse zu Abbildung 473.

Neubau der Pelikan-Apotheke, Leipzigerstr. 93 in Berlin.
Erbaut von RATHENAU & HIRSCHHORN,
Architekten in Berlin.

Abbildung 477.

Wohnhaus Pallasstrasse 12 in Berlin.
Entworfen von BRUNO MÖHRING, Architekt in Berlin.

SCHULZ & CO. und G. SCHMIDT, die Dachdeckerarbeiten A. CHRISTOPH ausgeführt. Die Kunstsandsteintreppe ist von M. CZARNIKOW hergestellt worden.

Die zunehmende Ausbreitung der ausschliesslich geschäftlichen Zwecken dienenden Häuser hat die langjährigen, aber immer fruchtlos gebliebenen Versuche, die Zwitterbildungen aus Geschäfts- und Wohnhaus zu einem einheitlichen, künstlerischen Organismus zusammenzufassen, in den Hintergrund gedrängt. Die Notwendigkeit, in einem Hause die unteren Stockwerke für Geschäftszwecke und die oberen für Wohnräume auszubilden, tritt aber immer noch oft genug an den Architekten heran. Das Bemühen, wenigstens in der Façade einen gewissen Grad von Geschlossenheit zu er-

Abbildung 478.

Grundriss zu Abbildung 477. J. KROST jr., Architekt in Berlin.

reichen, ist aber wohl allgemein
als aussichtslos aufgegeben worden. Im Gegenteil wird in neuester
Zeit die verschiedenartige Bestimmung der unteren und oberen
Geschosse besonders betont, und
diesen Weg haben auch RATHENAU
und HIRSCHHORN bei dem Neubau
der Pelikanapotheke in der Leipziger Strasse (Abb. 473–476) eingeschlagen, indem sie den Wohnungen enthaltenden Oberbau als
ein abgesondertes, gewissermaassen für sich bestehendes Ganzes behandelt und von den unteren
Geschossen durch ein Gesims geschieden haben.

Die Façade des ganz in Stein
und Eisen erbauten Hauses, das
in der kurzen Zeit vom 1. Januar
bis 1. Oktober 1899 (einschliesslich
des Abbruchs des alten Gebäudes)
von Maurermeister CARL HÄSELL
aufgeführt worden ist, ist in Cottaer
Sandstein hergestellt. Da das Erdgeschoss, das ausser der Apotheke

Abbildung 479.

Kaufhaus Kaiser Wilhelmstrasse 27 in Berlin.
Von TRAUGOTT KRAHN, Architekt in Wilmersdorf.

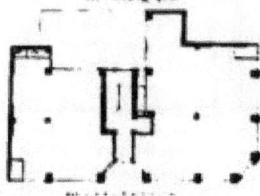

Abbildung 480.

Abbildung 481.

Abb. 480, 481 Grundrisse zu Abb. 479.

noch ein Geschäftslokal enthält, für die geforderten Apothekenräume nichtausreichte, wurde der
vordere Teil der Apotheke etwa 6 m hoch angelegt und durch Einsenkung des hinteren Teils
um 1 m die Anlage eines Zwischengeschosses ermöglicht, in dem sich Materialienkammer, Stoss-
kammer und Kartonnagenraum befinden. Im fünften
Stockwerk befindet sich, nach rückwärts gelegen,

Abbildung 482.

Wohnhaus am Victoria Luise-Platz in Schöneberg.
Erbaut von CARL PULLICH, Architekt in Schöneberg.

ein photographisches Atelier. Die Modelle zu dem plastischen Schmuck der Fassade sind vom Bildhauer E. WESTPHAL, die Steinmetzarbeiten von P. WIMMEL & CO. ausgeführt worden. — Die Baukosten betrugen etwa 110000 M., d. i. bei etwa 190 Quadratmetern bebauter Fläche etwa 580 M. für den Quadratmeter oder 23 M. für den Kubikmeter. —

Der an der nordwestlichen Grenze des Schöneberger Weichbilds, dicht bei Wilmersdorf gelegene Viktoria Luise-Platz (früher Platz Z), von dem wir im vorigen Heft (Abb. 435) eine Gesamt-ansicht gegeben haben, ist bis jetzt fast ausschliesslich von hohen Wohnhäusern umbaut worden, bei deren Errichtung künstlerische Interessen leider nur wenig zur Geltung gekommen sind. Eine wohlthuende Ausnahme macht nur ein von CARL PULLICH erbautes, fünf Wohnungen enthaltendes Haus, dessen Façade (Abb. 482) ein individuelles Gepräge mit kräftiger farbiger Wirkung verbindet. Sie ist in mit Putzflächen abwechselnden roten Verblendsteinen unter Anwendung von Formsteinen und mit teilweiser Betonung geeigneter Stellen durch Sandsteinstücke hergestellt. Die geputzten Füllungen im Giebel und an den Fensterbrüstungen sind durch angetragenen, figürlichen und ornamentalen Zierrat symbolischen Inhalts belebt. Das Gebäudedach ist mit naturroten Falzziegeln, das Erkerdach mit grünglasierten Turmziegeln abgedeckt.

In den einzelnen Wohnungen ist das Speisezimmer mit dem Wohnzimmer und

Abbildung 483.

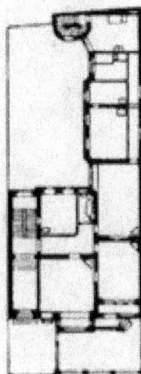

Abbildung 484.

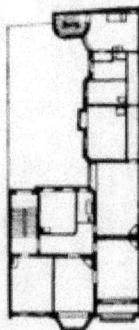

Grundrisse zu Abbildung 482.

dieses wieder mit dem Salon durch Schiebethüren verbunden. Die vorderen Korridore erhalten indirektes Licht über den Raderaum hinweg durch eine Oberlichtgalerie in der Trennungswand zwischen diesen beiden Räumen. — Die Fussböden der Küchen- und Baderäume sind in weissen und blauen Fliesen auf massiven Decken hergestellt. — Die Baukosten betrugen etwa 200 000 M. —

Nach den Plänen von REIMER und KÖRTE ist durch die Aktiengesellschaft für Bauausführungen in der Zeit vom Oktober 1898 bis Oktober 1899 in der Heinrich Kiepertstrasse 88 (Schöneberg) ein Sanatorium erbaut worden, das nach Anlage und Einrichtung als ein Muster für kleinere Anstalten dieser Art bezeichnet werden darf. Die Ausführung wurde allerdings nur durch das Entgegenkommen der zuständigen Behörden ermöglicht, die von der ihnen zustehenden Befugnis, in gewissen Fällen von den baupolizeilichen Vorschriften abweichen zu dürfen, Gebrauch machten. Der Oberpräsidial-Erlass vom 8. Juli 1898 über Anlage, Bau und Einrichtung von öffentlichen und Privat-Krankenanstalten enthält so erschwerende Vorschriften, dass sich bei ihrer strengen Durchführung selbst für eine unter die Kategorie der „kleinen" gehörige Anstalt (für weniger als 50 Krankenbetten) eine so weitgehende Beschränkung der sonst nach der Bauordnung zulässigen Ausnutzbarkeit des Grundstücks ergab, dass selbst bei Ansetzung exorbitanter Preise für die Krankenzimmer an eine nur mässige Verzinsung der aufgewendeten Kapitalien nicht zu denken

Abbildung 485.

Wohn- und Geschäftshaus W. HUNKMANN, Minden i. W.
Von G. JÄNICKE, Architekt in Berlin.

war. Dank dem Verständnis der Behörden
für die segensreiche Wirksamkeit solcher
in vielen Fällen unbedingt notwendigen
Privatkrankenhäuser konnte eine Anstalt
geschaffen werden, die ziemlich weitgehen-
den hygienischen Anforderungen genügt
und in der auch die Leidenden zu Preisen,
die für den Mittelstand noch erschwinglich
sind, Aufnahme finden können.

Das Gebäude, das für die als langjährige
Inhaberin einer Privatklinik von Aerzten
und Kranken gleich hochgeschätzte Frau
Dr. Stockmann errichtet worden ist, enthält
im Untergeschoss ein Geschäftslokal (Handlung mit Verbandstoffen und Artikeln für

Krankenpflege) und die Wirtschaftsräume für eine im Hoch-
parterre gelegene Arztwohnung
und für die Anstalt selbst. Die
für ein bis drei Betten eingerich-
teten Krankenzimmer, deren Ge-
samtzahl 28 beträgt, liegen mit
den zugehörigen Nebenräumen
in den beiden oberen Stockwerken und dem hinteren Teil des
Hochparterres verteilt. Im Dachgeschoss des Vorderhauses sind
einige Zimmer für Pflegepersonal
ausgebaut.　　Die Decken sind
massiv zwischen eisernen Trägern
nach System Höschen & Peschke
eingewölbt, die Fussböden Ce-
mentestrich mit Linoleumbelag.
Das Haus ist mit Niederdruck-
Dampfheizung und mit einer Anlage für Dampf-Warmwasser-
bereitung für Küche, Bäder,
Operationsräume u. s. w. versehen.
Das Untergeschoss ist mit dun-
kelroten Steinen verblendet; im
übrigen ist die Fassade verputzt.
Die Baukosten betrugen etwa
235 000 M. — Abb. 469 - 472.

Im Spätherbst des vorigen
Jahres ist im Erdgeschoss des
Hauses Friedrichstrasse 178, an
der Taubenstrasse, unter dem
Namen „Kaiser-Keller" ein Wein-
lokal grossen Stils eröffnet worden, das nach
Art der Ratskeller in den alten Hansa-
städten eingerichtet und ausgestattet worden ist. Mit dem Gedanken, einen solchen alten Rathauskeller mit seinem reichen
bildnerischen Schmuck in der Reichshauptstadt erstehen zu lassen, hatte sich
der Besitzer schon seit langen Jahren getragen. Aber erst im Jahre 1898 war es
möglich, die Grundlagen dazu zu finden
und auf den Grundstücken Friedrichstrasse 178 und Taubenstrasse 39, wozu
noch während der Bauzeit die Häuser
Taubenstrasse 38 und 40 hinzukamen, durch-
zuführen. Daraus erklärt sich auch die

eigen umliche Gestalt des Grundrisses, den der Besitzer selbst, Architekt R. SCHÖNNER, aufgestellt hat. Durch das Zurücksetzen der Front von Taubenstrasse 39 um etwa 18 m gelang es, Vorteile bezüglich der Höhe zu gewinnen, die bei Anordnung eines eingeschlossenen Hofes nicht zu erreichen gewesen wären. Zugleich konnte dadurch nach der Taubenstrasse hin ein sehr schätzbarer Kneiphof geschaffen werden. Das Erdgeschoss und das erste Stockwerk, dienen vollständig Restaurationszwecken. Das ganze zweite und dritte Stockwerk und das vierte Stockwerk an der Friedrichstrasse enthalten die Zimmer des „Kaiser-Hotels". Im vierten Stock an den Höfen

Abbildung 487.

Wohnhaus Granz, Minden i. W. Von G. JÄNICKE, Architekt in Berlin.

Wohn- und Geschäfts-Haus W. von Grappendorf, Minden i. W. Von G. JÄNICKE, Architekt in Berlin.

und an der Taubenstrasse liegen die Küchenräume und die Konditorei.

Von den Räumen des Kaiser-Kellers, dessen Ausbau — mit Ausnahme des „Schifferhauses" — durch FRANZ HILDEBRANDT erfolgt ist, sind des „Hohenzollerngewölbes" und das sogenannte „Schifferhaus", in die unsere Abbildungen 488 bis 490 Einblicke gewähren, durch reiche künstlerische Ausstattung besonders bevorzugt worden. Den Ausbau des „Schifferhauses" hat Professor G. RIEGELMANN nach eigenem Plane selbständig durchgeführt. In seiner Werkstatt sind alle Holzschnitzarbeiten, auch die der übrigen Räume, hergestellt worden. Die Stuckarbeiten hat R. BIEBER, die umfangreichen dekorativen Malereien, die in dem bedeutsamen Schmuck des Hohenzollerngewölbes gipfeln, hat J. M. BODENSTEIN ausgeführt.

Schifferhaus im Kaiser-Keller, Friedrichstrasse 178.
Entwurf und Holzschnitzerei von G. Riegelmann, Bildhauer in Berlin. Maler M. J. Bodenstein in Berlin.

Abbildung 488

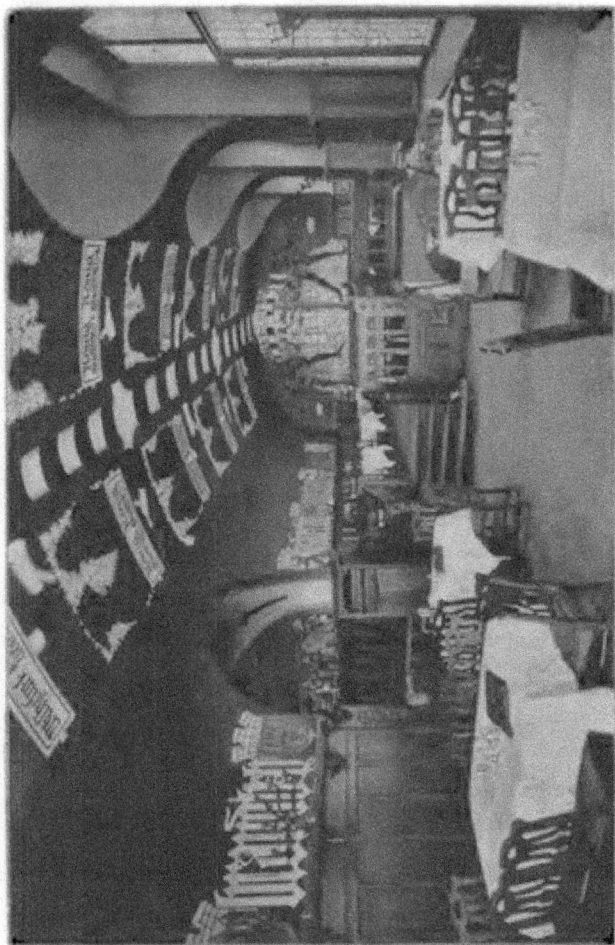

Abbildung 180.

Hohenzollern-Gewölbe im Kaiser-Keller, Friedrichstrasse 178 in Berlin.
K. SCHÖNNER und FRANZ HILDEBRANDT, Architekten in Berlin. Maler M. J. BODENSTEIN in Berlin.

Abbildung 400.

Stirnwand des Hohenzollern-Gewölbes mit der Hohenzollernburg im Kaiser-Keller, Friedrichstr. 175.
M. J. BODENSTEIN, Dekorationsmaler in Berlin.

MALEREI.

Schon oft ist auf einen eigentümlichen Widerspruch oder Gegensatz hingewiesen worden, der sich seit einigen Jahren in der geistigen oder, wenn man sagen will, seelischen Grundstimmung unserer Zeit geltend macht. Auf der einen Seite die Herrschaft eines krassen Materialismus, das atemlose Jagen nach den Gütern und Genüssen dieser Welt und die übermässige Ausbildung körperlicher Kräfte und Fähigkeiten zum Nachteil der geistigen, und auf der anderen Seite eine Art Weltflucht, ein Sehnen nach einer neuen phantastischen, übersinnlichen Welt, eine unwiderstehliche Neigung, sich durch märchenhaften Zauber berauschen zu lassen. Auf dem Theater haben Märchenspiele in den letzten Jahren grössere

Erfolge erzielt, als die unbarmherzigen Wirklichkeitsbilder, die den Besuch des Theaters allmälig zu einer seelischen Qual gemacht hatten, und in der bildenden Kunst vollzog sich eine ähnliche Umwandlung. Sie verstieg sich sogar zu einem unerquicklichen Mystizismus und Symbolismus, die aber glücklicherweise in der deutschen Kunst nicht so tief Wurzel gefasst haben wie in der französischen und belgischen.

Am stärksten hat sich diese Umwandlung in der deutschen Landschaftsmalerei gezeigt, die die Regungen des deutschen Volksgeistes schon seit dem Anfang dieses Jahrhunderts immer am treuesten wiedergespiegelt hat, vielleicht weil der Sinn für die Reize der landschaftlichen Natur in keinem Volke so stark ausgebildet ist, wie in dem deutschen. Darum hat sich auch die Landschaftsmalerei in Deutschland in einer Vielseitigkeit entwickelt, die in keinem anderen Lande ihres Gleichen findet. Viel früher als die Franzosen haben die Deutschen in unserm Jahrhundert nach dem Vorgange der grossen Holländer die Landschaftsmalerei über die blosse Vedute erhoben, indem sie die „Seele der Landschaft" entdeckten und in ihren vielfachen Schwingungen und Stimmungen in landschaftlichen Bildern wiederzuspiegeln suchten, und sie sind auch die ersten gewesen, die die Natur in ihrer idealen Reinheit und Majestät wiederzustellen suchten, indem sie ihre edelsten Gebilde zu der sogenannten „stilisierten oder heroischen Landschaft" zusammenfassten.

Beide Richtungen sind Jahrzehnte hindurch nebeneinander hergegangen. Erst unsere Zeit hat, getragen von dem Wiedererwachen des romantischen Grundzuges unseres Volkes, der sich auch durch materialistische Oberströmungen auf die Dauer nicht unterdrücken lässt, jene Richtungen zu einer neuen Einheit zusammengefasst. Als einer der Bahnbrecher und zu-

Abbildung 491.

Mitteleingang im Treppenhaus der Deutschen Bank, Kanonierstrasse
in Berlin. W. MARTENS, Architekt in Berlin.

Abbildung 492.

Sterbender Siegfried. Von HERMANN HENDRICH in Berlin.

die noch durch einige in der Kunsthandlung von Fräulein M. Rahl ausgestellte Bilder ergänzt wurde, gezeigt hat, wie er ein ideales Landschaftsbild mit moderner koloristischer Stimmung gewissermaassen zu durchtränken weiss.

Dass Hendrich trotz seiner grossen Produktion immer noch so tiefgehende Erfolge zu erzielen

gleich einer der erfolgreichsten Vertreter dieser neuen Kunst darf HERMANN HENDRICH in Berlin gelten, der erst kürzlich wieder durch eine Sammelausstellung seiner jüngsten Schöpfungen bei Keller und Reiner,

vermag, wie jetzt wieder durch seine Sammelausstellung, verdankt er nicht allein seiner poetischen Gestaltungskraft, sondern wesentlich auch seinen unablässigen Naturstudien, die ihm immer neue Anregungen

Abbildung 493.

Zwiegesang. Von HERMANN HENDRICH in Berlin.

geben. Die Motive zu den Landschaften, Strandbildern und Marinen,
die er mit Gestalten aus der nordischen Mythologie und der germanischen Heldensage belebt, schöpft er
bekanntlich zum Teil aus den nordischen Meeren und Meeresküsten, zum
Teil aus der südlichen Natur, und
bisweilen findet er auch ein Naturbild,
das seinem Ideal so vollkommen entspricht, dass er es ohne „Stilisierung"
und sonstige Korrekturen frischweg
der Natur nachschreiben kann. So
giebt z. B. die „römische Landschaft" mit der aus einer Pinie und
mehreren Cypressen gebildeten Baum-
gruppe, die unsere Abbildung 494
veranschaulicht, einen Naturausschnitt
aus der unmittelbaren Nähe Roms,
auf dem Wege nach Tivoli, ohne
Veränderung wieder. Nur den Brunnen
hat der Künstler hinzukomponiert.

Den beiden anderen Bildern, die
wir aus den letzten Schöpfungen
Hendrichs ausgewählt haben (Abb.
492 und 493), liegen Motive aus der
nordischen Natur zu Grunde, im Einklang mit den Figuren. Im Vorder-

Abbildung 494

Römische Landschaft. Von HERMANN HENDRICH in Berlin.

Abbildung 495.

Abend. Von OTTO FELD in Berlin. Ausstellung der Berliner Secession von 1899.

Abbildung 196.

Standbild Markgraf Ludwigs des Aelteren in der Siegesallee.
Von ERNST HERTER in Berlin.

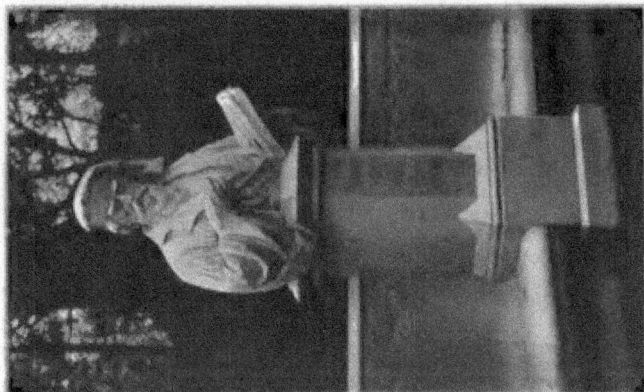

Abbildung 407. Johann von Buch d. J. Abbildung 408. Burggraf Johann III. von Nürnberg.
Halbfiguren am Standbild Markgraf Ludwigs des Aelteren in der Siegesallee. Von ERNST HERTER in Berlin.

Abbildung 499.

Bankwange am Standbild Markgraf Ludwigs des Aelteren
in der Siegesallee.
Von ERNST HERTER in Berlin.

grunde einer Wiesenlandschaft sehen wir
den von der Jagd ermatteten Siegfried, den
eben, wie er sich zum Trunk aus der Quelle
herabbeugt, der Speer des tückischen Hagen
zum Tode getroffen hat. Das andere Bild
führt uns an den einsamen Strand eines
nordischen Meeres. Wenn die Sonne ge-
sunken ist, steigen die Meeresbewohner aus
den Tiefen empor, um Verkehr mit einander
zu pflegen. So vereinigen sich hier Nixe
und Seelöwe zu einem „Zwiegesang", womit
der Künstler wohl das geheimnisvolle Raunen
und Rauschen der Natur in der Abendstille,
das dumpfe Brausen des Meeres in seiner poetischen Art deuten will. In der Phantasie des
Künstlers belebt sich die gesamte Natur.
Er begegnet sich darin mit den Anschauun-

gen der alten Germanen, die aus
Naturerscheinungen, aus elementaren
Vorgängen heraus ihre Götter schufen
und gestalteten. Wie ihm die am
Himmel vorüberjagenden Wolken zu
Walküren wurden, die auf ihren Rossen
durch die Lüfte sausen, wie sich ihm
der über dem Meere brodelnde Nebel
zur Erscheinung des „Fliegenden Hol-
länders", des Unheil und Tod drohen-
den Gespensterschiffes, verdichtet, so
erwachsen ihm auch aus dem Schaum
und den Kämmen der sich überstürzen-
den, zerfliessenden und sich immer
wieder erneuenden Wogen Meeres-
götter, Nixen und andere Wesen, die
ihm das geheimnisvolle Walten der
Natur und seine treibenden und schaffenden Mächte verkörpern. —

OTTO FELD, der Schöpfer der feinen,
aus einem zarten poetischen Empfinden heraus gestalteten Abendlandschaft, die auf der ersten Ausstellung
der Berliner Secession zu sehen war
(Abb. 495), gehört zu den Künstlern,
die, trotzdem sie mancher fremden
Herren Städte und Länder gesehen,
doch zu der Meinung gekommen sind,
dass die beste und echteste Kunst
die ist, die in heimatlichem Boden
wurzelt und aus ihm ihre Nahrung
zieht. Er ist 1860 als Sohn eines Litho-
graphen in Breslau geboren worden,
und schon als Knabe von fünf Jahren
zog es ihn mit unwiderstehlicher Macht
in die Werkstatt des Vaters, der aber
von einer Fortsetzung seiner Kunst durch
den Sohn nichts wissen wollte. Ein alter
Gehilfe des Vaters gab jedoch dem Knaben heimlich Unterricht, und später half
der Zeichenunterricht auf dem Gymnasium
und der private des Zeichenlehrers weiter.
Durch den Tod des Vaters, dessen Geschäft
der älteste Bruder übernahm, trat aber an
den jungen Feld, der bereits nach ab-
solviertem Gymnasium die Kunstschule in
Breslau besuchte, die Notwendigkeit heran,
einen Teil seiner Thätigkeit ebenfalls der

Abbildung 500.

Denkmal Kaiser Wilhelms I. bei Hohenau. Von ERNST HERTER in Berlin.

Lithographie zu widmen. Heute gilt die Lithographie, besonders die sogenannte „Originallithographie", als eine vornehme Kunst, damals stand sie aber noch unter dem Zeichen des Handwerks, und Otto Feld war darum froh, als er im Jahre 1880 mit Hilfe eines kleinen Stipendiums nach Berlin zur Hochschule für die bildenden Künste gehen konnte, wo er etwa zwei Jahre lang Schüler der Malklasse des Professors Ernst Hildebrand war. Dann begann er in einem eigenen Atelier zu arbeiten, zunächst als Bildnismaler; aber die Aufträge, die ihn zu diesem Schritt ermutigt hatten,

hielten nur kurze Zeit vor. Als ihn dann ein Auftrag nach Hamburg rief, blieb er dort zweiundeinhalbes Jahr lang. Dann ging er wieder nach Berlin zurück, und hier begann jetzt ein Kampf zwischen zwei Neigungen. Er fing an, in sich auch einen schriftstellerischen Beruf zu spüren, und die Erfolge, die seine kleinen Arbeiten fanden, schienen ihn zu ermutigen. Am Ende siegte aber doch die Liebe zur Malerei. Ein glücklicher Zufall gab ihm die Mittel, einige Zeit sorglos der Kunst leben zu können. Er ging nach München, und in dem neuen Heim aller Münchener Naturschwärmer, in

Abbildung 501.

Bismarck-Denkmal in Wiesbaden. Von ERNST HERTER in Berlin.

Unterbrechung entwickelte Kultur- und Kunstleben der französischen Hauptstadt auf jeden neuen Ankömmling macht. Er lernte auch neben der Kunst die Natur schätzen, er malte in der Umgebung von Paris, die gewiss nicht arm an malerischen Motiven ist, aus der vielmehr Generationen französischer Landschaftsmaler die Anregungen zu köstlichen Schöpfungen empfangen haben; aber zuletzt ergriff ihn, wie er selbst sagt, „eine wahrhaft krankhafte Sehnsucht nach dem märkischen Kiefernwalde": er musste zurück.

Dieser Entwicklungsgang eines Künstlers, der in der Fremde den Reiz der Heimat erst schätzen lernt, ist ungemein lehrreich und beherzigenswert. Nach Berlin zurückgekehrt, setzte Feld seine landschaftlichen Studien, die er bei seinem ersten Aufenthalt in Berlin an dem damals noch urwüchsigen Schlachtensee begonnen hatte, in einem Dörfchen nördlich von der alten Hussitenstadt Bernau fort, und dort malt er seitdem jeden Sommer. In dieser Einsamkeit hat er wieder gelernt, die Natur mit seinen eigenen Augen zu sehen, und unbekümmert um alle Schulmeinungen und Schulrichtungen malt er frisch drauf los, nur immer bestrebt, seine Eindrücke festzuhalten und anderen so mitzuteilen, wie sie seine Seele erfüllt und begeistert haben. Einen Augenblick hoher Begeisterung hat er auch in seiner von uns reproduzierten Abendlandschaft festzuhalten gesucht. Der Natur möglichst nahe zu kommen, ist sein höchstes Ziel. Ob die Beschauer seine Bilder „alt" oder „modern"

Dachau, enthüllte sich ihm sein wahrer Beruf, der Sinn und die Begabung für die Landschaftsmalerei. Nach zweijährigem Studium in München und Dachau trieb es ihn aber nach Paris.

Es wird in München immer noch geglaubt, dass ein deutscher Künstler, der nicht in Paris studiert oder doch längere Zeit dort gelebt hat, nur ein halber Künstler sei. Feld hat an sich eine durchaus andere Erfahrung gemacht. Wohl überwältigten auch ihn die Eindrücke, die das alte, ohne jähe

Triumphbogen mit Chor in der Apostel Paulus-Kirche in Schöneberg.
Erbaut von FRANZ SCHWECHTEN in Berlin.
Malereien von PAUL GATHEMANN und MARNO KELLNER in Charlottenburg.

Abbildung 503.

Mosaikbild für die Rückwand der Kaiserl. Loge in der Kaiser
Wilhelm-Gedächtniskirche zu Charlottenburg.
Nach dem Entwurfe von AUGUST OETKEN, Maler in Berlin,
ausgeführt von der DEUTSCHEN GLASMOSAIK-GESELLSCHAFT
(PUHL & WAGNER) in Rixdorf.

unterscheiden liessen, würden keine
Sezessionen in der Künstlerschaft
entstanden sein.   *A. R.*

PLASTIK.

Die Arbeiten an den Denkmälern
für die Siegesallee in Berlin schreiten so rüstig vorwärts, dass die
Vollendung des ganzen, in seiner
Art einzig dastehenden Cyklus
voraussichtlich früher erfolgen
wird, als der kaiserliche Stifter
selbst gehofft hat. Am 7. November ist bereits das zehnte in der
Doppelreihe dieser Bildwerke enthüllt worden, die Gruppe, deren
Mittelpunkt Markgraf Ludwig der
Aeltere aus dem Hause Wittels-
bach bildet. (Abb. 496—499.) Auch
dem Schöpfer dieses Denkmals,
Professor ERNST HERTER ist keine
sonderlich dankbare, Begeisterung
entflammende Aufgabe zugefallen,
da der bayerische Markgraf trotz
seiner langen Regierungszeit (1324
bis 1350) sich nicht viel um seine
Mark gekümmert hat. Als Gatte
der Gräfin von Tirol, Margarete
Maultasch, weilte er lieber auf
ihren Schlössern in Tirol als in
dem ererbten Lande. Das schwel-
gerische Hofleben sagte ihm mehr
zu als das Waffenhandwerk, und
nur wenn die Not, die über die
unglücklichen Märker von verschiedenen Seiten hereinbrach, gar
zu gross wurde, suchte er durch
seine diplomatische Kunst den
ärgsten Wirren ein Ende zu machen.
Da im 14. Jahrhundert die Bildnis-
kunst noch so wenig entwickelt war,
dass Bildnisse, die ein moderner Künstler
mit einigem Erfolg verwerten könnte, so gut
wie gar nicht vorhanden sind, musste sich
Herter seinen Markgrafen nach den allgemeinen Charaktereigenschaften bilden,
die die Geschichte von ihm überliefert hat.

nennen, ist ihm gleichgültig. „Für den
Künstler — das ist sein Glaubensbekenntnis
— giebts nur zwei Sorten Bilder: gute und
schlechte." Aber was ist Wahrheit? wird
man dabei mit Pilatus fragen. Wenn sich
gute Bilder so leicht von den schlechten

Abbildung 504.

Mosaikbild für eine Kirche in Böblingen i. Württbg. Nach dem Entwurfe von MAX SELIGER, Maler in Berlin, ausgeführt von der DEUTSCHEN GLASMOSAIK-GESELLSCHAFT (PUHL & WAGNER) in Rixdorf.

Der Künstler hat ihm ein bartloses Antlitz mit weichen Zügen gegeben, aus denen die Neigung zum Wohlleben, aber auch ein gewisses Maass von Klugheit spricht, und zur Verstärkung dieser Charakteristik dient die Tracht, bei der die kriegerischen Attribute sichtlich nur ein ornamentales Beiwerk sind. Die Sorge um die Mark überliess Ludwig seinem Kanzler, Johann von Buch, dem in gefährlichen Zeiten der Hohenzoller Johann II., Burggraf von Nürnberg, zur Seite stand. Ihre Bilder zeigen die Nebenfiguren. Auch bei ihnen musste der Künstler die Charakteristik aus den Andeutungen schöpfen, die die Geschichte von ihrem Wesen giebt. Bei so unsicheren Grundlagen kann auch der begabteste Künstler niemals über eine gewisse Typik hinauskommen, und dabei muss ihm noch die Tracht, die allein das Zeitkolorit widerspiegeln kann,

zu Hülfe kommen. Auch in der architektonischen Gestaltung und Ornamentierung des Sockels kann die Zeit charakterisiert werden, und aller dieser Vorteile hat sich der Künstler mit so grossem Geschick bedient, dass sich seine Gruppe, lediglich als Kunstwerk, ohne Rücksicht auf ihre geschichtliche und ethische Bedeutung betrachtet, als eine in allen Teilen einheitliche, wohldurchdachte Schöpfung darstellt, die uns eine bestimmte Geschichtsepoche lebendig macht.

Dass wir diesen Eindruck empfangen, ist zum Teil auch der trefflichen Marmorausführung zuzuschreiben, die deutschen Händen verdankt wird. Die Figuren sind von PETER MENRATH in Tempelhof, die Architekturteile und die Bank von der Aktiengesellschaft Kiefer in Kiefersfelde und Berlin ausgeführt. Beachtenswert ist

Abbildung 505.

Stiftungsbuch, im Besitz des Herrn Baurat Böckmann.   Entwurf von AD. HARTUNG, Architekt in Berlin.

der Weinlaubfries an der Banklehne, der wohl eine Anspielung auf Tirol und das üppige Leben Ludwigs enthalten soll.

Diese Gruppe ist nicht das einzige monumentale Werk, das Ernst Herter in den letzten Jahren beschäftigt hat. In Wiesbaden ist am 9. Oktober 1898 ein Denkmal des Fürsten Bismarck von seiner Hand enthüllt worden, und im nächsten Frühjahr soll das Denkmal Kaiser Wilhelms I. bei Holtenau, am Eingang des Kaiser Wilhelm-Kanals, aufgestellt werden. Daneben sind

noch aus den letzten Jahren das in Heft 8 des laufenden Jahrgangs wiedergegebene Helmholtzdenkmal und das Denkmal Krupps zu nennen, das vor der technischen Hochschule in Charlottenburg errichtet und bei der Jubiläumsfeier im Oktober enthüllt worden ist.

Das Bismarck-Denkmal in Wiesbaden (Abb. 501) zeigt auf einem einfach gegliederten vierkantigen Sockel die Bronzefigur des grossen Kanzlers in der Vollkraft seiner Jahre, in der herabgelassenen Rechten eine

Abbildung 506.

Silberpreis für Baden-Baden.
Entwurf von EMIL DOEPLER D. J.
Ausgeführt von O. ROHLOFF, Ciseleur
in Berlin.

hat niemals den geringsten Vorwand gegeben, dass ihn ein Künstler in einer rhetorischen Pose verewigen könnte. Theatralisches Wesen sollte auch von dem Sockelschmuck eines Bismarck-denkmals fernbleiben. Davon hat sich Herter auch

Abbildung 507.

Ruderpreis. Entwurf von EMIL DOEPLER D. J.
Ausgeführt von O. ROHLOFF, Ciseleur in Berlin.

Schriftrolle, in der sich der Künstler die Kaiserproklamation in Versailles gedacht hat. Die eigenartige Verbindung von schlichter Männlichkeit und selbstbewusster Kraft, die Bismarcks geistiges und körperliches Wesen zur Anschauung brachte, hat der Künstler mit scharfem Blick und richtigem Taktgefühl erfasst und verkörpert. Die Pose, das theatralische Gebaren sind diesem Manne auch in den leidenschaftlichsten Momenten seines bewegten Lebens fremd geblieben. Er hat wohl einmal in einem Augenblicke höchster Erregung eine Thürklinke abgerissen, aber er

Abbildung 508.

Schildhaltender Löwe. Von FRITZ HEINEMANN,
Bildhauer in Charlottenburg.

einen preussischen Adler in natu-
ralistischer Darstellung.

Das Denkmal für Kaiser Wilhelm I., das unweit der Mündung
des Kaiser Wilhelms-Kanals in
den Kieler Busen bei Holtenau
aufgestellt wird (Abb. 500), ist
eines der grössten unter den bisher errichteten, rein statuarischen
Kaiserdenkmälern. Mit Rücksicht
auf die flache Umgebung, die es
beherrschen soll, ist die Gesamt-
höhe des Denkmals auf 14 m bemessen worden. Die Figur des
Kaisers allein ist 6 m hoch. Statt
der üblichen allegorischen Wesen
hat der Künstler für den Schmuck
des Sockels, ganz in Einklang
mit dem Genius loci, der kriegerischen Nordmark, die Recken-
gestalten zweier Germanen gewählt, die aber noch eine be-

Abbildung 509.

bei den Figuren ferngehalten, die den
Unterbau seines Denkmals beleben.
Die jugendliche Frauengestalt, die dem
Begründer des deutschen Reichs einen
Lorbeerzweig reicht, stellt die Provinz
Nassau dar. Mit der Linken birgt sie
in ihrem Schosse die durch die Thaten
Bismarcks errungenen Friedenspalmen.
Der Knabe auf der andern Seite des
Unterbaues, der Vertreter des heran-
wachsenden Geschlechts, blättert in
dem Buch der Geschichte, wo er gerade die Seite aufgeschlagen hat, auf
der die Worte Bismarcks verzeichnet
sind: „Wir Deutschen fürchten Gott,
aber sonst nichts in der Welt." Auf
der Rückseite des Sockels befinden
sich ausser der auf den Schleifen eines
grossen Eichenkranzes stehenden Wid-
mung die Reichsinsignien, Krone,
Scepter und Schwert, beschirmt durch

Erkerendigung am Rathaus in Köthen. Modelliert von
H. GIESECKE, Bildhauer in Berlin
Architekten REINHARDT & SÜSSENGUTH in Charlottenburg.

Abbildung 310.

Schiffahrt. In Kupfer getriebene Rundfüllung über dem Treppenhaus der Deutschen
Bank. Modelliert von H. GIESECKE, Bildhauer in Berlin. Architekt W. MARTENS
in Berlin.

Abbildung 311.

Modernes Büffet.

Abbildung 512.

Kamin-Ecke. Entworfen und ausgeführt in den Werkstätten von KELLER und REINER in Berlin.

sondere symbolische Bedeutung haben. Da bei der Begründung des Kanals ein doppelter Zweck — seine Bestimmung für Kriegs- und Friedensbedürfnisse — ins Auge gefasst worden ist, soll der eine Germane den Krieg, der andere den Frieden veranschaulichen. Wiederum hat der Künstler jenes hohle deklamatorische Pathos vermieden, das besonders unsern westlichen Nachbarn, den Franzosen, bei solchen Denkmälern zur anderen Natur geworden ist, und sich damit begnügt, die Festigkeit und

Unerschütterlichkeit deutscher Volkskraft in schlichter Formensprache auszudrücken. Die Figuren sind in Bronzeguss ausgeführt worden, der Sockel ist in schwedischem Granit hergestellt.

Obwohl Ernst Herter bereits 53 Jahre alt ist — er ist am 14. Mai 1846 in Berlin geboren worden — hat er doch erst in den letzten fünf Jahren Gelegenheit gefunden, seine Begabung für die monumentale Bildnerei zu bethätigen. Er hat freilich in diesem kurzen Zeitraum soviele monumentale Ar-

beiten ausgeführt, wie kaum ein anderer
seiner Kunstgenossen. Bis dahin hatte er
sich vorwiegend auf dem Gebiete der Ideal-
bildnerei und der Genreplastik bewegt,
nebenher aber auch eine Reihe von dekorativen Arbeiten ausgeführt, die ihn mit
den Anforderungen der Plastik grossen Stils
vertraut machten. Durch seine Lehrer
August Fischer, Gustav Bläser und Albert
Wolff ist Herter in den strengen Ueberlieferungen der Rauchschen Schule herangebildet worden, und die Eindrücke, die er
von ihnen empfing, wurden durch seine
erste Studienreise nach Italien, die er 1875
unternahm, noch vertieft. Nachdem er
1870 mit einer Bacchantin, die mit einem
Knaben spielt, zum ersten Mal in die
Oeffentlichkeit getreten war, behandelte er
auch in den folgenden Jahren vorzugsweise
Stoffe aus der antiken Mythe und Geschichte.
Durch die Tragödien des Aeschylos und
Sophokles wurde er zu einem Orest, der
über dem Muttermorde brütet, und zu einer
Antigone mit der Gesalome des Bruders
angeregt, und die Jugendgeschichte Alexan-
ders des Grossen gab ihm das Motiv zu
einer Statue des ruhenden Alexander, der
seinen Schlaf zu bekämpfen sucht, indem er
eine Kugel in ein metallenes Becken fallen
lässt. Mit dieser Schöpfung, die, in Bronze
guss ausgeführt, für die Nationalgalerie
angekauft wurde, errang er 1876 seinen
ersten grossen Erfolg, der ihn noch in
späteren Jahren zu einem Seitenstück, einer
ruhenden Aspasia, anregte. Von Werken
ähnlicher Art sind noch die Statue eines
verwundeten Achilles und eine grosse Re-
liefkomposition mit dem Kampfe Achills
mit der Amazonenkönigin Penthesilea zu
nennen.

Mit der Ausführung zweier Sandstein-
figuren Kaiser Wilhelm I. und König Friedrich II. für das Landgerichtsgebäude in Potsdam (1883) erzielte er seinen ersten Erfolg
auf dem Gebiete der dekorativen Plastik,
und um diese Zeit winkte ihm auch ein erster
monumentaler Auftrag, dessen Ausführung
sich aber durch fast anderthalb Jahrzehnte

Abbildung 513.

Brüstung im Kunstsalon von F. Hanel in Berlin,
Augsburgerstrasse 37 38.

Abbildung 514.

Lehnstuhl in nordischem Stil.
Lackmöbel und ausgeführt von „Leo's Kunst.möb.",
Möbelfabrik in Berlin

Leitungsmast für die elektrische
Strassenbahn,
zugleich Kandelaber für die
Strassenbeleuchtung am Auguste
Victoria-Platz.

Nach dem Entwurfe und unter
Leitung von FRANZ SCHWECHTEN,
Architekt in Berlin,

ausgeführt
von FERD. PAUL KRÜGER,
Kunstschmiedewerkstatt in Berlin.

Höhe 8 m.

Ausladung bis zur
elektrischen Leitung ca. 3,50 m.
Ausladung der Laternenträger je
1,30 m von Mitte der Masten
aus gerechnet.

Die Kunstschmiedearbeiten sind
auf die gewöhnlichen Strassen-
masten der Vorortbahn
aufmontiert.

Kosten ca. 2300 Mk. für den Mast.

hinziehen sollte. Von Freunden und Verehrern Heinrich Heines war der Beschluss
gefasst worden, dem Dichter in seiner Ge-
burtstadt Düsseldorf ein Denkmal zu errichten, und dazu war ein Entwurf Herters
in Form eines Brunnens gewählt worden,
der von der sitzenden Figur der Lorelei
gekrönt war und neben anderem figürlichen
Bildwerk auch das Porträtmedaillon Heines
zeigte. Aber die Volksstimmung in Düsseldorf widerstrebte aus verschiedenen Gründen
der Ausführung dieses Plans, und weitere
Umfragen in anderen rheinischen Städten

ergaben das Uebergewicht einer starken
patriotischen Strömung, die dem Dichter,
der von seinem Vaterlande so geringschätzig
gedacht hatte, einen Ehrenplatz an dem
deutschesten aller Ströme versagte.

Das mit echt poetischem Empfinden und
mit grosser Liebe erdachte Werk zog dafür die Aufmerksamkeit einer glühenden Ver-
ehrerin Heines, der Kaiserin Elisabeth von
Oesterreich, auf den Künstler, der mit der
Ausführung mehrerer Werke für das Schloss
der Kaiserin auf der Insel Korfu betraut
wurde, zunächst mit einer Statue des Dich-

Fahnenhalter für St. Petersburg.
Entworfen und ausgeführt von ED. PULS, Kunstschmiedewerkstatt in Tempelhof-Berlin.

Gruppe „Ein seltener Fang" in lebens-
grosser Bronzeausführung aufgestellt worden: ein Fischer, der mit komischem Ent-
setzen ein in seinem Netze gefangenes,
fischschwänziges Meernixlein anstarrt.

Seit dem Beginn der neunziger Jahre be-
gannen die monumentalen Aufträge für
Herter reichlicher zu fliessen. Der umfang-
reichste war der Schmuck der Langen
Brücke in Potsdam mit allegorischen
Gruppen und den Kolossalstatuen eines
Dragoners aus der Zeit des grossen Kur-
fürsten, eines Artilleristen aus der Zeit
Friedrichs I., eines Infanteristen aus der
Zeit Friedrich Wilhelms I. und eines Husaren
aus der Zeit Friedrichs des Grossen, in denen
er ungemein charakteristische Soldatentypen
in lebensvoller Auffassung geschaffen hat.
In den letzten Jahren entstand ferner ein
Denkmal Kaiser Wilhelms I. für Preussisch-
Holland und ein dem Andenken deutscher
Krieger gewidmetes Denkmal für den Kirch-
hof St. Evère in Brüssel, das im Sommer
1898 enthüllt wurde.

ters, dem später eine des Achilles folgte.
Endlich fand sich auch eine Unterkunft für
den Loreleibrunnen, das Denkmal des
Dichters. Die Deutschen New-Yorks über-
nahmen die Kosten der Ausführung, und
es gelang ihnen auch, bei der Stadtverwaltung die Anweisung eines öffentlichen
Platzes zu erwirken, auf dem der Brunnen
im Frühjahr 1899 eine würdige Aufstellung
erhalten hat. So ist eine der phantasievoll-
sten und anmutigsten Schöpfungen des
Künstlers seinem Vaterlande verloren gegangen.

Seit der Beschäftigung mit der Lorelei
hatte es die Welt der Nixen, Najaden
und der fabelhaften Meeresbewohner dem
Künstler angethan. So schuf er für die
von der Heydtbrücke in Berlin die
kolossalen Gestalten von fischschwänzigen
Tritonen und Meeresnymphen, die, in
Bronzeguss ausgeführt, auf den Ecken
der Brückenbrüstungen gelagert sind, und
ebenfalls in Berlin, im Viktoriapark, am
Fusse des Kreuzbergs, ist eine humorvolle

Fahnenhalter für St. Petersburg.
Entworfen und ausgeführt von ED. PULS, Kunstschmiedewerkstatt in Tempelhof-Berlin.

Abbildung 318.

Geschmiedeter Hund als Treppenaufsänger für den
Freiherrn von Eckardstein auf Reichenow.
Hofbaumeister HAUER, Architekt.
Von ED. PULS, Kunstschmiedewerkstatt in Tempelhof-
Berlin, ausgeführt.

Mit dieser Aufzählung haben wir das
Schaffen des Künstlers noch keineswegs
erschöpft. Neben diesen Werken ist noch
eine grosse Anzahl von Porträtbüsten,
Grabmälern, dekorativen Reliefs u. dgl. m.
aus der Werkstatt des Künstlers hervorgegangen, dessen schöpferische Thätigkeit
keineswegs durch das Lehramt beeinträchtigt wird, das er seit 1890 als Lehrer
des Bildhaueraktsaals an der Hochschule
für die bildenden Künste mit Eifer und Hingebung verwaltet.

Unbeirrt und unbeeinflusst von fremdländischen Kunstströmungen hat Ernst Herter
seine künstlerische Ausdrucksweise, auf dem
Studium der Antike fussend, streng nach der
Natur gebildet und immer jene schlichte
und strenge Formensprache geübt, die für
die deutsche Kunst charakteristisch ist
oder doch charakteristisch sein sollte.

KUNSTGEWERBE.

Seitdem die venezianische Glasmosaik-
technik eine Heimstätte auf deutschem
Boden und zwar in unmittelbarer Nähe
Berlins, in dem jetzt Stadt gewordenen
Rixdorf gefunden hat, kommt diese edle
dekorative Kunst, die für unser Klima den
Vorzug grösserer Dauerhaftigkeit und Be-
ständigkeit vor allen übrigen Verfahren
hat, immer mehr in Aufnahme. An den
Aussenseiten von Gebäuden ist sie freilich
bisher erst spärlich verwendet worden; um
so mehr erobert sie sich das Innere der
Kirchen, namentlich romanischer. Hier findet
sie altheimischen Boden, hier kann sie an alte
Ueberlieferungen anknüpfen. Durch die

Abbildung 319.

Naturalistisch geschmiedetes Passstück zwischen einem
Thor und dem Steinpfeiler für eine Frontgitteranlage
in Cairo.
Entworfen und ausgeführt von ED. PULS, Kunstschmiedewerkstatt in Tempelhof-Berlin.

Untersuchung der Mosaikgemälde in Ravenna ist es möglich geworden, auch die Technik der alten Mosaicisten zu ergründen, und dadurch ist es besonders der Deutschen Glasmosaikgesellschaft PUHL & WAGNER in Rixdorf gelungen, Gemälde in Glasmosaik auszuführen, die an farbiger Wirkung den klassischen Mustern nichts nachgeben. Zwei neue Schöpfungen dieser Art sind kürzlich aus ihren Werkstätten hervorgegangen: ein Mosaikbild für die Rückwand der kaiserlichen Loge in der Kaiser Wilhelm-Gedächtniskirche in Berlin und ein zweites für eine Kirche in Böblingen in Württemberg. (Abb. 503 u. 504.) Den Karton zu ersterem hat der mit frühromanischer Formensprache wohl vertraute Maler AUGUST OETKEN in Berlin entworfen. Im Anschluss an ein Wandgemälde im Kreuzgange des Magdeburger Doms, das Kaiser Otto den Grossen mit seinen beiden Frauen Adelheid und Editha zeigt, hat er unter einem Baldachin einen thronenden Herrscher dargestellt, umgeben von zwei Frauengestalten, die die zwei Herrschertugenden, die Frömmigkeit und die Weisheit, symbolisieren.

Den Karton zu dem Glasmosaikgemälde für Böblingen hat Professor MAX SELIGER in Berlin geschaffen. Auf einem Regenbogen thront Christus. Die Erde ist der Schemel seiner Füsse, und seine mahnend erhobene Hand soll den Gläubigen ihr Ziel weisen: „Ich bin der Weg, die Wahrheit und das Leben!" In den Wolken über dem Heiland ist das Zeichen des heiligen Geistes, die Taube, sichtbar, von der Lichtstrahlen auf die Erde ausgehen. Ueber der Wandbekleidung ist die Erde durch Blumen und blühende Bäumchen angedeutet. In der harmonischen Zusammenstimmung der kräftigen, aber gebrochenen Farben, hat sich der Künstler an die frühen Mosaiken in Ravenna und Venedig gehalten.

Das unter Abb. 505 dargestellte Stiftungsbuch, das auf Grund der Angaben des Stifters nach dem Entwurf von ADOLF HARTUNG ausgeführt worden ist, verdankt seine Entstehung dem Umstande, dass der Besitzer von einer Orientreise im Jahre 1892 Jordan-Wasser heimbrachte, um fortan mit dieser durch die Ueberlieferung geheiligten Flüssigkeit die Taufe an seinen Enkelkindern vollziehen zu lassen. Ferner sollte durch Schaffung eines Stiftungsfonds vorgesorgt werden, diesen sinnigen Gebrauch auch in den späteren Generationen der Familie des Stifters zu erhalten. Nachdem eine zur Aufnahme des Wassers dienende Taufkanne nebst Taufbecken ausgeführt worden war, folgte im Jahre 1898 das Stiftungsbuch, das bestimmt ist, nach Art einer Familienchronik die auf jene Taufhandlungen bezüglichen und mit ihnen in Zusammenhang stehenden Daten aufzunehmen. In der Hauptsache durch GEORG HULBE in Hamburg und Berlin in Ledertechnik hergestellt, trägt das Buch in der Mitte des Deckels die in bekannter vortrefflicher Weise von ERNST HASTANIER in Limousiner Email-Malerei ausgeführten Bildnisse des Stifters und seiner Gemahlin. Auf besonderen Emailtäfelchen, die in den Zweigen eines Stammbaums angebracht sind, sind die Namen und Geburtsdaten der Kinder des Paares verzeichnet. Die Silberarbeiten der Eckbeschläge und Schliessen und der Umrahmung des Mittelfeldes wurden in den Werkstätten von SY & WAGNER ausgeführt. Von den in Ledertechnik buntfarbig hergestellten Wappen deutet das untere auf den Geburtsort des Stifters, das obere auf die Stätte seiner Lebensthätigkeit. Das übrige ornamentale Beiwerk nimmt Bezug auf das Element des Wassers im allgemeinen und auf das Taufwasser des Jordan im besonderen.

Von den von Professor EMIL DOEPLER d. J. entworfenen Prunkgefässen (Abb. 506 u. 507) ist das eine (Abb. 506) als Kaiserpreis für ein Jubiläums-Armee-Jagdrennen in Baden-Baden von O. ROHLOFF in Mattsilber ausgeführt worden. Die Höhe der Vase beträgt etwa 95 cm.

Verantwortlich für die Redaktion: Dr. ADOLF ROSENBERG, Berlin. — Verlag von ERNST WASMUTH, Berlin., Markgrafenstr. 35 Gedruckt bei JULIUS SITTENFELD, Berlin W. — Cliches von CARL SCHÜTTE, Berlin W

Architekturskizze von Otto Riehl, Architekt in Berlin.

Abbildung 158.

Abbildung 521.

Architekturskizze von OTTO RIETH, Architekt in Berlin.

NEUE PUTZFASSADEN IN BERLIN.

In den letzten Jahren haben sich unter den Architekten Berlins in erfreulicher Weise die Bestrebungen gemehrt und verstärkt, die darauf abzielen, im Gegensatz zu den leider immer noch grassierenden Putzfassaden, an denen sich das Berliner Bauunternehmertum nicht genug thun kann, einen gesunden Putzbau zu schaffen. Es kann nicht geleugnet werden, dass jene Stuckfassaden mit ihrer aufgeklebten Scheinarchitektur und ihrer geschmacklosen Ueberladung mit plastischem Zierrat in Gestalt von Einzelfiguren, Gruppen und Reliefs, die man nicht mit Unrecht als „Fassaden-Gymnastik" verspottet hat, sehr viel dazu beigetragen haben, den zahlreichen grundsätzlichen Gegnern draussen im Reich, mit denen nun einmal alles in Berlin Geschaffene und von Berlin Kommende rechnen muss, bequeme Angriffsmittel an die Hand zu geben. Man giebt sich auswärts nicht die Mühe und will sie sich auch nicht geben, zwischen Baukünstlern und Berliner Bauunternehmern einen Unterschied zu machen, und behandelt die Schöpfungen beider Kategorien als ein unteilbares Ganzes, in dem naturgemäss das Unternehmertum überwiegt.

Wir wissen wohl, dass es auch unter den Bauunternehmern bereits viele einsichtsvolle Männer giebt, die sich der Mitwirkung tüchtiger Architekten bedienen; aber noch sind sie in der Minderzahl jener kompakten Masse gegenüber, die sich nach alter Gewohnheit die Gliederungen und den Schmuck ihrer Miethäuserfassaden aus den wohlassortierten Lagern der Fabrikanten von Stuckarbeiten liefern lassen.

Abbildung 412.

Abbildung 413.

Architekturskizzen von OTTO RIETH, Architekt in Berlin.

Villa Staudt, Ecke Thiergarten- und Regentenstrasse.
Erbaut von OTTO RIETH, Architekt in Berlin.

Das wirksamste Mittel, diese verlogene Scheinarchitektur zu bekämpfen, scheint uns in einer möglichst weiten Verbreitung des reinen und materialechten Putzbaues zu liegen, der mit dem Vorzug der Solidität auch den eines geringeren Kostenaufwandes verbindet. Dabei wird den Stuckateuren ihr Arbeitsfeld nicht allzusehr geschmälert; sie werden sogar in ihrem künstlerischen Bewusstsein gehoben, da an die Stelle der fabrikmässigen Herstellung von Stuckarbeiten nach gelieferten Modellen die freihändige Anwurfsarbeit oder eine sonstige echte Dekorationsweise tritt.

Einzelne Beispiele dieser neuen Bestrebungen haben wir in unserer Zeitschrift bereits mehrere Male geboten. In diesem Jahrgang sind besonders ein Wohnhaus in Moabit von PAUL HOFFE (Heft IX Abb. 432) und das Sanatorium von REIMER und KÖRTE (Heft X Abb. 469) als verdienstvolle Putzbauten hervorzuheben. Insbesondere übt das letztere in seiner Umgebung durch den Gegensatz der glatt und rauh verputzten Flächen und durch sparsam verteilte, aber stets an den richtigen Ort gesetzte Ornamentik eine gute Wirkung aus, wenn auch die verwandten Motive vielfach noch dem Werksteinbau entlehnt sind und noch keine reinen Putzformen darstellen. Mit besonderer Energie haben sich aber die Architekten ERDMANN und SPINDLER die konsequente Anwendung und Verbreitung eines Putzbaustils zur Aufgabe gestellt; und zwar sowohl an Villenbauten wie an Miethäusern, wofür unsere Abbildungen 525—529 zwei charakteristische Beispiele bieten.

Bei dem grossen Interesse, das diese Frage jetzt in Anspruch nimmt, wird es für unsere Leser von Wert sein, einige Einzelheiten über die technische Behandlung letztgenannter Fassaden zu erfahren. Die Flächen sind durchweg in einem rauhen Kies- oder Stipp-Putz aus Weisskalkmörtel ausgeführt. Sämtliche Ecken, die Hauptecken sowohl als auch die Thür- und Fensterecken, sind in demselben Material, aber glatt und scharf-

kantig geputzt, je nach der beabsichtigten Wirkung 4—7 cm breit. Der glatte Putz liegt mit dem rauhen Putz in derselben Ebene und ist gegen den letzteren durch eine schmale Nut abgesetzt. Einzelne Gebäudeteile, wie Erker oder kleinere Vorsprünge, werden glatt geputzt und dadurch wirksam gegen die rauhen Fassadenflächen abgehoben. Schliesslich wird der fertige Kalkmörtelputz mit dünner Kalkmilch überstrichen.

Zur ornamentalen Belebung und Bereicherung der Fassaden wird ferner das in neuerer Zeit in den Hintergrund getretene Sgraffito herangezogen. Für diese Sgraffito-Dekorationen werden entsprechende Flächen mit einem glatten Putz aus Romancement versehen, der zu langsamerem Abbinden und zu leichterer Arbeit mit etwas Weisskalk versetzt ist. In diese Flächen werden sodann mit dem Eisen die Ornamente eingekratzt oder eingeschnitten. Ihre Umrisse werden gegen den rauhen Putz der Fassadenflächen ebenfalls durch eine breite, tiefe Nut abgesetzt. Der Romancement, in seiner natürlichen graugelben Farbe belassen, bildet gegen den Kalkmörtelputz den für die malerische Wirkung erwünschten Gegensatz. Schon wegen seiner Einfachheit verdient dieses Verfahren den Vorzug vor der Herstellung *farbiger* Sgraffiten, deren Haltbarkeit wegen des Zusatzes von Farbstoffen zu dem Mörtel in unserem Klima sehr zweifelhaft ist.

Diese von Erdmann und Spindler seit mehreren Jahren angewandte Technik hat sich bis jetzt sehr gut bewährt. Ihr erstes Gebäude dieser Art war die 1896 erbaute Villa Erdmann in Zehlendorf (Abb. 525). Die Sgraffiten sind hier nur für die Fensterverzierungen verwendet, während der Fries unter dem überhängenden Dache und die Eingangsnische teils einfarbig, teils vielfarbig in Kaseinfarben gemalt sind. An der fast gleichzeitig ausgeführten Villa Kremnitz in Kolonie Grunewald, die wir bereits früher (Jahrgang I, Abb. 246) reproduzierten, haben die Architekten da-

Villa Erdmann in Zehlendorf. Erbaut von ERDMANN & SPINDLER, Architekten in Berlin.

gegen die gesammte Dekoration der Fassaden in der oben beschriebenen Manier hergestellt, und ebenso ist bei dem 1898 erbauten Miethause in der Invalidenstrasse 23 in Berlin (Abb. 528 u. 529), dessen Grundriss

Abbildung 526.   Abbildung 527.

Abbildung 526 und 527. Grundrisse zu Abbildung 525.

im Bureau der Bauunternehmer STRIBUTZ & KÖPCHEN bearbeitet worden ist, diese Dekorationsweise auf sämtliche Fassaden mit alleiniger Ausnahme des Erkers unter Verzicht auf andere Architekturgliederungen in reichstem Maasse übertragen worden.

Die Ausführungskartons zu den Sgraffiten sind bei den drei genannten Bauten nach den Skizzen und Angaben der Architekten von dem Maler GUSTAV NEUHAUS (in Firma Neuhaus & Küpers) gezeichnet worden.

Als ein weiteres wertvolles Beispiel eines Putzhauses fügen wir die Abbildung der Fassade des Hauses Landsberger Allée 29 bei, die nach dem Entwurfe des Architekten PAUL HOPPE von Maurermeister J. NEUMANN ausgeführt worden ist (Abb. 530). Sie zeigt ebenfalls, wie man unter Vermeidung der üblichen geputzten Architekturgliederungen eine schöne Wirkung erzielen kann, welche in den Obergeschossen lediglich auf dem

Abbildung 178.

Wohnhaus Invalidenstrasse 23.
Entworfen von ERDMANN & SPINDLER, Architekten in Berlin.

Gegensatz glatt und scharfkantig geputzter Lisenen und reliefierter Füllungsornamente beruht. Die Ornamente sind in angetragenem Mörtel von Bildhauer FRITZ WOHLFAHRT in Wilmersdorf modelliert.

Eine andere Art, Flächen in Kalkmörtel zu putzen oder zu dekorieren, wird gegenwärtig am Neubau des Amtsgerichts I. in der Neuen Friedrichstrasse durch den Architekten Professor SCHMALZ zur Anwendung gebracht. Es ist dieselbe Art, die man in sehr ursprünglicher Weise auf dem Lande bei einfachen, älteren Bauernhäusern sehen kann. Die Fensterarchitektur, die bei dem Amtsgericht aus Sandstein hergestellt ist, wird mit Streifen aus glattem Mörtelputz eingerahmt. Diese Streifen sind entweder gradlinig oder geschwungen in Form von einfachen Band- oder sonstigen Flachornamenten, die nur durch ihre Silhouette wirken. Die dazwischen liegende Wandfläche wird in rauhem Putz aufgezogen. Der glatte Putz wird zuerst gemacht. Dann wird die Silhouette des Ornaments oder der Lisene mit Schablonen auf die Wand geheftet und der rauhe Putz dagegen geworfen. Die Folge ist, dass der rauhe Putz und mit ihm also der grösste Teil der Fassadenflächen gegen den glatten vorsteht, worin dann freilich auch wieder eine Schwäche dieser Putzmanier liegen kann. Auch mit dieser alten, sehr empfehlenswerten Technik lassen sich hübsche Wirkungen erzielen.

Erwähnt sei hier noch die hierhin gehörige von dem Architekten C. SICKEL in Westend-Berlin erbaute Villa Wendling.

Wir können in diesem Blatte zwar nicht alle auf diesem Gebiete liegenden Neubauten der letzten Jahre wiedergeben, doch werden wir von Zeit zu Zeit unsern Lesern an guten Beispielen die gemachten und noch zu machenden Fortschritte zeigen.

ZU UNSEREN BILDERN.

ARCHITEKTUR.

An der Ecke der Thiergarten- und Regentenstrasse geht ein palast-artiger Neubau seiner Vollendung entgegen, der, nach den Plänen und Detailzeichnungen von Otto Rieth errichtet, durch seine trotz des un-günstigen Bauplatzes höchst wirk-same künstlerische Konzeption, durch die Ausführung in echtem Material von prächtiger Farbenwir-kung und durch den ungewöhnlich reichen bildnerischen Schmuck all-gemeine Aufmerksamkeit erregt. Was der Architekt in seinen bekann-ten baukünstlerischen Phantasieen bisher nur auf dem Papier zur An-schauung gebracht hat, hat er hier zum ersten Male, freilich immer noch in einem durch den Zweck bedingten, beschränkten Maassstabe in die Wirklichkeit übertragen kön-nen. Indem wir uns eine ausführliche Würdigung des Baues vorbehalten, dessen Ausführung nach Rieths Plänen im Auftrage des Grosskauf-manns Staudt durch den auch beim Dombau beteiligten Regierungs-bau-meister Schmidt erfolgt ist und zu dessen äusserer und innere Ausstat-tung hervorragende künstlerische Kräfte herangezogen worden sind, begnügen wir uns für jetzt, den Rund-bau an der Kreuzung der beiden Strassen wiederzugeben (Abb. 524). An den Kapitälen der vier Säulen, die diesen Bauteil gliedern, sind die Kraft, das Erwachen, der Fleiss und das Licht symbolisch dargestellt, und auf den Säulen stehen vier weibliche Gestalten, die den Han-del, die Schiffahrt, die Industrie und die Landwirtschaft versinnlichen. Der bildnerische Schmuck der Fas-

saden ist nach den Angaben Rieths von den Bildhauern Vogel und Widmann ausge-führt worden.

Wir schliessen an diese Bauausführung einige Zeichnungen Rieths, die seinen Skizzen-büchern entnommen sind und den Vorzug

Abbildung 510.

Detail zu Abbildung 508.

Abbildung 510.   Abbildung 531 u. 532.

Wohn- und Geschäftshaus Landsbergerstrasse 20.
Entworfen von PAUL HOFFE in Berlin.

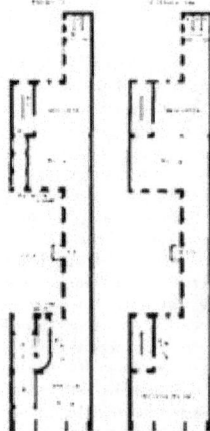

Grundrisse zu Abbildung 530.
Von RUDOLF LEHMANN.

haben, dass sie die Gedanken des Künstlers in ihrer ursprünglichen Gestalt und ersten Fassung ohne spätere Ueberarbeitung wiedergeben (Abb. 520—523). —

Für die Berlinische Lebens-Versicherungs-Gesellschaft, die ihren Sitz bisher in der Behrenstrasse hatte, haben die Architekten SOLF und WICHARDS in der Zeit vom 1. März 1898 bis 30. November 1899 an der Ostseite der Markgrafenstrasse (Nr. 11/12) ein neues Geschäftshaus errichtet, das durch seine monumentale, ganz in Wünschelburger Sandstein ausgeführte Front (Abb. 538) jener architektonisch nicht sehr bevorzugten Stadtgegend eine vornehme künstlerische Zierde verleiht. Bei der Gestaltung der Fassade im Einzelnen und bei ihrem bildnerischen Schmuck haben sich die Architekten, ihrer besonderen Neigung folgend, an die Zierformen der deutschen Renaissance des 16. Jahrhunderts gehalten, aber in der durchaus individuellen Behandlung der Details deutlich zu erkennen gegeben, dass es sich

Abbildung 533.

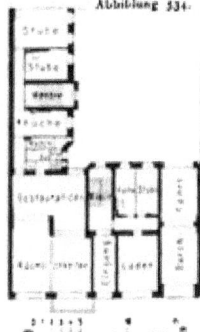

Wohnhaus Barbarossastrasse 76 (Nordanlage der Vereinigten Werdtschen Brauereien). Entworfen von PAUL JATZOW in Berlin

Abbildung 534. Abbildung 535.

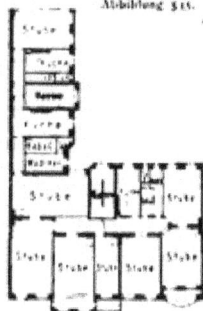

Abb. 534 u. 535. Grundrisse zu Abb. 533. Von EDUARD SCHULZE.

um ein Bauwerk von moderner Bestimmung handelt.

Für die Aufstellung des Grundrisses boten sich den Architekten durch den überaus ungünstigen Zuschnitt des Bauplatzes grosse Schwierigkeiten dar, die sie aber glücklich überwunden haben, ohne dass die Uebersichtlichkeit in der Anordnung der für die verschiedenartigsten Zwecke geforderten Räumlichkeiten beeinträchtigt worden ist. Aus den mitgeteilten Grundrissen des erhöhten Erdgeschosses und des ersten Obergeschosses (Abb. 536 u. 537) ergiebt sich die Verteilung der hauptsächlichsten Geschäfts- und Bureauräume. In betreff der Ausnutzung der übrigen Geschosse entnehmen wir einer ausführlichen Beschreibung des Gebäudes im „Centralblatt der Bauverwaltung" (1899, Nr. 83), dass die nördliche Hälfte des zweiten Obergeschosses die Wohnung des Direktors, die noch in einen Teil des Dachgeschosses hineingezogen ist, das Untergeschoss vier und das Dachgeschoss zwei Wohnungen für Pförtner, Heizer und andere Unterbeamte enthält. Das erste Obergeschoss des Querflügels ist in zwei Halbgeschosse geteilt (s. d. Grundriss), in denen die zugleich als Archiv dienende Registratur untergebracht ist, die Doppellicht von Hof und Garten erhält. Die Registratur, mit 5000 Akten-

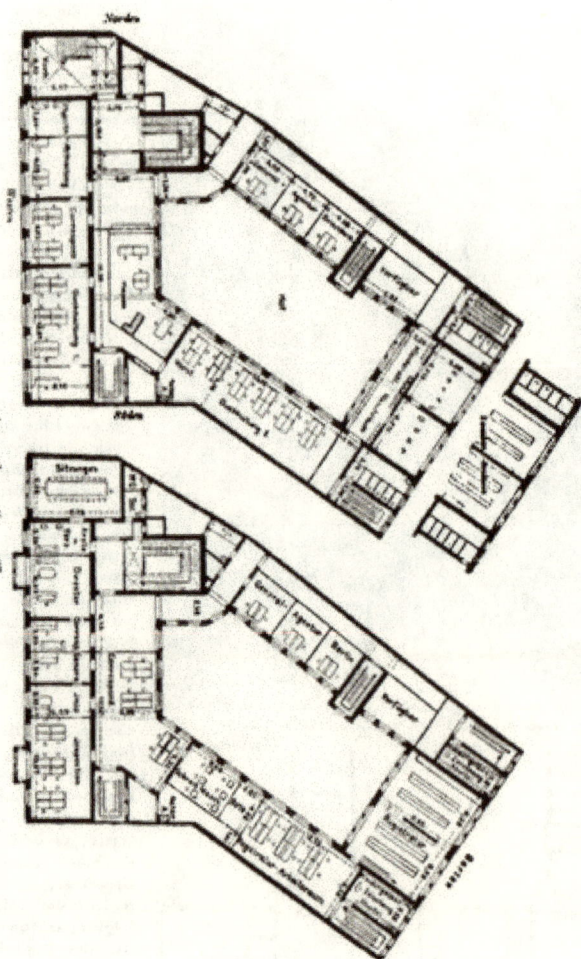

Abbildung 536 und 537. Grundrisse zu Abbildung 538.

Abbildung 338.

Geschäftshaus der Berlinischen Lebens-Versicherungs-Gesellschaft, Markgrafenstr. 11 12
Erbaut von SOLF & WICHARDS in Berlin.

fächern ausgestattet, ist ganz in Eisen und Glas hergestellt.

Der an der Nordseite des Hauses befindliche, durch zwei Geschosse reichende Haupteingang führt in eine überwölbte Halle, aus der der Treppenlauf bis zur Höhe des Erdgeschosses emporsteigt. Von dort gelangt man in eine innere Vorhalle, die einerseits den Zugang zu den Geschäftsräumen, andererseits den Zugang zu der nur für die Direktionsräume und die Wohnung des Direktors bestimmten Haupttreppe vermittelt. In der Mitte der Hauptfront ist im Untergeschoss eine Durchfahrt nach dem Hofe angelegt.

Bei der Ausführung im Einzelnen ist überall für grösstmögliche Feuersicherheit gesorgt. Sämtliche Räume des Hauses haben massive Decken nach System Kleine, die mit Koksasche und Sand beschüttet und in den Bureauräumen, Korridoren und auf den Treppenabsätzen mit Gipsestrich und Delmenhorster Granitolinoleum versehen sind. Obwohl die Haupttreppe Stufen, Wangen und Geländer aus Eichenholz hat, ist doch die Unterlage massiv. Die Nebentreppen sind in Kunstsandstein ausgeführt, mit Linoleum belegt und mit schmiedeeisernen Geländern versehen.

Von der Ausstattung und Ausschmückung des Innern, wobei in sämtlichen Räumen nach grösster Helligkeit und Freundlichkeit gestrebt worden ist, sind besonders die der Eingangshalle und des Sitzungssaals in der Nordwestecke des ersten Stockwerks bemerkenswert. Die Wände der Eingangshalle sind bis zu einer Höhe von 3 m mit kleinen Platten von grauem Marmor bekleidet, die Thürumrahmungen in dieser Bekleidung sind aus Warthauer Sandstein hergestellt. Für die das Gewölbe tragenden Säulen in der Eingangshalle und im Haupttreppenhaus ist zu den Schäften Saalburger Marmor, zu den Kapitälen und Kämpfern Sandstein verwendet worden. Der Sitzungssaal ist mit einer Felderdecke und mit Täfelung der unteren Wandteile in Kiefernholz ausgestattet. Die oberen Wandteile

sind tapeziert. Zur Verstärkung der Helligkeit in den Bureauräumen sind die Hoffronten mit weissglasierten Verblendsteinen bekleidet worden.

Die Bauausführung erfolgte durch die Aktiengesellschaft für Bauausführungen, die Steinmetzarbeiten hat Hofsteinmetzmeister C. Schilling geliefert, die Modelle zu den Bildhauerarbeiten der Fassaden, die Stuckantragarbeiten und die Holzschnitzereien im Innern sind von Prof. G. Riegelmann hergestellt worden. Die Baukosten für das Kubikmeter umbauten Raumes betragen einschliesslich der elektrischen Beleuchtung 25 M., für das Quadratmeter bebauter Grundfläche 530 M. – –

Für die Vereinigten Werderschen Brauereien sind auf einem Grundstück in der Barbarossa-Strasse 76 in Schöneberg in der Zeit von Anfang 1896 bis April 1899 umfangreiche Baulichkeiten errichtet worden, deren hinterer grösserer Teil in einer Tiefe von 86,15 m als Hauptniederlage der Brauereien für Berlin und Umgegend dient und mit den Wirtschaftsgebäuden der Niederlage (Lager- und Kühlkellereien, Maschinenhaus, Pferdestallungen, Schuppen, Remisen u. s. w.) bebaut ist. Der vordere Teil des Grundstückes, der bei einer Strassenfrontbreite von 20,35 m und 20,34 m Tiefe hat, ist mit einem aus Vorderhaus und Seitenflügel bestehenden Berliner Miethaus bebaut worden, das in seinem Erdgeschoss ein Restaurant, den Ausschank der Brauereien, und einen Verkaufsladen und in den übrigen Geschossen Wohnungen von 3, 4 und 6 Zimmern mit Küche, Bad etc. enthält. — Die Grundrisse sind von Edward Schenk aufgestellt worden; die Fassade hat Paul Jatzow entworfen. Die neben der Einfahrt angebrachte, gewissermassen als Wahrzeichen des Hauses dienende Gestalt eines Bierführers, die mit glücklicher Hand aus dem Berliner Volksleben gegriffen ist, hat Bildhauer Otto Richter geschaffen.

Die Baukosten des vorderen Teils betragen bei 385 Quadratmetern bebauter Fläche 115.360 M. (Abb. 333--335).

Abbildung 530

Eingang zum Geschäftslokal der Continental-Havana-Compagnie, G. m. b. H., Mohrenstrasse.
Nach Spezialentwürfen von HENRI VAN DE VELDE, ausgeführt durch die H. VAN DE VELDE G. m. b. H.,
Brüssel-Berlin.

MALEREI.

Es sind gerade zwanzig Jahre verflossen, seitdem HANS HERRMANN, einer der charaktervollsten und eigenartigsten unter den Berliner Landschaftsmalern der jüngeren Generation, von Düsseldorf aus, wo er damals noch die Akademie besuchte, seine erste Studienreise nach Holland gemacht hat. Wie sehr er auch später seinen Anschauungskreis erweitert hat, — die Eindrücke, die er damals empfing, sind so mächtig, so sehr für seine künstlerische Zukunft entscheidend gewesen, dass er trotz mancher Abstecher immer wieder nach Holland zurückgekehrt ist. Eine Zeit lang schien es, als ob ein Aufenthalt in Venedig die Stärke seiner ersten Neigung etwas abgeschwächt hätte,

später machte er auch Studien in Hamburg und Umgebung, und gelegentlich reizte ihn auch das Strassenleben seiner Vaterstadt Berlin, seine grosse koloristische Kraft an der Schilderung eines lebendigen Verkehrs auf Strassen und Plätzen inmitten einer bedeutungsvollen architektonischen Umgebung zu erproben. Er hat auch blühende Wiesen und Felder und Gartenidyllen gemalt, um seinem stark entwickelten Farbensinn durch volles Schwelgen in dem üppigsten Reichtum der Natur Genüge zu thun. Aber am Ende empfand er doch, dass seine Kunst in Holland die tiefsten Wurzeln gefasst hatte, und dass er dem holländischen Leben in grossen und kleinen Städten, in Strandfdörfern und auf dem von

Geschäftslokal der Universal-Havana-Compagnie, G. m. b. H., Mohrenstrasse.
Nach Specialentwürfen von HENRI VAN DE VELDE ausgeführt durch die H. VAN DE VELDE, G. m. b. H., Brüssel-Berlin.

Abbildung 341.

Geschäftslokal der Continental-Havana-Compagnie, G. m. b. H., Mohrenstrasse.

Nach Specialentwürfen von HENRI VAN DE VELDE ausgeführt durch die H. VAN DE VELDE G. m. b. H., Brüssel-Berlin.

Kanälen durchschnittenen Binnenlande koloristische Wirkungen abzugewinnen versteht, die ihm keiner so leicht nachmachen kann.

Aus Holland waren auch die Motive zu den drei Bildern geschöpft, mit denen Herrmann auf der vorjährigen grossen Kunstausstellung vertreten war. Das durch unsere Abbildung 543 wiedergegebene variiert eine seiner Lieblingsaufgaben: die von Bäumen beschattete Gracht einer grossen Stadt, vielleicht Amsterdams „nach dem Regen". Wenn der Himmel mehr verschleiert, die Luft noch mehr von Feuchtigkeit gesättigt ist als gewöhnlich, wenn sich Bäume und Häuser in den Regenlachen auf dem Strassendamm spiegeln und wenn die Passanten, namentlich die Frauen und Mädchen mit ihren hellen Kleidern, weissen Schürzen und Hauben grelle Noten in das harmonische Zusammenfliessen einer grossen Mannigfaltigkeit von hell- und dunkelgrauen Tönen hineinbringen dann entfaltet die koloristische Virtuosität des Künstlers ihre feinsten Reize, so auch auf unserem Bilde, obwohl die Staffage nur auf wenige Figuren beschränkt worden ist.

Herrmann, der am 8. März 1858 in Berlin geboren worden ist, hat zuerst von 1874

Abbildung 543.

Glasfenster im Geschäftslokal der Continental-Havana-Compagnie, G. m. b. H. Mohrenstrasse.
Nach Spezialentwürfen von HENRI VAN DE VELDE, ausgeführt
durch die H. VAN DE VELDE G. m. b. H., Brüssel-Berlin.

bis 1879 die Kunstakademie seiner Vaterstadt besucht, wo er sich besonders an Gussow und den trefflichen Architekturmaler Chr. Wilberg anschloss, unter dessen Leitung er sich die gründlichen perspektivischen und architektonischen Kenntnisse angeeignet haben mag, die sowohl bei seinen Strassen- und Städteansichten, wie bei Einzeldarstellungen hervorragender Bauwerke, besonders der holländischen Kirchen, die aus den Häusermassen emportauchen, das Kennerauge erfreuen. Im Jahre 1880 ging Herrmann nach Düsseldorf, wo er seine Studien besonders unter der Leitung des Landschafts- und Marinemalers Eugen Dücker fortsetzte, der aus namentlich auf die Ausbildung seines Kolorits von starkem Einfluss gewesen ist. Wie Dücker zieht auch Herrmann gern eine glitzernde Wasserfläche in den Bereich seiner landschaftlichen Bilder, und unablässig ist sein Streben darauf gerichtet, auch die feinsten Regungen der Atmosphäre, die zartesten Schwingungen von Luft und Licht koloristisch zu bemeistern. 1884 nahm Herrmann wieder seinen Wohnsitz in Berlin, wo er seitdem eine überaus fruchtbare Thätigkeit entfaltet hat. Mit gleicher Virtuosität wie die Oelmalerei

Abbildung 544

Luftstudie (Lermoos, Oesterr. Alpen)   Von MAX SELIGER in Berlin

satz zwischen den plastischen Gebilden des Dünensandes zu der spiegelglatten, in gedämpftem Sonnenlicht schimmernden Wasserfläche weiss Wentscher immer neue poetische Wirkungen abzugewinnen, die in besonders hohen Grade dem grossen Bilde auf der vorjährigen Kunstausstellung „Samländische Küste bei Gross-Dirschkeim" (Abb. 547) zu eigen waren. Der Künstler hat denn auch die Freude gehabt, dass das Bild nicht nur mit der kleinen goldenen Medaille ausgezeichnet wurde, sondern auch in dem Konservator des Vorarlberger Landesmuseums in Bregenz, Herrn S. Jenny, einen Käufer fand. Es ist nicht das erste Mal, dass die zarte Poesie, die tiefe Empfindung, die Wentscher in seine Strandlandschaften hineinzulegen weiss, bei Süddeutschen und Oesterreichern Verständnis und lebendige Anteilnahme getroffen hat.

Die grosse koloristische Gewandheit, mit der der Künstler namentlich das Spiel des Sonnenlichts auf der Meeresfläche in seinen zartesten Abstufungen und alle Feinheiten in den wechselnden Erscheinungen der Atmosphäre wiederzugeben weiss, lässt nicht vermuten, dass Wentscher erst sehr spät zur Kunst gelangt ist. Obwohl sich Talent und Neigung zur Kunst schon im Kindesalter bei ihm regten, war er ihm durch widrige Schicksale lange versagt geblieben, seiner Neigung zu folgen. Erst im 30. Lebensjahre — er ist am 27. November 1842 in Graudenz geboren worden — begann er seine Studien auf der Kunstakademie in Königsberg, wo

handhabt er auch die Aquarellmalerei, mit der er ebenso reiche wie kräftige Wirkungen zu erzielen weiss.

In einem verhältnismässig eng begrenzten Gebiet wurzelt auch die Kunst JULIUS WENTSCHER's, der sich die Schilderung der deutschen Ostseeküste, insbesondere der schönen, malerisch noch wenig ausgebeuteren Küstengegenden des Samländischen Strandes zu einer Spezialität erkoren hat. Von den hohen Dünen geniesst man prachtvolle Blicke auf das Meer, und dem Gegen-

er mehrere Jahre gründlich zeichnen
lernte. Dann begab er sich zu seiner weiteren Ausbildung nach München und 1883
nach Berlin, wo er im Meisteratelier Hans
Gude's seine Studien vollendete. In Gude
fand er einen vorzüglichen Lehrer, unter
dessen Leitung sich nicht nur seine koloristischen Fähigkeiten entwickelten, sondern
der auch mit scharfem Blick seine besondere
Begabung für die Darstellung der Dünen-

Bildes „Verlassen" (Abb. 545), PAUL
SOUCHAY vor. Die öde Umgebung und
das bleigraue, abgeflaute Meer bei düsterem,
unheilschwangerem Sonnenuntergang geben
die richtige Folie zu der verzweifelten
Stimmung, die die einsam am Strande zu-
sammengekauerte, jugendliche Mädchengestalt erschüttert. Ein Bild trostloser Ver-
lassenheit birgt sie ihr Antlitz in den Armen,
als wolle sie wenigstens den Blick in die

Abbildung 545.

Verlassen. Von PAUL SOUCHAY in Berlin. Grosse Berliner Kunst-Ausstellung von 1899.

terrains erkannte und ihn auf den richtigen
Weg führte. Ausser an der Samländischen
Küste hat Wentscher auch an den übrigen
Küstengegenden der Ostsee und auf Rügen
Studien gemacht, er hat auch, nachdem er
selbständig geworden, Studienreisen nach
Italien, nach Bayern, nach den Tiroler Alpen
und dem nördlichen Norwegen unternommen.
Aber immer wieder zog es ihn nach den
Samländischen Dünengegenden, deren stille
fast schwermütige Reize in ihm einen be-
geisterten Schilderer gefunden haben.

Eine Dünenlandschaft, aber in anderer
Stimmung, führt uns auch der Maler des

Oede ihren leiblichen Augen entziehen. Soll
es die trauernde Psyche oder die ver-
lassene Ariadne oder eine an den Strand
geworfene Schiffbrüchige sein oder hat der
Maler nur einer Laune seiner Phantasie
nachgegeben, die ihn einen blühenden
Menschenleib im Gegensatz zu einer
nackten, trostlosen Natur bringen liess?
In der That hat dem Künstler ein ähnlicher
Gedanke wie der letztgenannte in seiner
Phantasie vorgeschwebt. Er dachte sich
das schöne junge Weib, dessen Körper
noch durch keinen Kleiderzwang entstellt
ist, als ein Glied der Urbevölkerung, das,

Abbildung 546.

Moosweibchen. Von CURT AGTHE in Berlin. Grosse Berliner Kunst-Ausstellung von 1899.

Abbildung 547

Samländische Küste bei Gross-Dirschkeim. Von JULIUS WENTSCHER in Berlin.
Grosse Berliner Kunst-Ausstellung von 1899.

Abbildung 548.

Homer-Büste des Bildhauers A. HUER. Von AUG. KRAUS in Berlin. Ausstellung der Berliner Secession von 1800.

Abbildung 549.

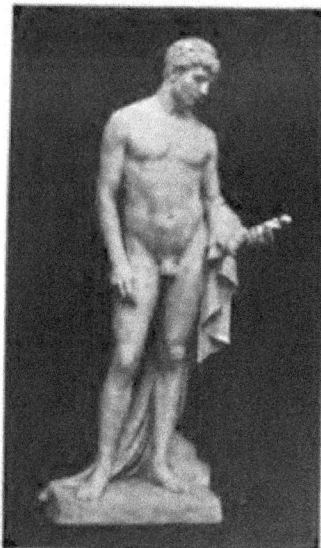

vom Schicksal oder von den Seinigen verlassen, in hoffnungslosem Schmerz zusammengesunken ist. Souchay (geb. 26. Mai 1849 in Berlin) ist ein Zögling der Berliner Akademie, die er, zuerst als Bildhauer, von 1871 bis 1878 und dann noch einmal von 1883 bis 1884 besucht hat, wo er sich besonders an Prof. Max Michael anschloss.

Auch CURT AGTHE, der Maler des „Moosweibchens", (Abb. 546), das ihn auf der vorjährigen Kunst-Ausstellung nebst einer italienischen Aktstudie vertrat, ist ein Berliner Kind und ein Zögling der Berliner Akademie, auf der er von 1881 bis 1888, vornehmlich bei Prof. Michael, studiert hat, und wie Souchays „Verlassen" liefert auch Agthes „Moosweibchen", das mit seinen grünlich schillernden Märchenaugen den Beschauer anblickt, den Beweis, dass die Phantasie, wie man ausserhalb Berlins, besonders in Süddeutschland vielfach glaubt und behauptet, keineswegs zu den Eigenschaften gehört, die die gütige Natur den Berliner Künstlern versagt hat. Während die grosse Mehrzahl der Maler solcher Fabelgeschöpfe, die im Dunkel des Waldes ihr geheimnisvolles Wesen treiben, auf den Pfaden Böcklins wandelt, machen wir sogar bei dem Berliner Künstler die erfreuliche Beobachtung, dass er sich sowohl auf diesem Bilde wie auf ähnlichen früheren völlig frei von dem Einflusse des Schweizer Meisters gehalten hat und seine eigenen Wege zu finden weiss. *A. R.*

PLASTIK.

An der plastischen Abteilung der vorjährigen ersten Ausstellung der Berliner Secession konnte sich mit Rücksicht auf die beschränkten Räume in grösserem Umfange nur die Kleinplastik und die Porträtbildnerei beteiligen. Diese Beschränkung hatte aber den Vorteil gehabt, dass fast durchweg vortreffliche oder doch technisch und stofflich gleich interessante Arbeiten zur Schau gestellt waren.

Zu ihnen gehörte auch die feine Charakterstudie, die AUGUST KRAUS in der Bronze-
büste des Bildhauers August Heer in Charlottenburg geboten hat (Abb. 548), ein schlich-
tes Abbild der Natur ohne Phrase und kon-
ventionelle Anordnung, das so recht charakteristisch für den Geist ist, der die grosse

gewesen sind, sich am weitesten von seiner
Kunst entfernt haben, und diese Erscheinung
ist keineswegs auf den natürlichen Opposi-
tionsgeist junger Künstler zurückzuführen,
sondern auf die Lehrmethode des Meisters
selbst, der es sich zum obersten Grundsatz
gemacht hat, die Individualität seiner Schüler

Abbildung 592.

Bronze. Von VICTOR SEIFERT in Berlin. Grosse Berliner Kunst-Ausstellung von 1900.

Mehrzahl der jungen Berliner Bildhauer
beherrscht. Der Einfluss von Reinhold
Begas, der eine Zeit lang als so allmächtig
galt, dass Unkundige die ganze Berliner
Bildhauerschaft kurzweg mit Begas identifi-
zierten, ist nicht von langer Dauer gewesen. Wir haben sogar gesehen, dass
diejenigen, die am längsten seine Schüler

in keiner Weise zu beeinflussen oder gar
unter den Bann seines Geistes zu zwingen.
Er hat denn auch die Freude gehabt, zu
sehen, dass aus keiner neueren Bildhauerschule so viele verschieden geartete Künstler
hervorgegangen sind wie aus der seinigen.

August Kraus, der am 9. Juli 1868 in
Ruhrort am Rhein geboren wurde, ist bis

Nachbildung Foto Peter Wasmuth

Abbildung 151.

Wandfries im Oberlichtsaale des Gebäudes der Berliner Elektrizitäts-Werke, Luisenstrasse 35.
KAYSER & VON GROSZHEIM, Architekten. M. J. BOHNSTEDT, Dekorationsmaler.

Abbildung 152.

Dekorativer Fries über zwei Thüren und einem Büfet in einem Speisezimmer. Von MAX SEILIGER in Berlin.
3,78 m lang, 1,45 m breit.

zu seinem zwanzigsten Jahre als Steinbild-
hauer in Baden-Baden und Strassburg thätig
gewesen, bis es ihm gelang, nach Berlin
zu kommen, wo er drei Jahre lang auf der
Hochschule für die bildenden Künste studierte. Dann trat er in das Meisteratelier
von R. Begas und wurde von diesem zur
Mitarbeit am Nationaldenkmal herangezogen,
wo er hauptsächlich an der Ausführung

Abbildung 551.

"Bacchus" Skizze zu einem dekorativen Feld in einer Decke.
Von MAX SELIGER in Berlin.

des Pferdes thätig war und ausserdem
zwei der ruhenden Löwen modellierte.
Selbständig hat er dann die Gruppe
„Sachsen" auf der Säulenhalle und die
kleinen Säulen mit Blumenranken und
Tierkapitälen an den Eckpavillons ausgeführt. Nachdem er 1896 für seine Ergänzung der tanzenden Mänade im Berliner
Museum den Kaiserpreis von 1000 M. errungen, wurde die Aufmerksamkeit des Kaisers auf ihn
gelenkt, der ihm die Aus-
führung einer der Gruppen
für die Siegesallee, des Standbildes Heinrichs des Kindes
übertrug, die soweit vorgeschritten ist, dass sie noch in
diesem Frühjahr enthüllt werden wird. Daneben hat Kraus
mehrere Grabdenkmäler und
eine Anzahl von Studien-
büsten und kleineren Bildwerken für den Bronzeguss
ausgeführt, die durch die
Schärfe der Beobachtung und
die ungewöhnliche Lebendigkeit der Darstellung den
Namen des Künstlers auch
in weiteren Kreisen bekannt
gemacht haben.

OTTO MEYER, der Schöpfer
der Statue des jungen, sinnend sein Werk betrachten-
den Künstlers, die auf der
vorjährigen grossen Kunstausstellung zu sehen war
(Abb. 549), hat seine Ausbildung ebenfalls in Berlin
genossen. Am 8. Januar 1873
in Schönfeld (Kreis Arns-
walde i./M.) geboren, trat er
in seinem 14. Lebensjahre in
die Schule des Berliner Kunstgewerbemuseums ein, der er
drei Jahre lang angehörte.
Nach kurzer Thätigkeit im
Atelier Siemerings bezog er
1892 die Hochschule für die

Abbildung 554

Glasfenster im Oberlichtsaal der Berliner Elektrizitäts-
werke, Ludenstrasse 35.
KAYSER & VON GROSZHEIM, Architekten.
Ausgeführt von JOSEF SCHURR, Kunstanstalt für
Glasmalerei, Bln.-Wilmersdorf. 1 m breit, 2,20 m hoch.

bildenden Künste, und nach mehrjährigen
Studien unter der Leitung der Professoren
Janensch, Breuer und Herter gelang es
ihm, den grossen Staatspreis für den Aufenthalt in Italien zu erringen. In den
letzten Jahren seiner akademischen Studien
entstand neben einigen Büsten die Statue
des Künstlers, die ein erfreuliches Zeugnis
für den Eifer und das feine Verständnis
ablegt, womit Beyer sich in den Geist und
in die Formenschönheit der Antike ver-

senkt hat. Es ist, als ob ein Hauch
Praxitelischer Kunst sich auf dieses Erst-
lingswerk des jungen Künstlers ergossen
habe. Möge er in diesem Streben nach
idealer Schönheit in Rom, wo er sich
gegenwärtig aufhält, noch weiter befestigt
werden!

Die Brunnengruppe, die unsere Abbildung 550 wiedergiebt, ist ein Werk des
jungen österreichischen Künstlers VICTOR
SEIFERT, den unsere Leser bereits durch
die Abbildung seiner humorvollen Gruppe
eines jungen Gänsediebs (II. Jahrg. Heft 7
S. 264) kennen gelernt haben. Dort haben
wir auch über sein bisheriges Schaffen und
seinen Lebenslauf berichtet.   *A. R.*

DEKORATION UND KUNST-
GEWERBE.

Seitdem zur Verwertung und Verbreitung
der dekorativen Entwürfe des belgischen
Künstlers HENRI VAN DE VELDE eine
Gesellschaft mit beschränkter Haftung begründet worden ist, die ihren Sitz in
Berlin hat, dürfen wir an den Schöpfungen
des eigenartigen Künstlers nicht vorüber-
gehen, soweit sie Berlin zu gute kommen.
Die erste dekorative Leistung, mit der van
de Velde in Berlin auftrat, war die Ausschmückung des Verkaufsraumes und der
Eingangshalle der Kunsthandlung von Keller
& Reiner. Vorher und nachher hatte er
auch Gelegenheit gehabt, seine Kunst an
der Ausstattung von vornehmen Privat-
wohnungen in Berlin zu erproben. Eine
durchaus einheitliche Schöpfung, die auch
dem Urteil des grossen Publikums zugänglich ist, hat er aber zum ersten Male in
der künstlerischen Gestaltung und Ausschmückung der Verkaufs- und Geschäftsräume der „Continental-Havana-Compagnie" in der Mohrenstrasse 11/13 geboten.

Die Entwürfe zu allen Einzelheiten bis
auf die Schaufenster, die gemalten Friese
und das Mobiliar in den Verkaufsräumen
und dem Privatkontor des Direktors sind

Abbildung 555.

Eingangshalle im Hause Zimmerstrasse 87. ERDMANN & SPINDLER, Architekten.
H. GIESECKE, Bildhauer in Berlin.

Schlusstein über der Feuerwache am Rathaus zu Dessau. REINHARDT & SÜSSENGUTH,
Architekten in Charlottenburg. Modelliert von H. GIESECKE, Bildhauer in Berlin.

Abbildung 553.

Ornamente vom Rathaus zu Elberfeld.
REINHARDT & SÜSSENGUTH, Architekten in Charlottenburg.
Modelliert von H. GIESECKE, Bildhauer in Berlin.

Beleuchtung durch ein Deckenoberlicht in reicher Kunstverglasung. Da sich aber an der Vorderseite des Saales zwei Fenster befinden, die nicht zur Beleuchtung notwendig sind, dagegen aber das ruhige Licht des Deckenoberlichts nachteilig beeinflussen können, war dem Glasmaler JOSEF SCHERER die Aufgabe gestellt worden, die Verglasung der beiden Fenster in ganz tiefer, satter Farbenstimmung auszuführen. Als Grund wurde daher ein tiefes Blau gewählt, in das die ornamentalen Formen in der Mitte der Fenster, die gewissermaassen als elektrische Glühkörper wirken sollen, in ganz hellem Tiffany-Glas eingelegt worden sind. Die Wandfriese, von denen Abbildung 551 einen Teil wiedergiebt, enthalten Darstellungen, die den Wirkungskreis der Elektrizi-

Abbildung 558.

Schlussstein über dem Kassenportal am Rathaus zu Dessau.
REINHARDT & SÜSSENGUTH, Architekten in Charlottenburg.
Modelliert von H. GIESECKE, Bildhauer in Berlin.

von ihm selbst gezeichnet und in ihrer farbigen Ausführung bestimmt worden. Die Schränke, Verkaufstische, Stühle und das sonstige Mobiliar des Hauptraumes sind in gewachstem, amerikanischem Nussbaumholz, sog. Satinholz, ausgeführt, dessen Wirkung vielfach durch blanke Messingbeschläge verstärkt wird. Die Platten der Verkaufstische und der Kamine sind aus belgischem Marmoritglas hergestellt, das in Deutschland noch wenig bekannt ist. Für die Einrichtung des Kontors ist grünlasiertes Sykomorenholz verwendet worden (Abbildung 539—542).

In dem von KAYSER und von GROSZHEIM erbauten Verwaltungsgebäude der Allgemeinen Elektrizitätsgesellschaft in der Luisenstrasse 35 hat der Sitzungssaal eine bevorzugte künstlerische Ausstattung durch gemalte Friese, farbige Glasfenster u. dgl. m. erhalten, von denen unsere Abbildungen 551 und 554 zwei Proben geben. Der Saal empfängt seine

Abbildung 550.

Moderne Kaminecke.
Entworfen und gezeichnet von ANTON HUBER jr.,
Architekt in Berlin.

tätsgesellschaft durch allegorische Figuren
veranschaulichen. Sie sind von J. M. ROHDEN-
STEIN in Temperamalerei ausgeführt.

A. R.

**Den dieser Nummer beiliegenden Prospekt der
Firma FRANZ SPENGLER, Berlin, Alte Jakob-
strasse, empfehlen wir besonderer Beachtung.**

CHRONIK
AUS
ALLEN LÄNDERN.

*. Ueber die historische Tradition
in der Kunst und den Einfluss des
Individualismus* hat JOHANNES OTTEN
in der Versammlung der „Vereinigung
Berliner Architekten" vom 16. Oktober
v. J. in einem längeren Vortrag sehr beachtenswerte Bemerkungen gemacht,
denen wir nach einem Bericht in der
„Deutschen Bauzeitung" das Folgende
entnehmen. Der Redner knüpfte an die
Hundertjahrfeier der Technischen Hochschule in Charlottenburg und an die dabei beobachtete Thatsache an, dass die
Baukunst bei dieser Feier gegen die
übrigen Disziplinen zurücktrat und nicht
im entferntesten die Rolle spielte, wie
etwa noch vor 3—5 Jahrzehnten. Die
Erklärung liegt einerseits in dem ungeheuren wirtschaftlichen und industriellen Aufschwung des letzten Jahrzehnts, welcher in erster Linie jene
Fächer sich entwickeln liess, die zur
wirtschaftlichen Produktion und zum
Verkehr in Beziehung stehen, die Ma-
schinenbaukunst und die Ingenieur-
wissenschaft. Auf der anderen Seite ergiebt sich als Ursache des Zurückgan-
ges des Einflusses der Baukunst im
Konzert der technischen Wissenschaften
die Zersplitterung der Architektur wie der
Kunst überhaupt durch das Eindringen
und laute Betonen des Individualismus.
Der Einfluss, den früher die architektonischen Vereinigungen unter der Mitwirkung der führenden Geister der Architektur auf die Lehrthätigkeit der Technischen Hochschulen hatten, ist zum
grossen Teil geschwunden. Ihn unter
Mitwirkung der Mitglieder der „Vereinigung Berliner Architekten" wieder
herzustellen, bezeichnete der Redner als
eine der wünschenswertesten Aufgaben.
Die Schwächen der Zeit zeigen sich auch in der Ausübung der Kunst in Schule und Atelier. Auf der
Akademie gelangt kaum ein Maler oder Bildhauer
mehr dazu, einen Akt sorgfältig und richtig zeichnen
zu lernen, wohl aber braucht sein Ehrgeiz darin, die
Flicken auf der Hose mit Naturtreue wiederzugeben.
Der Redner erklärte sich den stürmischen Neuerungs-
Bestrebungen gegenüber für befangen. Er gestand,

die Zeit nicht mehr zu verstehen oder wenigstens nicht in allen ihren Aeusserungen zu verstehen.

Die neue Kunst habe in sehr vielen Fällen keinen tieferen Kern und keine innere Ueberzeugung, sondern sie habe nur eine pathologische Pose. Gewiss habe der Individualismus seine volle Berechtigung, namentlich der unleugbaren Thatsache gegenüber, dass die Ueberfülle der Ueberlieferungen des Künstler zu ersticken drohe, dass dieser nur in der Rettung auf das eigene Ich einen Ausweg finde, sodass der Individualismus zum Notschrei werde. Aber das sei nicht allein ein

folgt. Der Redner bezeichnete sich nicht als einen absoluten Gegner des Anarchismus in der Kunst, er hält ihn vielmehr für berechtigt, soweit er der historischen Versumpfung entgegentritt. Der moderne Individualismus glaubt an eine Verarmung an historischen Formen und sucht diesen Mangel durch formlose Gestaltungen zu ersetzen. So entsteht anstelle der Materialstilistik der Verhöhnung des Materials, und wird diese Bewegung an die Hochschulen übertragen, so laufen diese Gefahr, die bisher grundlegenden Dinge zu verlieren. So wird der moderne Individualismus ein

Abbildung 361.

Modernes Interieur. Entworfen und gezeichnet von ANTON HUBER JR, Architekt in Berlin.

Merkmal der Neuzeit. Soweit man unter Individualismus eine selbstschöpferische Thätigkeit verstehe, seien auch vergangene Zeiten selbstschöpferisch gewesen; dieses Kriterium finde sich durchaus in den Werken von Schinkel, Klenze, Hansen usw. Und selbst die Zeiten des Eklektizismus, wie die unserige, haben der Selbstschöpfungen nicht entbehrt. Man wird deshalb, soweit die Unterweisung in Frage kommt, zu prüfen haben, in wie weit das Akademische seine Berechtigung hat und in wie weit die historische Tradition etwa einzuschränken ist. Das Eindringen des Individualismus in die Hörsäle ist ein Unglück, er erzeugt einen wissenschaftlichen Anarchismus, dem ein künstlerischer

Unglück für die Schule, wenn er in die Hörsäle eindringt und hier eine kritiklose Aufnahme findet. Es ist an den Schulen der Mittelweg zu wählen, der sich aus den Traditionen und aus den modernen Bedürfnissen der Praxis ergiebt. In letzterer Hinsicht sind die architektonischen Vereinigungen berufen, die Lehrthätigkeit durch Anregungen aus dem technischen und künstlerischen Leben zu unterstützen, die Stellung der Lehrer zu stärken. Geschieht das, dann wird die Architektur auch gegenüber den anderen Disziplinen der technischen Hochschulen wieder jene Stellung, wenn auch nicht prädominierend, einnehmen, die sie früher besass.   *

*   *

⊙ Zur Errichtung eines *Standbildes des jungen Goethe in Strassburg i. E.* hat der geschäftsführende Ausschuss ein Preisausschreiben an alle Künstler Deutschlands erlassen. Als Ort für die Aufstellung des Denkmals ist die nördliche Seite des Universitätsplatzes in Aussicht genommen. Die genauere Be-

zur Gewinnung eines geeigneten Punktes für das Denkmal ist nicht ausgeschlossen. Der veranschlagte Kostenbetrag für die gesamte Ausführung und Aufstellung des Denkmals, ausschliesslich der Kosten für Fundamentierung und Anlagen, darf 110000 Mk. nicht überschreiten. Entwürfe, welche über diesen

Abbildung 561

Hochaltar für die Kreuz-

Kirche zu Hildesheim.

Von CHR. HEHL,

Architekt in Charlottenburg.

Eichenholz, gänzlich

vergoldet, teils matt, teils

blank und mit farbigen

Glaspasten verziert.

Bilder gemalt

von Maler FLÜGERMANN.

Ausführung

Bildhauer BÖRNER,

beide in Hildesheim.

Kosten 9000 Mark.

stimmung des Punktes innerhalb dieser Grenzen steht den Künstlern zur Wahl frei. Die Künstler, welche sich am Wettbewerb beteiligen wollen, erhalten auf Wunsch durch den Schriftführer, Prof. Dr. MARTIN, Strassburg, Ruprechtsauer Allee 41, einen Abdruck der Bedingungen nebst dem Plan, auf welchem der für das Denkmal bestimmte Raum abgegrenzt ist, kostenfrei zugesandt. Eine Umgestaltung des Platzes

Betrag hinausgehen, sind von der Preisbewerbung ausgeschlossen. Die Hauptfigur des Denkmals soll den jungen Goethe darstellen und ist in Bronze gedacht. Im übrigen ist es den Bewerbern überlassen, ausser der monumentalen Durchbildung des Postamentes weiteres figürliches und ornamentales Beiwerk anzubringen; etwaige Nebenfiguren sind in Bronze auszuführen. Freigestellt ist auch die Wahl

des *Steinmaterials* für den Sockel, doch darf nur
hartes wetterbeständiges Material zur Verwendung
kommen. Die Entwürfe haben zu bestehen: aus einer
plastischen Darstellung im Maassstabe von 1:5 der
natürlichen Grösse (die Hauptfigur ungefähr 30 cm
gross), einem Lageplan im Maassstabe von 1:50 und
einer Erläuterung, aus welcher die für die Ausführung
beabsichtigten Materialien ersichtlich sind. Die Entwürfe sind in der Zeit vom 13. Juni bis zum 30. Juni
1903, 12 Uhr mittags, an das Bürgermeisteramt der
Stadt Strassburg einzusenden. Später einlaufende
Entwürfe werden nicht berücksichtigt. Die einzusen-
denden Entwürfe sind mit einem Kennwort oder
Zeichen zu versehen; ein verschlossener Briefumschlag
mit dem gleichen Kennwort oder Zeichen muss den
Namen des Bewerbers enthalten. Es sind drei Preise
von 3000, 2000 und 1000 Mk. ausgesetzt. Künstlerisch
hervorragende Leistungen können vom Preisgericht mit
ehrender Anerkennung bedacht werden. Das Preisgericht besteht aus den Bildhauern OTTO LESSING-Berlin,
W. V. RÜMANN-München, KASPAR Ritter V. ZUMBUSCH-
Wien, den Architekten F. V. THIERSCH-München und
dem städtischen Baurat OTT-Strassburg, dem Museums-
direktor RULAND, Vorsitzenden der Goethegesellschaft
in Weimar, Universitätsprofessor DEHIO-Strassburg, sowie zwei vom geschäftsführenden Ausschuss abzuord-
nenden Mitgliedern. Der Ausschuss behält sich vor,
die mit Preisen und Auszeichnungen bedachten Entwürfe später in Weimar auszustellen. Der geschäftsführende Ausschuss verpflichtet sich nicht, einen der
preisgekrönten Entwürfe auszuführen zu lassen.

* In der Angelegenheit des *Neubaus eines städtischen Museums in Magdeburg* ist der dortigen
Stadtverordneten jetzt eine Magistratsvorlage zuge-
gangen, nach welcher dieser Neubau auf dem Platze
zwischen der Heydeck- und Kaiserstrasse nach einem
Entwurfe des Professors FRIEDRICH OHMANN in Wien
ausgeführt und dem Genannten die künstlerische
Oberleitung des Baues übertragen werden soll. Die
Ausführung in rein technischer und finanzieller Hinsicht soll von der städtischen Bauverwaltung besorgt
werden. Wie das „Centralblatt der Bauverwaltung"
dabei in Erinnerung bringt, war der in dem Wettbewerbe von 1898 mit dem ersten Preise ausgezeichnete Entwurf in seinen wesentlichen Teilen eine
Nachbildung des Planes, den seiner Zeit Professor
Ohmann für einen Museum-neubau in Reichenbach
i. B. ausgearbeitet hatte. Man hat sich deshalb unter
Verwerfung jenes preisgekrönten Entwurfes mit
Ohmann in Verbindung gesetzt und von ihm einen
neuen, durchaus eigenartigen Plan von hervorragen-
dem künstlerischen Werte erhalten, der durch die zuständigen städtischen Ausschüsse sowohl wie durch
ein Gutachten der auswärtigen Preisrichter in dem
genannten Wettbewerbe, Geh. Baurat Prof. Dr. Wallot

B. A. W. IV. 12.

in Dresden, Professor von Thiersch in München und
Stadtbaurat Prof. Licht in Leipzig einstimmig zur Ausführung empfohlen worden ist.

* In dem Wettbewerb um Entwürfe für die *Kunstgewerbeschule und das Kunstgewerbemuseum in
Dresden* hat ein Berliner Architekt, Regierungsbaumeister EMANUEL HEIMANN in Neubabelsberg, den
ersten Preis von 2500 Mk. davongetragen. Den zweiten Preis (1500 Mk.) erhielt Architekt RICHARD SENF
in Düsseldorf, den dritten (1500 Mk.) Regierungsbau-
führer KOCH in Bautzen.

* Ein Wettbewerb um *Entwürfe für Arbeiterwohnhäuser in Kirchditmold bei Kassel* ist vom
Arbeiter-Bauverein in Kassel unter den im Deutschen
Reich ansässigen Architekten mit Frist zum 1. März
1900 ausgeschrieben worden. Als Preisrichter werden Prof. HÜPEDEN, Vorsitzender des Vereins, Ihr.
Bauverständiger des Vereins, Architekt EUBELL,
Eisenbahn-Bau- und Betriebsinspektor HENTZEN,
Stadtbaurat HOFFNER, Landes-Bauinspektor ROESSLE,
sämtlich in Kassel, und Prof. MESSEL in Berlin fun-
gieren. Für die besten Entwürfe sind fünf Preise
(zu 800, 600, 400 und zwei zu je 300 Mk.) festgesetzt.
Die Unterlagen des Wettbewerbs sind gegen beziff-
gebührliche Einsendung von 3 Mk. von Herrn Stadtbaurat HOFFNER in Kassel zu beziehen.

* In der *Preisbewertung für eine evangelische
Kirche in Poppelsdorf bei Bonn*, zu der 110 Ent-
würfe eingegangen waren, haben die Professoren H.
VOLLMER und H. JASSOY in Berlin einstimmig den
ersten Preis erhalten. Den zweiten Preis erhielten die
Architekten WILHELM und FRITZ HENNINGS in Char-
lottenburg, den dritten Preis dem Professor HUBERT
STIER in Hannover zuerkannt.

* In dem Wettbewerb um einen *Bebauungsplan
für das Wiesengelände „Wiesen" in Potsdam*, zu
dem eine Entwürfe eingegangen waren, ist der erste
Preis (1500 M.) den Herren HOFMEIER und SEDEL-
MEIER in Berlin, der zweite Preis (1200 M.) dem
Regierungs-Baumeister C. WILHELM SCHMIDT in
Berlin, der dritte Preis (1000 M.) dem gemeinsamen
Entwurfe der Regierungs-Baumeister REIMARUS &
HETZEL in Charlottenburg und HEIMANN in Neu-
Babelsberg zuerkannt worden.

* In dem zur Erlangung von Plänen zur Erneuerung der *Salvatorkirche in Gera* ausgeschriebenen
Wettbewerb, der nur 2488 Bewerber angelockt hat,

obwohl 105 Programme verlangt worden waren, konnte ein erster und zweiter Preis nicht erteilt werden. Dagegen hat das Preisgericht einstimmig den Entwurf des Architekten C. DOFLEIN in Berlin mit 400 M. ausgezeichnet. Je 200 M. erhielten die Entwürfe der Architekten SCHMIDT in Gera und des Baurats HABERMANN in Langfuhr bei Danzig.

*   *   *

die gegen eine Verlegung der Bibliothek aus dem Centrum der Stadt protestiert haben, entschieden worden. In dem preussischen Staatshaushaltsplan für 1901 sind nämlich im Etat des Finanzministeriums 7 200 000 M. zur Erwerbung des sogenannten Akademieviertels eingestellt worden, auf welchen ausser der Bibliothek auch die Gebäude für die Akademie der Wissenschaften und Künste errichtet werden sollen.

Abbildung 362.

Musikalien-Schrank für ein grosses Musikzimmer. Ausgeführt von HEIDKLANG & BILTZKI. Beschläge von OSKAR FRITZ nach Zeichnungen von MARIE KIRSCHNER in Berlin. Grosse Berliner Kunst-Ausstellung von 1900.

Zum ersten Vorsitzenden der *Ausstellungskommission für die Grosse Berliner Kunstausstellung 1900* ist wiederum Professor MAX KONER einstimmig gewählt worden. Zum zweiten Vorsitzenden wurde Professor GUSTAV EILERS, zum ersten Schriftführer Professor HANS MEYER, zum zweiten Schriftführer ERNST HAUSMANN, zum ersten Säckelmeister Professor F. HARTZER, zum zweiten Säckelmeister FRANZ BOMBACH gewählt.

*   *   *

Die Frage nach einem geeigneten Bauplatz für den *Neubau der kgl. Bibliothek in Berlin* ist endlich im Sinne der grossen Majorität der Interessenten,

Dieser Beschluss ist gefasst worden, nachdem durch versuchsweise aufgestellte Bauentwürfe festgestellt worden war, dass die 18431 qr grosse Fläche des Akademieviertels ausreichend ist, um auf ihr einen Bau auszuführen, der 1. einen Bücherbestand von reichlich drei Millionen Bänden mit den nötigen Verwaltungs-, Lese- und sonstigen Benutzungsräumen zu fassen imstande ist und 2. für die Akademieen der Wissenschaften und der Künste die erforderlichen Verwaltungs-, Arbeits- und Sitzungszimmer sowie Kunstausstellungsräume darbietet. Dieser Bau, zu dem ein durchgearbeiteter Entwurf noch nicht aufgestellt worden ist, würde nach überschläglicher Berechnung 8 bis 9 Millionen M. erfordern.

*   *   *

● Zur malerischen *Ausschmückung des Sitzungs-saales im neuen Rathause in St. Johann a. d. Saar*, das nach den Plänen von Hackerbricer im Bau begriffen ist, hat das Ministerium der geistlichen u. s. w. Angelegenheiten ein Preisausschreiben für preussische und in Preussen lebende andere deutsche Künstler mit Termin zum 10. Mai erlassen. Zeichnungen der vier zur Ausschmückung bestimmten Saalwände nebst Bedingungen werden vom Bureau der Königlichen Akademie der Künste in Berlin sowie vom Stadtbauamt von St. Johann gegen Zahlung von 2 M. verabfolgt. Die Entscheidung über die eingegangenen Arbeiten und die Preisverteilung erfolgt durch die Landes-Kunst-Kommission, welcher für diesen Zweck der Architekt des Hauses und zwei Abgeordnete der Stadt St. Johann mit Stimmrecht hinzutreten. Es sind drei Preise von 3000, 2000 und 1000 M. ausgesetzt.

::: Zwei Wettbewerbe *zur Erlangung von Entwürfen zu Schulgebäuden* sind von *Colmar i. E.* und

von *Zeulenroda* ausgeschrieben worden. Für Colmar werden Entwürfe für einen Schulhaus-Bau in der St. Josephstrasse mit Frist bis zum 7. April verlangt. Zur Beurteilung sind ausserhalb Colmars wohnende Architekten eingeladen. Es gelangen 3 Preise von 1000, 600 und 400 M. zur Verteilung. Ein Ankauf nicht preisgekrönter Entwürfe für je 200 M. ist vorbehalten. Die Stadt Colmar hält sich berechtigt aber nicht verpflichtet, alle mit Preisen bedachten Entwürfe ganz oder teilweise für die Ausführung zu benutzen. Unterlagen sind durch das Stadtbauamt in Colmar zu beziehen. In Zeulenroda soll eine neue 3 klassige Bürgerschule erbaut werden. Die Entwürfe sind bis zum 1. April einzuliefern. Es gelangen drei Preise von 800, 500 und 300 M. zur Verteilung; ein Ankauf nicht preisgekrönter Entwürfe für je 200 M. ist vorbehalten. Dem Preisgerichte gehören als Sachverständige der Baukunst an die Herren Stadtbaurat Fleck-Plauen, Stadtbaumeister Seidel-Greiz und Stadtbaumeister Salomon-Zeulenroda. Unterlagen sind gegen 4 M., die zurückerstattet werden, durch den Ersten Bürgermeister Lemke in Zeulenroda zu erhalten.

* * *

, Für den *Bau eines neuen Rathauses* in *Dresden* soll nach einem Beschluss der dortigen Stadtverordneten, der mit allen Stimmen gegen zwei gefasst worden ist, ein öffentlicher Wettbewerb unter deutschen Architekten ausgeschrieben werden. Es wurde eine Summe von 30000 M. zu Preisen von 10000, 6000, und zweimal 3000 M. sowie zu Ankäufen von je 1000 M. bewilligt.

* * *

Eine Kollektiv-Ausstellung der Arbeiten, Studien und Entwürfe des Malers ALBERT MAENNCHEN findet z. Zt. im Kunstgewerbe-Museum zu Dresden statt. Sie umfasst in 130 Nummern die Entwürfe für Wand- und Deckenmalereien im deutschen Repräsentationshaus auf der Pariser Ausstellung, allegorische Entwürfe für den Pavillon der Elektrizitäts-Gesellschaft Berlin auf der Pariser Ausstellung, Carton und Studien für die Freske St. Georg, auszuführen für die Stadt Danzig, zahlreiche Skizzenbuchblätter, Akte aus der Pariser Studienzeit, Plakate, Kopf- und Porträtstudien u. a. m.

Abbildung 363.

Notenschrank. Entworfen und ausgeführt von FRANZ HANEL, Architekt in Berlin.

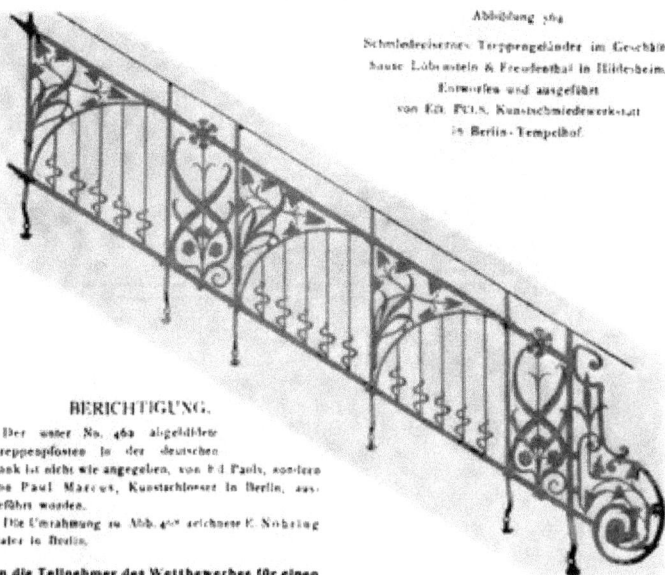

Abbildung 564

Schmiedeeisernes Treppengeländer im Geschäfts-
hause Lübenstein & Freudenthal in Hildesheim.
Entworfen und ausgeführt
von ED. PULS, Kunstschmiedewerkstatt
in Berlin-Tempelhof.

BERICHTIGUNG.

Der unter No. 462 abgebildete
Treppenpfosten in der deutschen
Bank ist nicht wie angegeben, von Ed. Puls, sondern
von Paul Marcus, Kunstschlosser in Berlin, ausgeführt worden.

Die Umrahmung zu Abb. 460 zeichnete F. Nöhring
Maler in Berlin.

An die Teilnehmer des Wettbewerbes für einen Umschlag der „Berliner Architekturwelt".

Es lagern aus diesem Wettbewerb bei der Verlagshandlung noch eine grössere Anzahl Entwürfe. Die
unbekannten Einsender werden um Angabe ihrer
Adressen oder um Mitteilung gebeten, wohin die Entwürfe zu senden sind.

Behufs Ermittelung der Absender derjenigen Entwürfe, die bis zum 1. März 1900 nicht abgerufen
sind, wird nach Ablauf dieser Frist das der Einsendung beigegebene Couvert geöffnet werden.

Die Verlagshandlung.

BÜCHERSCHAU.

Heraldischer Atlas. Eine Sammlung von heraldischen
Musterblättern für Künstler, Gewerbetreibende und
Freunde der Wappenkunde, zusammengestellt und
erläutert von G. H. Ström. 76 Tafeln in Bunt- und
Schwarzdruck nebst zahlreichen Textillustrationen.
25 Lieferungen zu 1 Mk. Stuttgart, JULIUS HOFFMANN.
Dieses Werk, das wir bei der Bedeutung, die das
Wappenwesen in neuerer Zeit gewonnen hat, besonders
auch Architekten und Kunstgewerbetreibenden empfehlen, liegt jetzt vollständig vor. In seiner Gesamtheit
bietet der Atlas eine reiche Fülle des besten, wertvollsten
und auch mustergiltigsten Materials, dessen übersicht-
liche Anordnung dem als Autorität auf heraldischem
Gebiete wohlbekannten Herausgeber sehr glücklich
gelungen ist. Grösstenteils in sauberem und klarem
Farbendruck, gelegentlich auch in Silber- und Gold-
druck hergestellt, verleihen die prächtigen Tafeln dem
Werke einen hohen Wert und machen es zu einem

heraldischen Handbuch ersten Ranges, das unter Ver-
meldung überflüssigen gelehrten Ballastes nur das zur
Erläuterung und zum Verständnis der Wappen unbedingt Notwendige bietet. Da die Zeiten vorüber sind,
wo die Heraldkunde keine oder nur geringe Beachtung
fand, wird der heraldische Atlas einem weiten Kreise
von Interessenten, der sich immer mehr vergrössert,
willkommen sein. Unser Stilgefühl hat sich in den
letzten Dezennien ungemein geschärft, und dazu, dass
es mit dem Verständnis für gute Heraldik immer besser
werde, wird dieses Werk hoffentlich beitragen. Den
Künstlern kann es natürlich nicht verwehrt werden,
auch ihrerseits, wie es jede Zeit gethan, die heraldische
Kunstsprache weiter auszubilden und mit modernem
Geist zu erfüllen. Aber es darf nicht willkürlich,
sondern es muss auf wissenschaftlicher Grundlage
geschehen, die durch den „Heraldischen Atlas" in
trefflicher Weise gelegt wird.

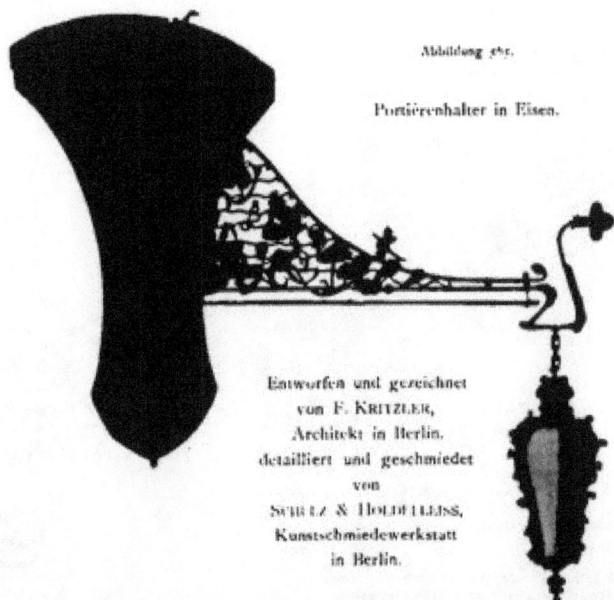

Abbildung 465.

Portièrenhalter in Eisen.

Entworfen und gezeichnet
von F. KRITZLER,
Architekt in Berlin.
detailliert und geschmiedet
von
SCHULZ & HOLDEFLEISS,
Kunstschmiedewerkstatt
in Berlin.

Abbildung 466.

Schmiedeeisernes Brüstungsgitter von AD. HARTUNG, Architekt in Berlin.

Verantwortlich für d. Redaktion: Dr. Arch. Reinhardt, Berlin — Verlag von Ernst Wasmuth, Berlin W., Markgrafenstr. 35
Gedruckt bei Julius Sittenfeld, Berlin W. — Lichtdruck von Carl Schütte, Berlin L.

Hauptgebäu

Ansicht nach O.

Lasanoucht mit Schnitt durch

b.

a.

e Seitenflügel.

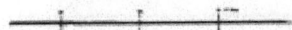

Druck & Verlag von Ernst Wasmuth, Berlin.

DIE
NEUEN HOCHBAUTEN DER STADT BERLIN.

Jede Einzelerscheinung in dieser Welt führt ein streng bedingtes Dasein, das wahre Erkennen des geistigen, künstlerischen und geschichtlichen Thatsachen muss bis an den gebärenden, tragenden und nährenden Urgrund des Gesamtlebens eines Zeitalters vordringen. Wie die Pflanze in der Mutter Erde wurzelt, so strömt auch dem schaffenden Menschen der Antrieb wirkender Kräfte aus dem Nährboden der jeweiligen Kultur zu. Vor allem andern hat der schöpferisch begabte Künstler, den sein Beruf an den sausenden Webstuhl der Zeit gestellt hat, das geistige Leitmotiv seiner Epoche aus seinem Teil und auf seinem Gebiet charaktervoll zu variieren. In den Thaten der Staatsmänner und Gesetzgeber sowohl wie in den Schöpfungen der Dichter, Maler, Architekten. Bildhauer ringt der auf der Notwendigkeit fussende Zeitgeist in tausend und abertausend Wendungen einem gleichen Ziele entgegen. Die ideal zu denkende Einheit des Volkes ist sozusagen Auftraggeber und Bauherr des Kulturgebäudes, welches aus dem planvollen Zusammenwirken aller vorhandenen Kräfte aufzuführen ist. Das Ziel aller Schaffenden ist die Förderung und klare Gestaltung der Lebensbedürfnisse der Gesamtheit, berechtigt und lebensfähig ist nur das, was sein muss, und wenn wir es recht erkennen, so gehorcht der rechte Künstler am willigsten dem strengen Gebot seiner Zeit, weil er, mit feingeschärften Sinnesorganen ausgerüstet, am ehesten die Besonderheiten der Lebensbedürfnisse ausspürt. Der Gipfelpunkt aller Kultur ist aber die Befriedigung des ästhetischen Bedürfnisses, das Kunstschaffen durchdringt das harte Alltagsleben mit der wohligen, sonnigen Wärme des Behagens, der Wohnlichkeit im Dasein, es hat eine aussöhnende Kraft. Als wirksamstes Mittel der Volksbildung und Volksbeglückung wird mehr und mehr die Kunst ins Treffen geführt. Die reichen materiellen Mittel unserer unaufhaltsam aufblühenden Zeit fördern die schöne Gestaltung unseres Lebens, wir fühlen das Bedürfnis, dass auch der Kleinkram des praktischen Lebens eine Wohltat für das Auge sein solle, als Notwendigkeit aber erweist sich das Streben nach einer künstlerischen Verklärung der Erscheinungen des öffentlichen Lebens. Diese Notwendigkeit haben zuerst die Künstler und nicht zuletzt die Baukünstler empfunden. Die Architektur — sei es Stadt, Haus, Zimmer — ist der Rahmen aller Lebensformen grosser Mengen, und so

kommt es, dass in unserer Zeit, in welcher starke Quellen künstlerisch regsamen Empfindens aufbrechen, der Architekt zum Reigenführer der Künste ausnehmend berufen ist. Da unser städtisches Leben sich mehr und mehr in grosse Dimensionen hineingewachsen sieht, werden der Baukunst erstaunlich vielfältige Aufgaben gestellt, die an die Fülle die Schöpfungen der so intensiv baulustigen Barockzeit um ein Unendliches übertreffen. Unsere Städte gewinnen ein völlig neues Aussehen, und dass sie nun auch ein schöneres Aussehen gewinnen, kann nicht bezweifelt werden. Man schaue auf das jüngst Gewordene und Werdende in Städten wie München, Leipzig, Dresden. Mit welchem Eifer und künstlerischem Ernst werden allüberall die Wandlungen im modernen Städtebau betrieben! In vieler Erkenntnis der Forderungen einer neuen Zeit haben die Architekten selber die Initiative ergriffen und den Staat und die Gemeinden von der Notwendigkeit weitgreifender Neugestaltung zu überzeugen gewusst. Es ist die Stärke unserer Zeit, dass die Baukünstler, die ihr geniales Können an den gewaltigen Aufgaben des Deutschen Reiches und der Staaten bewährt, tonangebend geworden sind. In den Fluss dieser glücklichen Entwicklung lenkt nun auch Berlin ein, seitdem ein tonangebender Baukünstler, wie es der Erbauer des Reichsgerichtshauses ist, zur Lösung der städtischen Bauaufgaben nach Berlin berufen ist. Mit einer bewunderungswürdigen Arbeitskraft hat der Baurat Ludwig Hoffmann in einem Zeitraum von drei Jahren den Grund gelegt für eine neue Bauthätigkeit, in welcher sich der neuzeitliche Geist des deutschen Kunstschaffens charaktervoll verkörpert. Von einem klaren Gefühl für das sachlich wie künstlerisch Notwendige geleitet, hat das Wirken Hoffmanns an rechter Stelle und im rechten Zeitpunkt mit impulsiver Kraft eingesetzt. An den bereits fertig gestellten Entwürfen und an den vielfachen in der Ausführung begriffenen und der Vollendung nahe geführten Bauten dürfen wir die Genugthuung empfinden, dass gegenüber den Leistungen anderer Städte, wo geniale Kräfte wie Hocheder und Licht in glänzendster Thätigkeit sich entfaltet haben, die baukünstlerische Ehre der Stadt Berlin nunmehr auf das wirksamste gewahrt ist. Das ist schon ein grosser Erfolg und dieser an sich nur das Präludium zu weiteren Erfolgen, durch welche Berlin zu einer führenden Stellung unter den deutschen Städten auf dem Gebiete kommunaler Bauten geleitet werden dürfte. Ein Ueberblick über das bisherige Wirken des Baurats Hoffmann wird den Beweis dafür zu erbringen haben.

Die erste Bauepoche der Reichshauptstadt Berlin ist von den Jahren 1872 und 1896 umgrenzt, das war die Zeit, da der Stadtbaurat Blankenstein das Hochbauwesen leitete und an den Traditionen des aus den Tagen Schinkels datirenden Backsteinstils beharrlich festhielt. Eine Gesamtbausumme von 110 Millionen Mark hat die Aera Blankenstein erfordert. Von zahlreichen Schulen und Markthallen abgesehen, sind an grösseren Bauten aus jener Zeit zu nennen: das Polizeipräsidium am Alexanderplatz, die Mühlendammgebäude, die Irrenhäuser zu Dalldorf und Herzberge, das Asyl für Obdachlose, das Siechenhaus, das Waisenhaus, die Krankenhäuser am Urban und in Moabit, die Anstalt für Epileptische in Wuhlgarten und der Schlachthof. Das sind fast ausschliesslich Ziegelbauten in einer kühlen und strengen Art mit dem stereotypen Terrakottaschmuck. Die städtischen Bauten waren als solche ohne weiteres gekennzeichnet, sie trugen in ihrem starr durchgeführten Ziegelstil eine städtische Livree oder Uniform, die in den siebziger Jahren, im Epigonenzeitalter, dem herrschenden Geschmack entgegenkam. Architektonisch wurde an den Blankensteinschen Bauten wenig gewagt, dieselben Gedanken und Formen gingen von einem Bau zum andern über, es erscheint nichts aufdringlich und verletzend an ihnen, sie führen ein bescheidenes und still zurückhaltendes Dasein. Das Kunsthandwerk wurde dabei nur wenig gepflegt, die besseren Kunsthandwerker kamen niemals zu einer nennenswerten Thätigkeit, weil in dem ganzen Bausystem der vornehm schmückenden Kunst kein Spielraum gewährt wurde. Zu Anfang der neunziger Jahre, als sich allenthalben ein Umschwung und Aufschwung in den bildenden Künsten und in der Architektur anbahnte, fing man allgemein an, Kritik zu üben an den städtischen Bauten, der Sparkassenpalast am Mühlendamm diente als Handhabe vielfacher Erörterungen in den Kreisen der Fachleute und der Laien, man fühlte das Bedürfnis, dass auch die städtische Baukunst den veränderten Zeitanschauungen Rechnung trage und mit der Zeit gleichen Schritt halte. Man wies auf die fröhlich und geistvoll auflösende Baukunst in anderen Städten des Reichs, und da erwuchs im Schoosse der Berliner Stadtverwaltung der Wunsch nach einer baukünstlerischen Kraft, die dem Berliner Bauwesen den Weg in die aufstrebende neuzeitliche Entwicklung zu öffnen befähigt wäre. In diesem wichtigen Moment wurde Baurat LUDWIG HOFFMANN für Berlin gewonnen.

Nach einer zwölfjährigen Thätigkeit hatte Baurat Hoffmann im Herbst 1896 den Reichsgerichtsbau in Leipzig vollendet, Ende Oktober 1895 war die feierliche Schlusssteinlegung vor sich gegangen, und hierbei gab sich, wie wohl noch erinnerlich, eine ebenso rückhaltlose wie allseitige Anerkennung für die grosse Leistung kund, vor allem war es der Kaiser, welcher seiner Freude und Befriedigung über das schöne Gelingen des gewaltigen Werkes deutscher Baukunst Ausdruck gab. Dies äusserte sich auch darin, dass Hoffmann für die leitende bautechnische Stelle im Reichsamt des Innern ausersehen wurde. Er entschied sich jedoch für die Stelle des Berliner Stadtbaurats. Bei seiner Einführung in die Stadtverordnetenversammlung am 1. Oktober 1896 wurde vom Herrn Oberbürgermeister ZELLE u. a. folgendes bemerkt:

„Unsere städtische Verwaltung ist in den Traditionen einer vorsichtigen Sparsamkeit gross geworden, und Sie, Herr Kollege, haben gerade bei dem grossen Werk, das Sie in Leipzig ausgeführt haben, in dem Sie ein monumentum aere perennius für das geeinigte Deutsche Reich und auch für Sie selber geschaffen — ich sage, Sie haben bei dem grossen Werk gezeigt, dass auch Sie mit weiser Sparsamkeit zu wirtschaften verstehen und wirtschaften wollen. Aber dass die Stadtverordnetenversammlung gerade Sie, den künstlerisch angelegten Architekten, gewählt hat, scheint doch anzudeuten, dass es nicht ungern sieht, wenn bei dem Praktischen und Nützlichen auch einmal ein Seitensprung ins Künstlerische gewagt wird." — Die Stadtverordnetenversammlung begleitete diesen letzten Satz mit dem Rufe: „sehr richtig!", womit also ausgedrückt wurde, dass man von dem neuberufenen Stadtbaurat auch künstlerische Thaten erwarte.

Bei seinem Amtsantritt sah sich der neue Stadtbaurat einer langen Reihe grösserer Aufgaben gegenübergestellt, die entweder der Neubearbeitung oder der Weiterbearbeitung gewärtig waren. Noch niemals war in der Baugeschichte Berlins eine solche Fülle wichtiger Arbeiten in dem kurzen Zeitraum weniger Jahre zusammengeströmt. Das wird ersichtlich aus der Aufzählung der einzelnen Bauten und Baugruppen.

Zum Neubau des Märkischen Museums hatte die Stadtverwaltung schon im Jahre 1892 einen Wettbewerb ausgeschrieben. Der preisgekrönte Entwurf des Regierungsbaumeisters MÖLLER, der von dem Architekten einer Umarbeitung unterzogen werden musste, war mit 1 900 000 Mark veranschlagt worden. Im November 1893 lehnte ihn jedoch der Magistrat abgelehnt. Möller starb bald darauf leider im frühen Lebensalter. Die Sache ruhte daher bis zum Eintritt Ludwig Hoffmanns, der die Aufgabe sodann von ganz anderen Gesichtspunkten neu bearbeitete und seinen Entwurf mit 1 511 000 Mark veranschlagte.

Auch der Bau des grossen Krankenhauses im Norden Berlins war schon früher bearbeitet worden. Den ersten allgemeinen Entwurf hatte Stadtbaurat Blankenstein im Juni 1896 vorgelegt. Doch da der Entwurf die Zustimmung der Krankenhaus-Deputation nicht gefunden hatte, wurde auch diese Aufgabe dem Baurat Hoffmann zur völligen Neubearbeitung übergeben. Ebenso wurde es mit noch andern Entwürfen gehandhabt. So wurde die Volksbadeanstalt in der Dennewitzstrasse von dem Ausschuss der Stadtverordneten dem neuen Stadtbaurat zur Neubearbeitung überantwortet. Aus der Zeit Blankensteins datirten ferner noch die Anfänge von Entwurfsarbeiten zur Volksbadeanstalt in der Bärwaldstrasse, zur Feuerwache in der Fischerstrasse, zum Standesamtsgebäude an der Fischerbrücke, zu einem Kinderasyl in der Kürassierstrasse und zu den Doppelschulen in der Glogauerstrasse und in der Wilmsstrasse. Alle diese Bauaufgaben, welche grösstentheils noch nicht über die ersten Stadien der Ausgestaltung hinausgediehen waren, wurden von Hoffmann einer vollständig neuen Bearbeitung nach technischen wie künstlerischen Ideen unterzogen. Etwa 17 Millionen Mark betragen die Kosten aller soeben angeführten Bauten. Dazu traten bald zahlreiche neue Bauaufgaben, sodass alles in allem der Hochbauverwaltung in den ersten drei Jahren der Hoffmannschen Amtsthätigkeit Bauaufträge mit Bausummen von zusammen annähernd 63 Millionen Mark zur Bearbeitung überwiesen wurden. Den kolossalen Maassstab dieser Bauthätigkeit gewinnt man am besten durch einen Vergleich. Die Etats der Hochbauverwaltung betrugen in den ersten 17 Jahren der Blankensteinschen Amtsthätigkeit, also in den Jahren des rapidesten Wachstums der Stadt Berlin, ebenfalls zusammen annähernd 63 Millionen Mark.

Kennzeichnend ist des Weiteren der Umstand, dass beim Amtsantritt des Baurats Hoffmann für die architektonische Bearbeitung der städtischen Entwürfe im Rathause nur ein einziger Saal zur Verfügung stand, was sich aus dem bisherigen Betrieb des städtischen Bauwesens ohne weiteres erklären lässt. Nun aber erwies es sich als nothwendig, dass zunächst neue Räume für die Hochbauabtheilung geschaffen wurden, und fernerhin wurden weitere architektonisch vorgebildete Hilfskräfte herangezogen.

Die erste rein künstlerische Aufgabe, welche dem neuen Stadtbaurat zur Ausführung gestellt wurde, war die Ausschmückung der Strasse Unter den Linden im März 1897 bei Gelegenheit der Centenarfeier. Zum ersten mal lag die festliche Ausschmückung dieser via triumphalis in einer Hand, zum ersten mal wurde hierbei ein einheitlicher monumentaldekorativer Gedanke gleichartig durchgeführt. Diese Arbeit, die unter sehr ungünstigen Witterungsverhältnissen und in kürzester Frist zur Ausführung gelangen musste, bedeutete gewissermassen die Einführung des neuen Stadtbaurats beim Berliner Publikum. Der Erfolg war ein durchschlagender. So schrieb Ludwig Pietsch, der Nestor der öffentlichen Meinung, der in Berlin zwei Menschenalter

sah, in der „Vossischen Zeitung" über die Centenar-Dekoration:

„Berlin hat schon viele Feststrassen aufzuweisen gehabt, aber keine, die so einheitlich, so mit feinem, künstlerischem Sinn, so durchaus festlich und schön dekorirt war, wie die zur Hundertjahrfeier. Ihr Schmuck ist ein Meisterstück, der unserm neuen Stadtbaurat Hoffmann, der an ihm den wesentlichsten Antheil hat, zur höchsten Ehre gereicht."

Die Arbeiten des Berliner Hochbauwesens nahmen unter Hoffmanns Leitung folgenden Verlauf:

Die städtischen Bauaufgaben, welche zur Zeit des Wechsels in der Leitung schon in der Bauausführung begriffen waren, nämlich die grossen Schulen in der Christburgerstrasse, in der Prinzenallee und in der Petersburger- und Ravené-Strasse wurden nach den Blankensteinschen Plänen weitergebaut und sind inzwischen der Benutzung übergeben worden. Ebenso wurden die Entwürfe zu den Erweiterungsbauten und Umbauten auf dem Schlachthofe, im Krankenhause am Urban, in der Anstalt Herzberge und in den andern von Blankenstein entworfenen grossen Gebäudeanlagen von den Bauinspektionen, welche zu Blankensteins Zeit bei den Entwürfen und bei der Ausführung thätig waren, in dem gleichen architektonischen Charakter einheitlich mit der Gesamtanlage weiterprojektirt. Der Uebergang in das neue Regime vollzog sich also ohne jeden Zwang im Sinne einer organisch sich entwickelnden Verwaltung.

Dagegen wurden die andern neuen Aufgaben durchweg unter Hoffmanns persönlicher Leitung bearbeitet. Ausser den genannten Aufgaben, nämlich dem Märkischen Museum, dem neuen Krankenhause an der Seestrasse, den Volksbadeanstalten in der Dennewitz- und Bärwaldstrasse, der Feuerwache in der Fischerstrasse, dem Standesamt an der Fischerbrücke, dem Kinderasyl in der Kürassierstrasse und den grossen Schulbauten in der Wilmsstrasse und in der Glogauerstrasse, unterlagen dem Stadtbaurat noch folgende Aufgaben zur Bearbeitung, als da sind: die umfangreichen Schulbauten in der Dunckerstrasse, in der Oderbergerstrasse, in der Grenzstrasse, in der Christianiastrasse, in der Wieleffstrasse, in der Rigaerstrasse, in der Waldemarstrasse, in der Waldenserstrasse und die Handwerkerschule am Stralauer Platz. Dazu kommen noch Bauten von zum Teil grosser und monumentaler Anlage wie das neue Rathaus, die Volksbadeanstalt in der Oderbergerstrasse, das Irrenhaus in Buch mit allein vierzig Gebäuden, die Lungenheilstätte in Buch sowie verschiedene kleinere malerische Schmuckbauten im Friedrichshain und im Köllnischen Park.

Schon die trockene Aufzählung der verschiedenartigsten Bauten ist geeignet, Hochachtung einzuflössen vor der Bauthätigkeit der Stadt Berlin und vor der Arbeitskraft des

Baurats Hoffmann. Alle diese Bauaufgaben
sind, wie wir weiter sehen werden, nichts
weniger als nach einem Schema konzipiert,
es sind vielmehr überall aus dem sachlichen
Geist und der individuellen Eigenart der
einzelnen Aufgaben heraus praktisch klar,
fort und fort wechselnde und künstlerisch
empfundene Lösungen erzielt und zwar mit
einem Aufwand relativ knapper Kostensummen.
Die ausgesprochene Gabe Ludwig Hoffmanns,
welcher beim Reichsgerichtsbau mit verhältnismässig kleinen materiellen Mitteln grosse
künstlerische Effekte zu erzielen verstand,
bewährt sich auch in diesen Jahren in der
Berliner Stadtbauthätigkeit, und damit ist
denn den Erwartungen, die Oberbürgermeister
Zelle am 1. Oktober 1896 zur Sprache brachte,
ökonomisch wie künstlerisch ein volles Genüge geschehen.

Aber noch nicht zufrieden mit jenen Arbeits-
leistungen, trat der neue Stadtbaurat auch mit der
städtischen Kunstdeputation in engste Fühlung,
eben in jenem Sinne von der tonangebenden
und impulsiv fördernden Stellung des modernen
Baukünstlers im Reigen der Künste. Aus
dieser rein künstlerischen Thätigkeit Hoffmanns
erwuchsen die Entwürfe zu dem monumentalen
Herkulesbrunnen auf dem Lützowplatz, zu
den Märchenbrunnen am Friedrichshain, zu
den Standesamtszimmern an der Fischerbrücke.
Doch auch hier machte Hoffmann noch nicht
Halt. In dem echtkünstlerischen Streben nach
dem harmonisch einheitlichen Ganzen des
städtischen Bau- und Kunstschaffens hielt er
seine Mitwirkung auch bei den Brückenbauten
für erforderlich. Der architektonische und
künstlerische Teil der Brücken unterstand zu
Blankensteins Zeiten bekanntlich dem Leiter
der Tiefbauverwaltung, dem Stadtbaurat
Hobrecht. Es wurden schon seit Jahren mit
vollem Recht schwere Vorwürfe dagegen erhoben, dass diese künstlerisch ebenso wichtigen wie schwierigen Architekturaufgaben
einem Ingenieur anheimgegeben waren. Es
war deshalb natürlich, dass mit der Berufung
eines so ausgesprochenen Künstlers, wie es
der Erbauer des Reichsgerichtspalastes ist,
eben diesem der künstlerische Teil der
Brückenbauten zufiel. Hoffmann bearbeitete
denn auch inzwischen den künstlerischen
Teil der Möckernbrücke, der Alsenbrücke, der
Museumsbrücke, der Grünauerstrassen-Brücke,
der Rossstrassen-Brücke, der Claudiusbrücke
und der Lessingbrücke.

Zu erwähnen wäre noch, dass in den ersten
beiden Jahren die neuen Aufgaben ausschliesslich unter der persönlichen Leitung des neuen
Stadtbaurats bearbeitet wurden. Die lange
Reihe der oben erwähnten Bauten kennzeich-
net sich also als sein ausschliessliches geistiges
Eigentum. In der neuesten Zeit werden mittler-
weile die neuen Schulentwürfe von den Leitern
der städtischen Bauinspektionen selbständig
bearbeitet. Das sind die Entwürfe zu den

Doppelschulen in der Rostockerstrasse, in
der Bergmannstrasse, in der Wattstrasse, in
der Strassmannstrasse, am Görlitzer Ufer, am
Stralauer Thor, sowie die Realschule in der
Schleswigerstrasse und die Schule für gewerb-
liche Zwecke in der Strassmannstrasse. So
bearbeitet denn die städtische Bauverwaltung
jetzt nicht weniger als 19 Schulgebäude für
33 Schulen, die sich mit 34630 Schülern männlichen und weiblichen Geschlechts bevölkern
werden. Auch in solchen Zahlen, Verhältnissen und Dimensionen liegt ein monumentaler Reiz, und es ist begreiflich, dass so etwas
an sich anscheinend Nüchternes und Prosai-
sches die schöpferische Phantasie eines Künstlers befeuern kann, und in der That zeigt
Hoffmann gerade an den mit knappen Mitteln
aufzuführenden Schulbauten, vor welchen
manch genial veranlagter Künstler zurückzu-
schaudern pflegt, seinen künstlerischen Beruf
am besten. Man schaut an den grossen Schulbauten vergeblich nach den schmückenden
Zuthaten im Sinne unserer landläufigen Monumentalkunst, und doch machen diese Gebäude einen reichen und monumentalen Eindruck, weil sich eben eine vornehme Kunst
mit hingebender Liebe und in heissem Bemühen in die Aufgabe vertieft und mit dem
ganzen Aufgebot technischen Könnens die
ganze Persönlichkeit in diese Bauten, die
sonst in lieblosem Kasernenstil aufgemauert
werden, eingesetzt hat. In den Schulbauten
gerade spürt man so etwas wie den warmen
Herzschlag der Liebe für das Volk. Das ist
echt künstlerisch und nicht minder der dabei
in die Erscheinung getretene ideale Zweck,
durch anheimelnd schöne Bauten auf das
ästhetische Empfinden der heranreifenden
Jugend einzuwirken. Schwerlich wird sich
jemals ein Schuljunge klar darüber werden,
wieso es Hoffmann zu Stande gebracht hat,
dass seine Schulbauten schön, freundlich ein-
ladend und grossartig wirken, obwohl daran
doch gar keine kostbaren Schaustücke zu ent-
decken sind. Auch das seelische Behagen,
das keine Worte findet, ist ein wertvoller
Faktor, und so können wir sagen, dass unsere
städtische Baukunst die ihr zu Gebote stehenden Mittel zur Volksbildung und Volksbeglückung nach Kräften ausnutzt und damit auch ihrer idealen Pflicht genügt. Gewiss spielt dieses ethische Moment auch bei
den andern Kommunalbauten, so besonders
bei den Volksbadeanstalten, eine grosse Rolle,
aber bei den Schulbauten durfte und musste
es ganz ausdrücklich hervorgehoben werden,
weil die Ansicht gang und gäbe war, man
könne mit knappen Geldmitteln keine schönen
und freundlich-stattlichen Schulen bauen. Nun,
dies wird nicht die einzige Legende sein,
welche der neue Stadtbaurat durch schöpferische Thaten widerlegen wird.

Es ist nicht leicht, die leitenden künstlerischen Gedanken in der Bauthätigkeit Ludwig

Hoßmanns erschöpfend darzulegen, weil unser Stadtbaurat bei jedem neuen Entwurf eine neue und überraschende Seite seiner Erfindungskraft an das Licht stellt. Ein Hauptkennzeichen der neuen Bauwerke ist eine scharfgeistige Durchdringung der praktischen Seite aller Aufgaben, die Grundrisse, soweit ich sie gesehen, haben jene klare Natürlichkeit, als ob eine andere Lösung gar nicht denkbar wäre, nirgend ein dunkler todter Punkt, überall Licht und viel Licht und Klarheit des organischen Gefüges, darauf erst gründet sich der ideale und künstlerische Hauch, der auch den einfachen Gebäuden zu eigen ist, es ist niemals auch nicht einmal der leiseste Versuch gemacht, auf Kosten der praktischen Brauchbarkeit und Wohnlichkeit einen künstlerischen Effekt, einen Coup auf die Augen zu inszenieren. Das kommt daher, dass die heute so vielfach üblichen Knalleffekte der streng sachlichen und fein organisierten Natur Hoßmanns widerstreben.

Eine grosse Mannigfaltigkeit der Formen ist ein ferneres Kennzeichen der neuen städtischen Bauten. Die städtische Bau-Uniform der absoluten Backstein-Periode ist abgeschafft. So sieht keine der 19 Schulen irgend wie einer andern ähnlich. Es wird in allen Stilen gearbeitet, oder vielmehr die Stilfrage ist niemals ausschlaggebendes Moment, die Formen werden so gewählt, wie sie mit der Besonderheit der Aufgaben und des Standorts am besten in Einklang zu bringen sind. Man hat wohl prophezeit, der Architekt des Reichsgerichts werde nun in Berlin die italienische Renaissance, die ihm in Leipzig so geläufig geworden, zum leitenden Stil erheben. Weit gefehlt! Gerade die bunt bewegte und reizvolle Mannigfaltigkeit sollte nach der etwas langweiligen Bauepoche einsetzen und die Gemüter wieder erfrischen. Berlin hat ohnehin keine Bautradition im Renaissancestil wie etwa Leipzig oder Augsburg, in Berlin läge wohl das Barock näher, ein Stil, in welchem denn auch das zweite Rathaus durchgeführt werden soll. Die Herrschaft des italienischen Stils ist über uns nicht hereingebrochen, weil der beweglichen Kraft Hoßmanns auch nur ein Anschein von Einseitigkeit peinlich wäre und weil der Stadtbaurat eine Art von Anmassung darin erblicken würde, wenn ein Architekt einer so grossen Gemeinde wie Berlin, die so verschiedenartige Aufgaben zu lösen hat, den ihm besonders geläufigen Stil aufzwingen wollte. Daher zeigt sich gerade am Märkischen Museum ein scharfes Eindringen in den gotischen Stil und, weil es hier am Platz, ein feines Empfinden für die Poesie des märkischen und niederdeutschen Backsteinbaus. Daneben werden die vornehmen Traditionen des Barock im Putzbau wieder aufgenommen, und gerade diese vornehm malerischen und sozusagen herrschaftlich monumentalen Bauten

werden in Berlin wieder zur Geltung kommen. Doch man mache sich auf keine Stilschwelgereien gefasst, der Prunksucht oder gar der Grosssspurigkeit wird in der städtischen Baukunst wohl von niemandem weniger Vorschub geleistet werden als von dem neuen Stadtbaurat. Die eigentliche und zwar grosse Kunstleistung der neuen städtischen Bauten besteht darin, dass in der einfachsten Weise der technische wie künstlerische Zweck erreicht ist, und so wird die der Baukunst innewohnende edle Würde und Ruhe am sichersten gewahrt bleiben.

Bei den überaus zahlreichen Aufgaben, die gleichzeitig neu zu gestalten waren, war es natürlich, dass die ersten beiden Jahre im wesentlichen dem Entwerfen gewidmet werden mussten. Dabei ist trotzdem, dank dem unermüdlichen Arbeitseifer des Stadtbaurats schon nach kurzer Zeit eine grosse Anzahl von Neubauten zur Ausführung gelangt. Der grössere Teil der Arbeiten führt schon nicht mehr ein blosses Dasein auf dem Papier und ein anderer Teil ist in der Ausführung soweit vorgeschritten, dass im Verlauf dieses Jahres eine ganze Reihe von Bauten jeder Gattung dem Betrieb übergeben werden wird. In dem Baujahre vom 1. April 1900 bis 1. April 1901 gelangen zur Uebergabe die Schulen in der Glogauerstrasse, in der Wilmsstrasse, in der Oderbergerstrasse, in der Dunckerstrasse, in der Grenzstrasse, in der Rostockerstrasse, der erste Teil der Handwerkerschule am Stralauerplatz, die Volksbadeanstalt in der Bärwaldstrasse, das Standesamt an der Fischerbrücke, die Feuerwache in der Fischerstrasse, das Kinderasyl in der Körassierstrasse, das Reinigungsdepot am Köllnischen Park, die Unterkunftshalle auf dem Spielplatz im Friedrichshain und zwar sind das Bauten, in welchen die technischen und künstlerischen Grundsätze des neuen Berliner Hochbauwesens auf das Mannigfaltigste in die Erscheinung treten werden.

Ausserdem befinden sich jetzt schon in der Bauausführung das grosse Krankenhaus in der Seestrasse, das Märkische Museum, die Schulen in der Christianiastrasse und in der Wiclefstrasse, die Volksbadeanstalt in der Dennewitzstrasse und die Volksbadeanstalt in der Oderbergerstrasse. Ferner wird im Frühjahr dieses Jahres wiederum eine grosse Anzahl weiterer Schulbauten in Angriff genommen werden. Die „Berliner Architekturwelt" wird je nach der Fertigstellung auf die einzelnen Bauten mit Darstellungen in Wort und Bild des Näheren eingehen. Die im vorliegenden Heft veröffentlichten Darstellungen des Situationsplans der Gesamtanlage und der Vorderansicht des Hauptgebäudes sollen vorerst nur einen Begriff von der Grösse und dem künstlerischen Charakter des in der Ausführung begriffenen Krankenhauses geben. Die Abbildungen sprechen für sich selber. Nur mit einigen wenigen Zahlen und Angaben sei daher erläuternd auf den Situationsplan verwiesen. (Abb. 567.)

Die kolossalen Dimensionen der neuen

für eine Pflegerinnenschule und andere Einrichtungen des städtischen Sanitätswesens. Die Grösse der Anlage erhellt am besten aus

Krankenhaus-Anlage sind das erste, was in die Augen fällt. Es werden hier die erforderlichen Baulichkeiten geschaffen für nahezu 1700 Kranke.

einem Vergleich, wenn man sich vergegenwärtigt, dass das grosse städtische Krankenhaus am Friedrichshain seiner Zeit für einen Betrieb von 600 Betten erbaut ist. Man war sich klar darüber geworden, dass ein einheitlicher Betrieb in einer so ungewöhnlich grossen Anstalt nur dann zu ermöglichen ist, wenn die Disposition der ganzen Anlage so klar und übersichtlich gestaltet ist, dass der Betrieb sich in einfacher Weise durchführen lässt. Das war das Leitmotiv für die Bearbeitung der Aufgabe. Man hat vor allem darauf Bedacht genommen, dass die Wirtschaftgebäude dem Mittelpunkt der Anstalt möglichst nahe gebracht werden, doch in der Weise, dass dabei der ganze äussere Betrieb die Krankenabteilungen selbst nicht berührt oder sonst wie sich auch von weitem störend bemerkbar macht. Die glückliche Lösung dieses Problems wird aus dem Situationsplan ohne weiteres ersichtlich.

Die innere Anlage wird gegliedert durch eine Hauptaxe, welche im Mittelpunkt von einem Springbrunnen betont und hier von einer Queraxe geschnitten wird. Die Langsaxe durchschneidet zuerst das zugleich architektonisch repräsentirende Haupt- und Vordergebäude (A), in welchem sich vorn in dem niedrigeren Vorbau das Portierhaus, die Aufnahme- und Verwaltungsräume befinden, den linken Flügel des dreigeschossigen Hauptgebäudes nehmen die Wohnungen der Schwestern ein, den rechten Flügel die Zimmer der Aerzte. Der hintere Bauteil des Hauptgebäudes enthält in den unteren Geschossen die Entbindungsanstalt und die gynäkologische Abteilung, während im Obergeschoss die Pflegerinnenschule untergebracht wird. Mit wie grossen Dimensionen hier zu operiren ist, erhellt daraus, dass die Frontlänge des Hauptgebäudes derjenigen des Reichstagshauses nahezu gleichkommt. An das Hauptgebäude gliedert sich rechts das einstöckige Aerzte-Casino an und links die Abteilung für septische Entbindungen. Die Hauptaxe führt sodann auf eine breite, mit vier Baumreihen bepflanzte Mittelallee, die sich auf 400 Meter hin erstreckt und zu deren rechten Seite sich die Abteilungen für innere Kranke und zu deren linken Seite sich die Abteilungen für chirurgische Kranke befinden. Den Abschluss der Allee bildet die Kapelle mit dem Leichenhaus, der hochaufragende Kapellenturm steht sozusagen wie ein Schlussaccent über der lang hinstrebenden Avenue der Hauptallee. Von der Sylterstrasse her hat die Kapelle ihren besonderen Zugang vermittelst einer kleinen Allee, welche mit Trauerweiden bepflanzt werden wird.

Die Queraxe (c-d) scheidet ihrerseits die Abteilungen für männliche und weibliche Kranke. In dieser Axe selbst liegen dem Mittelpunkt zunächst die Apotheke (V), zwischen den chirurgischen Baracken das Operationshaus (F) und zwischen den Baracken der inneren Kranken das Badehaus (D), dahinter berührt die Axe den Wasserturm (Q)

und das darangereihte Kessel- und Maschinenhaus und daran wieder gliedern sich in logischer Folge die Kochküche, die Waschküche mit dem Bleichplatz und das Gradierwerk. Auf der andern Seite durchschneidet die Queraxe hinter dem Operationshause den Diphtherie-Pavillon und weiterhin die in entsprechender Absonderung disponierten Abteilungen der ansteckenden Kranken. Wie dann einerseits das Desinfektionshaus, der Pavillon für Tobsüchtige und unruhige Kranke, der Langsaxe symmetrisch die Gebäude für Versuchstiere und andrerseits die Turnhalle und das Werkstättengebäude etc. in gebührender Absonderung vom Hauptbetrieb gehalten sind und doch wieder sich organisch in die Gesamtanlage verketten, wie dann ferner an der vorderen, im Barockstil durchgeführten Schauseite die Portierhäuser, die Gebäude für die Direktoren- und Beamtenwohnungen und rechts und links im weiten Abstand von der Langsaxe symmetrisch die Gebäude für männliche und weibliche Geschlechtskranke angeordnet sind, mag fernerhin an dem Situationsplane beachtet werden.

Da nun das Maschinenhaus, die Wirtschaftsgebäude und was zum mechanischen Betrieb der Anstalt sonst noch erforderlich ist, dem Mittelpunkt möglichst nahe zu rücken und hinwiederum so abzusondern waren, dass z. B. die Zufuhr von Kohlen, Lebensmitteln, Gebrauchsgegenständen u. dergl. nicht störend in den inneren Betrieb der Krankenabteilungen eingreift, ist an jener Grenze (g-f) der Anlage, wohin die Gebäude des äusseren Betriebs neigen, eine ausserhalb der eigentlichen Anstalt hinführende Verkehrsstrasse angeordnet. Dadurch zumeist ist das schwierige Problem des eng in einander greifenden und doch gesonderten Betriebs gelöst. Von hier aus ist ein bequemer und natürlicher Zugang zum Maschinen- und Werkstättenhaus, zur Remise, zum Kohlenschuppen, zum Stall für Versuchstiere und zum Leichenhaus geschaffen worden.

Die Bauausführung des neuen Krankenhauses ist so weit gediehen, dass die sämtlichen Baulichkeiten für äussere und innere Krankheiten in Angriff genommen und zum Teil schon unter Dach gebracht sind. Demnächst wird man auch mit der Ausführung des Hauptgebäudes, des Operationshauses, der Küchen und des Maschinengebäudes beginnen. Wie die Stadtbaurat ausser der Lösung der rein technischen Aufgaben auch auf die künstlerische Seite des grossen Werks Bedacht genommen, wie die Anlage nach aussen hin stattlich und monumental und im Innern durch die einfachsten Mittel von der Welt traulich anheimelnd und in gewissem Sinne malerisch schön gestaltet ist, auch davon soll seiner Zeit an dieser Stelle des Näheren die Rede sein.

M. Rapsilber.

Abbildung 568.

Weltausstellung in Paris 1900. Weinrestaurant im deutschen Repräsentationsgebäude.
Wand im Fürstenzimmer. Von BRUNO MÖHRING, Architekt in Berlin.

BERLINER ARCHITEKTUR UND KUNSTGEWERBE
AUF DER WELTAUSSTELLUNG IN PARIS 1900.

I.

ANLAGE UND AUSSTATTUNG DES WEINRESTAURANTS
IM DEUTSCHEN REPRÄSENTATIONSGEBÄUDE.

In dem vom Postbauinspektor RADKE erbauten, teils Repräsentations- teils Ausstellungszwecken dienenden „Deutschen Hause" am Quai d'Orsay ist das Erdgeschoss zum grössten Teil für die Zwecke eines vornehmen Weinrestaurants bestimmt worden, dessen Einrichtung und Betrieb Herr Hotelier Kons in Berlin übernommen hat. Mit der gesamten Anlage des Restaurants, und dessen künstlerischer Ausstattung war Architekt BRUNO MÖHRING in Berlin beauftragt worden, der sowohl in der Detaillierung wie in der farbigen Grundstimmung der verschiedenen Räume seinem modernen Empfinden folgen konnte, unterstützt durch das liebevolle Verständnis und Vertrauen seines Auftraggebers. Das „Deutsche Haus" ist von der Seine durch einen acht Meter breiten Weg getrennt. Neben diesem läuft ein geschützter Wandelgang, der durch die herrliche Terrasse gebildet wird, welche sämtlichen an der Seine liegenden Repräsentationsgebäuden der einzelnen Nationen vorgelegt wurde. An diesem Wandelgang liegt die deutsche Weinausstellung und das Kons'sche Weinrestaurant. Die sehr lange Ausdehnung der Front des Wandelganges, dessen eine Hälfte als offene luftige Terrasse für das Restaurant benutzt wird, bot dem Architekten für die Lösung seiner Aufgabe einige Schwierigkeiten, zumal da

Abbildung 369.

Weltausstellung in Paris 1900. Weinrestaurant im deutschen Repräsentationsgebäude.
Wand im Fürstenzimmer. Von BRUNO MÖHRING, Architekt in Berlin.

nicht bloss die Säle, sondern auch die Kontore, die Küchenräume u. s. w. ihren Ausgang nach dem Wandelgang haben. Mit geschickter Benutzung dieses Zwiespalts gab der Architekt dem Eingang zum Hauptsaal ein vornehmes Gepräge, während er der Küche eine Weinlaube vorlegte, die der ganzen Ecke, in der sich auch Bureaux befinden, eine poetische Stimmung verleiht.

Das Restaurant enthält ausser den Küchen, Kellern und Nebengelassen drei grosse Räume für das Publikum: den Speisesaal, das Moselstübchen und das Fürstenzimmer. Da der etwa 100 Quadratmeter umfassende Speisesaal dem Hauptverkehr des Publikums dienen soll, hat er eine besonders festliche, farbenprangende Ausstattung erhalten. Der Eingang führt unter zwei stilisierten, reich vergoldeten Bäu-

men hindurch, die ihr Seitenstück an der gegenüberliegenden Wand finden. Die Paneele sind aus hellrotem Mahagoniholz, die Tapeten aus besticktem altgoldfarbenen Plüsch, die Vorhänge aus gleichfarbiger

Abbildung 370.

Weltausstellung in Paris 1900.
Grundriss des Weinrestaurants im deutschen Repräsentationsgebäude.
Von BRUNO MÖHRING, Architekt in Berlin.

Abbildung 572.

Abbildung 571.

Weltausstellung in Paris 1900. Weinrestaurant im deutschen Repräsentationsgebäude. Eingangswand und Rückwand im Speisesaal. Von BRUNO MÖHRING, Architekt in Berlin.

Abbildung 573.

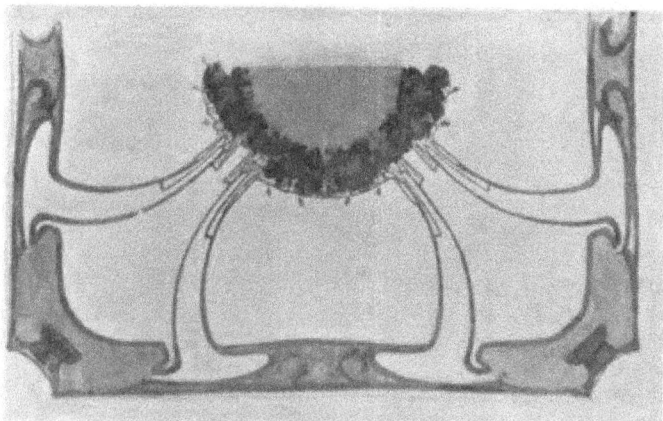

Weltausstellung in Paris 1900. Weinrestaurant im deutschen Repräsentationsgebäude. Decke im Fürstenzimmer. Von ALBERT MAENNCHEN, Maler.

Abbildung 574.

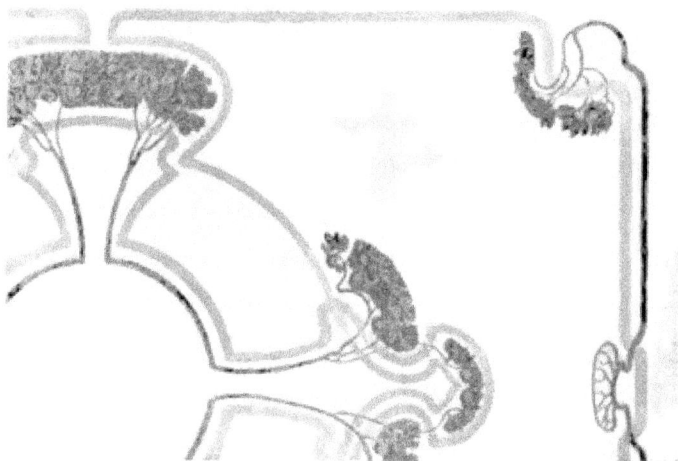

Weltausstellung in Paris 1900. Weinrestaurant im deutschen Repräsentationsgebäude. Decke im Speisesaal. Von ALBERT MAENNCHEN, Maler.

Abbildung 575.

durch Einfügung von stimmungsvollen Moselland-
schaften verstärkt worden, die Prof. Adolf Männchen
nach eingehenden Studien aus den Moselgegenden
mit grosser Liebe ausgeführt hat. Er hat sich dabei mit Geschick der Farbenstimmung des Ganzen, die
vornehmlich durch die Decken und die Wandtäfelungen
aus dunklem Mahagoniholz bedingt wird, angepasst
und zugleich den dekorativen Charakter der Landschaften gewahrt.

Das in seiner Anlage quadratische, etwa 36 Quadratmeter umfassende Fürstenzimmer, das mit dem Moselstübchen in Verbindung steht, zeigt, seiner Bestimmung
entsprechend, edle Vornehmheit und fein abgetönte
Pracht. Die Paneele sind teils in Eichenholz, teils in
poliertem ungarischen Eschenholz ausgeführt. Durch
blaue Seidentapeten wird der Eindruck einer vornehm
kühlen Eleganz hervorgerufen, der noch durch die helle
zarte Farbe der Paneele gesteigert wird. In diese sind
zur Belebung und weiteren Nüancierung Gemälde und
geschnitzte Füllungen hineinkomponiert worden.

Durch vorhandene schwere Eisenkonstruktion über
dem Fürstenzimmer, die durch die Anlage des darüber
befindlichen Turms nötig geworden war, war eine Beschränkung der Thürhöhe geboten worden. Aber auch

Abbildung 576.

gemusterter Seide, die Früchte an
den vergoldeten Bäumen werden
in einem rötlichen Schein erstrahlen,
wodurch der Raum neben seiner
festlichen Pracht einen eigenartigen
Reiz erhalten wird. Die Ausführung
dieses wie der übrigen Räume ist
der Firma Hermann Gerson übertragen worden, die dabei aber in
steter Verbindung mit dem Architekten geblieben ist.

Im Gegensatz zu dem grossen
Speisesaal, der in der Form eines
vornehmen Weltrestaurants gehalten ist, entfaltet das sich anschlies-
sende, etwa 25 Quadratmeter grosse
Moselstübchen die traulichen Reize
eines gemütlich deutschen Kneip-
raums. Auch hier ist die Farbe in
reichem Maasse verwendet und der
malerische Gesamteindruck noch

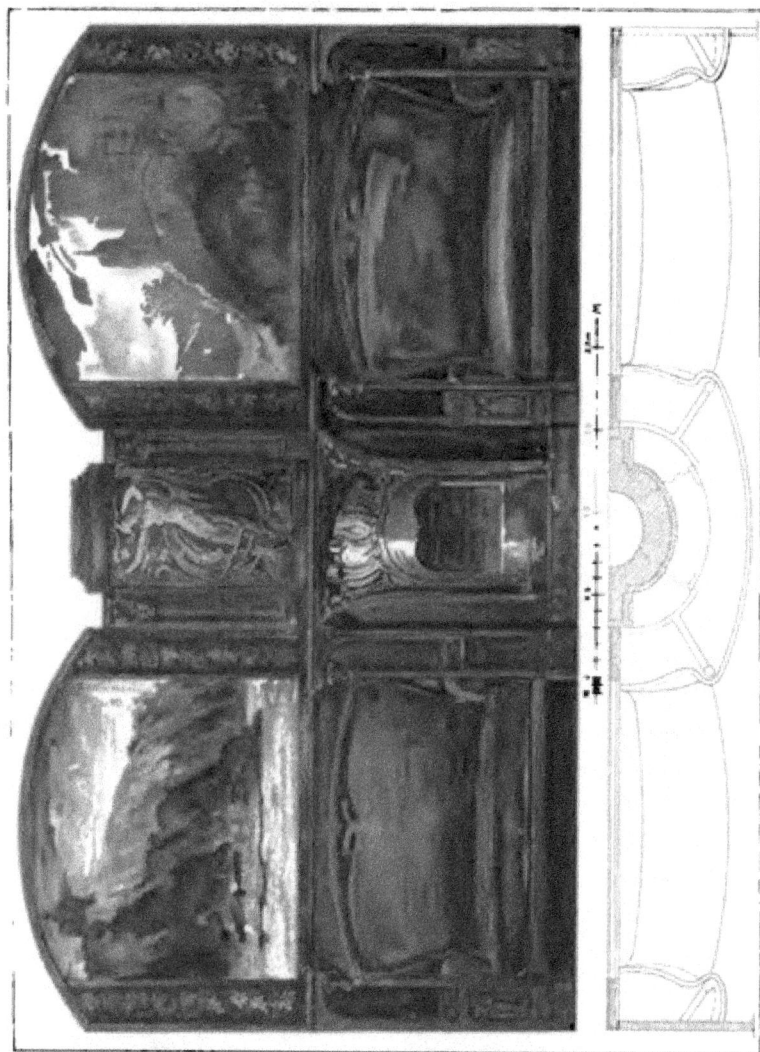

Verlag von Ernst Wasmuth, Berlin W.

Kunstanst. von Ernst Wasmuth, Berlin

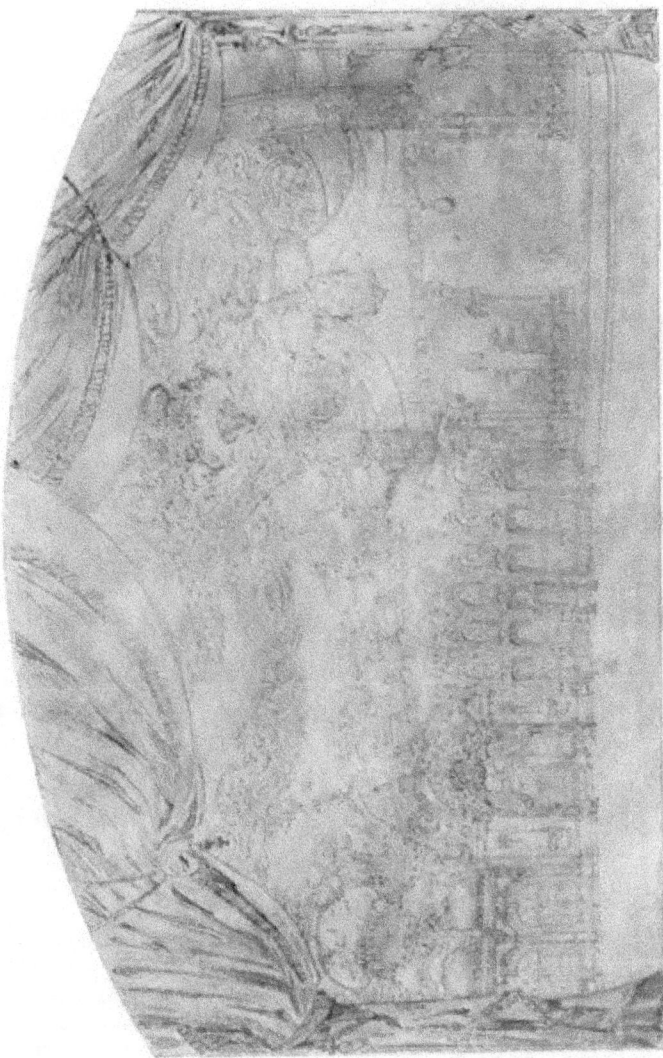

Abbildung 377.

Konkurrenz-Entwurf für die Ausgestaltung des Wintergartens in Berlin. Von CREMER & WOLFFENSTEIN, Architekten in Berlin.

Grundriss zu Abbildung 577 und 578.

Abbildung 577.

Konkurrenz-Entwurf für die Umgestaltung des Wintergartens in Berlin. Von CREMER & WOLFFENSTEIN, Architekten in Berlin.

Abbildung 381.

Abbildung 382.

Abb. 381 u. 382. Villa Spindler in Spindlersfelde. Erbaut von SCHULZ & SCHLICHTING, Architekten in Berlin.

Abbildung 383.

Villa Spindler zu Spindlersfelde. Kamin als Heizkörper-Verkleidung.
Von SCHULZ & SCHLICHTING, Architekten in Berlin.

moderne Eigenart in der Ausgestaltung der Innenräume zeigt sich besonders in der Behandlung der Paneele, auf die das Schwergewicht der künstlerischen Durchbildung gelegt wurde. In der Führung des Rahmwerks hat der Künstler architektonische Gesetzmässigkeit zum Ausdruck gebracht, ohne trotz der lebensvollen Linie die vornehme Ruhe des Raumes zu stören.

Die dekorative Malerei für sämtliche Räume führt Albert Maennchen, Südende, aus. Die Beleuchtungskörper sind von Arno Körnig entworfen und werden von der Firma Stobwasser & Co. A.-G. angefertigt, die schönen Stoffbekleidungen liefert Aug. Michels, in Berlin. Die Schnitzereien sind nach Angaben des Architekten von C. Mikoleit entworfen. Der Wandbrunnen und der Kamin wird von Ciseleur O. Scheer in Kupfer getrieben. Die Kunstschlosserarbeiten sind von Ed. Puls und die Zimmerarbeiten von H. Blume in Potsdam ausgeführt.

diese Schwierigkeit konnte in der endgültigen Lösung überwunden werden. Die

ZU UNSEREN BILDERN.

ARCHITEKTUR.

Nach dreijähriger Bauzeit ist am 4. Januar 1900 die auf einem Gelände an der Ecke der Belziger- und Eisenacherstrasse auf Kosten der Stadtgemeinde Schöneberg nach den Entwürfen und unter der Leitung des Stadtbauinspektors EGELING erbaute Hohenzollernschule (Reformgymnasium, eine 24-

klassige Lehranstalt, eingeweiht worden. Die Anstalt umfasst vier getrennte Gebäude, die auf dem etwa 9300 qm umfassenden Bauplatz derartig untergebracht sind, dass das Hauptschulgebäude als freistehender Langbau, mit der Front nach Norden gerichtet, die Turnhalle in der nordwestlichen Ecke in gleicher Bauflucht mit der Belzigerstrasse und das Wohngebäude des Direktors an der süd-

Abbildung 583.

Hohenzollernschule (Reformgymnasium) in der Belzigerstrasse in Schöneberg.
Erbaut von G. EGELING, Architekt in Schöneberg - Berlin.

Abbildung 584.

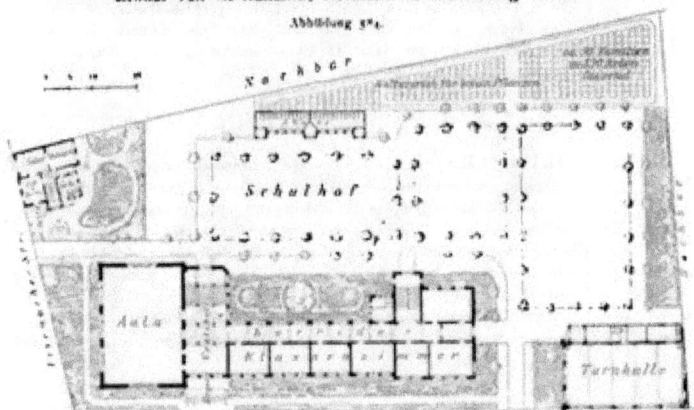

östlichen Ecke in gleicher Baufluchi mit
der Eisenacherstrasse, angeordnet worden
ist. An der Südseite liegt, parallel mit
dem Hauptgebäude, von diesem durch den
Schulhof getrennt, das Abortgebäude. Die
unbebaute Grundfläche ist, abgesehen von
einem kleinen Blumengarten am Direktor-
gebäude, teils als Versuchs- und botanischer
Garten, teils als Turn- und Spielplatz eingerichtet worden (s. den Grundriss Abb. 584).

Für die Gestaltung des Grundplans des
Hauptgebäudes (Abb. 583) war, wie wir
dem ersten, von der jungen Stadt Schöneberg erstatteten Verwaltungsbericht entnehmen, die Verlegung der Aula in den
östlichen Flügelbau bestimmend. Durch die
unsymmetrische Anlage des durch zwei Geschosse reichenden Bauteils wurden verschiedene Vorteile erreicht. So konnte die
sonst bei Schulhausbauten schwer vermeid-
liche Monotonie der Hauptfront durch eine
reichere architektonische Gestaltung des
Eckbaus umgangen werden, und zugleich
wurde unter der Aula der Raum für den
eine besondere Tiefe erfordernden Zeichensaal mit Orientierung nach Norden gewonnen. Zur schnellen Entleerung der
Aula wurde ihr ein Vorsaal und die drei-
armige Haupttreppe vorgelagert, die in der
ganzen Ausdehnung an der inneren Längs-
wand einen einheitlichen, von Säulen ge-
tragenen Raum bilden.

Durch eine offene Vorhalle gelangt man
in der Achse dieses Treppenhauses von der
Belzigerstrasse in das Vestibül, das durch
weite Oeffnungen zwischen wuchtigen Säulen
mit dem hinter ihm einmündenden, das
Gebäude seiner ganzen Länge nach durch-
ziehenden, 3,50 m breiten Korridor verbunden ist. Im Erdgeschoss zieht sich der
Korridor bis zum Eingangstür der West-
front, über welchem in den oberen Geschossen Arbeitszimmer für die Lehrer angeordnet sind. Nach Süden schliesst sich
ein zweiarmiges Treppenhaus an, das zur
Vermittlung des Verkehrs auf der westlichen Seite des Gebäudes dient.

Die sich nördlich an die Korridore an-

Abbildung 16 e.

Wohnhaus Güntzelstrasse, Ecke Aschaffenburgstrasse.
Architekt PAUL HOPPE, Berlin.
Grundrisse vergl. Abbildungen 10 u. 11.

Abbildung 586.

Geschäftshaus
für die
Tiefbau - Berufs-
genossenschaft
in der
Babelsbergerstrasse

Erbaut von
BECKER
& SCHLÜTER,
Architekten
in Berlin.

Abbildung 587.

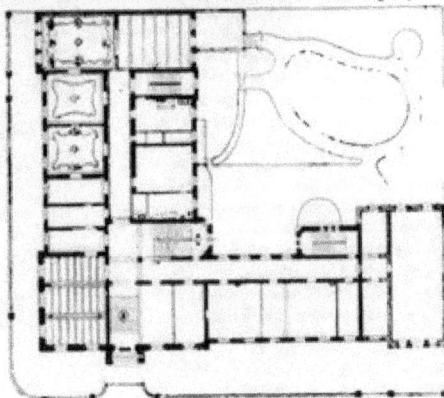

reihenden 24 Klassenzimmer, die bei voller Besetzung der Anstalt Platz für 1100 Schüler gewähren, sind im Erdgeschoss und den beiden oberen Stockwerken untergebracht. Im vierten Geschoss befinden sich Lehrmittel- und Sammlungszimmer, im Kellergeschoss die Wohnung des Schuldieners, die Anlagen für Centralheizung und Lüftung und grosse Räume zum Lagern für Chemikalien und

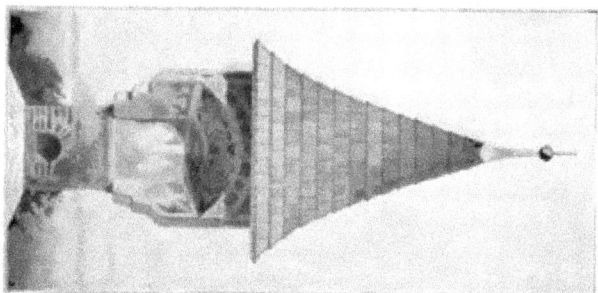

Abbildung 589.

Abbildung 589.

Bildstöckl bei Bruneck (Pustertal).
Reiseaufnahmen von An. HARTUNG, Architekt in Berlin.

Abbildung 590.

Bildstöckl bei Sterzing (Tirol).

Abbildung 101.

Mühle im Stenbacher Thal bei Jugenheim. Von JOH. HERMES in Berlin.
Nach einer Aufnahme von HERMANN flott., Verlagsanstalt in Berlin.

Abbildung 102.

Abbildung 593.

Ritaine. Von HERMANN HIDDING, Bildhauer in Berlin.

andere Zwecke. — Für die stilistische Ausbildung der Fronten
sind die Formen des märkischen
Backsteinbaus gewählt worden:
die ornamentalen Teile an den
Säulen u. s. w. sind in romanischen Formen gehalten. Die
Fronten sind mit hellroten Lau-
baner Ziegeln verblendet. Durch
angemessene Verteilung kleiner
Putzflächen ist dabei aber eine
grössere Mannigfaltigkeit der
Farbenwirkung erzielt worden.
Der Sockel ist aus Basaltlava,
die Säulen und Kämpfersteine
aus Miltenberger Sandstein hergestellt. Die Dächer sind mit
deutschem Schiefer eingedeckt.
Die Giebelarchitektur des östlichen Flügelbaues, welche dem
Ganzen ein vornehmes künstlerisches Gepräge giebt und diesen
Teil zu imposanter Wirkung
bringt, verkleidet das im First
sich bis zu einer Höhe von 33
Metern erhebende Satteldach, das
in der Mitte von einem Dach-
reiter bekrönt wird. Das reich

Abbildung 594.

Bauernhaus. Von PAUL VORGANG in Berlin.
Grosse Berliner Kunst-Ausstellung von 1897.

durch Maasswerk geglie-
derte Rosenfenster hat
einen Durchmesser von 6
Metern. Die Konsole unterhalb dieses Fensters zwi-
schen den Fenstern des
Zeichensaals ist zur Auf-
nahme des Standbildes des
Kaisers bestimmt. Das über
der Rose ausgebreitete,
geputzte Band soll später
den Namen der Anstalt in
Goldmosaik aufnehmen.
Als Gegengewicht gegen
den östlichen Risalitbau ist
am westlichen eine ab-
schliessende Giebelarchi-
tektur ausgeführt worden.
Von besonderem Interesse
ist noch, dass durch das
Einpassen der nach oben
sich verjüngenden Aula-
wölbung, die von einem
dreifachen kleeblattförmi-
gen Tonnengewölbe ge-
bildet wird, in die Dach-
konstruktion ein Höher-
führen der Front dieses
Bauteils vermieden und damit vorgekragtem roma-
nischen Kreuzbogenfries
geschmückte Hauptgesims
in gleicher Höhe um den
ganzen Bau geführt wer-
den konnte.

Die gesamten Baukosten
beliefen sich auf rund
770 000 M. Danach er-
gaben sich für das Haupt-
gebäude, das bei einer Ge-
samtlänge von 81,50 m und
einer Höhe von 21,50 m
eine bebaute Grundfläche von rund 1600
Quadratmetern umfasst, an Kosten für
1 Quadratmeter bebauten Raumes 343 M.,
1 Kubikmeter umbauten Raumes einschliesslich der Giebel rund 15 M.

Seit dem 1896 vollendeten Bau des Thea-

Abbildung 595.

Weltausstellung in Paris 1900.
Ausstellungs-Monument des Syndikats des Stassfurter Kaliwerks.
Von HERMANN HIDDING Bildhauer in Berlin.

ters des Westens sind in Berlin und seinen
Vor- und Nachbarorten auf dem Gebiete
des Theaterbaues keine nennenswerten
Leistungen zu verzeichnen gewesen. Darum
wird es unsere Leser um so mehr interessieren, wenn wir ihnen Entwürfe für eine

Abbildung 576.

Christuskopf. Von HERMANN HIDDING, Bildhauer in Berlin.

geplante, mehr theatermässige Umgestaltung des Wintergartens vorlegen, die, von CREMER und WOLFFENSTEIN ausgeführt, aus einer Konkurrenz hervorgegangen sind, die im Sommer vorigen Jahres von der Direktion des Centralhotels zwischen mehreren Architekten veranstaltet worden war. Es sollte der Versuch gemacht werden, bei der für Schaustellungszwecke nicht glücklichen Form des Saales eine Erweiterung der Terrassenplätze zu erzielen und hauptsächlich dem Saale, der ursprünglich anderen Zwecken dienen sollte, durch geschickte Dekoration ein seiner jetzigen Bestimmung entsprechendes Gewand zu geben. Die Schwierigkeiten, die sich der Lösung der Aufgabe entgegenstellten, waren nicht leicht zu überwinden, zumal da der unsymmetrisch angelegte Saal rechts von der

Bühne neun, links von der Bühne acht Achsen aufweist.

Bei ihrem Entwurfe waren die Architekten Cremer und Wolffenstein zunächst darauf bedacht, die Wände bis zur Glasfläche so zu gestalten, dass sie möglichst hoch zu wirken schienen. Es wurden deshalb alle Gesimse und Architekturteile an den Wänden entfernt und die Pilaster und Säulen durch Palmenbäume ersetzt, die mit ihren vergoldeten Blätterkronen in die Voute hineinreichen. In den vier Ecken des Saals wurden grosse Rundbaldachinbauten angebracht. Die Glasfläche sollte bis zu einem Drittteil mit Rabitzputz zugedeckt werden, der mit teils plastischer, teils malerischer Dekoration versehen werden sollte. Um aber auch den oberen Teil der Eisenkonstruktion nach Möglichkeit zu verbergen, war für die oberste Glasfläche eine reiche Dekoration mit Korbgeflecht in Aussicht genommen worden.

Obgleich das Projekt den vollen Beifall der Direktion gefunden hatte und die Architekten bereits einen speziellen Kostenanschlag eingereicht hatten, ist schliesslich die Ausführung dieses Projektes aufgegeben worden. Trotzdem ist es als wertvolles Material für die Lösung derartiger höchst verwickelter Aufgaben, die Architekten nicht selten gestellt werden, sehr schätzbar. (Abb. 577—579.)

Für die Tiefbau-Berufsgenossenschaft ist auf Wilmersdorfer Gebiet, in der Babelsbergerstrasse, Ecke der Waghäuselerstrasse, von den Architekten BECKER und SCHLÜTER in der Zeit vom September 1898 bis Oktober 1899 ein Geschäftshaus errichtet worden, das trotz der bei seinem Umfang verhältnismässig geringen Baukosten (320 000 M.) zu einer imponierenden Erscheinung in dem einstweilen noch wenig bebauten Gelände gebracht worden ist. (Abb. 580.) Dabei sind nicht einmal die

Abbildung 307.

Pilaster für das Nationaldenkmal Kaiser Wilhelm I.
in Berlin.
Von HERMANN HIDDING, Bildhauer in Berlin.

für die Architekturteile Brohler Tuffstein,
für das Portal und die Pfeilerköpfe des
Vorgartengitters Bayerfehler Sandstein verwendet worden. Die Flächen sind mit
roten Ziegeln verblendet, das Dach ist mit
deutschem Schiefer eingedeckt. — Ausser
den Bureauräumen und einem Sitzungssaal
enthält das Gebäude die Wohnung des
Vorsitzenden im Erdgeschoss und zwei

Abbildung 308.

Bronze-Laterne für den Palazzo Caffarelli in Rom.
Nach dem Entwurf von ALFRED MESSEL, Architekt,
ausgeführt von O. SCHIER,
kunstgew. Werkstätte für getriebene Arbeiten in Berlin.

künstlerischen Absichten der Architekten
nach ihrem ursprünglichen Plane zum Ausdruck gelangt. Aus Gründen, die ausserhalb ihres Machtbereichs lagen, wurde an
der nördlichen Ecke der Rabelsbergerstrasse
von dem Projekt ein 9 m langes Stück ab-
geschnitten, das ein schmales dreifenstriges
Giebelrisalit wie an dem westlichen Ende
an der Waghäuselerstrasse und eine Fenster-
achse enthielt. — Für den Sockel ist Basalt,

Abbildung 580.

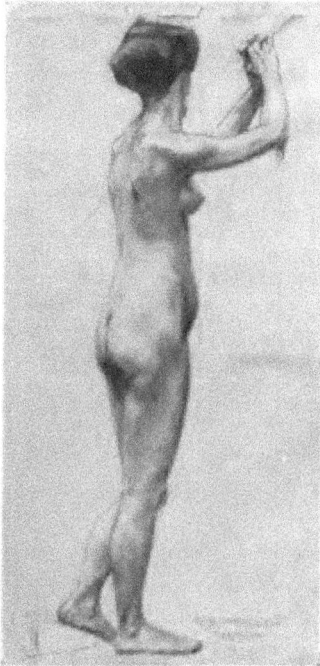

Wohn-, Speise- und Empfangsräume, das
Obergeschoss die Schlaf- und Fremdenzimmer und die Badestube enthält. Im
Keller befinden sich Küche, Dienstbotenzimmer, Heizraum für die Warmwasser-
heizung und Portierwohnung. Der Sockel
ist mit Rathenower Steinen verblendet, die
Fassaden sind verputzt und mit angetragenen
Stuckarbeiten dekoriert, und das Dach ist
mit Rathenower Ziegeln eingedeckt. — Der
als Heizkörper-Verkleidung dienende Kamin
(Abb. 582) ist mit einem Kostenaufwand
von 200 M. in modernem Stil in blau-
lasiertem Kiefernholz mit grünen Ornamenten
ausgeführt. Die Metallfüllung ist vom Ciseleur ARNOT in Messing getrieben worden.

Abbildung 581.

Weiblicher Akt (Paris).
Von ALBERT MAENNCHEN, Maler.

Wohnungen für Bureaudiener und Heizer
im Untergeschoss. Die vom Bildhauer
SCHIRMER ausgeführten Reliefs in den
Giebeln und über den Fenstern beziehen sich auf die Zwecke der Tiefbau-
genossenschaft, die Arbeiten des Tief-
baues und dessen Geräte.

Zur Erläuterung der Abbildungen 580
bis 581, die eine von SCHULZ und
SCHLICHTING vom Oktober 1898 bis
Juli 1899 in Spindlersfelde bei Köpe-
nick erbaute Villa wiedergeben, ist zu
bemerken, dass das Erdgeschoss die

Weiblicher Akt (Paris).
Von ALBERT MAENNCHEN, Maler.

Abbildung 601

Modernes
Büffet.

Entworfen
und
gezeichnet
von
ANTON
HUBER JR.,
Architekt
in Berlin.

Abbildung 602.

Schmiedeeisernes Vorgartengitter am Geschäfts- und Wohnhaus, Yorkstrasse 59.
Entwurf und Ausführung von FERD. PAUL KRÜGER, Kunstschmiede in Berlin.

Abbildung 601 u. 604 Arbeiten aus der Unterrichts-Anstalt des Kgl. Kunstgewerbe-Museums zu Berlin

Abbildung 601

Kaminschirm
Entworfen von
ALEX. ALTMANN
Lehrer
ALFR. GRENANDER
Architekt
in Berlin

Abbildung 604

Abbildung 605 u. 606 Arbeiten aus der Unterrichts-Anstalt des Kgl. Kunstgewerbe-Museums zu Berlin.
Abbildung 605.

Erkerausbildung. Entworfen von L. FRITZSCHE (Lehrer: ALFRED GRENANDER, Architekt in Berlin).

Abbildung 606.

Kaminwand. Entworfen von A. LEBACH (Lehrer: ALFRED GRENANDER, Architekt in Berlin).

Abbildung 607.

Balkongitter. Entworfen und ausgeführt von ED. PULS, Kunstschmiedewerkstatt in Berlin-Tempelhof.

ZUR NOTIZ.

Wir bringen unter Abb. 603—606 eine erste Reihe von Arbeiten aus den Fachklassen der Unterrichts-Anstalt des Kgl. Kunstgewerbe-Museums zu Berlin und bemerken, dass Besprechung und weitere Abbildungen in den nächsten Heften folgen werden.

Aus Mangel an Raum müssen in diesem Hefte die Textrubriken „Malerei" und „Plastik", die zur Erläuterung der Abbildungen 591—597 dienen sollten, fortbleiben. Wir werden sie in den nächsten Heften nachtragen.   Die Redaktion.

Abbildung 608.

Schmiedeeisernes Oberlichtgitter für das Wohnhaus Kuschel, Westphälischestr. 37
Entwurf und Ausführung von FERD. PAUL KRÜGER, Kunstschmiede in Berlin.

Verantwortlich für die Redaktion: Dr. ALBERT KOSTKENUS, Berlin, — Verlag von ERNST WASMUTH, Berlin W., Markgrafenstr. 35.
Gedruckt bei JULIUS SITTENFELD, Berlin W. — Clichés von CARL SCHÜTTE, Berlin C.